KB179495

대학입시 수시전략자료집 2024학년도

저자 비티진로진학연구소

\<제목 차례\>

Special Report

I.서론

1. 서론[1]

2023년도 대입의 특징을 정리하면, '전체 모집인원의 감소 및 전년도 선발 기조 유지' '수시모집 학생부위주, 정시모집 수능위주 선발 기조 유지', 그리고 '사회통합전형, 지역인재 특별전형 모집인원 증가'를 꼽을 수 있다. 전체 모집인원은 344,296명으로 2023학년도보다 4,828명 감소했고, 수시 모집에서는 전년 대비 1.0%p 증가한 79.0%인 272,032명을 선발한다.

구분	전형유형	2024학년도		2023학년도	
		모집인원	비율	모집인원	비율
수시	학생부 위주 (교과)	154,349	44.8%	154,464	44.2%
	학생부 위주 (종합)	79,520	23.1%	81,390	22.3%
	논술위주	11,214	3.3%	11,016	3.2%
	실기/실적위주	28,054	8.1%	21,014	6.0%
	기타	4,859	1.4%	4,558	1.3%
소계		272,032	79.0%	272,442	78.0%
정시	수능위주	66,300	91.7%	69,911	20.0%
	실기/실적위주	5,515	7.6%	6,150	1.8%
	학생부위주(교과)	228	0.3%	252	0.1%
	학생부위주(종합)	162	0.2%	313	0.1%
	기타	59	0.1%	56	0.0%
소계		72,264	21.0%	76,682	22.0%
총합계		344,296	100%	349,124	100%

2024학년도 수시 인원은 전년 대비 410명 감소했고, 2024학년도 정시 인원은 4,418명 감소했다. 수도권 대학 정시 평균 모집인원 비율은 2023학년도 35.3%에서 2024학년도 35.6%로 0.3%p 상승했으며, 이는 비수도권 11.9%의 약 3배 높은 수준이다. 전체 모집인원 감소분 중 비수도권 대학의 정시 모집인원 감소분(-4,907명) 비중이

---

1) 2023, 2024학년도 대학입학전형 시행계획(대교협)

크고, 수도권 대학은 수시와 정시 모집이 모두 소폭 증가했다.

학령인구 감소에 따른 대학 자체 구조조정 등으로 인한 모집 인원 감소로 인해 수시 학생부 위주, 정시 수능 위주 전형 모집 인원이 전반적으로 감소했다. 수시모집에서 85.8%를 학생부 위주 전형으로, 정시모집에서 91.7%를 수능 위주 전형으로 선발한 것을 보면 알 수 있다.

	■ 수시모집 ■ 정시모집	
2022학년도	75.7% (262,378명)	24.3% (84,175명)
2023학년도	78.0% (272,442명)	22.0% (76,682명)
2024학년도	79.0% (272,032명)	21.0% (72,264명)

(2022.4.20 기준)

둘째, 좀 더 세분화해서 권역별 모집인원을 살펴보면 수도권의 경우 수시모집 학생부 위주는 1,056명 감소, 정시모집 수능위주 전형 모집인원 593명 소폭 증가하였고, **비수도권 대학 모집시기별(수시, 정시) 모집인원은 전반적으로 감소**했다.

또한, 수도권 대학 정시모집 선발비율 확대됐다는 것을 알 수 있다. 수도권 대학 정시 평균 모집인원 비율은 2023학년도 35.3%에서 2024학년도 35.6%로 0.3%p상승했으며, 이는 비수도권 11.9%의 약 3배 높은 수준이며, 전체 모집인원 감소분 중 비수도권 대학의 정시 모집인원 감소분(-4,907명) 비중이 크고, 수도권 대학은 수시와 정시 모집이 모두 소폭 증가했다.

셋째, 사회통합전형과 지역인재 특별전형 모집인원이 증가했다. 고등교육법 시행령 개정에 따른 기회균형선발 의무화로 기회균형선발 모집인원은 전체 36,434명으로 전년 대비 총 2,372명 증가(2024학년도 사회통합전형 분류기준에 따름) 고등교육법 시행령에서 권고한 수도권 대학의 지역균형전형 (교과성적을 활용하는 학교장추천 전형)도 전년 대비 모집인원 총 2,997명 증가했다.

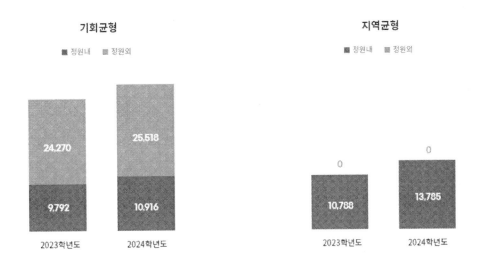

II.수시전형의 이해

2. 수시전형의 이해

가. 수시전형의 추세

구분	전형유형	2024학년도		2023학년도	
		모집인원	비율	모집인원	비율
수시	학생부(교과)	154,349	44.8%	154,464	44.2%
	학생부(종합)	79,520	23.1%	81,390	22.3%
	논술위주	11,214	3.3%	11,016	3.2%
	실기/실적위주	28,054	8.1%	21,014	6.0%
	기타	4,859	1.4%	4,558	1.3%
소계		272,032	79.0%	272,442	78.0%

앞서 살펴보았듯이, 전체 대입 선발인원이 감소하면서 수시전형 선발 인원도 전년도에 비해 410명 감소, 총 272,032명(79.0%)을 선발할 계획이다.

구분	전형유형	2024학년도	2023학년도	2022학년도
수시	학생부(교과)	154,349명 (44.8%)	154,464명 (44.2%)	148,506명 (42.9%)
	학생부(종합)	79,520명 (23.1%)	81,390명 (22.3%)	79,503명 (22.9%)
합계		233,869명	235,854명	228,009명

또한 수시전형 중 학생부종합전형의 선발비율이 2023년도에 비해 높아졌기 때문에 수시전형으로 대입을 준비하는 수험생들은 이러한 '학생부종합전형'을 고려하지 않을 수 없다. 학생부 반영 비율, 전형 방법 등을 꼼꼼하게 따져서 자신에게 유리한 전형을 선택하여 전략적으로 준비하여야 한다.

나. 수시전형의 종류

수시전형의 전략적 대비를 위해서는 먼저, 수시전형의 종류에 대해서 이해할 필요가 있다.

구분		내용
학생부중심	학생부교과 전형	내신점수로 평가
	학생부종합 전형	교과(내신), 비교과, 면접, 추천서등 종합적이고 다양한 평가 (※ *자소서 전면 폐지*)
논술전형		고교교육과정 내로 범위를 축소시킴, 대학별로 내신 최저등급을 적용하기도 함
특기자 및 실기전형		예체능계열의 실기시험, 영어·제2외국어 등의 어학시험 등

표 4 수시전형의 종류

다. 나에게 맞는 수시전형

1) 학생부교과전형

학생부 교과 성적을 높이 반영하고 그 외 출결 및 봉사활동과 면접 등을 통해 다양한 요소로 선발하는 '학생부교과전형'은 전국적으로 모집율이 44.8%이다. 서울, 수도권 소재 대학 내에서는 수능 최저등급 역시 만족해야 하며 비교과 항목은 중요하지 않다. 이 전형은 내신 2등급대 이내인 학생과 수능점수가 2~3등급이내인 학생들에게 유리하다.

2) 학생부종합전형

2024학년도부터는 대입 **자기소개서가 전면 폐지**된다. 올해부터는 대입제도 공정성 강화 방안에 따라, 자기소개서가 전면 폐지되며 학교생활기록부와 면접만으로 지원자를 평가한다. 자소서 폐지로 학생부의 진로 및 동아리 활동, 교과 수업의 세부능력 및 특기사항, 행동 특성 및 종합 의견이 더 중요한 평가자료가 될 것이라는 분석도 나오고 있는 상황이다.

서류평가에서 중요하게 활용되던 자율동아리 활동, 개인봉사활동 실적, 수상경력, 독서활동 등의 항목도 평가에 반영되지 않는다. 대학이 학생을 평가할 수 있는 요소가 줄어든 만큼 학생부 종합 전형에서서는 교과별 수업 참여 태도와 노력, 기본적인 학업수행 역량의 중요성이 커질 것이다. 성적 뿐 아니라 수업 중에 진행되는 발표·토론·프로젝트 등에 적극적으로 참여해 자기주도적 학습 역량과 의지를 드러내야 한다.

3) 논술전형

수시모집 논술전형은 서울 주요 대학을 중심으로 39개교에서 1만 1214명을 선발한다. 한양대(ERICA), 울산대(의예)가 논술전형을 폐지하지만 동덕여대, 삼육대, 한신대가 논술 전형을 신설했다. 서경대는 교과전형으로 운영하던 논술을 논술전형으로 변경하기로 했다.

최근 논술전형의 특징은 반영비율을 높이는 추세로, 올해 경희대(70→100%), 이화여대(70→100%)가 가세했다. 2024학년도 입시에서 논술을 100% 반영하는 대학은 △건국대 △경희대 △덕성여대 △동덕여대 △성균관대 △연세대 △연세대(미래) △이화여대 △한국기술교육대△ 한국항공대 등 10곳이다.

한편, 2023학년도부터 정시 수능위주전형에서 교과평가를 실시한 서울대에 이어 고려대도 올해 정시에서 교과성적을 합산한 '교과우수전형'을 신설한다. 고려대는 올해 정시에서 '수능 100%'의 일반전형과 '수능 80%+학생부교과 20%'의 교과우수전형으로 나눠 운영할 계획이다.

서울대는 2024학년도부터 정시 자연계열 모집단위에서 과학Ⅱ(물리학Ⅱ, 화학Ⅱ, 생명과학Ⅱ, 지구과학Ⅱ) 과목의 필수 응시제한을 폐지했다. 이로써 그동안 허용하지 않았던 과학탐구 'Ⅰ+Ⅰ'조합으로 수능 응시가 가능해졌다. 한양대는 자연계열 수능 과학탐구Ⅱ 응시자 변환표준점수 3% 가산점을 폐지했다.

대학별 신입생 선발 방식은 각 대학 입학처 홈페이지에 공개되나 추후 바뀔 수 있으며 대학별 '2024학년도 모집요강'을 다시 확인할 필요가 있다. 일반적으로 수시 요강은 4월 말, 정시 요강은 8월 말에 발표하므로 입시생들은 주의가 필요하다.

III. 학생부 중심전형

3. 학생부중심전형

가. 학생부교과전형

1) 학생부교과전형의 추세[2]

구분	전형유형	2024학년도	2023학년도	2022학년도
수시	학생부(교과)	154,349명 (44.8%)	154,464명 (44.2%)	148,506명 (42.9%)
합계		233,869명	235,854명	228,009명

학생부 교과 전형은 2024학년도보다는 선발 인원이 115명 감소하였다. **전체 대학 모집 정원의 44.8%**를 선발하여 모든 전형 유형 중 선발 규모가 가장 큰 전형이다.

먼저, 2023학년도에 비해서 진로선택과목을 반영하는 대학이 증가하였다. 전체 모든 과목을 반영하는 곳도 있지만 일부라도 반영하기에 진로선택과목의 성취도 관리가 중요해졌다.

또한, 수능최저학력기준을 완화하고 있다. 가톨릭대(간호학과), 고려대(인문계열), 서강대, 성균관대, 홍익대 등에서 전년보다 수능최저학력기준 등급 합을 낮췄다. 반면 경기대 학교장추천, 서경대 교과우수자, 세종대 국방시스템공학 등의 경우에는 수능최저학력기준을 폐지하였다. 따라서 **교과 성적이 합불에 미치는 영향력**이 더 커졌다고 볼 수 있다.

셋째, 경희대, 건국대, 동국대는 학생부교과전형에서도 서류평가를 실시한다. 따라서 학생부교과전형임에도 불구하고 지원하는 학과와 연계 과목을 이수하였는지 등을 고려하여 지원해야 한다. 평소 수업시간에 수행평가를 비롯하여 활동에 열심히 참여하고 지원학과와 관련된 과목을 선택하도록 해야 한다. 수도권에서 지역균형전형을 실시하는 대학이 증가하였다. 경인교대의 경우 학생부종합전형에서 학생부교과전형으로 변경하였다.

학생부교과전형은 학생부 교과 성적을 50% 이상 반영하는 전형이다. 교과 성적은 공통과목이나 일반선택과목의 경우(체육·예술 과목과 교양과목 제외) 원점수, 과목평균, 표준편차, 석차 등급, 성취도, 수강자 수로 구성되어 있고, 진로선택과목(진로선택으로 포함된 전문교과Ⅰ,Ⅱ 포함)의 경우 원점수, 과목평균, 성취도, 수강자 수, 성취도별 분포비율로 구성되어 있다. 전형의 성적 반영은 공통과목, 일반선택과목은 석차 등급을 활용하고, 진로선택과목 등은 성취도를 대학 자체 기준에 따라 환산등급, 환산

---

2) 한국대교협 2024학년도 대학입학전형시행계획

점수, 가산점 방식을 적용한다.

교과 성적은 주로 3학년 1학기까지 성적을 활용한다. 대학별로 이수단위 반영 여부가 다를 수 있으며, 대학이 정한 등급별 점수가 부여된다. 학생부교과전형은 환산 점수를 산출하는 방법이 대학마다 다르고 수능최저학력기준 적용 여부, 학교 추천 여부, 학교 추천 인원 제한 여부 등 여러 조건이 대학마다 다양하게 적용된다. 따라서 학생부교과전형 지원 시에는 다양한 산출방식에 따른 점수의 구조를 이해하고 반드시 대학별 환산점수를 통한 유불리를 확인하고 이를 통해 지원 여부를 판단해야 한다.

학생부교과전형은 전형 요소, 수능최저학력기준, 모집인원, 전년도 경쟁률 등의 여러 가지 변수에 따라 경쟁률과 합격선이 많이 달라진다. 지역균형전형의 실시로 여기에 추천 인원의 제한 여부, 졸업생 추천 가능 여부 등도 고려해야 할 요소가 되었다. 지난해의 결과뿐만 아니라 전형요소, 추천 여부, 수능최저학력기준의 신설, 폐지, 완화, 강화 등의 변화 등을 고려하여 지원에 대한 유불리를 판단해야 한다. 또한, 면접고사 시행 여부에 따라서도 경쟁률, 충원률, 합격결과가 달라질 수 있다.

학생부교과전형의 전형방법은 대학별, 전형별로 매우 다양하다. 전형 방법, 수능최저학력기준 등을 통해 학생들에게 유리한 대학과 상세 전형을 확인할 필요가 있다. 수능최저학력기준의 경우 같은 대학 내에서도 전형별, 계열별, 학과별로 다르게 적용되고 있으므로 면밀한 검토를 통해 충족 가능성을 판단해야 한다. 특히 수능 응시 영역과 반영영역, 필수 반영영역, 반영 영역 수 등에 따라 충족 가능성이 달라질 수 있다는 점을 고려하여 과목 선택과 학습의 방향 등을 결정할 필요가 있다.

2015 개정 교육과정이 대입에 반영되면서 3단계 성취도로 평가되는 진로선택과목은 성취도를 통한 반영과 평가가 이루어진다. 수도권 소재 82개 대학의 수시모집 학생부교과전형에서 진로선택과목 반영사례를 살펴보면, 진로선택과목을 반영하는 대학은 48개 대학(58.5%), 반영하지 않는 대학은 34개 대학(41.5%)이며, 진로선택과목을 반영하는 대학들은 대체로 성취도에 따른 단순 환산점수를 부여한다. 고려대는 지난해 성취도별 비율 반영에서 올해는 변환석차등급을 활용하여 성취도 A는 1등급으로 분류하고 성취도 B, C는 성취도별 비율을 적용하는 방식으로 변경되면서 성취도 A의 상대적 유불리는 없어졌다. 건국대, 동국대, 성균관대는 등급이 아닌 성취도로 평가하는 진로선택과목의 취지를 살려 정성평가 방식으로 평가에 반영한다.

지역균형전형과 지역인재전형 비교		
	지역균형전형	지역인재전형
전형유형	학생부교과전형	대학 자율
전형방법	교과 성적 50% 이상 정량 반영	대학 자율
대상 대학	수도권 소재 대학	비수도권 대학
지원조건	학교 당 추천인원 (인원 제한 가능)	대학 소재 지역 출신
수능 최저	대학 자체 기준	대학 자체 기준

　수도권 소재 대학중 지역균형전형을 실시하는 대학은 모두 47개 대학이다. 이 중 65.9%인 3개 대학이 학생부 100%로 선발하며 그 외 대학들은 면접, 서류 등을 포함하여 선발한다. 수도권소재 대학 중 지역균형 선발을 하지 않는 대학은 서경대, 용인대, 평택대, 협성대 등이다. 서울대와 가톨릭대 의예과 등은 지역균형전형을 학생부종합전형으로 선발한다. 또한 많은 대학들이 모집인원, 수능최저학력기준, 추천기준 등의 변화가 있으므로 이에 대한 면밀한 검토가 필요하다. 지역균형전형을 실시하는 47개 대학 중 61.7%에 해당하는 29개 대학이 수능최저학력기준을 적용하고 있다. 학교장추천전형의 추천 인원 기준은 대학에 따라 다양한데, 일정 인원을 추천하는 경우와 재적인원의 일정 비율을 추천기준으로 적용하는 경우가 많다.

지역균형전형 분류		
구분	수능최저학력기준 적용	수능최저학력기준 미적용
추천인원 제한	경희대, 고려대, 상명대, 서강대, 서울과학기술대, 서울교대, 서울시립대, 성균관대, 수원대, 중앙대, 한국외대, 홍익대	경기대, 동국대, 명지대, 연세대, 이화여대, 한양대
춘천인원 제한 없음	가톨릭대(약학/간호), 경인교대, 국민대, 단국대, 동덕여대, 삼육대, 서울여대, 성신여대, 세종대, 숙명여대, 숭실대, 아주대, 을지대, 인하대, 치의과학대, 한양대(ERICA)	가천대, 강남대, 건국대, 광운대, 대진대, 덕성여대, 안양대, 인천대, 한경대, 한국공학대, 한국항공대, 한성대

동덕여대, 삼육대, 한성대, 안양대, 한경대, 한국공학대, 한국항공대는 학교장추천전형을 신설하였고, 서울교대는 학생부종합전형에서 학생부교과전형으로 전형유형을 변경하였다. 2023학년도 대입과 비교하여 추천기준, 추천인원, 전형 방법 등이 변경되거나, 전형을 신설한 대학들도 있으므로 대학별 전형 내용을 면밀히 검토하여 지원할 필요가 있다.

학생부교과전형의 선발방식은 다음과 같이 2가지 유형으로 분류할 수 있다.

유형1) 서류기반 면접교과성적 100%반영
유형2) 교과성적 + (면접, 적성, 출결, 봉사 등) 일괄합산
유형3) 단계별 면접 실시

*수능 최저기준 적용 유/무

학생부 교과전형은 모집 단위의 특성에 맞도록 학생부 반영을 권장하고 있는데, 대학에 따라 학생부 교과 성적만으로 선발하기도 하지만, 학생부 교과 성적 반영을 기반으로 교과 성적 외의 요소를 추가하여 평가에 반영하기도 한다.

교과 성적 이외의 추가적인 요소로는 **면접 평가, 출결, 봉사** 등이 있으며, **단계별 선발**을 하는 방식으로 1단계에서 학생부 교과 성적으로 모집인원의 일정 배수를 선발하고, 2단계에서 면접 평가를 실시하여 이를 합산, 반영하는 단계별 전형을 실시하는 대학도 있다.

교과 성적은 대부분의 대학이 계열별로 **주요 교과 위주로 반영**하기 때문에 이들 과목에서 등급이 떨어지지 않게 유지하는 것이 중요하다.

대학명	전형명	수능최저학력기준
연세대	추천형	×
고려대	학교추천	○
중앙대	지역균형	○
한양대	지역균형발전	×
성균관대	학교장추천	○
서강대	고교장추천	○
이화여대	고교추천	×
한국외대 (서울)	학교장추천	○
홍익대	학교장추천자	○
서울시립대	지역균형선발	○

상명대	고교추천	○
국민대	교과성적우수자	○
단국대(죽전)	지역균형선발	○
	교과우수	×
경희대	지역균형	○
건국대	KU 지역균형	×
동국대	학교장추천인재	×
동덕여대	학생부교과우수	○
숭실대 (미발표)	학생부우수자	○
명지대	학교장추천/ 교과면	×
세종대 (미발표)	지역균형	○
서울여대	교과우수자	○
성신여대	지역균형	○
아주대	고교추천	○
경기대	교과성적우수자	○
	학교장추천	×
인하대	지역균형	○
광운대	지역균형	×
가톨릭대	지역균형	○
인천대	교과성적우수자	○
	지역균형	×
숙명여대	지역균형선발	○
한성대	교과우수	○
	지역균형	×
서울과학기술대	고교추천	○
경북대	교과우수자	○
	지역인재	○
부산대	학생부교과	○
	지역인재	○

	농어촌학생/ 특성화고교출신자	×
전남대	학생부교과일반	○
전북대	일반학생	○
	지역인재	○
충북대	학생부교과	○
	지역인재	○
	지역경제배려대상자	○
	국가보훈대상자	×
	경제배려대상자	×
충남대	학생부교과	○
	지역인재	○

또한 대부분의 주요대학에서는 학생부 교과전형에서 수능 최저학력기준을 적용한다.

한편, 상위권 대학 및 일부 대학의 전형 중에는 학교장의 추천이 필요한 경우가 있는데 이 경우에도 각 고교에서는 내신 성적순으로 추천 학생을 정하고 대학은 대부분 내신 비중을 크게 두고 평가하기 때문에 학생부 교과가 가장 중요한 평가 요소가 된다. 3)4)

학생부 교과 전형 학생부 성적에 자신 있다면, 학생부 교과 전형

- 전체 모집인원에서 학생부 교과 전형으로 44.8%선발
- 논술 전형과 학생부 종합 전형에 비해 비교적 명확하게 합격 여부 판단 가능
- 학생부교과 100% 전형이 다수 → 주요 교과 성적이 우수한 수험생에게 유리
- 대부분 주요대는 수능 최저학력기준 적용 → 수능 영향력 큰 편
- 타 전형에 비해 경쟁률이 낮고 중복 합격자 많음 → 높은 충원률
- 주요대 합격자 학생부 분포는 1~2등급, 학생부 외 다른 전형요소가 반영되는 경우 1~3 등급 정도

표 10 학생부 교과 전형

3) "2022대입, 학생부 위주 전형이 대세" /대학저널
4) [2023 대입 주요 전형] 2023 학생부교과전형 집중분석/메가스터디입시리포트

2) 주요대학별 선발기준

가) 연세대 - 학생부교과전형 (추천형)[5]

(1) 지원자격

- 국내 고등학교 3학년 재학생으로 2024년 2월 졸업예정이며, 소속 고등학교장의 추천을 받은 자로서 다음 자격을 모두 만족하는 자
- 고등학교별 추천인원은 학교별 최대 10명이며, 추천방법은 추후 발표하는 수시모집요강 참조
1) 고교 전 교육과정을 국내 고교에서 이수하여야 함
2) 특성화고/ 마이스터고 과정 이수자 (일반고등학교와 종합고등학교의 직업과정 이수자 포함), 영재학교, 검정고시 출신자는 제외함
3) 지원자는 고교과정 중 다음의 최소 이수 과목 요건을 충족하여야함

과목	교과 이수 요건	최소 이수 과목 수
공통과목	- 국어, 수학, 영어, 사회, 과학 교과영역에서 각 교과 당 1과목 이상 이수 - 해당 이수과목은 원점수, 평균, 표준편차, 석차등급이 기재되어야함	5과목
일반선택과목	- 국어, 수학, 영어, 사회, 과학 교과영역에서 5과목 이상 이수 - 해당 이수과목은 원점수, 평균, 표준편차, 석차등급이 기재되어야 함	5과목
진로선택과목	- 국어, 수학, 영어, 사회, 과학 교과영역에서 1과목 이상 이수	1과목

(2) 전형요소 및 반영비율: 단계별 전형

단계	학생부교과	면접평가	내용
1단계	100%	-	모집단위별 모집인원의 5배수를 2단계 평가 대상자로 선발함
2단계	70%	30%	제시문 기반 면접(세부 내용은 추후 수시모집 요강 참조)

(3) 대학수학능력시험 최저학력기준: 적용하지 않음

(4) 학교생활기록부교과영역 반영방법

- 반영교과: 전 과목 반영

구분	반영 교과	배점
반영과목 A	국어, 수학, 영어, 사회(한국사, 역사, 도덕 포함), 과학	100점
반영과목 B	국어, 수학, 영어, 사회(한국사, 역사, 도덕 포함), 과학 제외 기타 과목	최대 5점 감점

- 반영방법
- 반영과목 A는 공통과목(30%), 일반선택과목(50%), 진로선택과목(20%)의 비율로 반영하며 학년별 비율은 적용하지 않음
- 반영과목 A의 공통과목과 일반선택과목은 원점수, 평균, 표준편차를 활용한 Z점수(50%)와 석차등급을 활용한 등급점수(50%)를 교과 이수단위 가중 평균하여 반영함
- 반영과목 A의 진로선택과목(전문교과 포함)은 3단계 평가 A/B/C를 기준으로 A=20, B=15, C=10로 계산함(5단계 평가의 경우 A/B → A, C/D → B, E → C로 계산함)

---

5) 2024 연세대 입학전형

- 반영과목 A의 등급점수는 다음과 같이 환산하여 적용함

교과등급	1등급	2등급	3등급	4등급	5등급	6등급	7등급	8등급	9등급
반영점수	100	95	87.5	75	60	40	25	12.5	5

- 반영과목 B는 석차등급 9등급 또는 성취도 C(A/B/C 기준)인 경우에 한하여 이수단위를 기준으로 최대 5점까지 감점함
• 자세한 산출 방법은 추후 발표하는 수시모집요강 참조

나) 고려대 - 학교추천전형[6]

(1) 모집인원: 666명

(2) 지원자격

국내 고등학교 졸업(예정)자 중 학생부에 5학기 이상 교과 성적이 기재되어 있는 자로 출신 고등학교의 추천을 받은 자
1) 국내 고등학교는 고교졸업 학력 인정학교에 한함
2) 아래 해당자는 지원할 수 없음

> 영재학교, 예술고, 체육고, 마이스터고, 방송통신고, 학력인정 평생교육시설(각종학교 포함), 특성화고(일반고의 특성화(전문계) 과정 이수자, 대안교육 특성화고등학교, 일반고등학교의 대안교육위탁학생 출신자 포함) 출신자

3) 5학기 모두 과목별 '원점수, 평균, 표준편차, 석차등급' 또는 '원점수, 평균, 성취도, 성취도별 분포비율'이 기재되어야 함
4) 고교별 최대 추천인원
　가) 2023년 4월 1일자 학교알리미 공시자료를 기준으로 3학년 재적 학생 수의 4%까지 추천할 수 있음
　(소수 첫째 자리에서 올림하여 계산함. 3학년 재적 학생이 24명 이하인 고교는 1명을 추천할 수 있음)
　나) 계열별(인문·자연)로 지원인원을 제한하지 않음
※ 학교추천형, 학업우수전형 간에는 복수지원할 수 없음(2개 전형 중 1개만 선택 가능)

(3) 수능 최저학력기준

모집단위	최저학력기준
인문·자연계열 (의과대학 제외)	국어*, 수학*, 영어, 탐구*(2과목 평균) 4개 영역 중 3개 영역 등급의 합이 7 이내 및 한국사 4등급 이내
의과대학	국어*, 수학*, 영어, 탐구(2과목 평균) 4개 영역 등급의 합이 5 이내 및 한국사 4등급 이내

---

[6] 2024 고려대 입학전형

모집단위	국어영역	수학영역	탐구영역
인문계열	화법과 작문, 언어와 매체	미적분, 기하, 확률과 통계	과학탐구, 사회탐구 중 2과목
자연계열	화법과 작문, 언어와 매체	미적분, 기하	과학탐구 중 2과목

※ 탐구영역은 **반드시 2개 과목에 응시**하고, 서로 다른 2개 분야에 응시하는 경우만 인정함(동일 분야 'Ⅰ + Ⅱ'를 인정하지 않음(예: 화학Ⅰ + 화학Ⅱ)

(4) 전형요소 및 평가방법

(가) 전형요소별 반영비율

구분	전형요소별 반영비율	비고
일괄합산	학생부(교과) 80% + 서류 20%	- 학생부(교과): 교과평균등급점수 반영 - 서류: 학생부 종합평가

(나) 교과평균등급점수 산출 방식

① 학생부 반영 교과목 및 학년별 반영비율

반영 교과	반영 과목	학년별 반영비율
전 교과	'원점수, 평균, 표준편차, 석차등급'이 기재된 모든 과목과 '원점수, 평균, 성취도, 성취도별 분포비율'이 기재된 모든 과목	학년별 반영비율 없음

② 활용지표: 석차등급, 성취도, 성취도별 분포비율

③ 산출 방법

① 교과평균등급 산출

$$교과평균등급 = \frac{\sum(과목별\ 석차등급\ 또는\ 변환석차등급^{주1)} \times 이수단위)}{\sum 이수단위}$$

주1) '성취도와 성취도별 분포비율'이 모두 기재된 과목의 변환석차등급 산출 방법

과목별 성취도	변환석차등급
A	1
B	'성취도 A의 비율'에 해당하는 석차등급* + (성취도 A의 비율 + 성취도 B의 비율) / 100
C	'성취도 A의 비율 + 성취도 B의 비율'에 해당하는 석차등급* + (성취도 A의 비율 + 성취도 B의 비율 + 성취도 C의 비율) / 100

★ 성취도 비율에 따른 석차등급 기준

비율(%)	0 ~ 4.0	4.1 ~ 11.0	11.1 ~ 23.0	23.1 ~ 40.0	40.1 ~ 60.0	60.1 ~ 77.0	77.1 ~ 89.0	89.1 ~ 96.0	96.1 ~ 100
석차등급	1	2	3	4	5	6	7	8	9

② 교과평균등급점수 산출

교과평균등급점수 $= (a_n - a_{n+1})(n+1-x) + a_{n+1}$

※ x = 상기 ①을 통해 산출한 교과평균등급
※ n = x보다 작거나 같은 가장 큰 자연수($n = 1, 2, 3, 4, 5, 6, 7, 8, 9$)
※ a_n = n등급에 해당하는 등급별 반영점수[주2]

주2) 등급별 반영점수 기준

등급	1	2	3	4	5	6	7	8	9 이상
반영점수	100	98	94	86	70	55	40	20	0

다) 중앙대 - 지역균형전형[7]

(1) 모집인원: 504명

- 학생부 100%(교과 90%, 비교과(출결) 10%), 수능최저학력기준 적용(안성캠퍼스 미적용)
- 학교생활기록부 외 제출서류 없음

(2) 지원자격

초중등교육법시행령 제76조의3에 따른 국내고등학교 2023년 이후 졸업자(졸업예정자 및 상급학교 진학대상자 포함)로서 3학기 이상의 성적을 취득하고, 소속 고등학교장의 추천을 받은 자 (고교별 추천인원은 20명으로 제한)

※ 지원자는 고교과정 중 본교에서 제시하는 최소 이수과목 요건을 충족해야 함 (최소 이수과목 요건(이수과목 개수 등)은 수시모집요강에 공지)
※ 아래에 해당하는 자는 지원할 수 없으며, 3학기 이상의 성적 취득 여부 확인 시 아래 고교에서 취득한 학기는 제외함
 - 학생부 교과목별 석차등급을 산출할 수 없는 고교 출신자
 - 예술고, 체육고, 마이스터고, 방송통신고, 특성화고 출신자(일반고의 특성화(전문계) 과정 이수자, 대안교육 특성화고등학교, 일반고등학교의 대안교육위탁학생 출신자 포함) 및 학력인정 평생교육시설, 고등기술학교, 각종학교 출신자

---

7) 2024 중앙대 입학전형

(3) 수능최저학력기준

소재	계열	모집단위	영역별 기준		탐구영역 반영방법	공통
서울	인문	전체	국어, 수학, 영어, 사/과탐	3개 영역 등급 합 7이내	상위 1과목 반영	한국사 4등급 이내
	전체	간호학과				
	자연	약학부 외 전체	국어, 수학(미적분, 기하 중 택 1), 영어, 과탐	3개 영역 등급 합 7이내		
안성		약학부		4개 영역 등급 합 5이내		
		전체	수능최저학력기준 적용하지 않음			

※ 영어 등급 반영 시, 1등급과 2등급을 통합하여 1등급으로 간주하고 수능최저학력기준 충족여부를 산정함.
※ 제2외국어와 한문은 반영하지 않음.

(4) 전형 방법: 학교생활기록부 100%

선발단계	교과(%)	비교과-출결(%)
일괄합산	90	10

(가) 교과영역 반영방법

계열	반영교과	반영교과의 반영방법(비율)		과목별/ 학 년 별 가중치
		공통/일반선택과목 (90%)	진로선택과목 (10%)	
인문	국어, 수학, 영어, 사회, 과학교과의 전 과목	석차등급의 환산점수 활용 이수단위 반영	성취도의 환산점수 활용	없음
자연				

(나) 비교과(출결)영역 반영방법: 무단/미인정 결석 일수 기준으로 환산점수 반영

라) 한양대 - 지역균형발전[8]

- 학생부 교과 100%
- 학생부 외 제출서류 없음
- 수능 면제, 면접 없음
- 학교장 추천 필수

(1) 모집인원: 332명

(2) 지원자격:

2023년 2월 이후(2023년 2월 졸업자 포함) 국내 정규 고교 졸업(예정)자로서 통산 5개 학기 이상 국내 고교 성적 취득 및 출신 고등학교장의 추천을 받은 자

※2023년 4월 1일자 학교알리미 공시자료 기준, 3학년 재적인원 11% 인원만큼 추천 가능

※ <추천기준> 지원모집단위의 계열이 '자연'인 경우 아래의 두 조건을 모두 충족해야 함 (※계열별 지원인원 제한 없음) ⅰ. 수학 교과에서 미적분 또는 기하 중 1과목 이상 이수 ⅱ. 과학 교과에서 물리학Ⅱ, 화학Ⅱ, 생명과학Ⅱ, 지구과학Ⅱ 중 1과목 이상 이수

※ 지원 제한(불가) 고교: 특성화고, 마이스터고, 예술고, 체육고, 방송통신고, 학력인정고 (각종학교 포함), 일반/종합고의 전문계반(학과), 학생부 성적체계가 다른 고교

(3) 제출서류: 학교생활기록부

(4) 전형방법: 학생부교과 100%
(가) 반영방법

구분	계열	반영교과	반영 과목 수	반영학기	반영방법	점수 활용지표	학년별 반영비율
수시	자연 인문 상경	국어 영어 수학 사회 과학 한국사	이수한 전 과목 (진로선택 과목은 상위 3개 과목 반영)	3학년 1학기까지	등급의 환산점수를 산출하여 반영	등급(성취도) · 이수단위	없음
	예체능	국어 영어 사회 한국사					

1) 반영학기: 졸업자, 졸업예정자 모두 동일하게 적용함
2) 반영교과에서 이수한 총 단위수가 일정단위 이하인 경우, 본교 신입생 선발 사정원칙 및 대학입학전형관리위원회의 결정에 따름

(나) 학생부 없는 자 교과성적 반영방법: 학생부 없는 자 지원불가

---

8) 2024 한양대 입학전형

마) 성균관대 - 학교장추천전형[9]

(1) 지원자격

2024년 국내 고등학교 졸업예정자 중 학생부에 5학기 이상 교과 성적이 기재되어 있는 자로 출신 고등학교장의 추천을 받은 자
- 학교알리미 공시자료(2023.4) 기준, 3학년 재적 학생수의 10%까지 추천할 수 있음
  (※ 소수점 이하 첫째자리에서 올림하여 계산)
- 지원 불가 고등학교: 특성화고, 마이스터고, 예술고, 체육고, 방송통신고, 학력인정고, 일반/종합고의 전문계반(학과), 그 외 학생부 성적체계가 다른 고교
- 고교 전 교육과정을 국내 정규 고교에서 이수하여야 함
  (※ 이수한 모든 학기 과목별, '원점수, 평균, 표준편차, 석차등급'이 기재되어야 함)
- 계열별(인문, 자연)로 추천인원의 제한 없음

(2) 전형요소 및 반영비율: 학생부 100

구분	학생부	
	공통과목 및 일반선택과목(정량평가)	진로선택과목 및 전문교과과목(정성평가)
반영비율	80	20

(3) 선발기준 및 평가방법

(가) 선발기준

수능최저학력기준 충족자를 대상으로 학생부 정량평가 및 정성평가 성적 합산 총점 순으로 최종합격자를 선발함

(나) 학생부(정량평가) 평가방법

① 반영교과 및 학년별 반영비율

반영교과	학년별 반영비율
- 공통과목 및 일반선택 과목 (진로선택과목, 전문교과과목 미반영) - 원점수, 평균, 표준편차, 등급이 모두 기재된 교과 (성적이 등급으로 산출되지 않은 과목은 미반영)	없음

② 활용지표: 석차 등급

③ 학생부 정량평가 성적 산출방식

a) 석차등급별 반영점수표

석차등급	1	2	3	4	5	6	7	8	9
반영점수	100	98	95	85	60	40	20	10	0

b) 과목별 석차등급점수 = $\frac{\sum(\text{과목별 석차등급 반영점수} \times \text{과목별 이수단위})}{\sum \text{이수단위}}$

c) 학생부 정량평가 성적 = 과목별 석차등급점수 × 0.8

---

9) 2024 성균관대 입학전형

(다) 학생부(정성평가) 평가방법

- 학생부 진로선택과목 및 전문교과과목의 교과(성적 및 세부능력특기사항)을 종합적으로 정성평가
- 반영점수: 학업수월성 10점 + 학업충실성 10점

(4) 수능 필수응시영역 및 최저학력기준
(가) 수능 필수응시영역

구분	국어		수학			영어	사탐	과탐	직탐	한국사
	화법과 작문	언어와 매체	확률과 통계	미적분	기하					
인문계	O		O			O	사탐 1과목 이상 필수		X	O
자연계							과탐 1과목 이상 필수			
글로벌 융합	O		O			O	O		X	O

※ 탐구영역은 반드시 2개 과목을 응시해야 함

(나) 수능 최저학력기준

수능 최저학력기준	구분	
	글로벌융합학부	
국어, 수학, 영어, 탐구, 탐구 5개 과목 중 3개 등급합 7등급 이내	인문	인문과학계열(전공예약 포함), 사회과학계열(전공예약 포함), 경영학, 사범대학, 영상학, 의상학
	자연	자연과학계열(전공예약 포함), 전자전기공학부, 공학계열, 건축학(5년제), 사범대학
국어, 수학,영어, 탐구, 탐구 5개 과목 중 3개 등급합 6등급 이내	인문	글로벌리더학, 글로별경제학, 글로벌경영학
	자연	소프트웨어학

※ 인문계는 제2외국어/ 한문을 탐구영역 1개 과목으로 대체 가능함

(5) 동점자 처리기준
(가) 학생부 정량평가 점수 상위자
(나) 학생부 정성평가 학업수월성 점수 상위자

바) 서강대 - 지역균형[10]

(1) 모집인원: 172명

(2) 지원자격

국내 고등학교 해당학년도 졸업예정자 중 국내 고교에서 4학기 이상 성적을 취득한 자로서 출신 고등학교장의 추천을 받은 자
※ 출신 고등학교장 추천 관련 사항
- 고교별 최대 추천 가능 인원: 20명 (추천학생이 아닌 경우 지원자격 미달로 '0점' 처리)
※ 4학기 이수 조건: 과목별 석차등급 또는 성취도와 성취비율이 기재된 과목으로 성적을 취득하여야 함
※ 지원 불가: 마이스터고, 특성화고, 전문계 과정(일반고, 종합고), 예술고, 체육고, 학력인정 평생학교, 각종학교 및 대안학교, 방송통신고, 기타 학생부 성적체계가 다른 고교

(3) 전형방법(전형요소 및 반영 비율)

선발모형	전형요소						비고
	학생부교과				학생부 비교과		
	등급계산		비율계산				
	최고점	최저점	최고점	최저점	최고점	최저점	
일괄합산	80%		10%		10%		전 요소 정량 반영
	800	0	100	0	100	0	

(4) 선발방법

    (가) 모집단위(전공)별 총점 성적순에 따라 합격자를 선발함
    (나) 동점자 처리기준
        ① 학생부교과 - 등급성적 부분(800만점) 점수 우수자
        ② 학생부교과 - 성취도와 성취비율 부분(100만점) 점수 우수자
        ③ 위 처리 기준상에도 동점일 경우 모두 선발

(5) 수능최저학력기준

지원계열	수능 최저학력기준
전 계열	국어, 수학, 영어, 탐구(1과목) 4개 영역 중 **3개 영역 각 3등급 이내**이고 **한국사 4등급** 이내

※ 지원 계열에 따른 응시영역 내 선택 과목 간 구분을 두지 않음(국어, 수학, 탐구)

    (6) **제출서류**: 학교생활기록부, 학교장 추천확인서(고교별 제출)

---

10) 2024 서강대 입학전형

사) 이화여대 – 고교추천전형[11]

(1) 모집인원: 172명

(2) 지원자격

1. 2023년 2월 이후 국내 고등학교 졸업자(2024년 2월 졸업예정자 포함)
※ 특수목적고 졸업(예정)자, 특성화고 졸업(예정)자, 일반계고 및 종합고의 전문계 교육과정 이수자, 학력인정 평생교육시설 및 비인가 대안학교 졸업(예정)자, 일반고등학교의 대안교육위탁학생 출신자, 학생부 교과목별 석차등급을 산출할 수 없는 자 제외
2. 학교장의 추천을 받은 자 ※고교별 추천인원 제한 있음
3. 3학년 1학기까지 국내 고등학교 교육과정에서 통산 5학기 이상의 성적을 취득한 자

(3) 학생부 교과 성적 반영 방법

전형	반영교과(군)	반영학기	이수단위 반영방법	교과별 반영 방법		교과성적 산출방법
				공통/일반선택	진로선택	
고교추천	국어, 수학, 영어, 한국사, 사회(역사/도덕포함), 과학	3학년 1학기까지 (학년별/학기별 가중치 없음)	**전 단위** [공통/일반선택 90% + 진로선택/전문교과 10%]	석차등급	성취도	석차등급 및 성취도 점수에 이수단위를 반영

(4) 수능 최저학력기준: 없음

---

11) 2024 이화여대 입학전형

아) 한국외대 - 학교장추천전형[12)]

(1) 모집인원: 372명

(2) 지원자격

2023년 1월 이후(2023년 1월 포함) 국내 고등학교 졸업(예정)자로서, 소속 고등학교장의 추천을 받은 자(고등학교별 추천 인원은 서울캠퍼스 10명 이내, 글로벌캠퍼스 10명 이내), 다음의 학교생활기록부 요건을 충족하는 자

[학교생활기록부 요건]

　가. 인문계는 <u>국어, 수학, 영어, 사회</u> 교과에서, 자연계는 <u>국어, 수학, 영어, 과학</u> 교과에서 각 교과별로 한 과목 이상의 성적이 있어야 함.

　나. <u>3개 학기 이상</u>의 학교생활기록부 성적이 있어야 함.

　다. 해당 학기 모두 과목별 '단위수, 석차등급, 원점수'가 기재되어 있어야 함

학생부교과전형 지원 불가 대상
① 특성화고등학교(일반고 및 종합고의 특성화(전문계) 과정 이수자, 대안교육 특성화고 포함) 졸업(예정)자
② 방송통신고등학교 졸업(예정)자
③ 대안학교(각종학교) 졸업(예정)자
④ 고등학교 학력인정 평생교육시설 출신자
⑤ 일반고등학교의 대안교육 위탁 학생
⑥ 마이스터고등학교 졸업(예정)자
⑦ 예술(체육)고등학교 졸업(예정자)
⑧ 고등학교 졸업학력 검정고시 출신자
⑨ 학생부 성적체계가 다른자

(3) 전형방법

(가) 전형요소 및 반영비율: 학교생활기록부 교과성적 100% (총점 200점)로 선발

(나) 학교생활기록부 교과 : 계열별 지정 교과

　　1) 인문계열 : 국어, 수학, 영어, 사회(한국사, 역사, 도덕 포함) 전 과목 반영

　　2) 자연계열: 국어, 수학, 영어, 과학 전 과목 반영

　① 반영 교과목

과목구분	반영방법	계열	반영교과	반영 과목 수	반영 학기	비고
공통/ 일반 선택과목	등급환산점수 또는 원점수환산점수 중 상위값 적용	인문	국어, 수학, 영어, 사회	해당 교과 전 과목	3학년 1학기까지 (단, 졸업자는 3학년 2학기까지)	성취도 환산점수: A=1등급 환산점수 B=2등급 환산점수 C=3등급 환산점수
		자연	국어, 수학, 영어, 과학			
진로 선택과목	성취도환산점수	인문	국어, 수학, 영어, 사회			
		자연	국어, 수학, 영어, 과학			

※ 사회 교과에 한국사, 역사, 도덕 포함

---

12) 2024 한국외대 입학전형

※ 학교생활기록부 반영교과는 원칙적으로 해당 고등학교에서 분류한 교과 분류를 따르나 고교별 교과 분류가 상이한 경우 본교의 판단 기준에 의해 반영함

② 교과별 반영 비중

모집단위	교과별 반영 비율(%)					합계	학년별 비율
	국어	수학	영어	사회	과학		
인문계열	30	20	30	20	-	100	없음
자연계열	20	30	20	-	30	100	

③ 교과성적 산출방법

학교생활기록부 교과성적 산출방법
교과 평균점수 = $\dfrac{[\{단위수 \times (등급환산점수\ 또는\ 원점수환산점수\ 중\ 상위값)\} + (단위수 \times 성취도환산점수)]의\ 합}{총\ 단위수}$

(4) 대학수학능력시험 최저학력기준

캠퍼스	모집단위	최저학력기준
서울	해당모집단위	국어, 수학, 영어, 탐구(사회 혹은 과학탐구 1과목) 중 2개 영역 등급 합 4 이내이고, 한국사 영역 4등급 이내
글로벌	인문계열	국어, 수학, 영어, 탐구(사회 혹은 과학탐구 1과목) 중 1개 영역 등급이 3 이내이고, 한국사 영역 4등급 이내
	자연계열	국어, 수학, 영어, 과학탐구(1과목) 중 1개 영역 등급이 3 이내이고, 한국사 영역 응시

자) 홍익대 (서울/세종)[13]

(1) 학교장추천자전형 (서울캠퍼스 전형)

(가) 모집인원: 313명

(나) 지원자격

2022년 2월 이후(2월 포함) 고교 졸업(예정)자 중 3학기 이상의 교육과정을 이수하고 소속 고등학교의 추천을 받은 자

※ 고교별 추천 인원은 10명 이내 ※ 아래 해당자 지원 불가 - 학교생활기록부에 반영교과의 석차등급이 기재되지 않은 자 - 특성화고(대안교육 특성화고, 일반고의 특성화(전문계)교육과정 이수자 포함), 마이스터고, 영재학교, 각종학교, 방송통신고, 고등기술학교 출신자

(다) 전형요소 및 반영비율

캠퍼스	모집계열/모집단위	전형요소 및 반영비율 학생부 교과
서울	인문계열/자연계열/예술학과/캠퍼스자율전공(인문·예능)/ 캠퍼스자율전공(자연·예능)	100%

(라) 학교생활기록부 교과 반영방법

캠퍼스	모집계열/모집단위	반영교과	반영학기	반영방법	점수산출 활용지표
서울	인문계열/예술학과 캠퍼스자율전공(인문·예능)	국어, 영어, 수학, 사회	1학년 1학기 ~3학년1학기	공통 및 일반선택과목 90% + 진로선택과목 10%	석차등급(공통 및 일반선택과목), 성취도(진로선택 과목)
	자연계열/ 캠퍼스자율전공(자연·예능)	국어, 영어, 수학, 과학			

※ 사회(한국사, 역사/도덕 포함)
※ 공통 및 일반선택과목은 석차등급이 있는 과목만 반영함
※ 진로선택과목 성취도 환산점수: A=10점, B=9점, C=7점

(마) 대학수학능력시험 최저학력기준

---

13) 2024 홍익대 입학전형

캠퍼스	모집계열/ 모집단위	수능최저학력기준	
서울	인문계열/예술학과 캠퍼스자율전공(인문·예능)	국어, 수학, 영어, 탐구(사회/과학) 영역 중 3개 영역 등급 합 8 이내	한국사 4등급 이내
	자연계열/ 캠퍼스자율전공(자연·예능)	국어, 수학(미적분/기하), 영어, 탐구(과학) 영역 중 3개 영역 등급 합 8 이내	

※ 각 모집계열/모집단위별 수능최저학력기준에 제시된 4가지 영역(국어, 수학, 영여, 탐구
(2과목)) 및 한국사를 모두 응시해야 함
※ 탐구영역의 경우 최상위 1과목 등급을 반영함

(2) 교과우수자전형(세종캠퍼스)

(가) 모집인원: 349명

(나) 지원자격

2022년 2월 이후(2월 포함) 고교 졸업(예정)자 중 3학기 이상의 교육과정을 이수하고 소속
고등학교의 추천을 받은 자

※ 아래 해당자 지원 불가
- 학교생활기록부에 반영교과의 석차등급이 기재되지 않은 자
- 특성화고(대안교육 특성화고, 일반고의 특성화(전문계)교육과정 이수자 포함), 마이스터고,
영재학교, 각종학교, 방송통신고, 고등기술학교 출신자

(다) 전형요소 및 반영비율

캠퍼스	모집계열/모집단위	전형요소 및 반영비율 학생부 교과
세종	인문계열/자연계열/캠퍼스자율전공(인문·예능)/캠퍼스자율 전공(자연·예능)	100%

(라) 학교생활기록부 교과 반영방법

캠퍼스	모집계열/모집단위	반영교과	반영학기	반영방법	점수산출 활용지표
세종	인문계열/ 캠퍼스자율전공(인문·예능)	국어, 영어, 수학, 사회	1학년 1학기 ~ 3학년 1학기	공통 및 일반선택과목 90% + 진로선택과목 10%	석차등급 (공통 및 일반선택과목), 성취도 (진로선택과목)
	자연계열/ 캠퍼스자율전공(자연·예능)	국어, 영어, 수학, 과학			

※ 사회(한국사, 역사/도덕 포함)
※ 공통 및 일반선택과목은 석차등급이 있는 과목만 반영함
※ 진로선택과목 성취도 환산점수: A=10점, B=9점, C=7점

(마) 대학수학능력시험 최저학력기준

캠퍼스	모집계열/ 모집단위	수능최저학력기준	
서울	인문계열/예술학과 캠퍼스자율전공(인문·예능)	국어, 수학, 영어, 탐구(사회/과학) 영역 중 3개 영역 등급 합 8 이내	한국사 4등급 이내
	자연계열/ 캠퍼스자율전공(자연·예능)	국어, 수학(미적분/기하), 영어, 탐구(과학) 영역 중 3개 영역 등급 합 8 이내	

※ 각 모집계열/모집단위별 수능최저학력기준에 제시된 4가지 영역(국어, 수학, 영여, 탐구(2과목)) 및 한국사를 모두 응시해야 함
※ 탐구영역의 경우 최상위 1과목 등급을 반영함

차) 서울시립대 – 지역균형선발전형[14]

(1) 모집인원: 230명

<u><주의></u> 학생부 교과 (실기전형) 폐지

(2) 지원자격

초·중등교육법 시행령 제76조의3에 따른 국내 고등학교 2023년 이후 졸업(예정)자 중 소속 고등학교장의 추천을 받은 자로서 2024학년도 대학수학능력시험 응시자
※ 3학년 1학기까지 국내 고등학교 교육과정에서 통산 5학기 이상의 성적을 취득한 자
※고등학교별 추천 인원은 10명 이내이며, 각 고등학교는 반드시 학교장 직인이 날인된 추천자 명단을 지정 기간 내에 공문으로 제출해야 함
※ 단, 특성화고(일반고의 특성화(전문계) 과정 이수자, 대안교육 특성화고, 일반고의 대안교육 위탁학생 출신자 포함), 마이스터고, 예술고, 체육고, 학력인정 평생교육시설, 각종학교, 방송통신고, 고등기술학교 등 등 관계 법령에 의한 학력인정 학교 또는 유사한 교육기관 등 졸업(예정)자는 지원할 수 없음

(3) 전형방법: 학생부 교과 100%

(가) 학생부 반영방법
　① 공통과목 및 일반선택과목(90%) : 석차등급
　② 진로선택과목(10%) : 성취도
　　(인문) 국어, 수학, 영어, 사회 교과 중 상위 3과목
　　(자연) 국어, 수학, 영어, 과학 교과 중 상위 3과목

---

14) 2024 서울시립대 입학전형

(4) 수능최저학력기준

모집단위	최저학력기준
인문계열	국어(화법과 작문, 언어와 매체 중 택1), 수학(확률과 통계, 미적분, 기하 중 택 1), 영어, 탐구(사회/과학 중 상위 1과목) 중 3개 영역 등급 합 7이내
자연계열Ⅰ	국어(화법과 작문, 언어와 매체 중 택1), 수학(미적분, 기하 중 택 1), 영어, 탐구(과학 중 상위 1과목) 중 3개 영역 등급 합 7이내
자연계열Ⅱ	국어(화법과 작문, 언어와 매체 중 택1), 수학(확률과 통계, 미적분, 기하 중 택 1), 영어, 탐구(과학 중 상위 1과목) 중 3개 영역 등급 합 7이내

카) 상명대(서울)[15]

(1) 고교추천전형 (정원 내)

(가) 모집단위 및 모집인원: 349명 (고교별 추천인원 10명 이내)

계열	모집단위		모집인원	계열	모집단위		모집인원
인문	인문콘텐츠학부	역사콘텐츠전공	8	자연	수학교육과		8
		지적재산권전공	6		지능·데이터융합학부	휴먼지능정보공학전공	26
		문헌정보학전공	8			핀테크전공	15
	SW융합학부	한일문화콘텐츠전공	7			빅데이터융합전공	
	공간환경학부		12			스마트생산전공	
	행정학부		16		SW융합학부	컴퓨터과학전공	34
	가족복지학과		8			전기공학전공	9
	경제금융학부		22			지능IOT융합전공	8
	경영학부		31			게임전공	9
	글로벌경영학과		24		생명화학공학부	생명공학전공	11
	국가안보학과		18			화학에너지공학전공	11
	국어교육과		11			화공신소재전공	11
	영어교육과		8		외식의류학부	식품영양학전공	7
	교육학과		8			의류학전공	7
				예체능	SW융합학부	애니메이션전공	6

(나) 지원자격

---

15) 2024 상명대 입학전형

[공통사항]: 고교별 추천인원 10명 이내
[전체(국가안보학과 제외)]
2016년 2월 이후 국내 고등학교 졸업(예정)자로서 소속 고등학교장의 추천을 받은 자이며, 고등학교생활기록부에 5개 학기(졸업예정자는 3학년 1학기 포함 4개 학기)의 교육과정을 이수하고 교과성적 산출이 가능한 자
[국가안보학과]

다음의 자격요건을 모두 충족하는 자로서 소속 고등학교장의 추천을 받은 자이며, 고등학교생활기록부에 5개 학기(졸업예정자는 3학년 1학기 포함 4개 학기)의 교육과정을 이수하고 교과성적 산출이 가능한 자
1) 국내 고등학교 졸업(예정)자 중「군 인사법」제10조에 저촉되지 아니한 자로서 2024년 1월 기준으로 만 16세 이상 23세 이하인 자 (2002. 1. 1 ~ 2007. 12. 31 출생자로 군필자도 지원 가능)
  ※ 육군본부 학·군 제휴 협약에 의해 선발
2) 친권자 동의 및 재정보증보험에 가입 가능한 자
  (신용불량 등의 사유로 재정보증보험에 가입제한 시 지원 불가)

[공통] 지원자격 제한사항
특성화고(일반고의 특성화(전문계) 과정 이수자, 대안교육 특성화고 포함), 마이스터고, 예술고, 체육고, 방송통신고, 평생교육법에 의한 학력인정학교, 대안학교, 교과교육 소년원의 고교과정, 일반계고교 위탁교육(직업교육, 대안교육 등 포함) 이수자 및 출신자는 지원할 수 없음

(다) 수능최저학력기준

[전체(국가안보학과 제외)]
국어, 수학, 영어, 일반탐구(사회/ 과학-탐구영역 1개 과목 반영) 중 2개 영역 등급 합 7등급 이내 ※ 대학수학능력시험 성적 적응 2개 영역 미응시자의 경우 불합격 처리
[국가안보학과]: 수능최저학력기준 없음.

(라) 전형방법
① 전체(국가안보학과 제외)

선발모형	선발비율(%)	전형요소 및 실질반영비율(%)	전형총점(점)
일괄합산	100	학생부교과 100	1,000

② 국가안보학과

선발모형	선발비율(%)	전형요소 실질반영비율(%)				전형총점(점)
		학생부교과	체력검정	신체검사	계	
일괄합산	100	80	20	합격·불합격만 판정	100	1,000

(2) 서해5도학생전형 (정원 외)
(가) 모집단위 및 모집인원: 4명

계열	모집단위		모집인원	계열	모집단위		모집인원
인문	인문콘텐츠학부	역사콘텐츠전공	2	자연	지능·데이터 융합학부	휴먼지능정보공학전공	2
		지적재산권전공				핀테크전공	
		문헌정보학전공				빅데이터융합전공	
	SW융합학부	한일문화콘텐츠전공				스마트생산전공	
	공간환경학부				SW융합학부	컴퓨터과학전공	
	행정학부					전기공학전공	
	가족복지학과					지능IOT융합전공	
	경제금융학부					게임전공	
	경영학부				생명화학공학부	생명공학전공	
	글로벌경영학과					화학에너지공학전공	
						화공신소재전공	
	-				외식의류학부	식품영양학전공	
						의류학전공	
				예체능	SW융합학부	애니메이션전공	
					스포츠무용학부	스포츠건강관리전공	

(나) 지원자격

2016년 2월 이후 국내 고등학교 졸업(예정)자로서, 「서해 5도 지원 특별법」 제2조 제1호에 해당하는 지역에 소재하는 고등학교 전 교육과정을 이수하고, 교과성적 산출이 가능한 자로서 다음의 기준 중 하나에 해당하는 자

1) 「서해 5도 지원 특별법 시행령」 제11조 제1호에 해당하는 자
   서해 5도에서 친권자 또는 후견인과 함께 거주하면서 서해 5도에 설립된 중학교 및 고등학교의 모든 교육과정을 이수한 학생
2) 「서해 5도 지원 특별법 시행령」 제11조 제2호에 해당하는 자
   서해 5도에 거주하면서 서해 5도에 설립된 초등학교·중학교 및 고등학교의 모든 교육과정을 이수한 학생
   ※ 서해 5도: 인천광역시 옹진군에 속하는 백령도, 대청도, 소청도, 연평도, 소연평도와 인근 해역
   ※ 졸업예정자는 고교 졸업일까지 서해 5도 지역에 거주해야 함
   ※ 재학기간과 거주기간은 연속된 연수만을 인정
※ 지원자격 제한사항
특성화고(일반고의 특성화(전문계) 과정 이수자, 대안교육 특성화고 포함), 마이스터고, 예술고, 체육고, 방송통신고, 평생교육법에 의한 학력인정학교, 대안학교, 교과교육 소년원의 고교과정, 일반계고교 위탁교육(직업교육, 대안교육 등 포함) 이수자 및 출신자는 지원할 수 없음

(다) 수능최저학력기준: 없음

(라) 전형방법

선발모형	선발비율(%)	전형요소 및 실질반영비율(%)	전형총점(점)
일괄합산	100	학생부교과 100	1,000

타) 국민대 - 교과성적우수자[16]

(1) **모집인원**: 492명 [인문계 183명, 자연계 309명]

(2) **지원자격** (아래 사항 모두 해당자)

가. 국내 고등학교 졸업(예정)자
※ 산업수요 맞춤형 고등학교(마이스터고), 특성화고등학교 중 자연 현장실습 등 체험 위주의 교육을 전문으로 실시하는 고등학교를 제외한 학교, 일반고(종합고)에 설치된 학과 중 특성화고등학교와 같은 교육과정으로 운영되는 학과 출신자는 지원할 수 없음
※ 학력인정 평생교육시설, 각종학교, 방송통신고, 고등기술학교 등 관계 법령에 의한 학력인정 학교 또는 유사한 교육기관 등의 졸업(예정)자는 지원할 수 없음
나. 3학년 1학기까지 3개 학기 이상의 본교 반영교과영역의 지정교과목 석차(과목, 학기 또는 학년(계열)별 성적이 있는 자
다. 졸업(예정) 고등학교의 학교장 추천을 받은 자
※ 학교별 추천인원 제한 없음

(3) **전형방법**

전형형태	선발인원	전형요소별 반영비율 및 반영점수		
		구분		학생부
일괄합산	100%	전형요소별 명목 반영비율		100%
		전형요소별 실질 반영비율		100%
		전형요소별 반영점수	최고점	1,000점
			최저점	0점

(4) **제출서류**

대상자	제출서류
학생부 전산활용 동의자	학교장추천서 1부(추천 정보 입력 기간 내에 온라인 제출)
학생부 전산활용 비동의자 및 비대상교 출신자	- 학교생활기록부 사본 1부 (출신학교장 직인 및 간인 날인) - 학교장 추천서 1부(추천 정보 입력 기간 내에 온라인 제출)

(5) **대학수학능력시험 최저학력기준**

계열	대학수능최저학력기준
인문	국어, 수학, 영어, 사탐/과탐(상위 1과목) 영역 중 2개 영역 등급 합 5 이내
자연	국어, 수학, 영어, 과탐(상위 1과목) 영역 중 2개 영역 등급 합 6 이내

---

16) 2024 국민대 입학전형

파) 단국대[17)

(1) 지역균형선발 - 정원 내 (인문·자연계열)

(가) 지원자격

국내 정규 고등학교 졸업(예정)자로서 소속 고등학교장의 추천을 받은 자
※ 학생부 반영교과가 없거나, 국내 고등학교 성적체계와 다른 경우 지원 불가
※ 2024학년도 대학수학능력시험 응시자에 한함(수능최저학력기준 있음, 12쪽 참조)

(나) 학교생활기록부 성적 반영: 학생부 100% 일괄 반영

① 반영교과 및 반영비율

계열	반영교과 및 반영비율 (%)					활용지표	비고
	국어	수학	영어	사회	과학		
인문	30	20	30	20	-	석차등급 (9등급) · 성취도	전학년 동일하게 적용 - 재학생: 3학년 1학기까지
자연	20	30	30	-	20		- 졸업생: 3학년 2학기까지

- 한국사를 이수한 경우는 반영하되, 계열별로 반영하는 사회 또는 과학 교과에 포함하여 반영함
- 모집계열별 반영교과가 1개라도 없거나, 반영교과목별 석차등급점수를 산출할 수 없는 경우 합격자 선발 대상에서 제외함
- 성취도는 보통교과에 한하여 반영하며 세부반영방법은 모집요강 참조
- 석차등급과 성취도가 모두 기재된 경우에는 해당 석차등급을 반영함 (성취도 미반영)

② 성취도 점수 환산등급

구분	환산등급			비고
성취도	A	B	C	- 성취도를 환산등급 표와 같이 석차등급으로 환산 후 석차등급 점수를 부여
석차등급	1	2	5	- 성취도 상위 3과목까지만 반영함

※ 해당 모집단위별 반영 교과목에 한하며, 해당 고등학교에서 분류한 교과편제에 따라 반영함
※ 성취도가 같은 경우에는 이수단위가 큰 과목을 반영함
※ 성취도와 이수단위가 모두 같은 경우에는 모집단위별 반영비율이 큰 교과군의 과목을 반영함

(다) 대학수학능력시험 최저학력기준

캠퍼스	모집단위	대학수능최저학력기준
죽전	인문	국어, 수학(확통/미적분/기하), 영어, 탐구(사탐/과탐 중 1개 과목) 중 2개 영역 등급 합 6 이내
	자연	국어, 수학(미적분/기하), 영어, 탐구(과탐 중 1개 과목) 중 2개 영역 등급 합 6 이내

---

17) 2024 단국대 입학전형

(2) 학생부교과우수자 - 정원 내
(가) 지원자격

국내 정규 고등학교 졸업(예정)자

※ 학생부 반영교과가 없거나, 국내 고등학교 성적체계와 다른 경우 지원 불가

※ 2024학년도 대학수학능력시험 응시자에 한함(수능최저학력기준 있음, 12쪽 참조)

※ 해병대군사학과는 장교임관에 결격사유가 없는 자(남·여)에 한

(나) 학교생활기록부 성적 반영
① 반영교과 및 반영비율
'지역균형선발'전형과 같다.
A. 인문·자연계열: 학생부 100% 일괄 반영
B. 해병대군사학과

선발모형	학생부		서류	수능	실기	면접	논술	실적
	교과	비교과						
1단계 (4배수)	100	-	-	-	-	-	-	-
2단계	90	-	10	-	-	-	-	-
	P/F (인성검사, 신체검사, 면접, 신원조회)							

전형요소별 반영비율(%)

※ 2단계 서류: 국민체력인증센터 인증서(국민체력 100 인증센터 체력측정 인증서 및 결과지)

※ 반영교과 및 반영비율은 인문·자연 계열과 같다.

- 한국사를 이수한 경우는 반영하되, 계열별로 반영하는 사회 또는 과학 교과에 포함하여 반영함
- 모집계열별 반영교과가 1개라도 없거나, 반영교과목별 석차등급점수를 산출할 수 없는 경우 합격자 선발 대상에서 제외함
- 성취도는 보통교과에 한하여 반영하며 세부반영방법은 모집요강 참조
- 석차등급과 성취도가 모두 기재된 경우에는 해당 석차등급을 반영함 (성취도 미반영)

② 성취도 점수 환산등급
'지역균형선발'전형과 같다.

(다) 대학수학능력시험 최저학력기준

캠퍼스	모집단위	대학수능최저학력기준
천안	인문·자연/ 스포츠경영학과	국어, 수학(확통/미적분/기하), 영어, 탐구(사탐/과탐 중 1개 과목) 중 2개 영역 등급 합 8 이내
	해병대군사학과	국어, 수학(미적분/기하), 영어, 탐구(과탐 중 1개 과목), 한국사 중 4개 영역 평균 3등급(~3.99) 이내

(3) 특성화고졸재직자 (학생부교과)
(가) 지원자격

아래 각 호의 하나에 해당하는 자로서 산업체 근무경력이 2024년 2월 29일 기준 3년 이상인 재직자
(단, 2024년 2월 29일 기준 재직 중이어야 함)
① 일반고등학교에 재학하는 동안 직업교육훈련 과정을 이수한 자
 - 초·중등교육법 시행령 제76조의3제1호에 따른 일반고등학교에 재학하는 동안 시·도 교육감이 '직업교육훈련 촉진법'에 따른 직업교육훈련기관 중 직업교육훈련위탁기관으로 선정한 기관에서 1년 이상의 직업교육훈련과정을 이수하고 해당 일반고등학교를 졸업한 자
② 초·중등교육법 시행령 제90조제1항제10호에 따른 산업수요 맞춤형 고등학교(마이스터고)를 졸업한 자
③ 특성화고등학교 등을 졸업한 자
 - 초·중등교육법 시행령 제91조제1항에 따른 특성화고등학교를 졸업한 자
 - 초·중등교육법 시행령 제76조의3제1호에 따른 일반고등학교에 설치된 학과 중 특성화고등학교에서 제공하는 것과 같은 교육과정으로 운영되는 학과를 졸업한 자
 ※ 초·중등교육법 시행령 제91조제1항에 따른 특성화고등학교 중 자연현장실습 등 체험위주의 교육을 전문으로 실시하는 고등학교 제외
④ 평생교육시설에서 특성화고 교육과정을 이수한 자
 - 평생교육법 제31조제2항에 따른 학력인정 평생교육시설 중 특성화고등학교 등에서 제공하는 것과 같은 교육과정을 운영하는 평생교육시설에서 해당 교육과정을 이수한 자
【산업체 인정 기준】
1. 국가·지방자치단체 및 공공단체(소속 직원의 경우)
2. 근로기준법 제11조에 의거 상시근로자 5인(사업주 포함) 이상 사업체
3. 4대보험 중 1개 이상 가입 사업체(창업·자영업자 포함)
※ 4대보험 가입 대상사업체가 아닌 1차 산업 종사자는 국가·지방자치단체가 발급하는 공적증명서 확인을 통해 인정할 수 있음
【산업체 재직(영업)기간 산정기준】
1. 2024. 2. 29(목) 기준 총 재직(영업)기간이 3년 이상이어야 함
 1) 총 재직기간은 4대보험 가입 증명서(국민연금 가입자 가입증명 등) 상의 보험 가입기간으로 산출함
 2) 창업·자영업자의 휴업기간 등 비영업기간은 재직(영업)기간 산정에서 제외함
2. 2개 이상 산업체에서 재직한 경우 재직(영업)기간을 합산하되, 재직(영업)기간이 중복된 경우 중복된 기간은 제외함
3. 휴직(휴업)기간은 재직(영업)기간으로 인정하지 않음
4. 군 의무복무 경력, 병역특례 기간 동안의 산업체 근무경력은 재직기간으로 인정함

(나) 학교생활기록부 성적 반영: 학생부 100% 일괄
반영교과 및 반영비율과 성취도 점수 환산등급 등은 '지역균형선발'전형과 같다.

하) 경희대 - 지역균형전형[18]

(1) 모집인원: 577명

(2) 지원자격

국내 고등학교 졸업예정자로서 3개 학기 이상의 교과 성적이 있는 학생으로 아래 본교 인재상 ①~④ 중 하나에 부합하여 학교장이 지정 기간 내에 추천한 학생이어야 합니다.

① 문화인재: 풍부한 독서와 교과 외 활동을 통한 입체적 사유능력, 토론 및 글쓰기 능력, 문화·예술적 소양을 고루 갖춘 학생
② 글로벌인재: 외국어 능력, 세계 문제에 대한 관심과 활동 등을 기반으로 '지속가능하고 공평한 세계'를 만드는 데 기여하고자 하는 학생
③ 리더십인재: 전교학생(부)회장, 학급(부)회장, 동아리(부)회장 등 리더십 활동, 팀워크에 기반한 사회 현장 활동을 통해 '더 나은 사회(공동체)' 건설에 헌신하고자 하는 학생
④ 과학인재: 주제탐구, 과제연구, 탐험, 발명, 창업 등 창의적 도전정신과 과학적 사고력이 남다른 학생

※ 추천 인원: 2022년 4월 1일 기준, 고등학교 3학년 재학 인원의 5% 이내(소수점 첫째 자리에서 버림하여 계산)
※ 태권도학과 지원자는 태권도 2단(품) 이상의 단증 소지자여야 합니다.
※ 초·중등교육법 시행령 제76조의3에서 정하는 고등학교에 한해 지원자격 인정[영재학교, 각종학교(학력인정 평생교육시설, 대안학교 등), 방송통신고, 산업체부설고, 고등기술학교는 제외]

(3) 최저학력기준

※ 2024학년도 수시모집 최저학력기준은 2023년 11월에 실시되는 대학수학능력시험 성적을 활용합니다

계열/모집단위	대학수학능력시험 최저학력기준
인문[지리학과(인문), 간호학과(인문), 한의예과(인문) 제외]	국어, 수학, 영어, 사회/과학탐구(1과목) 중 2개 영역 등급의 합이 5 이내이고, 한국사 5등급 이내
지리학과(인문), 간호학과(인문)	국어, 수학(확률과 통계), 영어, 사회탐구(1과목) 중 2개 영역 등급의 합이 5 이내이고, 한국사 5등급 이내
한의예과(인문)	국어, 수학(확률과 통계), 영어, 사회탐구(1과목) 중 3개 영역등급의 합이 4 이내이고, 한국사 5등급 이내
자연[의예과·한의예과(자연)·치의예과·약학과 제외]	국어, 수학(미적분/기하), 영어, 과학탐구(1과목) 중 2개 영역 등급의 합이 5 이내이고, 한국사 5등급 이내
의예과·한의예과(자연)·치의예과·약학과	국어, 수학(미적분/기하), 영어, 과학탐구(1과목) 중 3개 영역 등급의 합이 4 이내이고, 한국사 5등급 이내
예술·체육	국어, 영어 중 1개 영역 이상이 3등급이내

---

18) 2024 경희대 입학전형

※ 인문계열[지리학과(인문), 간호학과(인문), 한의예과(인문) 제외] 수학은 확률과 통계, 미적분, 기하 중 1개 과목을 반영합니다.

※ 지리학과(인문), 간호학과(인문), 한의예과(인문) 수학은 확률과 통계, 탐구는 사회탐구를 반영합니다.

※ 자연 및 의·약학 계열 수학은 미적분, 기하 중 1개 과목, 탐구는 과학탐구를 반영합니다.

※ 탐구영역은 상단 계열/모집단위 지정 탐구영역 중 상위 1개 과목을 반영합니다.

※ 한국사는 본교의 대학수학능력시험 최저학력기준 충족조건과 상관없이 필수 응시해야하는 과목입니다.

(4) 전형요소 및 반영비율

- 대학수학능력시험 최저학력기준을 충족한 지원자 중 학교생활기록부 교과 및 비교과(출결·봉사) 영역 성적과 교과종합평가 성적을 합산하여 총점 순으로 선발합니다.
- 공통서류를 기한 내에 미제출한 경우, 입학전형 대상에서 제외됩니다.
- 학생부교과전형 교과종합평가는 <수시 학생부위주전형 전형 요소별 평가 방법> 참고.
- 학교생활기록부 반영 방법은 <학교생활기록부 성적 반영 방법>을 참고하기 바랍니다.

사정 방법	구분	전형 요소별 반영 비율		계
		학교생활기록부 교과,비교과(출결·봉사) 성적	교과종합평가	
일괄합산	비율	70%	30%	100%
	배점	700점	300점	1,000점

(5) 제출서류: 학교생활기록부(공통)

거) 건국대학교 – KU 지역균형[19]
(1) 모집인원: 342명 (정원 내)

(2) 지원자격

- 국내 고등학교 졸업(예정)자로서 5학기 이상의 교육과정을 이수하고, 고등학교장의 추천을 받은 자
- 고교별 추천인원 제한 없음
- 특성화고, 마이스터고, 전문계과정(일반고,종합고), 영재학교, 예술고, 체육고, 학력인정 평생교육시설, 비인가 대안학교, 방송통신고, 고등기술학교 및 학생부 교과목별 석차등급을 산출할 수 없는 자는 지원이 불가하다

(3) 전형방법

사정단계	학생부(교과)	서류평가	합계	수능최저학력기준
일괄합산	700(70%)	300(30%)	1000(100%)	없음

---

19) 2024 건국대 입학전형

(4) **제출서류**: 학교생활기록부, 학교장 추천 명단

(5) **반영교과 및 반영방법**
    (가) **반영교과**

계열	반영교과 및 반영과목	반영요소
인문/ 자연	국어, 수학, 영어, 과학, 사회, 한국사 전 과목 -석차등급 및 이수단위가 표기된 전 과목 -학년별, 교과별 가중치 없음	석차등급 및 이수단위 ※ 등급의 기준점수를 반영

    (나) **반영방법**

- 반영교과에 해당하는 전체 과목의 석차등급을 본교 학생부 성적 산출식에 따라 이수
단위를 적용하여 반영(학교생활기록부 교과 반영방법은 모집요강 참고)
- 진로선택과목은 정량적으로 반영하지 않고 '정성평가'로만 반영
- 반영학기: (졸업예정자) 3학년 1학기까지, (졸업자) 3학년 2학기까지

    (6) **선발원칙**

- 학생부(교과)와 서류평가의 점수를 합산하여 총점 석차 순으로 모집단위별 모집인원 선발
- 서류평가가 일정 수준 이하인 경우 선발대상에서 제외
- 제출서류를 기한 내에 제출하지 않은 경우 선발 대상에서 제외

    (7) **전영요소별 실질 반영 비율**

전형요소	최고점	최저점	차이	실질 반영 비율
학생부(교과)	700	0	700	100%
서류평가	300	0	300	30%

너) 동국대 - 학교장추천인재 [20)]

(1) 모집인원: 400명

(2) 지원자격

- 국내 고교 졸업(예정)자로서 소속(졸업) 고등학교장의 추천을 받은 자(**고교별 8명 이내**)
- 원서접수 마감일 기준 3학기 이상의 교육과정을 이수하고 본교 학생부 반영 교과목 석차 등급이 10과목 이상 기재되어 있는 자
※ 학력인정 평생교육시설, 각종학교, 방송통신고, 고등기술학교 등 법령에 의한 학력인정 학교, 교육부 인가 재외한국학교 또는 유사한 교육기관 등의 졸업(예정)자는 지원 불가

(3) 전형방법

구분	선발배수	전형요소 및 비율(1000점 만점 기준 기본점수)		
일괄	-	학생부교과 70% (0점)	서류종합 30% (180점)	수능최저학력기준 미적용

(가) 학생부교과 반영방법

구분	교과		출결	
	반영비율	반영총점 기본점수	반영비율	반영총점 기본점수
일괄	70%	700점	-	-
		0점		-

반영교과		반영과목	비고
인문계열/영화영상학과	자연계열		
국어, 수학, <u>사회</u>, 영어, 한국사	국어, 수학, <u>과학</u>, 영어, 한국사	석차등급 상위10과목	이수단위 미적용

1등급	2등급	3등급	4등급	5등급	6등급	7등급	8등급	9등급
10	9.99	9.95	9.9	9.0	8.0	5.0	3.0	0.0

※ 유의사항
- 지정교과별 인정과목 선정 시 학교생활기록부 상의 교과를 기준으로 반영하고, 교과영역 구분이 없거나 어려운 경우에는 과목명을 기준으로 반영
- 교과 성적 반영 시 교과별/학년별 반영비율과 각 과목별 이수단위는 미적용
- 졸업예정자는 3학년 1학기(조기졸업 2학년 1학기)까지, 졸업자는 전(全)학년을 대상으로 반영

---

20) 2024 동국대 입학전형

더) 동덕여대 - 학생부교과우수전형[21]

(1) 모집단위별 모집인원: 189명

대학	모집단위	인원
인문대학	국어국문학전공	4
	문예창작전공	4
	국사학전공	3
	영어전공	9
	유러피언스터디즈전공	6
	일어일본학전공	6
	중어중국학전공	8
사회과학대학	사회복지학전공	3
	아동학전공	9
	문헌정보학전공	6
	경영학전공	14
	경제학전공	5
	국제경영학전공	8
자연정보과학대학	컴퓨터학전공	6
	정보통계학전공	8
	식품영양학전공	8
	보건관리학전공	6
	응용화학전공	8
	화장품학전공	5
약학대학	약학과	12
예술대학	큐레이터학전공	3
문화지식융합대학	글로벌MICE전공	9
	HCI 사이언스전공	9
	커뮤니케이션콘텐츠전공	9
	문화예술경영전공	9
	데이터사이언스전공	12
합계		189

(2) 지원자격

국내 고등학교 전 과정을 이수한 2022년 2월 이후 고등학교 졸업자 및 2024년 2월 졸업 예정자로서 학교장 추천을 받은 자(추천인원 제한 없음)

(3) 최저학력기준

- 2024학년도 수학능력시험 4개 영역[국어, 영어, 수학, 탐구(상위 1과목)] 중에서 2개 영역의 합이 7등급 이내 (국어, 수학, 사회/과학탐구 선택과목 무관)
(단, 영어영역 포함 시 2개 영역의 합 6등급 이내)
- 약학과의 경우 2024학년도 수학능력시험 3개 영역[국어, 수학, 탐구(상위 1과목)] 중에서 3개 영역의 합이 6등급 이내 (국어는 선택과목 무관, 수학의 경우 미적분/기하 중 택1, 탐구는 과학만 가능)
- 직업탐구 및 제2외국어/한문 제외

---

21) 2024 동덕여대 입학전형

(4) 전형요소 및 반영비율

전형형태	선발인원	전형요소별 반영비율 및 반영점수		
		구분		학생부 교과
일괄합산	100%	전형요소별 반영비율		100%
		전형요소별 반영점수	최고점	1,000점
			최저점	400점

러) 숭실대 - 학생부우수자[22]

(1) 모집인원: 435명

(2) 지원자격

국내 고등학교 2024년 2월 졸업예정자, 2023년 2월 또는 2022년 2월 졸업자로서 국내 고교에서 3학기 이상의 고교과정을 이수하고 학생부 교과성적 산출이 가능하며 출신 고등학교장의 추천을 받은 자

※ 특성화고, 종합고 특성화(전문계)과정 이수생, 예술고, 체육고, 마이스터고, 학력인정 평생교육시설, (비인가)대안학교 등 이와 유사한 교육기관 등의 출신자는 지원 불가

(3) 수능 최저학력기준

구분	수능 최저학력기준
인문, 경상계열	국어(화법과 작문, 언어와 매체 중 택1), 수학(확률과 통계, 미적분, 기하 중 택1), 영어, 사회/과학탐구(1과목) 中 2개 영역 등급 합 4등급 이내
자연계열	국어(화법과 작문, 언어와 매체 중 택1), 수학(미적분, 기하 중 택1), 영어, 과학탐구(1과목) 中 2개 영역 등급 합 5등급 이내
융합특성화 자유전공학부	국어(화법과 작문, 언어와 매체 중 택1), 수학(미적분, 기하 중 택1), 영어, 사회/과학탐구(1과목) 中 2개 영역 등급 합 5등급 이내

※ 계열 구분은 본교 모집단위가 속한 계열 기준임

(4) 전형방법

(가) 전형요소 및 반영비율: 학생부 교과성적 100% [별도의 고사 없음]

구분	학생부교과
명목/실질반영비율	100%
최고점/최저점	100점/0점

---

22) 2024 숭실대 입학전형

(나) 학생부 교과성적 반영방법

구분	반영교과(군)	반영방법
인문, 경상계열	국어, 수학, 영어, 사회, 한국사 교과(군)에 속한 전 과목 반영	석차등급, 이수단위 고려
자연계열	국어, 수학, 영어, 과학 교과(군)에 속한 전 과목 반영	
융합특성화 자유전공학부	국어, 수학, 영어, 사회, 과학, 한국사 교과(군)에 속한 전 과목 반영	

※ 계열 구분은 본교 모집단위가 속한 계열 기준임

(다) 학생부 교과성적 가중치(%)

구분	공통과목/일반선택 (80%)					진로선택 (20%)
	국어교과	수학교과	영어교과	사회교과 (한국사 포함)	과학교과	
인문계열	35	15	35	15	-	100
경상계열	15	35	35	15	-	
자연계열	15	35	25	-	25	
융합특성화 자유전공학부	15	35	25	25		

※ 진로선택 과목은 성취도별로 등급부여 (A=1등급, B등급=2등급, C등급=3등급)

머) 명지대 [23]

(1) 학생부추천전형
(가) 모집인원

전형명	인문캠퍼스(서울)	자연캠퍼스(용인)	계
학생부교과 (학교장추천전형)	160명	132명	292명

(나) 지원자격

국내 고등학교 졸업(예정)자로서 3학년 1학기까지 학교생활기록부가 3개 학기 이상 있는 자로서 학업역량과 인성이 타의 모범이 되어 소속(졸업) 고등학교장의 추천을 받은 자
- 지원불가 대상: 검정고시 합격자, 특성화고, 일반고(종합고) 전문계반, 대안교육 특성화고, 마이스터고, 예술고, 체육고, 방송통신고, 대안학교(각종학교), 학력인정 평생교육시설, 일반계고 위탁교육 출신자 등
- 고교별 추천 인원: 20명

---

23) 2024명지대 입학전형

(다) 전형요소 및 반영비율

구분		학생부(교과)	비고
일괄합산	비율	100%	
	최고점/최저점	1,000점/0점	

(라) 수능최저학력기준: 없음

(2) 교과면접전형
(가) 모집인원

전형명	인문캠퍼스(서울)	자연캠퍼스(용인)	계
학생부교과(교과면접전형)	145명	141명	286명

(나) 지원자격

- 고등학교 졸업(예정)자 또는 법령에 의하여 고등학교 졸업학력과 동등이상의 학력이 있다고 인정되는 자

(다) 전형요소 및 반영비율

구분		학생부(교과)	면접	비고
1단계	비율	100%	-	5배수 선발
	최고점/최저점	1,000점/0점		
2단계	비율	70%	30%	
	최고점/최저점	700점/0점	300점/0점	

(라) 수능최저학력기준: 없음

(마) 평가방법

구분	내용
면접평가	- 평가요소: 인성, 전공적합성, 발전가능성 - 면접방법: 2명의 면접위원과 1명의 수험생 간 약 5분간 개별 면접

(3) 기회균형전형
(가) 모집인원

전형명	인문캠퍼스(서울)	자연캠퍼스(용인)	계
학생부교과(기회균형전형)	57명	42명	99명

(나) **지원자격**: 아래 6가지 항목 중 하나에 해당하는 자

- 국가보훈대상자 : 고등학교 졸업(예정)자 또는 법령에 의하여 고등학교 졸업학력과 동등 이상의 학력이 있다고 인정된 자로「국가보훈 기본법」제3조제2호에 따른 국가보훈대상자로 국가보훈관계 법령에 따른 교육지원 대상자
- 기회균형 : 고등학교 졸업(예정)자 또는 법령에 의하여 고등학교 졸업학력과 동등 이상의 학력이 있다고 인정된 자로 아래 중 하나에 해당되는 자 ·「국민기초생활보장법」제2조제1호(수급권자), 제2호(수급자), 제10호(차상위계층) ·「한부모가족지원법」제5조, 제5조의2에 따른 지원대상자
- 농어촌학생 : 국내 고등학교 졸업(예정)자로서 아래 유형 중 하나에 해당되는 자 [유형1]「지방자치법」제3조에 따른 읍면 지역 또는 「도서, 벽지 교육진흥법 시행규칙」제2조에 따른 도서, 벽지에 소재하는 중고 전 교육과정을 연속으로 이수하고, 이수기간(중학교 입학일부터 고등학교 졸업일까지) 동안 본인 및 부모가 농어촌 지역 또는 도서. 벽지에 거주한 자 [유형2]「지방자치법」제3조에 따른 읍면 지역 또는 「도서. 벽지 교육진흥법 시행규칙」제2조에 따른 도서, 벽지에 소재하는 초, 중, 고 전 교육과정을 연속으로 이수하고, 이수기간(초등학교 입학일부터 고등학교 졸업일까지)동안 본인이 농어촌 지역 또는 도서, 벽지에 거주한 자 *지원불가 대상: 검정고시 합격자 및 특수목적고(과학고, 외국어고, 국제고, 예술고, 체육고, 마이스터고) 출신자
- 서해5도출신학생 : 서해5도에 소재하는 고등학교 졸업(예정)자로서 아래 유형 중 하나에 해당되는 자 ※ 서해 5도: 인천광역시 옹진군에 속하는 백령도, 대청도, 소청도, 연평도, 소연평도와 인근 해역 [유형1] 서해 5도에서 「민법」제 909조에 따른 부모(친권자) 또는 같은 법 제928조에 따른 후견인과 함께 거주하면서 서해5도에 설립된 중고 전 교육과정을 이수한 자 [유형2] 서해 5도에 거주하면서 서해5도에 설립된 초, 중, 고 전 교육과정을 이수한 자
- 자립지원 대상 아동 : 고등학교 졸업(예정)자 또는 법령에 의하여 고등학교 졸업학력과 등등 이상의 학력이 있다고 인정된 자로 「아동복지법 시행령」제38조제2항 각 호에 해당되는 자
- 북한이탈주민이나 제3국 출생 북학이탈주민 자 : 고등학교 졸업(예정)자 또는 법령에 의하여 고등학교 졸업학력과 동등 이상의 학력이 있다고 인정된 자로 「북한이탈주민법」제2조1호에 해당하는 북한이탈주민이나 제3국에서 출새한 북한이탈주민의 자녀

(다) 전형요소 및 반영비율

구분		학생부(교과)	면접	비고
1단계	비율	100%	-	5배수 선발
	최고점/최저점	1,000점/0점	-	
2단계	비율	70%	30%	
	최고점/최저점	700점/0점	300점/0점	

(라) 수능최저학력기준: 없음

(마) 평가방법

구분	내용
면접평가	- 평가요소: 인성, 전공적합성, 발전가능성 - 면접방법: 2~3명의 면접위원과 1명의 수험생 간 약 5분간 개별 면접

(4) 특성화고교전형
(가) 모집인원

전형명	인문캠퍼스(서울)	자연캠퍼스(용인)	계
학생부교과(특성화고교전형)	15명	22명	37명

(나) 지원자격

국내 특성화고등학교 졸업(예정)자로서 우리 대학교에서 규정한 모집단위별 동일계열 기준 학과 출신자
- 지원 모집단위와 동일계열 기준학과가 다른 경우에는 대학의 모집 단위와 관련된 전문 교과를 30단위 이상 이수한 경우 지원 가능
- 일반고 전문계반 출신자 지원 가능

(다) 전형요소 및 반영비율

구분		학생부(교과)	비고
일괄합산	비율	100%	
	최고점/최저점	1,000점/0점	

(라) 수능최저학력기준: 없음

(5) 성인학습자전형
(가) 모집인원

전형명	인문캠퍼스(서울)	자연캠퍼스(용인)	계
학생부교과(성인학습자전형)	45명	-	45명

(나) 지원자격

고등학교 졸업(예정)자 또는 법령에 의하여 고등학교 졸업학력과 동등 이상의 학력이 있다고 인정되는 자로 해당 학년도 입학일 기준 만 25세 이상의 성인학습자(1999년3월1일이전출생자)

(다) 전형요소 및 반영비율

구분		학생부(교과)	면접	비고
1단계	비율	100%	-	5배수 선발
	최고점/최저점	1,000점/0점	-	
2단계	비율	70%	30%	
	최고점/최저점	700점/0점	300점/0점	

-

(라) 수능최저학력기준: 없음

(마) 평가방법

구분	내용
면접평가	- 평가요소: 인성, 전공적합성, 발전가능성 - 면접방법: 2~3명의 면접위원과 1명의 수험생 간 약 5분간 개별 면접

(6) 특성화고등졸재직자전형

(가) 모집인원

전형명	인문캠퍼스(서울)	자연캠퍼스(용인)	계
학생부교과(특성화고등졸직재직자전형)	139명	-	139명

(나) 지원자격

▶ 다음의 어느 하나에 해당하는 사람으로서 산업체 근무 경력이 3년 이상인 재직자
① 초·중등교육법 시행령 제76조의3 제1호에 따른 일반고등학교에 재학하는 동안 시·도 교육감이 '직업교육훈련촉진법'에 따른 직업교육훈련기관 중 직업교육훈련위탁기관으로 선정한 기관에서 1년 이상의 직업교육훈련과정을 이수하고 해당 일반고등학교를 졸업한 사람
② 초·중등교육법 시행령 제90조 제1항 제10호에 따른 산업수요 맞춤형 고등학교를 졸업한 사람
③ 특성화고등학교 등을 졸업한 사람
④ 평생교육법 제31조 제2항에 따른 학력인정 평생교육시설 중 특성화고등학교 등에서 제공하는 것과 같은 교육과정을 운영하는 평생교육시설에서 해당 교육과정을 이수한 사람

(다) 전형요소 및 반영비율

구분		학생부(교과)	면접	비고
1단계	비율	100%	-	5배수 선발
	최고점/최저점	1,000점/0점		
2단계	비율	70%	30%	
	최고점/최저점	700점/0점	300점/0점	

(라) 수능 최저학력기준: 없음

(마) 평가방법

구분	내용
면접평가	- 평가요소: 인성, 전공적합성, 발전가능성 - 면접방법: 2~3명의 면접위원과 1명의 수험생 간 약 5분간 개별 면접

(7) 특수교육대상자전형

(가) 모집인원

전형명	인문캠퍼스(서울)	자연캠퍼스(용인)	계
학생부교과(특수교육대상자전형)	29명	17명	46명

(나) 지원자격

고등학교 졸업(예정)자 또는 법령에 의하여 고등학교 졸업학력과 동등 이상의 학력이 있다고 인정되는 자로서 아래 중 하나에 해당되는 자
- 「장애인복지법」제32조에 의하여 장애인으로 등록된 자
- 「장애인 등에 대한 특수교육법」제15조 제1항의 규정에 따른 대상자
- 「국가유공자 등 예우 및 지원에 관한 법률」제4조 등에 의한 상이등급자

(다) 전형요소 및 반영비율

구분		학생부(교과)	면접	비고
1단계	비율	100%	-	5배수 선발
	최고점/최저점	1,000점/0점		
2단계	비율	70%	30%	
	최고점/최저점	700점/0점	300점/0점	

(라) 수능 최저학력기준: 없음

(마) 평가방법

구분	내용
면접평가	- 평가요소: 인성, 전공적합성, 발전가능성 - 면접방법: 2~3명의 면접위원과 1명의 수험생 간 약 5분간 개별 면접

버) 세종대학교[24)]

전형 및 모집단위	모집인원
지역균형 전형	331
항공시스템공학 특별전형	20
농어촌학생 특별전형	20

(1) 학생부 교과: 지역균형 전형

(가) 지원자격

국내 정규 고등학교 졸업(예정)자로서 3학년 1학기까지 국내 고등학교 학교생활기록부 성적이 4개 학기 이상 있으며 학교생활기록부 반영교과의 석차등급이 있는 자 중 학교장 추천을 받은 자

※ 단, [특성화고, 일반고 및 종합고]의 일반계 이외 계열의 졸업(예정)자, [마이스터고, 예술고, 체육고, 방송통신고, 대안학교(각종학교), 고등학교 학력인정 평생교육시설] 졸업(예정)자, 일반고등학교의 대안교육위탁학생 및 직업교육위탁학생은 지원불가

※ 지원한 계열에 해당하는 반영교과 중 각 교과별로 해당하는 세부과목이 한 과목도 없는 경우는 지원할 수 없음

(나) 전형요소 및 반영비율

모집단위	사정방법	전형요소	기타
인문계열 자연계열	일괄합산	학교생활기록부(교과) 100%	수능최저학력 기준 있음

(다) 학교생활기록부 반영 교과 및 학년별 반영비율

계열구분	반영교과	점수산출 활용지표	학년별 반영비율
인문계열	국어, 영어, 수학, 사회, 과학	석차등급 및 이수단위	전 학년 평균
자연계열	국어, 영어, 수학, 과학		

(라) 수능 최저학력기준

모집단위	최저학력 기준
인문계열	국어, 수학, 영어, 탐구(사회/과학탐구 중 1과목) 중 2개 영역 등급의 합 6이내
자연계열	국어, 수학(미적분 또는 기하), 영어, 과학탐구(1과목) 중 2개 영역 등급의 합이 7 이내

(2) 학생부 교과: 농어촌학생 특별전형

(가) 지원자격

국내 고등학교 졸업(예정)자로서 아래 지원자격 중 어느 하나에 해당하고, 학교생활기록부 반영교과의 석차등급이 있으며 출신 고등학교장의 확인을 받은 자

- 유형 1 (6년) : 학생 본인이 농어촌지역에 소재한 학교에서 중학교 입학 시부터 고등학

---

24) 2024 세종대 입학전형

교 졸업 시까지 전 교육과정을 이수하고 같은 기간 부·모·학생(본인) 모두가 농어촌 지역에 거주한 자
- **유형 2 (12년)** : 학생 본인이 농어촌지역에 소재한 학교에서 초·중·고 전 교육과정을 이수하고, 같은 기간 본인이 농어촌 지역에 거주(초등학교 입학 시부터 고등학교 졸업 시까지)한 자

※ 농어촌지역 : 지방자치법 제 3조에 따른 읍·면 지역 및 도서벽지 교육진흥법 제2조에 따른 도서벽지 지역
※ 특성화고등학교, 특수목적고등학교(과학고, 외국어고, 국제고, 예술고, 체육고, 마이스터고), 평생교육법에 따른 학력인정 평생교육시설, 검정고시, 비인가 대안학교 졸업(예정)자는 지원할 수 없음
※ 고교 유형은 고등학교 입학일 기준이며, 농어촌 지역 거주 개시일은 해당 학년도 개시일인 3월 2일임
※ 지원한 계열에 해당하는 반영교과 중 각 교과별로 해당하는 세부과목이 한 과목도 없는 경우는 지원할 수 없음
※ 재학기간과 거주기간은 연속된 연수만을 인정함 (학업 중단 후 재입학할 경우에도 거주기간은 중간 단절 없이 연속되어야 함)
※ 고등학교 (초등학교, 중학교) 재학 기간 중 행정구역 개편 등으로 읍·면 지역이 동으로 변경 또는 도서·벽지 지역이 해제된 경우에는 재학기간 동안 해당 지역을 읍·면 또는 도서·벽지 지역으로 인정
※ 유형 1(6년) 지원자격에 해당하는 기간 중 학생과 부모의 거주는 각각의 주민등록상 거주기록과 일치해야 함
※ 부모가 이혼한 경우 친권이 있는 부 또는 모를 부모로 인정하며, 이혼 전 부모의 주소지와 이혼 후의 주민등록상 지원자 본인의 친권이 있는 부·모의 주소지가 농어촌 지역이어야 함
(단, 친권자과 양육권자가 상이한 경우에는 양육권(자녀교육권)을 가진 자를 부모로 간주함)

(나) 전형요소 및 반영비율

모집단위	사정방법	전형요소	기타
인문계열 자연계열	일괄합산	학교생활기록부(교과) 100%	수능최저학력 기준 **없음**

(다) 학교생활기록부 반영 교과 및 학년별 반영비율

계열구분	반영교과	점수산출 활용지표	학년별 반영비율
인문계열	국어, 영어, 수학, 사회, 과학	석차등급 및 이수단위	전 학년 평균
자연계열	국어, 영어, 수학, 과학		

(3) 학생부교과: 항공시스템공학 특별전형
(가) 지원자격

가. 고등학교 졸업(예정)자로서 학교생활기록부 반영교과의 석차등급 산출이 가능한 자
나. 군 인사법 제10조(결격사유 등) 2항에 저촉되지 아니한 자로서 임관일 기준 만 20세 이상 27세 이하인 자 (**2024학년도 입학자의 임관기준일 : 2028년 6월 1일**)
다. 친권자 동의 및 재정보증보험에 가입 가능한 자
※ 검정고시 출신자, 외국 고등학교 졸업(예정)자는 지원 불가
※ 신용불량 등의 사유로 재정보증보험에 가입 제한 시 지원불가

(나) 전형요소 및 반영비율

사정 방법	전형요소						비고
	학교생활기록부 (교과)	공군본부 주관					
		체력검정	면접평가	신체검사	적성검사	신원조회	
1단계	100%	-	-	-	-	-	5배수 선발
2단계	100%	합 · 불 판정					

⑦ 신체검사 : 공군 공중근무자 신체검사 공중근무 1급 적용
㉯ 체력검정 : 팔굽혀펴기, 윗몸일으키기, 1.5km 달리기 (여자(1.2km))
㉰ 적성검사 : 비행적성(자질) 및 모의 비행평가 실시
㉱ 면접평가 : 공군 면접평가관에 의한 평가

*2단계 전형 중 각 항목별 불합격자는 다음 항목응시 불가

(다) 학교생활기록부 반영 교과 및 학년별 반영비율

계열구분	반영교과	점수산출 활용지표	학년별 반영비율
자연계열	국어, 수학, 영어, 과학	석차등급 및 이수단위	전 학년 평균

(라) 수능 최저학력기준

모집단위	최저학력 기준
항공시스템공학과	국어, 영어, 수학 3개 영역 등급의 합 9 이내이며, 한국사 영역 3등급 이내

서) 서울여대 - 교과우수자전형 [25]

(1) 교과우수자전형

(가) 모집인원: 178명

(나) 모집단위: 전 모집단위(기독교학과, 예·체능계열 제외 단, 첨단미디어 디자인전공 포함)

(다) 지원자격

고등학교 졸업(예정)자 중 국내 고등학교에서 전 교육과정을 이수한 자로서 학교장 추천을 받은 자

---

[25] 2024 서울여대 입학전형

(라) 전형방법

전 지원자를 대상으로 수능최저학력기준 충족자 중에서 학생부 교과성적 점수 순으로 선발

(마) 전형요소별 반영비율(실질반영비율)

구분	학생부 교과성적	
	100%	
	최저 0점	최고 100점

(바) 수능 최저학력기준

구분	등급기준
전 계 열 공 통	국어, 영어, 수학, 탐구 4개 영역 중 2개 영역 합 7등급 이내 ※ 탐구영역은 상위 1개 과목 등급 반영(직업탐구영역, 제2외국어/한문은 반영 하지 않음)

(사) 제출서류: 학교생활기록부, 학교장 추천

(2) 교과우수자전형(체육)

(가) 모집인원: 10명

(나) 모집단위: 스포츠운동과학과

(다) 지원자격

고등학교 졸업(예정)자 중 국내 고등학교에서 전 교육과정을 이수한 자

(라) 전형방법

전 지원자를 대상으로 실기고사 실시 후 학생부 교과성적 실기고사 합산 점수 순으로 선발

(마) 전형요소별 반영비율(실질반영비율)

구분	학생부 교과성적		실기		총 비율	
일괄 합산	60%		40%		100%	
	최저 30점	최고 60점	최저 20점	최고 40점	최저 50점	최고 100점

(바) 실기과목: 체력검사

실기고사 종목	진행방법
앉아 윗몸 앞으로 굽히기 제자리 멀리뛰기 팔굽혀 매달리기	3가지 과제를 차례대로 수행

(사) 제출서류: 학교생활기록부

어) 성신여대 - 지역균형전형[26]
(1) 모집인원: 251명

(2) 지원자격

국내 고등학교 졸업(예정)자로서 국내 고등학교에서 3개 학기 이상 성적을 취득하고 소속 학교장의 추천을 받은 자 (추천인원 제한 없음) ※ 지원 불가능한 자 - 예술고등학교, 체육고등학교, 마이스터고등학교, 특성화고등학교 졸업(예정)자 - 일반고(종합고) 전문계 또는 예·체능계 과정, 위탁교육(직업과정/ 대안교육) 이수자 - 방송통신고등학교, 각종학교, 학력인정 평생교육시설 등 졸업(예정)자 - 학생부가 없거나 학생부에 지정교과 과목별 등급 또는 석차가 없어 성적산출이 불가능한 자 - 기타 출신 고등학교의 교육과정이 통상적인 일반계 고등학교와 상이한 경우 심사를 통해 지원자격 제한 가능

(3) 전형요소별 반영비율

선발 방법	학생부 (교과)	학생부 (출석)	면접	실기	논술	합계	수능최저 학력기준
일괄합산	90%	10%	-	-	-	1--%	적용

(4) 수능최저학력기준: 적용 (추후 모집요강 확인)

(5) 제출서류: 학교생활기록부, 학교장 추천서

(6) 학생부 반영방법

일괄합산	교과성적 90% + 출석성적 10%
교과성적 학년별 이수단위 가중치는 적용하지 않음	

---

26) 2024 성신여대 입학전형

저) 아주대 - 고교추천전형 [27]

(1) 모집인원: 276명

(2) 지원자격

2021년 12월 이후 졸업(예정)자 중 인정가능유형의 고교에서 1학년 1학기부터 3학년 1학기까지 전 학기를 모두 이수한 자로서 출신고교장의 추천을 받은 자(고교별 추천인원 제한 없음)

※ 인정가능유형: 국내 일반고, 자율고, 특목고만 지원 가능하며 아래 해당자는 지원 불가

1. 특성화고, 종합 및 일반고 전문(실업)반 졸업(예정)자
2. 특목고 중 예술고, 체육고, 마이스터고 졸업(예정)자
3. 일반고 재학 중 직업교육과정 이수자
4. 방송통신고, 대안학교(각종학교), 고등학교 학력인정 평생교육시설 출신자 및 일반 고등학교의 대안교육 위탁학생
5. 검정고시 합격자, 외국고등학교 출신자 등 학교생활기록부가 없거나 학교생활기록부 반영교과 점수를 산출할 수 없는 자

(3) **전형방법**: 학생부 교과 100% (기본점수 없음)

대상	인정범위	반영 과목
졸업(예정)자	1학년 1학기 ~ 3학년 1학기	국어, 영어, 수학, 과학, 사회
- 계열 구분 없이 국어, 수학, 영어, 사회, 과학 교과(편제) 반영		
- 학년별 가중치 없음, 과목별 가중치 없음		
※ 교과(편제)명에 따라 반영을 원칙으로 하며 유사 과목의 경우에는 별도 심의를 통해 반영할 수 있음		

(4) 수능최저학력기준

-자연계열 : 국어, 수학, 영어, 탐구(과탐 중 1과목) 중 2개 영역 등급 합 5 이내
-인문계열 : 국어, 수학, 영어, 탐구(과탐, 사탐 중 1과목) 중 2개 영역 등급 합 5 이내
수학은 선택과목 제한이 없으며, 국어, 수학, 영어, 탐구, 한국사를 모두 응시한 자만 지원 가능
* 과탐 2과목으로 수능최저학력기준을 맞출 수 없음

---

27) 2024아주대 입학전형

처) 경기대[28]

(1) 교과성적우수자전형 (정원 내)

(가) 모집인원: 수원(276명), 서울(19명)

(나) 지원자격

- 국내 고등학교 졸업(예정)자로 통산 3학기 이상의 교과 성적을 산출할 수 있는 자
- 고등학교 졸업학력 검정고시 합격자

(다) 전형요소

구분	교과성적	출결
학생부성적 반영비율	90%	10%

(라) 수능최저학력기준

구분	내용	수능최저학력기준
인문계·사범·예체능	국어, 수학, 영어, 탐구(상위 1개 과목)	상위 2개 영역의 등급
자연계	국어, 수학, 영어, 과학탐구(상위 1개 과목)	합이 7등급 이내
공통	수능 한국사 6등급 이내	

(2) 학교장추천전형 (정원 내)

(가) 모집인원: 수원(302명), 서울(19명)

(나) 지원자격

2023년 이후 국내 고등학교 졸업(예정)자로 통산 3학기 이상의 교과 성적을 산출할 수 있는 자로서 소속 고등학교의 추천을 받은 자(고교별 추천인원 20명 이내)

(다) 전형요소

구분	교과성적	출결
학생부성적 반영비율	90%	10%

(라) 수능최저학력기준: 없음

---

28) 2024 경기대 입학전형

(3) 정원 외
(가) 농어촌학생학생전형
① 모집인원: 수원(76명), 서울(12명)

② 지원자격

- 국내 고등학교 졸업(예정)자로 통산 3학기 이상의 교과 성적을 산출할 수 있으며, 유형Ⅰ 또는 유형Ⅱ의 조건에 해당하고 제출 서류에 결함이 없는 자

구분		내용
유형Ⅰ	6년 과정 이수자 (부·모·지원자)	지방자치법 제3조에 따른 읍·면 또는 도서·벽지 교육진흥법 제2조에 따른 도서·벽지에 소재하는 학교에서 **중학교 입학시부터 고등학교 졸업시까지 6년 전 교육과정을 이수**하는 기간 동안 본인 및 부·모가 모두 읍·면 또는 도서·벽지에 거주하고 출신 고등학교장의 확인을 받은 자
유형 Ⅱ	12년 과정 이수자 (지원자)	지방자치법 제3조에 따른 읍·면 또는 도서·벽지 교육진흥법 제2조에 따른 도서·벽지에 소재하는 학교에서 **초·중·고등학교 12년 전 교육과정을 이수**한 자 중 자격 해당 기간 동안 본인이 읍·면 또는 도서·벽지에 거주하고 출신 고등학교장의 확인을 받은 자

- 2개 이상의 학교에 재학한 경우에는 해당 학교 모두가 읍면 또는 도서·벽지 소재 학교이어야 함
- 중·고등학교 재학 중 행정구역 개편으로 시(구·동) 지역으로 편입된 지역은 읍·면 또는 도서·벽지로 간주함 [단, 행정구역 개편 후 부·모·본인 중 1명이라도 자격요건에 해당하는 기간 중 읍·면 또는 도서·벽지가 아닌 지역으로 1일이라도 거주지를 변경한 경우에는 해당되지 않음]
- 부모와 학생의 거주지 또는 거주지와 학교 소재지가 동일한 읍·면 또는 도서·벽지가 아니라도 가능함
- 초·중등교육법시행령 제 90조의 특수목적고, 특성화고(일반고의 전문계학과 출신자 포함), 대안학교(인가, 비인가), 국외고, 검정고시, 학력인정 평생교육시설 출신자는 지원할 수 없음
- 고교 졸업예정자가 최종 합격할 경우 재학 고등학교의 졸업일까지 지원자격(농어촌 지역 거주 및 농어촌 지역 고교 재학)을 유지해야 하며, 자격을 유지하지 않을 경우 합격이 취소될 수 있음
- 「서해5도 지원 특별법」 제15조 및 「서해 5도 지원 특별법 시행령」 제11조에 따른 서해 5도 주민의 자녀

③ 전형요소

구분	교과성적	출결
학생부성적 반영비율	90%	10%

④ 수능최저학력기준: 미적용

(나) 기초생활수급자 등 선발 전형
① 모집인원: 수원(39명), 서울(4명)

② 지원자격

- 고등학교 졸업(예정)자 또는 법령에 의하여 고등학교 졸업학력과 동등이상의 학력이 있다고 인정되는 자로 아래 중 하나에 해당되는 자
1. 「국민기초생활보장법」제2조 제1호의 '수급권자', 제2호의 '수급자',
2. 「국민기초생활보장법」제2조 제10호에 따른 '차상위계층'
3. 「한부모가족지원법」제5조 및 제5조의 2에 따른 '지원대상자'
- 본인 기준 자격증명서 발급이 어려운 차상위 가구의 학생에 해당하는 경우, 자격에 따른 증명서 외 주민등록등본 1부 및 가족관계증명서 1부(부 또는 모 기준) 등을 추가 제출

③ 전형요소

구분	교과성적	출결
학생부성적 반영비율	90%	10%

④ 수능최저학력기준: 미적용

커) 인하대 - 지역균형전형[29]
(1) 모집인원: 610명

(2) 지원자격

국내 정규 고등학교에서 통산 3학기 이상의 교육과정을 이수한 졸업예정자 또는 2021년 1월 이후 졸업자로서 소속(졸업) 고등학교장의 추천을 받은 자 (추천 인원 제한 없음)
※ 다음의 해당자는 지원 불가
① 특성화고, 종합 및 일반고 전문(실업)반 졸업(예정)자
② 특목고 중 예술고, 체육고, 마이스터고 졸업(예정)자
③ 일반고 재학 중 직업교육과정 이수자
④ 방송통신고, 대안학교(각종학교), 고등학교 학력인정 평생교육시설 출신자 및 일반 고등학교의 대안교육 위탁학생
⑤ 학교생활기록부가 없거나 학교생활기록부 반영교과 점수를 산출할 수 없는 자

(3) 전형방법: 일괄합산 (학생부 교과 100)

---

29) 2024 인하대 입학전형

(4) 수능최저학력기준

계열	수능최저학력기준	비고
인문	국어, 수학, 영어, 사회/과학탐구(1과목) 중 2개 영역 합 6등급 이내	한국사
자연(의예과 외)	국어, 수학, 영어, 과학탐구(1과목) 중 2개 영역 합 5등급 이내	필수
자연(의예과)	국어, 수학, 영어, 과학탐구(2과목) 중 3개 영역 각 1등급 이내 (※ 과탐 2개 과목 평균)	응시

- 의류디자인학과(일반)은 인문계열의 수능최저학력기준을 따름
- 인공지능공학과, 데이터사이언스학과, 스마트모빌리티공학과는 자연계열의 수능최저학력기준을 따름
- 사탐/과탐 영역은 상위 1개 과목 적용
- 해당 수능 반영 영역(한국사 포함) 및 영역 내 응시과목을 필수 응시해야 함

영역		필수응시		영역 내 선택과목
	인문	자연 의예과 외	자연 의예과	
국어	○	○	○	[공통] 화법과 작문, 언어와 매체 중 택 1
수학	○	○	○	[인문] 확률과 통계, 미적분, 기하 중 택 1 [자연] 모집단위별 선택과목 표
영어	○	○	○	
탐구 사회 과학	○	○ (과학탐구 1개 포함)	-	[인문] 사회/과학 구분 없이 택 2
			○	[자연] 사회/과학 중 과학 1과목 이상 포함하여 택 2 단, 의예과의 경우 과학 8과목 중 택 2

수학 [자연] 선택과목:

모집단위	선택과목
일반(아래 모집단위 제외)	미적분, 기하 중 택 1
산업경영공학과, 화학공학과, 생명공학과, 신소재공학과, 에너지자원공학과, 통계학과, 화학과, 생명과학과, 해양과학과, 식품영양학과, 인공지능공학과	미적분, 기하, 확률과 통계 중 택 1

(5) 제출서류: 학교생활기록부, 학교장 추천서, 지원자격 증빙서류(해당자)

(6) 평가방법

구분	전형방법
일괄합산	학교생활기록부 교과 반영점수를 산출하여 모집단위별 모집인원을 초과하지 않는 범위 내에서 전형총점 순으로 선발

터) 광운대 - 지역균형전형 30)

(1) 모집인원: 194명

(2) 지원자격

2022년 1월 이후 국내 고등학교 졸업(예정)자로서 소속 고등학교장의 추천을 받은 자
※ 3학년 1학기까지 3개 학기 이상의 교육과정을 이수하고 교과 성적 산출이 가능하여야 함
※ 고등학교별 추천자 명단을 본교 서식에 맞추어 서류제출 기간 내에 제출해야 함 (추천 인원 제한 없음)
※ 특성화고등학교(일반고 및 종합고의 특성화(전문계) 과정 이수자, 대안교육 특성화고 포함), 마이스터고, 예술고, 체육고, 방송통신고, 평생교육법에 의한 학력인정 평생교육시설, 대안학교 졸업(예정)자 지원불가

(3) 학생부 반영비율: 학생부 100% (전 학년 반영비율 동일)

(4) 반영교과 및 점수산출 활용 지표

가. 반영 교과목 중 지원자가 이수한 전 과목을 반영함
나. 석차등급을 점수화하여 반영하며, 이수단위를 적용함
다. 반영 교과 : 보통 교과(공통 과목, 일반 선택, 진로 선택)

계열 (모집단위)	반영 교과(군)	반영 교과목	점수산출 활용지표
자연계열 (스포츠융합과학과 제외)	국어, 영어, 수학, 과학	공통 과목, 일반 선택: 계열(모집단위) 반영 교과에 따라 지원자가 이수한 모든 교과목	석차등급 (이수단위 적용)
스포츠융합과학과	국어, 영어, 수학, 과학, 한국사[*]		
인문계열	국어, 영어, 수학, 사회, 한국사[*]	진로선택: 성취도순 상위 3개 과목 (성취도가 같을 시 이수단위가 높은 과목 반영)	

[*] '한국사' 과목은 사회 교과에 포함하여 반영함
※ 교과점수 산출 시 진로 선택은 성취도에 따른 등급을 적용함(A: 1등급, B: 2등급, C: 3등급)

(5) 수능최저학력기준: 없음

---

30) 2024 광운대 입학전형

퍼) 가톨릭대[31]

　(1) 모집인원: 249명

　(2) 지원자격

2015년 2월 이후 국내 고등학교 졸업(예정)자 중 3학년 1학기까지 3개 학기 이상의 성적이 있는 자로 출신 고등학교의 추천을 받은 자
※ 학교생활기록부 반영교과 중 각 교과영역에 해당하는 세부과목이 없는 경우 지원할 수 없음 ※ 특성화고(종합고의 보통과 제외), 산업수요 맞춤형 고등학교(마이스터고), 방송통신고, 특수학교, 각종학교, 외국인학교, 산업체부설고등학교, 대안학교, 고등학교 학력인정 평생교육시설 출신자, 학생부 성적체계가 다른 고교 출신자는 지원할 수 없음

　(3) 전형방법:

학생부(교과) 100% [단, 의예과는 인·적성면접 실시(합격/불합격 자료로만 활용)]

　(4) 학교생활기록부 반영 방법
　　(가) 반영 요소 및 반영 비율

학년별 반영비율			교과	비교과	비고
1학년	2학년	3학년	100%	-	졸업(예정)자: 3학년 1학기까지 성적 반영
100% (학년별 가중치 없음)					

　　(나) 반영 교과 및 반영 방법
　　　① 반영 방법: 석차 등급을 이수단위로 가중 평균한 환산석차등급 활용
　　　② 모집단위별 반영교과

모집단위	수능 최저기준	교과별반영방법	
		공통/일반선택과목	진로선택과목
인문사회계열, 자연과학·공학계열, 간호학과	국어, 영어, 수학, 한국사, 사회(역사/도덕 포함), 과학	반영교과 전과목의 석차등급 및 이수단위 반영	반영교과 중 상위 3과목의 성취도 환산점수 반영
약학과, 의예과			수학, 과학교과 전과목의 성취도 환산점수 반영

　　　③ 진로선택과목 반영방법

성취도	A	B	C
등급	1	2	3

---

31) 2024 가톨릭대 입학전형

(5) 수능최저학력기준

모집단위	수능 최저학력 기준
전 모집단위	국어(화법과작문/ 언어와매체), 수학(미적분/기하/확률과통계), 영어, 사탐(1과목)/ 과탐(1과목) 중 **2개 영역 등급 합 7 이내**
약학과	국어(화법과작문/ 언어와매체), 수학(미적분/기하), 영어, 과탐(1과목) 중 **3개 영역 등급 합 5 이내**
의예과	국어(화법과작문/ 언어와매체), 수학(미적분/기하), 영어, 과탐(2과목 평균) 중 **4개 영역 등급 합 5 이내 및 한국사 4등급 이내**
간호학과	국어(화법과작문/ 언어와매체), 수학(미적분/기하/확률과통계), 영어, 사탐(1과목)/ 과탐(1과목) 중 **3개 영역 등급 합 7 이내**

탐구영역 반영방법: 2과목 등급 평균을 소수점 첫째 자리에서 버림하여 반영

허) 인천대[32]

(1) 교과성적우수자전형
(가) 모집인원: 459명

(나) 지원자격

2016년 이후 국내 고등학교 졸업(예정)자 또는 고등학교 졸업학력 검정고시 합격자로서, 2024학년도 대학수학능력시험 응시예정인 자
※ 지원불가: 예술고, 체육고, 특성화고(또는 종합고)<직업과정, 대안교육과정>, 마이스터고, 학력인정 평생교육시설, 각종학교, 방송통신고, 고등기술학교 등 관계법령에 의한 학력인정학교의 출신자

(다) **전형방법**: 학생부 교과 100%(350점), 일괄합산
단, 검정고시 합격자는 검정고시 합격 시험의 전 과목 평균 점수를 학생부 비교내신으로 환산하여 반영

(라) 수능최저학력기준

모집단위	수능 최저학력 기준	
인문계열, 디자인, 자연계열	2개 영역 등급 합 7 이내	**<인문계열, 디자인, 패션산업, 동북아국제통상학부>** 국어, 수학, 영어, 사회/과학탐구(상위1과목)
사범대학 (인문/자연)	2개 영역 등급 합 6 이내	**<자연계열>** ※패션산업 제외 국어, 수학, 영어, 과학탐구(상위1과목)
동북아국제통상학부	2개 영역 등급 합 5 이내	※ 수학 또는 과학탐구 포함

---
32) 2024 인천대 입학전형

비고	- 한국사 응시 필수
	- 탐구영역 상위 1과목 반영(직탐 또는 제2외국어/ 한문 영역 인정하지 않음)
	- 최저기준을 충족하는 영역에 관계없이 4개 영역 모두 응시하여야 함

(2) 지역균형전형

(가) 모집인원: 287명

(나) 지원자격

2019년 이후 국내 고등학교 졸업(예정)자 중 국내고등학교에서 3학년 1학기까지 3학기 이상 교육과정을 이수한 자로서 소속 고등학교장의 추천을 받은 자
※ 지원불가: 검정고시, 예술고, 체육고, 특성화고(또는 종합고)<직업과정, 대안교육과정>, 마이스터고, 학력인정 평생교육시설, 각종학교, 방송통신고, 고등기술학교 등 관계법령에 의한 학력인정학교의 출신자

(다) 전형방법: 학생부교과 100%(350점), 일괄합산

(라) 수능최저학력기준: 없음

(마) 제출서류: 학교장 추천명단 확인서

고) 숙명여대 - 지역균형선발전형 [33]

(1) 모집인원: 252명

(2) 지원자격

국내 소재 정규 고교졸업(예정)자로서 국내고교에서 5학기 이상 재학하고, 5학기 이상 학생부 성적이 기재된 자로서 출신 고등학교장의 추천을 받은 자
※ 고교별 추천 인원 제한 없음
※ 학교생활기록부에 교과성적이 산출 가능하도록 반영교과과목에 이수단위 및 석차등급이 있어야 함
*아래 교육과정 졸업(예정)자 제외, 아래 교육과정 이수학기는 5학기 이상 재학 학기 산정 시 제외
1. 특성화고등학교(일반고의 특성화(전문계)과정, 대안교육특성화고 포함)
2. 방송통신고등학교
3. 대안학교(각종학교)

---

33) 2024 숙명여대 입학전형

| 4. 고등학교학력인정 평생교육시설 |
| 5. 마이스터고등학교 |
| 6. 예술(체육)고등학교 |

(3) 전형요소 및 반영비율: 학생부 일괄합산 100%

● 교과성적 활용 지표: 석차등급을 이수단위로 가중 평균한 환산석차등급
- 해당 반영교과에 석차등급이 있는 전 과목 반영
- 단, 석차등급이 없는 진로선택으로 이수한 과목의 성적은 성취도를 등급으로 변환하여 상위 3개 과목 반영

성취도	A	B	C
등급	1	3	5

● 학년별 반영비율: 전학년 100% (학년별/학기별 가중치 없음)
● 학생부 반영교과

모집단위	학생부 반영교과
인문계, 자연계	국어, 수학, 외국어(영어), 사회(역사/도덕, 한국사 포함), 과학
체육교육과, 미술대학	국어, 외국어(영어), 사회(역사/도덕, 한국사 포함)

(4) 수능최저학력기준

전형	수능최저학력기준
인문계, 자연계(약학부 제외)	4개 영역 중 2개 영역 등급 합 5 이내 (탐구 선택 시 1과목 반영)
약학부	4개 영역 중 3개 영역 등급 합 5 이내 (수학 반드시 포함, 선택 시 1과목 반영)

노) 한성대[34]
(1) 모집인원

전형명	인원 (명)
교과우수	297
지역균형	165
특기(뷰티)	4

---

34) 2024 한성대 입학전형

(2) 전형유형별 지원자격

(가) 교과우수 전형

모집계열/단위	지원자격
크리에이티브인문학부(주/야) 사회과학부(주/야) 글로벌패션 산업학부(주/야) IT공과대학(주/야) 상상력인재학부(주) 문학문화콘텐츠학과(주/야) AI응용학과(주/야) 융합보안학과(주)	국내 정규 고등학교 졸업(예정)자이며, 학교생활기록부 성적이 5개 학기 이상 (5개 학기 모두 본교 반영교과가 총 1개 과목 이상 포함) 있어야 함 (**수능최저학력기준 적용**) ※ 지원 가능: 일반고, 자율고, 특목고(마이스터고, 예술고, 체육고는 제외)

(나) 지역균형 전형

모집계열/단위	지원자격
크리에이티브인문학부(주/야) 사회과학부(주/야) 글로벌패션 산업학부(주/야) 뷰티디자인매니지먼트학과(주/야) IT공과대학(주/야) 상상력인재학부(주) 문학문화콘텐츠학과(주/야)	**학교장의 추천을 받은** 국내 정규 고등학교 졸업(예정)자이며, 학교생활기록부 성적이 5개 학기 이상 (5개 학기 모두 본교 반영교과가 총 1개 과목 이상 포함) 있어야 함 (**수능최저학력기준 미적용**) ※ 지원 가능: 일반고, 자율고, 특목고(마이스터고, 예술고, 체육고는 제외)이며, 교과(국어, 영어, 수학, 사회/과학) 이수단위 80단위 이상자에 한하여 지원 가능

(다) 특기자 (뷰티)

모집계열/단위	지원자격
뷰티디자인매니지먼트학과 (주/야)	국내 정규 고등학교 졸업(예정)자이며, 학교생활기록부 성적이 5개 학기 이상 (5개 학기 모두 본교 반영교과가 총 1개 과목 이상 포함) 있어야 함. 또한 지정 국가기술 자격증을 소지해야 함. ※ 자격증 기준: 국가기술 미용사자격증(일반/피부/네일/메이크업), 미용사 자격증 중 1개 이상 소지자(민간자격증 인정 불가) ※ 지원 가능: 일반고, 자율고, 특목고(마이스터고, 예술고, 체육고는 제외)이며, 교과(국어, 영어, 수학, 사회/과학) 이수단위 80단위 이상자에 한하여 지원 가능

(3) 전형요소별 반영방법: 교과 100%

(진로선택과목의 경우 별도 기준을 적용하여 반영함)

전형명	모집계열/단위	반영교과
교과 우수	크리에이티브인문학부(주/야) 사회과학부(주/야) 글로벌패션산업학부(주/야) 문학문화콘텐츠학과(주/야)	국/영/수/사 계열 상위 성적 3개 과목 (총 12과목)
	IT공과대학(주/야) AI응용학과(주/야) 융합보안학과(주)	국/영/수/과 계열 상위 성적 3개 과목 (총 12과목)
	상상력인재학부(주)	국/영/수/사 or 과 계열 상위 성적 3개 과목 (총 12과목)
지역 균형	크리에이티브인문학부(주/야) 사회과학부(주/야) 글로벌패션산업학부(주/야) 뷰티디자인매니지먼트학과(주/야) 문학문화콘텐츠학과(주/야)	국/영/수/사 계열 전 과목
	IT공대(주/야)	국/영/수/사 계열 전 과목
	상상력인재학부(주)	국/영/수/사 or 과 계열 전 과목
특기자 (뷰티)	뷰티디자인매니지먼트학과(주/야)	국/영/수/사 계열 전 과목

(4) 수능최저학력기준

전형명	모집계열/단위	최저학력기준
교과 우수	크리에이티브인문학부(주/야) 사회과학부(주/야) 글로벌패션산업학부(주/야) 문학문화콘텐츠학과(주/야)	국어, 수학, 영어, 사탐 또는 과탐(1과목) 중 2개 영역 등급 합이 7등급 이내 (제2외국어/한문 영역은 탐구 과목으로 대체 가능)
	IT공과대학(주/야) AI응용학과(주/야) 융합보안학과(주)	국어, 수학, 영어, 사탐 또는 과탐(1과목) 중 2개 영역 등급 합이 8등급 이내 (제2외국어/한문 영역은 탐구 과목으로 대체 가능)

(5) 학교생활기록부 적용 요소 및 반영 비율

학년별 반영비율			교과	비교과	비고
1학년	2학년	3학년	100%	-	졸업(예정)자: 3학년 1학기까지 성적 반영
100% (학년별 가중치 적용 없음)					

(6) 학생부 반영 교과 및 반영 방법 (석차등급 및 성취도 활용)

모집대학(약식)	반영교과 계열	반영방법		
			교과우수	지역균형/특기자뷰티/실기
인문/사회/디자인 문학문화	국어, 영어, 수학, 사회	공통과목 일반선택과목	반영교과 각 계열의 석차등급 상위 3개 과목 반영 (총 12과목)	반영교과 각 계열의 전체 석차등급 반영
공과, AI응용 융합보안	국어, 영어, 수학, 과학			
상상력인재학부	국어, 영어, 수학, 사회 or 과학 (이수단위 수의 합이 큰 1개 교과)	진로선택과목	반영교과 구분 없이 성취도 순 상위 3개 과목 반영(총 3과목)	반영교과 각 계열의 전체 성취도 반영

※ 교과점수 산출 시 진로선택과목의 경우 성취도에 따른 등급을 반영함 [A: 1등급, B: 2등급, C: 4등급]

단, 석차등급 및 성취도 수준이 함께 명기된 과목은 석차등급을 반영함.

※ 석차등급(성취도) 같을 경우 이수단위가 높은 과목을 반영함.

※ 실기 위주 특성화고교졸업자 전형의 경우, 전과목을 반영함.

※ 한국사 과목은 사회 교과에 포함하여 반영함.

(7) 학교생활기록부 등급별 환산 점수

전형명		학생부 등급								
		1등급	2등급	3등급	4등급	5등급	6등급	7등급	8등급	9등급
학생부 교과 위주	교과우수, 지역균형	1,000	980	960	940	900	850	750	600	400
	특기자(뷰티)	1,000	980	960	940	900	850	750	600	400

도) 서울과학기술대학교 - 고교추천전형 [35]

(1) 모집인원: 419명

(2) 지원자격

국내 정규 고등학교 졸업(예정)자로 소속 고등학교장의 추천을 받은 자

※ 고교별 추천인원은 최대 10명(계열 구분 없음)

※ 3개 학기 이상 국내 고교 성적 취득자

※ 특성화고, 마이스터고, 예술고 체육고, 학력인정 평생교육시설, 각종학교, 방송통신고 졸업(예정)자 및 일반(종합)고 특성화과정 이수자는 지원할 수 없음

(3) 전형요소 및 비율: 학생부 교과 100

---

35) 2024 서울과기대 입학전형

일괄합산: 학생부교과100
계열별 학교생활기록부를 평가하며 반영교과의 환산 총점을 적용한다.

(4) 수능 최저기준

모집단위	수능 최저기준
자연계열	국, 수(미적분, 기하 중 택1), 영, 과탐(1과목) 중 상위 2개 영역 합이 7등급 이내
인문계열 및 건축학부 (건축학전공)	국, 수(확률과 통계, 미적분, 기하 중 택1), 영, 탐구(1과목) 중 상위 2개 영역 합이 7등급 이내

로) 경북대[36]

  (1) 교과우수자전형

     (가) 모집인원: 1,449명

     (나) 지원자격

2022년 이후 국내 정규 고등학교 졸업(예정)자 (2학년 수료예정자 중 상급학교 조기입학 자격을 부여받은 자 포함)
*국내 정규 고등학교는 고교 졸업 학력 인정학교에 한함
*국내 고교에서 3개 학기 이상 성적을 취득한 국내 고교 졸업(예정)자에 한함

     (다) 사정단계별 선발인원 및 전형요소별 배점

사정단계	선발인원	전형요소별 배점(반영비율)		
		학생부 교과	서류평가	합계
일괄합산	100%	500점(100%)	100점 (20%)	500점(100%)

     (라) 서류평가

        ① 평가자료: 학교생활기록부
        ② 평가방법 및 내용

1) 제출된 평가 자료를 바탕으로 평가기준에 따라 종합적으로 평가함
2) 다수의 평가위원이 100점 만점으로 평가하며, 이 평가점수의 평균을 수험생의 성적으로 함
3) 반영점수: 100점(최고점) ~ 0점(최저점)

     (마) 수능최저학력기준

        ① 일반학과(의예과 ,치의예과, 수의예과, 약학과 제외)

모집단위	국어, 수학, 영어, 탐구(1과목)	한국사
경상대학, 사범대학, 간호대학, IT대학, 행정학부	상위 2개 영역 등급 합 5이내	
인문대학, 사회과학대학, 자연과학대학, 공과대학, 농업생명과학대학(농업경제학과 제외), 생활과학대학, 자율전공부	상위 2개 영역 등급 합 6이내	응시
생태환경대학, 과학기술대학	미적용	

        ② 의예과, 치의예과 수의예과, 약학과

모집단위	국어, 수학, 영어, 탐구(2과목)	한국사
의예과, 치의예과	탐구영역 필수, 상위 3개 영역 등급 합 4이내	응시
수의예과, 약학과	탐구영역 필수, 상위 3개 영역 등급 합 5이내	

※ 탐구 2과목의 평균(소수점 절사)을 반영함

---

36) 2024 경북대 입학전형

(바) 선발방법

가. 합격자 결정: 수능최저학력기준 충족자 중에서 전형요소 성적 총점의 고득점 순으로 모집단위별 모집인원의 100%를 합격자로 선발함
(다만, 수능최저학력기준 미반영 모집단위의 경우 전형요소 성적 총점의 고득점 순으로 모집단위별 모집인원의 100%를 합격자로 선발함)
나. 후보자 결정: 불합격 처리되지 않은 자 전원을 후보자로 선발함

(2) 지역인재전형

(가) 모집인원: 296명

(나) 지원자격

입학일부터 졸업일(2024년 2월 말 이전 졸업예정자 포함)까지 고등학교 전 과정을 대구, 경북지역 고등학교에서 이수한 자

(다) 사정단계별 선발인원 및 전형요소별 배점

사정단계	선발인원	전형요소별 배점(반영비율)		
		학생부 교과	서류평가	합계
일괄합산	100%	400점(80%)	100점(20%)	500점(100%)

(라) 서류평가

① 평가자료: 학교생활기록부

② 평가방법 및 내용

1) 제출된 평가 자료를 바탕으로 평가기준에 따라 종합적으로 평가함
2) 다수의 평가위원이 100점 만점으로 평가하며, 이 평가점수의 평균을 수험생의 성적으로 함
3) 반영점수: 100점(최고점) ~ 0점(최저점)

(마) 수능최저학력기준

① 일반학과(의예과 ,치의예과, 수의예과, 약학과 제외)

모집단위	국어, 수학, 영어, 탐구(1과목)	한국사
경상대학, 사범대학, 간호대학, IT대학, 행정학부	상위 2개 영역 등급 합 5이내	
인문대학, 사회과학대학, 자연과학대학, 공과대학, 농업생명과학대학(농업경제학과 제외), 생활과학대학, 자율전공부	상위 2개 영역 등급 합 6이내	응시
생태환경대학, 과학기술대학	미적용	

② 의예과, 치의예과 수의예과, 약학과

모집단위	국어, 수학, 영어, 탐구(2과목)	한국사
의예과, 치의예과	탐구영역 필수, 상위 3개 영역 등급 합 4이내	응시
수의예과, 약학과	탐구영역 필수, 상위 3개 영역 등급 합 5이내	

※ 탐구 2과목의 평균(소수점 절사)을 반영함

(바) 선발방법

가. 합격자 결정: 수능최저학력기준 충족자 중에서 전형요소 성적 총점의 고득점 순으로 모집단위별 모집인원의 100%를 합격자로 선발함
(다만, 수능최저학력기준 미반영 모집단위의 경우 전형요소 성적 총점의 고득점 순으로 모집단위별 모집인원의 100%를 합격자로 선발함)
나. 후보자 결정: 불합격 처리되지 않은 자 전원을 후보자로 선발함

모) 부산대[37]

(1) 학생부교과전형

(가) 모집인원: 949명

(나) 지원자격

국내 정규 고등학교 졸업(예정)자(2학년 수료예정자 중 상급학교 조기입학 자격을 부여받은 자 포함)
※ 국내 정규 고등학교는 고교 졸업 학력 인정학교에 한함
※ 국내 고교에서 3개 학기 이상 성적을 취득한 국내 고교 졸업(예정)자에 한함

(다) 전형방법

① 전형요소 및 반영비율

전형요소	학교생활기록부		계
	교과	학업역량 평가	
반영비율	80%	20%	100%

② **선발방법**: 학생부 교과 성적과 학업역량 평가를 합산하여 고득점자 순으로 선발함
③ **미충원에 따른 결원 처리방법**: 미 충원 인원은 정시모집 모집단위별 해당 모집군으로 이월하여 선발함

(라) 대학수학능력시험 최저학력기준

37) 2024 부산대 입학전형

모집계열	모집단위	최저학력기준	공통기준
인문·사회계 체육계	경영대학	국어, 영어, 수학, 사회/과학탐구 영역 중 상위 3개 영역 등급 합 7 이내	한국사 4등급 이내
	그 외 모집단위	국어, 영어, 수학, 사회/과학탐구 영역 중 상위 2개 영역 등급 합 4 이내	
자연계	자연과학대학, 공과대학, 사범대학, 간호대학, 나노과학기술대학, 정보융합공학대학 해당 모집단위	국어, 영어, 수학(미적분, 기하 중 택1), 과학탐구 영역 중 수학 포함 2개 영역 등급 합 5 이내	
	- 자연과학대학 생명과학과, 미생물학과, 분자생물학과 - 사범대학 생물교육과	국어, 영어, 수학, 과학탐구 영역 중 수학 포함 2개 영역 등급 합 5 이내	
	- 공과대학 건설융합학부(도시공학전공) - 공과대학 건설융합학부(건축학전공)	국어, 영어, 수학, 사회/과학탐구 영역 중 수학 포함 2개 영역 등급 합 5 이내	
	생명자원과학대학	국어, 영어, 수학, 과학탐구 영역 중 상위 2개 영역 등급 합 6 이내	
	- 생활과학대학 색품영양학과 - 생명자원과학대학 IT응용공학과, 조경학과 - 예술대학(디자인학과(디자인테크놀로지전공))	국어, 영어, 수학, 사회/과학탐구 영역 중 상위 2개 영역 등급 합 6 이내	

※ 수능은 4개영역을 모두 응시하여야 하며, 탐구영역 과목은 수험자가 자유 선택하되 반드시 2과목을 응시하여야 함 (단, 자연계열은 과학탐구 2과목을 응시하여야 하나 공과대학 건설융합학부(건축학전공, 도시공학전공), 생활과학대학(식품영양학과), 생명자원과학대학(IT응용공학과, 조경학과), 예술대학 디자인앤테크놀로지전공 제외)
※ 탐구영역은 2과목 중 상위 1과목을 반영함
1) 자연과학대학 생명과학과, 미생물학과, 분자생물학과 제외, 2) 공과대학 건설융합학부 건축학전공, 도시공학전공제외, 3) 사범대학 생물교육과 제외
4) IT응용공학과, 조경학과 제외
탐구영역 과목은 수험자가 자유 선택하되 반드시 2과목을 응시하여야 함 (단, 자연계열은 과학탐구 2과목을 응시하여야 함)
※ 탐구영역은 2과목 중 상위 1과목을 반영함

(2) 지역인재전형
(가) 지원자격

국내 정규 고등학교 졸업(예정)자로서 입학부터 졸업까지 부산, 울산, 경남 지역에 소재하는 고등학교의 전 교육과정을 이수한 자(2학년 수료예정자 중 상급학교 조기입학 자격을 부여받은 자 포함)
※ 초중등교육법 제2조에 따른 고등학교 외 고교 졸업 동등 학력자는 지원자격에서 제외함

(나) 전형방법
① 전형요소 및 반영비율

전형요소	학교생활기록부		계
	교과	학업역량 평가	
반영비율	80%	20%	100%

② **선발방법**: 학생부 교과 성적과 학업역량 평가를 합산하여 고득점자 순으로 선발함

③ **미충원에 따른 결원 처리방법**: 미 충원 인원은 정시모집 모집단위별 해당 모집군으로 이월하여 선발함

(다) 대학수학능력시험 최저학력기준

모집계열	모집단위	최저학력기준	공통기준
인문사회계	-경영대학	국어, 영어, 수학, 사회/과학탐구 영역 중 상위 3개 영역 등급 합 7 이내	한국사 4등급 이내
	-그 외 모집단위	국어, 영어, 수학, 사회/과학탐구 영역 중 상위 2개 영역 등급 합 4 이내	
자연계	- 의과대학 의예과 - 치·한의학전문대학원 학·석사 통합과정 - 약학대학 약학부	국어, 영어, 수학(미적분, 기하 중 택1), 과학탐구 영역 중 수학 포함 3개 영역 등급 합 4 이내 ※ 의예과에 한해 탐구 2과목 평균을 반영함	
	자연과학대학, 공과대학, 간호대학, 나노과학기술대학, 정보의생명공학대학 해당 모집단위	국어, 영어, 수학(미적분, 기하 중 택1), 과학탐구 영역 중 수학 포함 2개 영역 등급 합 5 이내	
	자연과학대학 생명과학과, 미생물학과, 분자생물학과	국어, 영어, 수학, 사회/과학탐구 영역 중 수학 포함 2개 영역 등급 합 5 이내	
	- 공과대학 건설융합학부 (도시공학전공) - 공과대학 건설융합학부 (건축학전공)	국어, 영어, 수학, 사회/과학탐구 영역 중 수학 포함 2개 영역 등급 합 5 이내	
	- 생명자원과학대학	국어, 영어, 수학, 과학탐구 영역 중 상위 2개 영역 등급 합 6 이내	
	생명자원과학대학 IT응용공학과, 조경학과	국어, 영어, 수학, 사회/과학 탐구 영역 중 상위 2개 영역 등급 합 6 이내	

※ 수능은 4개영역을 모두 응시하여야 하며, 탐구영역 과목은 수험자가 자유 선택하되 반드시 2과목을 응시하여야 함 (단, 자연계열은 과학탐구 2과목을 응시하여야 하나 공과대학 건설융합학부(건축학전공, 도시공학전공), 생활과학대학(식품영양학과), 생명자원과학대학(IT응용공학과, 조경학과), 예술대학 디자인앤테크놀로지전공 제외)

※ 탐구영역은 2과목 중 상위 1과목을 반영함
※ **의예과, 약학부, 치의학전문대학원 학·석사 통합과정 미충원 인원은 정시 수능(지역인재전형)으로 이월함**
1) 자연과학대학 생명과학과, 미생물학과, 분자생물학과 제외, 2) 공과대학 건설융합학부 건축학전공, 도시공학전공제외, 3) IT응용공학과, 조경학과 제외

(3) 농어촌학생전형/ 특성화고교출신자전형
(가) 지원자격

■ 농어촌학생전형 : 국내 정규 고등학교 졸업(예정)자로서 아래 자격요건 ①, ② 중 하나에 해당되는 자
① '가'형 : 농어촌 지역(읍·면)에 소재하는 **중·고등학교**(도서·벽지 교육진흥법 시행규칙 제2조에 의한 중·고등학교 포함)에서 중학교 입학 시부터 고등학교 졸업 시까지 **전 교육과정(6년)**을 이수한 졸업(예정)자로서 재학기간(중학교 입학 시부터 고등학교 졸업 시까지) 중 **본인과 부모 모두가 농어촌 지역 또는 도서·벽지 지역에서 거주한 자**
② '나'형 : 농어촌 지역(읍·면)에 소재하는 **초·중·고등학교**(도서·벽지 교육진흥법 시행규칙 제2조에 의한 초·중·고등학교 포함)에서 초등학교 입학 시부터 고등학교 졸업 시까지 **전 교육과정(12년)**을 이수한 졸업(예정)자로서 재학기간(초등학교 입학 시부터 고등학교 졸업 시까지) 중 **본인이 농어촌 지역 또는 도서·벽지 지역에 거주한 자**(부모의 농어촌 거주 조건 면제)
※ 농어촌 지역 재학 및 거주기간 등 지원자격은 연속된 연수만을 인정함
※ 농어촌 지역 소재 특목고(과학고, 외국어고, 국제고, 예술고, 체육고, 마이스터고)는 제외함
■ 특성화고교출신자전형 : 「초·중등교육법 시행령」 제91조제1항에 따른 특성화고등학교 및 특성화고등학교와 같은 교육과정을 운영하는 학과가 있는 일반고(종합고) 졸업(예정)자로서 아래 자격요건 ①, ② 중 하나에 해당되는 자
① 본교가 지정한 지원가능 모집단위에 해당되는 특성화고교 동일계열 기준학과를 이수한 자
② 본교가 지정한 지원가능 모집단위에 해당되는 특성화고교 동일계열 기준학과를 이수하지 않았으나,
특성화고교출신자전형 모집단위와 관련된 전문교과를 30단위 이상 이수한 자
※ 산업수요 맞춤형 고등학교(마이스터고등학교)는 제외함
※ 자연현장실습 등 체험위주의 교육을 전문으로 실시하는 특성화고등학교는 제외함

(나) 전형방법: 학생부 교과 100%

① 전형요소 및 반영비율

전형요소	학교생활기록부		계
	교과	학업역량 평가	
반영비율	80%	20%	100%

② **선발방법**: 학생부 교과 성적과 학업역량 평가를 합산하여 고득점자 순으로 선발함
③ **미충원에 따른 결원 처리방법**: 미 충원 인원은 정시모집 모집단위별 해당 모집군으로 이월하여 선발함
[학생부 지정교과 성적 고득점자 순으로 선발함]

(다) 수능최저학력기준: 없음

보) 전남대[38]

전형유형 및 전형명	모집인원			전형방법	수능최저 학력기준
	정원내	정원외	합계		
일반전형	1,090	-	1,090	[일괄선발] 학생부 100%	적용
지역인재전형	852	-	852		
지역기회균형전형	7	-	7		
사회적배려대상자전형	157	-	157	[일괄선발] 학생부 100%	미적용
사회다양성전형	36	-	36		
농어촌학생전형	-	166	166		
특성화고교졸업자전형	-	57	57		
기초/차상위/한부모가족전형	-	5	5		
만학도전형	-	7	7		
특성화고졸재직자전형	-	40	40		
예체능우수자전형	43	-	43	1단계: 학생부 100% (5배수) 2단계: 1단계 80%+실기 20%	적용
특수교육대상자전형	-	37	37	1단계: 학생부 100% (5배수) 2단계: 1단계 80%+면접 20%	미적용
소계	**2,185**	**312**	**2,497**		

(1) 전형유형별 지원 자격

전형명	지원 자격
일반전형	국내 고등학교 졸업자(2024년 2월 졸업예정자 포함) 또는 법령에 의하여 고등학교 졸업 이상의 학력을 인정받은 자
지역인재전형	호남 지역(광주·전남·전북) 소재 고등학교 전 과정을 이수(입학 일부터 졸업일까지)한 고등학교 졸업자(2024년 2월 졸업예정자 포함) ※「초·중등교육법」 제2조에 따른 고등학교 외 고교 졸업 동등 학력자는 지원자격에서 제외 ※ 수능최저학력기준이 적용되는 모집단위는 2024학년도 대학수학능력시험에 응시해야 함
지역기회균형전형	호남 지역(광주·전남·전북) 소재 고등학교 전 과정을 이수(입학 일부터 졸업일까지)한 고등학교 졸업자(2024년 2월 졸업예정자 포함)로 아래 지원자격 중 하나에 해당하는 자 ※「초·중등교육법」 제2조에 따른 고등학교 외 고교 졸업 동등 학력자는 지원자격에서 제외 ※ 수능최저학력기준이 적용되는 모집단위는 2024학년도 대학수학능력시험에 응시해야 함 〈표〉 기초생활수급자, 차상위계층, 한부모가족 지원대상자 - 「국민기초생활 보장법」 제2조제1호(수급권자), 제2호(수급자), 제10호(차상위계층)에 의한 대상자 / 「한부모가족지원법」 제5조 또는 제5조의2에 의한 대상자

	국내 고등학교 졸업자(2024년 2월 졸업예정자 포함) 또는 법령에 의하여 고등학교 졸업 이상의 학력을 인정받은 자이며 아래 지원자격 중 하나에 해당하는 자 ※ 수능최저학력기준이 적용되는 모집단위는 2024학년도 대학수학능력시험에 응시해야 함	
사회적 배려 대상자 전형	**구분**	**지원자격**
	국가보훈대상자	- 「국가보훈 기본법」 제3조제2호에 따른 '국가보훈대상자'로서 국가보훈관계법령에 따른 교육지원대상자로 보훈(지)청장이 발행하는 <대학입학 특별전형 대상자 증명서> 발급 대상자
	기초생활수급자, 차상위계층, 한부모가족 지원대상자	- 「국민기초생활 보장법」 제2조제1호(수급권자), 제2호(수급자), 제10호(차상위계층)에 의한 대상자 - 「한부모가족지원법」 제5조 또는 제5조의2에 의한 대상자

	국내 고등학교 학교생활기록부가 있는 고등학교 졸업자(2024년 2월 졸업예정자 포함)이며 아래 지원자격 중 하나에 해당하는 자	
사회다양 성전형	**구분**	**지원자격**
	다문화가정	「다문화가족지원법」 제2조에 해당하는 자의 자녀 중 대한민국 국적을 가진 자
	다자녀가구	부 또는 모의 가족관계증명서 상 지원자 본인을 포함한 형제자매가 3자녀 이상인 가구의 자녀
	아동복지시설 및 청소년복지시설생활자	아동복지법에 의거 인가된 아동복지시설 생활자 또는 청소년 복지법에 의한 복지시설 생활자
	소아암병력자	소아암병력자로 한국백혈병소아암협회의 추천을 받은 자
	대안학교장추천자	「초중등교육법」 제60조의3(시행령 제91조)의 규정에 의하여 시·도교육감의 지정을 받은 대안학교(대안교육 특성화고등학교) 졸업(예정)자로서 학교장의 추천을 받은 자
	직업군인의 자녀	직업군인으로 20년 이상 복무 중인 자의 자녀
	민주화운동 관련자 및 그 자녀	「민주화운동 관련자 명예회복 및 보상 등에 관한 법률」 제2조 제2호에 따른 '민주화운동 관련자 및 그 자녀'에 해당하는 자

	국내 고등학교 학교생활기록부가 있는 고등학교 졸업자(2024년 2월 졸업예정자 포함)이며 아래 지원자격 중 하나에 해당하는 자 ※ 농어촌 및 도서·벽지 지역에 소재한 과학고, 외국어고, 국제고, 예술 및 체육 계열의 특수목적고 출신자는 지원할 수 없음 ※ 수능최저학력기준이 적용되는 모집단위는 2024학년도 대학수학능력시험에 응시해야 함	
농어촌 학생전형	**구분**	**지원자격**
	12년 과정 (초중고 전 과정)	「지방자치법」 제3조에 의한 읍·면 소재 또는 「도서·벽지 교육진흥법」 제2조에 따른 도서·벽지의 초·중·고등학교의 전 교육과정을 이수한 자로서 본인이 초등학교 입학일부터 고등학교 졸업 일까지 농어촌 또는 도서·벽지에 거주한 자

6년 과정 (중고과정)	「지방자치법」 제3조에 의한 읍·면 소재 또는 「도서·벽지 교육진흥법」 제2조에 따른 도서·벽지의 중·고등학교의 전 교육과정을 이수한 자로서 본인 및 그의 부모 모두가 지원자의 중학교 입학 일부터 고등학교 졸업 일까지 농어촌 또는 도서·벽지에 거주한 자
특성화 고교 졸업자 전형	국내 고등학교 학교생활기록부가 있는 고등학교 졸업자(2024년 2월 졸업예정자 포함)이며 아래 지원자격 중 하나에 해당하는 자 ※ 마이스터고 출신자는 지원할 수 없음 ※ 특성화고등학교의 기준학과가 대학이 제시하는 기준학과와 다르더라도 대학의 모집단위와 관련된 전문교과를 30단위 이상 이수한 경우에는 인정 가능 ※ 단, 전입학 학생은 "기준학과"의 교과를 30단위 이상 이수해야 함 **구분 / 지원자격** 특성화고 졸업자: 「초·중등교육법 시행령」 제91조 제1항의 특성화고교를 졸업(예정)하고, 지원하려는 우리 대학의 모집 단위에서 요구하는 "기준학과"를 충족한 자 종합고 졸업자: 일반계고교 중 구 종합고의 전문계학과 졸업(예정)자로서 지원하려는 우리 대학의 모집단위에서 요구하는 "기준학과"를 충족한 자
기초생활 수급자/ 차상위 계층/ 한부모 가족전형	국내 고등학교 학교생활기록부가 있는 고등학교 졸업자(2024년 2월 졸업예정자 포함)이며 아래 지원자격 중 하나에 해당하는 자 ※ 수능최저학력기준이 적용되는 모집단위는 2024학년도 대학수학능력시험에 응시해야 함 **구분 / 지원자격** 기초생활수급자, 차상위계층, 한부모가족지원대상자: 「국민기초생활 보장법」 제2조제1호(수급권자), 제2호(수급자), 제10호(차상위계층)에 의한 대상자
예체능 우수자 전형	국내 고등학교 학교생활기록부가 있는 고등학교 졸업자(2024년 2월 졸업예정자 포함)이며 아래 지원자격 중 하나에 해당하는 자 ※ 수능최저학력기준이 적용되는 모집단위는 2024학년도 대학수학능력시험에 응시해야 함
만학도 전형	국내 고등학교 학교생활기록부가 있는 고등학교 졸업자(2024년 2월 졸업예정자 포함)로 연령이 만 30세 이상(2024. 3. 1. 기준)인 자
특성화고 졸재직자 전형	산업체 근무경력이 3년 이상(군 의무 복무 경력 포함)인 재직자(「고등교육법시행령」 제29조제2항제14호)로 아래 지원자격 중 어느 하나에 해당하는 자 ※ 2024. 3. 1. 기준 재직 중이어야 하며, 입학 후 재학기간에는 재직여부와 관계 없음 **구분 / 지원자격** 일반고등학교: 「초·중등교육법 시행령」 제76조의3제1호에 따른 일반고등학교에 재학하는 동안 시·도교육감이 「직업교육훈련 촉진법」에 따른 직업교육훈련기관 중 직업교육훈련위탁기관으로 선정한 기관에서 1년 이상의 직업교육훈련과정을 이수하고 해당 일반고등학교를 졸업한 자

	산업수요 맞춤형 고등학교	「초·중등교육법 시행령」 제90조제1항제10호에 따른 산업수요 맞춤형 고등학교를 졸업한 자
	특성화 맞춤형 고등학교	특성화고등학교 등을 졸업한 자 「초·중등교육법 시행령」 제91조제1항에 따른 특성화고등학교 중 자연현장실습 등 체험 위주의 교육을 전문으로 실시하는 고등학교를 제외한 학교 「초·중등교육법 시행령」 제76조의3제1호에 따른 일반고등학교에 설치된 학과 중 특성화고등학교에서 제공하는 것과 같은 교육과정으로 운영되는 학과 포함
	평생교육시설	「평생교육법」 제31조제2항에 따른 학력인정 평생교육시설 중 특성화고등학교 등에서 제공하는 것과 같은 교육과정을 운영하는 평생교육시설에서 해당 교육 과정을 이수한 자
특수교육 대상자 전형	국내 고등학교 학교생활기록부가 있는 고등학교 졸업자(2024년 2월 졸업예정자 포함)이며 아래 지원자격 중 하나에 해당하는 자	

구분	지원자격
장애인 등록자	「장애인복지법」 제32조에 의한 장애인으로 시·군·구청에 등록되어 있는 자
상이등급자	「국가유공자 등 예우 및 지원에 관한 법률」 제4조 등에 의한 상이 등급자로 국가보훈처에 등록되어 있는 자 중에서 「장애인복지법」에 의한 장애인 기준에 상응하는 자

(2) 학생부 교과전형 전형요소별 반영비율

전형명	선발 단계	선발 배수	전형요소별 반영비율				수능최 저학력 기준
			학생부 (점수)	면접 (점수)	실기 (점수)	합계 (전형 총점)	
● 일반전형 ● 지역인재전형 ● 지역기회균형전형 ●기초생활수급자/차상위 계층/한부모가족전형	일괄	1배수	100% (100%) [1,015점]	-	-	100% (100%) [1,051점]	적용
● 사회적배려대상자전형 ●사회다양성전형 ●농어촌학생전형 ● 만학도전형 ● 특성화고교졸업자전형 ● 특성화고졸재직자전형	일괄	1배수	100% (100%) [1,015점]	-	-	100% (100%) [1,015점]	미적용
● 예체능우수자전형	1단 계	5배수	100% (100%) [812점]	-	-	100% (100%) [812점]	적용

전형명	단계	배수					
	2단계	1배수	80% (67.9%) [812점]	-	20% (32.1%) [200점]	100% [1,012점]	
● 특수교육대상자전형	1단계	5배수	100% (100%) [812점]	-	-	100% (100%) [812점]	미적용
	2단계	1배수	80% (67.9%) [812점]	20% (32.1%) [200점]	-	100% [1,012점]	

※ ( )안은 실질반영 비율임
1) 여수캠퍼스 수능최저학력기준 미적용 (수산생명의학과, 해양경찰학과 제외)
2) 의학계열(의과대학, 치의학전문대학원, 수의과대학, 약학대학)은 수능최저학력기준을 적용
※( )안은 실질반영 비율임

전형명	전형요소		반영점수			반영비율	
			기본점수	실질점수	배점	명목비율	실질비율
● 일반전형 ● 지역인재전형 ● 지역기회균형전형 ● 사회적배려대상자전형 ● 사회다양성전형 ● 농어촌학생전형 ● 만학도전형 ● 특성화고교졸재직자전형 ● 특성화고졸재직자전형 ●기초생활수급자/차상위계층/한부모가족전형	학생부	석차등급산출과목 (공통/일반선택 등)	750	250	1,015	100%	100%
		진로선택	0	15			
	합계		750	265	1,015	100%	100%
● 예체능우수자전형	학생부	석차등급산출과목 (공통/일반선택 등)	600	200	812	80%	67.9%
		진로선택	0	12			
	실기		100	100	200	20%	32.1%
	합계		700	312	1,012	100%	100%
● 특수교육대상자전형	학생부	석차등급산출과목 (공통/일반선택 등)	600	200	812	80%	67.9%
		진로선택	0	12			
	면접		100	100	200	20%	32.1%
	합계		700	312	1,012	100%	100%

소) 전북대[39]

(1) 모집인원

전형유형	모집인원 (명)
일반학생	1,294
지역인재 1유형 (호남권)	453
지역인재 2유형 (전북권)	109
농어촌(신설)	61
소계	**1,917**

(2) 지원자격

일반학생	국내 고등학교 졸업(예정)자로 국내 고등학교에서 취득한 학생부 성적이 있는 자 또는 고등학교 졸업(예정)자와 동등한 학력소지자
지역인재 1유형 (호남권)	호남권(전라북도, 전라남도, 광주광역시)에 소재하는 고등학교에서 전 교육과정(입학일부터 졸업까지)를 이수하고 졸업(예정)한 자 ※ 「초·중등교육법」제2조에 따른 고등학교 외 고교 졸업 동등 학력자는 지원자격에서 제외
지역인재 2유형 (전북권)	전라북도에 소재하는 고등학교에서 전 교육과정을 이수하고 졸업(예정)한 자로서 입학일부터 졸업일까지 부 또는 모와 학생 모두가 전북지역에 거주한 자 ※ 「초·중등교육법」제2조에 따른 고등학교 외 고교 졸업 동등 학력자는 지원자격에서 제외
농어촌 학생	고등학교 졸업(예정)자로 다음 [Ⅰ유형] 또는 [Ⅱ유형]에 해당되는 자 [1유형] 지방자치법 제3조에 의한 읍·면 소재 또는 『도서·벽지 교육진흥법』제2조에 따른 도서·벽지 중·고등학교에서 전 교육과정(6년)을 이수하고 졸업(예정)한 자로서 재학기간(중학교 입학일부터 고등학교 졸업일까지) 중 부·모와 본인 모두가 농·어촌 또는 도서·벽지에 거주한 자 [2유형] 지방자치법 제3조에 의한 읍·면 소재 또는 『도서·벽지 교육진흥법』제2조에 따른 도서·벽지 초·중·고등학교의 전 교육과정(12년)을 이수하고 졸업(예정)한자로서 재학기간 중 본인이 농·어촌 또는 도서·벽지에 거주한 자(부모의 농·어촌 거주조건 면제)

(3) 전형방법 및 전형요소별 반영 점수

선발모형	모집인원 대비 선발비율	전형요소별 반영점수(실질반영비율, %)		
		학생부	수능성적	합계
일괄합산	100%	1000(100)	최저학력기준 적용	1,000(100)

---

39) 2024 전북대 입학전형

(4) 수능최저학력기준

모집단위	계열	수능최저학력기준	필수 응시
1) 글로벌융합대학: 국제인문사회학부, 공공인재학부 2) 사회과학대학, 상과대학, 인문대학: 전 모집단위 3) 농업생명과학대학: 농경제유통학부 4) 사범대학 : 교육학과, 독어교육과, 역사교육과, 윤리교육과, 일반사회교육과, 지리교육과 5) 생활과학대학 : 아동학과, 의류학과 6) 자연과학대학 과학학과 7) 환경생명자원대학: 한약자원학과, 생태조경디자인학과	인문 자연	수능 4개 영역(국어, 수학, 영어, 탐구) 중 상위 2개 영역 등급 합 8 이내 (탐구: 사회/과학 구분 없이 상위 등급 1과목 반영)	한국사
1) 간호대학 간호학과 2) 사범대학: 국어교육과, 영어교육과		수능 4개 영역(국어, 수학, 영어, 탐구) 중 상위 2개 영역 등급 합 6 이내 (탐구: 사회/과학 구분 없이 상위 등급 1과목 반영)	
1) 글로벌융합대학 국제이공학부 2) 공과대학, 자연과학대학(과학학과, 수학과 제외): 전 모집단위 3) 농업생명과학대학 전 모집단위 (농경제유통학부 제외) 4) 생활과학대학: 식품영양학과, 주거환경학과 5) 환경생명자원대학 생명공학부 6) 스마트팜학과	자연	수능 4개 영역(국어, 수학, 영어, 탐구) 중 수학을 포함하여 상위 2개 영역 등급 합 8 이내 (탐구: 사회/과학 구분 없이 상위 등급 1과목 반영) ※ 과학탐구 1과목 이상 응시자는 수능 최저학력기준 1등급 하향 적용(*)	
사범대학 수학교육과		수능 4개 영역(국어, 수학, 영어, 탐구) 중 수학(미적분 또는 기하 중 1과목 반영)을 포함하여 상위 2개 영역 등급 합 7 이내 (탐구: 사회/과학 구분 없이 상위 등급 1과목 반영) ※ 단, 수학은 3등급 이내여야 함	
자연과학대학 수학과		수능 4개 영역(국어, 수학, 영어, 탐구) 중 수학(미적분 또는 기하 중 1과목 반영)을 포함하여 상위 2개 영역 등급 합 8이내 (탐구: 사회/과학 구분 없이 상위 등급 1과목 반영) ※ 과학탐구 1과목 이상 응시자는 수능 최저학력기준 1등급 하향 적용(*)	

사범대학 과학교육학부 (물리교육, 생물교육, 지구과학교육, 화학교육)	수학 및 과학탐구 2개 영역 등급 합 10 이내 (탐구: 과학탐구 상위 등급 1과목 반영)	
1) 수의과대학 수의예과 2) 약학대학 약학과	수능 4개 영역(국어, 수학, 영어, 탐구) 중 수학(미적분 또는 기하 중 1과목 반영)을 포함하여 상위 3개 영역 등급 합 7이내 (탐구: 과학탐구 상위 등급 1과목 반영)	
의과대학 의예과	수능 4개 영역(국어, 수학, 영어, 탐구) 중 수학(미적분 또는 기하 중 1과목 반영)을 포함하여 상위 2개 영역 등급 합 이내 (탐구: 과학탐구 2과목 반영하여, 평균등급 절사) ※ 교과일반: 등급 합 5 이내 ※ 지역인재, 큰사람: 등급 합 6 이내	
치과대학 치의예과	수능 4개 영역(국어, 수학, 영어, 탐구) 중 수학(미적분 또는 기하 중 1과목 반영)을 포함하여 상위 3개 영역 등급 합 6 이내 (탐구: 과학탐구 상위 등급 1과목 반영)	

※ 수시 학생부교과 농어촌 전형은 해당 학과 등급 합에서 1등급 하향 적용

(*) 해당 모집단위의 수시 학생부 교과 농어촌 전형 지원자는 해당 모집단위 등급 합에서 2등급 하향 적용

(5) 학교생활기록부 반영방법

반영요소	학생부 1,000점(일반학과)		
	배점	기본점수	실질반영점수
교과성적	1000	930	70

오) 충북대[40]

(1) 정원 내

(가) 모집인원

전형유형	모집인원
학생부교과전형	811
지역인재전형	305
지역경제배려대상자전형	5
국가보훈대상자전형	16
경제배려대상자전형	52

(나) 지원자격

전형명	지원자격
학생부교과전형	○ 2024년 2월 이전 국내 고등학교 졸업(예정)자 또는 관계법령에 의하여 이와 동등 이상의 학력이 있다고 인정된 자
지역인재전형	○ 2024년 2월 이전 국내 고등학교 졸업(예정)자 중 충청권(충북, 세종, 대전, 충남) 소재 고등학교에서 전 교육과정을 이수 또는 이수 예정인 자 ※ 최초 입학일부터 졸업일까지 충청권 소재 고등학교에서 전 교육과정을 이수하여야 함 ※ 고등학교는「초ㆍ중등교육법」제2조에 따른 고등학교에 한함
지역경제 배려대상자전형	○ 2024년 2월 이전 국내 고등학교 졸업(예정)자 중 충청권(충북, 세종, 대전, 충남) 소재 고등학교에서 전 교육과정을 이수 또는 이수 예정인 자 중 다음의 하나에 해당하는 자 1. 국민기초생활수급자: 수급자를 가구단위로 보장받은 가구의 학생, 혹은 개인단위로 보장받은 본인 2. 차상위복지급여수급자: 차상위 본인부담금 경감, 자활급여, 장애수당, 장애인 연금 차상위부가 급여, 한부모 가정 지원 사업 중 하나 이상의 급여를 받고 있는 가구의 학생 혹은 개인 단위로 보장받은 본인 3. '우선돌봄 차상위가구'의 학생 ※ 최초 입학일부터 졸업일까지 충청권 소재 고등학교에서 전 교육과정을 이수하여야 함 ※ 고등학교는「초ㆍ중등교육법」제2조에 따른 고등학교에 한함
국가보훈대상자 전형	○ 2024년 2월 이전 국내 고등학교 졸업(예정)자 또는 관계법령에 의하여 이와 동등 이상의 학력이 있다고 인정된 자로서, 보훈관계법령에 의한 국가보훈대상자 중 교육지원을 받는 대상자 <국가보훈처의 대학입학특별전형 대상자 증명서 발급 대상자> ※ 보훈관계법령 - 독립유공자 예우에 관한 법률 제15조 - 국가유공자 등 예우 및 지원에 관한 법률 제22조 - 5.18민주유공자 예우에 관한 법률 제12조 - 고엽제후유의증 등 환자지원 및 단체설립에 관한 법률 제7조의5 - 특수임무유공자 예우 및 단체설립에 관한 법률 제11조 - 보훈보상대상자 지원에 관한 법률 제25조

---

40) 2024 충북대 입학전형

경제배려대상자 전형	○ 2024년 2월 이전 국내 고등학교 졸업(예정)자 또는 관계법령에 의하여 이와 동등 이상의 학력이 있다고 인정된 자 중 다음의 하나에 해당하는 자 1. 국민기초생활수급자: 수급자를 가구단위로 보장받은 가구의 학생, 혹은 개인단위로 보장받은 본인 2. 차상위복지급여수급자: 차상위 본인부담금 경감, 자활급여, 장애수당, 장애인 연금 차상위부가 급여, 한부모 가정 지원 사업 중 하나 이상의 급여를 받고 있는 가구의 학생 혹은 개인 단위로 보장받은 본인 3. '우선돌봄 차상위가구'의 학생

(다) 전형방법

전형명	전형방법	선발인원	전형요소별 반영점수 및 실질반영비율			
			수능	단계	학생부교과	계
학생부교과전형 지역인재전형	일괄합산	100%	반영 (최저학력기준)	일괄합산	80점 (100%)	80점 (100%)
국가보훈대상자 전형 경제배려대상자 전형	일괄합산	100%	미반영	일괄합산	80점 (100%)	80점 (100%)

(라) 대학수학능력시험 반영방법

모집 계열	모집단위	국어		수학			영어	탐구			한국사
		화법과 작문	언어와 매체	확률과 통계	미적분	기하		사회	과학	직업	
인문	전 모집단위	●	●	●	●	●	●	●	●	●	●
자연	수학과, 정보통계학과, 수학교육과, 수의예과, 약학과, 제약학과, 의예과	●	●		●	●	●		●		●
	자연과학대학(수학과, 정보통계학과 제외), 공과대학, 전자정보대학, 사범대학(수학교육과 제외)	●	●	●	●	●	●		●		●
	농업생명환경대학, 생활과학대학, 간호학과	●	●	●	●	●	●	●	●	●	●
공통	자율전공학부	●	●	●	●	●	●	●	●	●	●

- 수능최저학력기준 반영 시 지원자는 모집단위별 수능 반영영역의 전 영역(국어, 수학, 영어, 탐구, 한국사)에 응시하여야 함
- 탐구 영역은 해당 반영 영역에서 별도의 지정과목은 없으나, 반드시 2과목을 응시하여야 함
- 한국사는 반영영역에서는 포함되나(필수 응시), 최저학력기준 등급 합에는 미포함됨

○ 학생부교과전형, 지역인재전형, 지역경제배려대상자전형 **(수능최저학력기준 있음)**
　:반영영역 (국어, 수학, 영어, 탐구) 중 상위 3개 영역 등급 합 충족

계열	단과대학	모집단위	수능최저학력기준		
			학생부교과	지역인재	지역경제배려대상자
인문	인문대학	전모집단위	12등급 이내	13등급 이내	-
	사회과학대학	전모집단위			
	경영대학	전모집단위			
	농업생명환경대학	농업경제학과			
	생활과학대학	전모집단위			
	사범대학	전모집단위	9등급 이내	-	-
자연	자연과학대학	전모집단위	12등급 이내	13등급 이내	-
	공과대학	전모집단위			
	전자정보대학	전모집단위			
	농업생명환경대학	전모집단위			
	생활과학대학	전모집단위			
	사범대학	전모집단위	9등급 이내	-	-
	수의과대학	전모집단위	7등급 이내	8등급 이내	-
	약학대학	전모집단위	5등급 이내	6등급 이내	6등급 이내
	의과대학	의예과	4등급 이내	5등급 이내	5등급 이내
		간호학과	10등급 이내	11등급 이내	11등급 이내
공통	본부직할	자율전공학부	12등급 이내	13등급 이내	-

- 자연계 모집단위는 수학 필수 반영(농업생명환경대학, 생활과학대학, 수의과대학, 간호학과는 수학 필수 미반영)
- 탐구는 2개 과목 평균 등급을 반영
- 자연계 사회탐구/과학탐구 응시 가능 모집단위(농업생명환경대학, 생활과학대학, 수의과대학, 간호학과) 지원자 중 사회탐구 응시자, 공통계(자율전공학부) 지원자 중 사회탐구 또는 직업탐구 응시자는 위 표에 제시된 등급보다 상향된 등급(사회탐구 1과목 응시자는 1등급 상향, 사회탐구 2과목 응시자는 2등급 상향/ 직업탐구 응시자는 2등급 상향)을 충족시켜야 함(해당 과목의 반영 여부의 관계 없음)

○ 학생부교과(국가보훈대상자전형), 학생부교과(경제배려대상자전형): **수능 최저학력기준 적용하지 않음**

(2) 정원 외
(가) 모집인원

전형유형	모집인원
특성화고출신자전형	38명
특수교육대상자전형	61명
특성화고졸재직자전형	40명

(나) 지원자격

전형명	지원자격
특성화고 출신자전형	「초·중등교육법시행령」제91조 제1항에 따른 특성화고등학교 중 자연현장실습 등 체험위주의 교육을 전문으로 실시하는 고등학교를 제외한 학교(「초.중등 교육법시행령」제76조의3 제1호에 따른 일반고등학교에 설치된 학과 중 특성화고등학교에서 제공하는 것과 같은 교육과정으로 운영되는 학과를 포함)의 2024년 2월 이전 졸업(예정)자로서 아래 자격을 충족한 자 - 우리 대학이 지정한 모집단위별 동일 계열 기준학과를 이수한 자 ※ 단, 동일계열 기준학과가 모집요강에 명시되어 있지 않을지라도 특성화고등학교에서 해당 모집단위와 관련된 전문교과를 30단위 이상 이수한 경우 지원 가능함 ※ 산업수요 맞춤형 고등학교(마이스터고) 출신자 제외
특수교육 대상자전형	○ 2024년 2월 이전 국내 고등학교 졸업(예정)자 또는 관계법령에 의하여 이와 동등이상의 학력이 있다고 인정된 자 중 다음의 하나에 해당하는 자 - 장애인복지법 제32조에 의한 장애인 등록을 필한 자 - 국가유공자 등 예우 및 지원에 관한 법률 제4조 등에 의한 상이 등급자(국가보훈처 등록
학생부교과 (특성화고졸 재직자전형)	○다음의 어느 하나에 해당하는 자로서 산업체 근무경력이 3년 이상인 재직자 - 「초·중등교육법 시행령」제76조의3 제1호에 따른 일반고등학교에 재학하는 동안 시·도 교육감이 「직업교육훈련 촉진법」에 따른 직업교육훈련기관 중 직업교육훈련위탁기관으로 선정한 기관에서 1년 이상의 직업교육훈련과정을 이수하고 해당 일반고등학교를 졸업한 자 - 「초·중등교육법 시행령」제90조 제1항 제10호에 따른 산업수요 맞춤형 고등학교를 졸업한 자 - 특성화고등학교 등*을 졸업한 자 *「초·중등교육법 시행령」제91조제1항에 따른 특성화고등학교 중 자연현장실습 등 체험위주의 교육을 전문으로 실시하는 고등학교를 제외한 학교(「초·중등교육법 시행령」제76조의3 제1호에 따른 일반 고등학교에 설치된 학과 중 특성화고등학교에서 제공하는 것과 같은 교육과정으로 운영되는 학과 포함) - 「평생교육법」제31조 제2항에 따른 학력인정 평생교육시설 중 특성화고등학교등에서 제공 하는 것과 같은 교육과정을 운영하는 평생교육시설에서 해당 교육과정을 이수한 자<hr>○ 산업체 범위 - 국가·지방자치단체 및 공공단체 - 4대보험 중 1개이상 가입 사업체(창업·자영업자 포함) ※ 4대보험 가입대상사업체가 아닌 산업체 종사자(농업, 수산업등)는 국가.지방자치단체가 발급하는 공적증명서(농지원부 등) 확인을 통해 인정 ※ 4대보험 미가입 영세창업.자영업자는 사업자등록증과 납세사실증명서 확인을 통해 인정 ※ 군경력(병역법 제5조 1항 1호 및 3호에 의한 현역 보충역 의무기간)은 재직기간에 포함 ○ 재직기간 산정기준일: 2024. 3. 1. 기준 ○ 산업체 재직경력 합산은 산업체 범위에서 정한 산업체 경력을 대상으로 연·월·일까지 계산하되 역(歷)에 의한 방법에 의하여 계산함(「민법」제160조 참조) 예) 12월은 1년으로, 30일은 1월로 각각 계산 ○ 학생자격 유지기준: 입학한 학생은 졸업 시까지 재직상태를 유지하는 것을 원칙으로 함

(다) 전형방법

전형명	전형방법	선발인원	전형요소별 반영점수 및 실질반영비율			
			수능	단계	학생부교과	계
특성화고출신자전형 특수교육대상자전형 특성화고졸재직자전형	일괄합산	100%	미반영	일괄합산	80점 (100%)	80점 (100%)

(라) 수능최저학력기준: 적용하지 않음

조) 충남대[41]

(1) 일반/지역인재전형

(가) 지원자격

가. 일반전형
- 국내 고등학교 졸업(예정)자 또는 기타법령에 의하여 고등학교 졸업 이상의 학력이 인정되는 자
- 2024학년도 대학수학능력시험 모집단위 별 반영영역에 응시한 자(탐구영역 2과목 응시)

나. 지역인재전형
- 2024년 2월 이전 국내 고등학교 졸업(예정)자 중 충청권(대전, 충남, 충북, 세종) 소재 고등학교에서 전 교육과정을 이수 또는 이수 예정인자
- ※ 최초 입학일로부터 졸업일까지 충청권 소재 고등학교에서 전 교육과정을 이수하여야 함
- ※ 고등학교는 「초·중등교육법」 제2조에 따른 고등학교에 한함
- 2024학년도 대학수학능력시험 모집단위 별 반영영역에 응시한 자(탐구영역 2과목 응시)

다. 지역인재 저소득층전형
- 위 지역인재전형의 조건을 갖추고 아래 사항 중 어느 하나에 해당하는 자

> - 「국민기초생활보장법」 제2조 제2호에 따른 수급자
> - 「국민기초생활보장법」 제2조 제10호에 따른 차상위계층
> - 「한부모가족지원법」 제5조 및 제5조의2에 따른 지원대상자
> - ※ 차상위계층의 경우 주민등록상 급여를 받고 있는 자와 거주해야 지원 가능

(나) 전형요소 및 반영점수(비율)

---

41) 2024 충남대 입학전형

전형구분	모집단위	사정유형	선발비율(%)	학교생활기록부(교과)	면접	수능최저학력	전형총점
일반/ 지역인재/ 지역인재 저소득층	인문·자연계	일괄사정	100	100점 (100)	-	적용	100점 (100)
	사범계	1단계	300	100점 (100)	-	-	100점 (100)
		2단계	100	100점 (80)	100점 (20)	적용	200점 (100)

(다) 학교생활기록부 반영 방법

① 반영비율 및 점수

구분	학년별 반영비율 (%)		학생부 요소별 반영비율(%)	
	1학년	2·3학년	교과성적	출결상황
인문·자연계	전 학년 공통 100		100	-
예·체능계	전 학년 공통 100		80	20

② 반영교과목 및 활용지표

모집단위	반영 교과(군)	점수산출 활용지표
전 모집단위	국어, 수학, 영어, 한국사, 사회(역사/도덕 포함), 과학, 기술·가정, 제2외국어, 한문 ※ 체육 · 예술 · 교양 교과(군) 미반영	석차등급

③ 교과목 반영기준

- 2024년 2월 졸업예정자는 3학년 1학기까지의 성적만 반영하며, 과목석차 등급이 있는 교과성적만 반영함
- 2007년 2월 이전 졸업생은 과목석차를 우선으로 반영하며, 석차가 없을 경우는 평어를 반영함
- 과목석차등급이 없는 교과목에 한하여 다음과 같이 처리함
  1) 과목석차만 있는 경우 석차백분율을 계산하여 과목석차등급으로 변환
  2) 평어만 있는 경우 평어를 과목석차등급으로 변환
  3) 특성화고교 전문교과Ⅱ(A~E로 표시하는 절대평가 과목의 경우) 이수자는 과목점수 [원점수/과목평균(표준편차)]를 활용하여 과목석차등급으로 변환
  4) 과목석차등급 반영자 중 진로선택과목, 공통과목(과학탐구실험), 소인수 수강 과목 등 과목석차등급이 없는 교과목[등급이 (.)로 표기된 경우 포함]은 미반영

④ 교과성적 산출방법

● 과목석차등급
1) 등급의 점수화
- 인문 · 자연계열

등급	1	2	3	4	5	6	7	8	9

점수	100점	90점	80점	70점	60점	50점	40점	30점	20점

- 예체능계열

등급	1	2	3	4	5	6	7	8	9
점수	90점	85점	80점	75점	70점	65점	60점	55점	50점

2) 과목점수: (1학기 등급 점수 × 단위수) + (2학기 점수 × 단위수)

3) 전 학년 과목점수: ∑(과목등급점수) ÷ ∑(과목단위수)

⑤ 비교과성적 산출방법 (※ 예체능계만 해당)

● 결석일수 산출방법

1) 고등학교 3개 학년 동안의 결석일수와 지각, 조퇴, 결과 횟수를 합산하여 산출 (지각, 조퇴, 결과는 합 3회를 결석 1일로 함)

2) 질병·기타에 의한 결석, 지각, 조퇴, 결과는 결석일수에 포함하지 않음

● 등급별 배점

등급	고교 재학 중 결석일수	배점	등급	고교 재학 중 결석일수	배점
A	3일 이하	20	D	13 ~ 18일	4
B	4 ~ 7일	8	E	19 ~ 25일	2
C	8 ~ 12일	6	F	26일 이상	0

(라) 대학수학능력시험 반영영역 및 최저학력기준

① 모집단위별 반영영역 및 최저학력기준

모집단위		일반전형/지역인재전형/지역인재전형(저소득층)
인문	인문대학, 사회과학대학, 경상대학, 농업생명과학대학(농업경제학과), 자유전공학부, 국제학부	국어, 영어 및 탐구 합산 11등급 이내
	사범대학 (국어교육/ 영어교유 /교육학과)	국어, 영어 및 탐구 합산 8등급 이내
자연	자연과학대학(수학과, 정보통계학과 외 모집단위), 공과대학, 생활과학대학(식품영양학과), 생명시스템과학대학	수학, 영어 및 과학탐구 합산 12등급 이내
	농업생명과학대학(장녀계학과), 생활과학대학(의류학과, 소비자학과), 사범대학(건설공학교육/ 기계공학교육/ 전기·전자·통신공학교육/ 화학공학교육/ 기술교육과), 간호대학	수학, 영어 및 과학탐구 합산 12등급 이내 * 사회/직업탐구 2과목 응시자 10등급 이내 * 사회/직업탐구 1과목 및 과학탐구 1과목 응시자 11등급 이내
	자연과학대학(수학과, 정보통계학과)	수학 (미적분, 기하), 영어 및 과학탐구 합산 12등급 이내
	사범대학 (수학교육과)	수학 (미적분, 기하), 영어 및 과학탐구 합산 9등급 이내
	약학대학	수학 (미적분, 기하), 영어 및 과학탐구 합산 5등급 이내
	의과대학	국어, 영어 및 과학탐구 중 상위 2과목과 수학(미적분, 기하) 합산 4등급 이내
	수의과대학	수학(미적분, 기하), 영어 및 과학탐구 합산 6등급 이내

② 반영방법

○ 전형점수에는 포함하지 않고 합격자 선발 시 각 반영 영역을 최저학력기준으로 반영함
○ 수학과, 정보통계학과, 수학교육과, 약학과, 의예과, 수의예과 모집단위 경우 수학 선택과목 반영 시 확률과 통계 응시자는 지원할 수 없음
○ **탐구영역은 2과목을 반드시 응시하여야 하고 취득등급의 평균을 반영하며, 과학탐구 반영 모집단위는 반드시 과학탐구 2과목을 응시해야 함**

(마) 면접고사(사범계)

면접방법	면접점수	평가항목	세부기준
일반 구술 면접	100점 (기본점수 80점)	인성	- 주어진 임무에 헌신하는 소명감 및 책임감 - 모든 일을 정성스럽게 수행하려는 성실성 및 열성 - 건전한 가치관을 가지고 정직하게 행동하려는 도덕성 - 중립적인 위치에서 객관적으로 타인을 존중하는 공정심
		대인관계능력 및 리더십	- 다양한 관점과 감정들을 이해하고 공감할 수 있는 능력 - 타인과 잘 어우러질 수 있는 사회성과 의사소통 능력 - 구성원들을 이끌어 나가는 통솔력 - 모든 일에 능동적으로 참여하고 실행시키는 추진력, 적극성
		전공부합도 및 창의성	- 모집단위 학문 분야에 대한 기초지식 및 이해도 - 모집단위 학문에 대한 흥미 및 지원동기의 진정성 - 주어진 상황에서 독창적이고 새로운 사고를 이끌어내는 창의성 - 다양한 시각으로 문제 상황을 파악하고 해결하는 종합적 사고력
		논리적 사고능력 및 자기관리능력	- 논제의 핵심에 대해 옳고 그름을 결정할 수 있는 판단력 - 논리를 벗어나지 않고 타당한 근거를 들어 주장할 수 있는 논리성 - 주어진 일을 스스로 계획하고 능동적으로 추진해 나가는 자기 주도성 - 자신을 성찰하고 개선하려는 자기 인식 태도

(2) 국가보훈대상자/고른기회 특별전형

(가) 지원자격

가. 국가보훈대상자전형
○「국가보훈 기본법」제3조 제2호에 따른 국가보훈대상자로서 국가보훈관계 법령에 따른 교육지원 대상자
○ 국내 고등학교 졸업(예정)자 또는 기타법령에 의하여 고등학교 졸업 이상의 학력이 인정되는 자
나. 고른기회전형 : 국내 정규 고등학교 학교생활기록부가 있는 자로 아래의 사항 중 하나에 해당하는 고등학교 졸업(예정)자
○「서해 5도 지원 특별법 시행령」제11조에 해당하는 자
○ 농어촌학생으로 아래의 하나에 해당하는 자

□ 지방자치법 제3조에 의한 읍, 면 또는 도서.벽지 교육진흥법 시행규칙 제2조에 의한 도서, 벽지 소재 학교에서 **중.고등학교 전 교육과정(중학교 입학 시부터 고등학교 졸업 시까지)** 이수 및 본인(부모포함) 거주

□ 지방자치법 제3조에 의한 읍, 면 또는 도서.벽지 교육진흥법 시행규칙 제2조에 의한 도서, 벽지 소재 학교에서 **초·중·고등학교 전 교육과정(초등학교 입학 시부터 고등학교 졸업 시까지)** 이수 및 본인 거주

○ 저소득층가정으로 아래의 하나에 해당하는 자

□ 「국민기초생활보장법」제2조 제1호에 따른 수급권자 및 제2호 수급자

□ 「국민기초생활보장법」제2조 제10호에 따른 차상위계층

□ 「한부모가족지원법」 제5조 및 제5조의2에 따른 지원대상자

※ 차상위계층의 경우 주민등록상 급여를 받고 있는 자와 거주해야 지원 가능

(나) 전형요소 및 반영점수(비율)

모집단위	사정유형	선발비율 (%)	학교생활기록부 (교과)	면접	수능최저학력	전형총점
인문·자연계	일괄사정	100	100점 (100)	-	미적용	100점 (100)

(3) 국토안보교과전형

(가) 지원자격

- 국내 고등학교 졸업(예정)자 또는 기타법령에 의하여 고등학교 졸업 이상의 학력이 인정되는 자
- 2024학년도 대학수학능력시험 모집단위 별 반영영역에 응시한 자(탐구영역 2과목 응시)
- 군 인사법 제10조(결격사유 등)에 저촉되지 아니한 자로서 임관일 기준 만 20세 이상 27세 이하인 자(2024년 3월 1일 기준 만 16세 이상 23세 이하인 자)
- 친권자 동의 및 재정보증보험에 가입 가능한 자
 ※ 신용불량 등의 사유로 재정보증보험에 가입 제한 시 지원불가

(나) 전형요소 및 반영점수 (비율)

전형 구분	사정 유형	선발비율 (%)	학교생활기록부 (교과)	면접	체력 평가	수능최저	전형 총점	비고
국토 안보학	1단계	500	100점 (100)	-	-	-	100점 (100)	
	2단계	100	100점 (≒71.4)	20점 (≒14.3)	20점 (≒14.3)	국어, 영어 및 탐구(2과목 평균) 합산 11등급 이내	140점 (100)	신체검사 합불

(다) 2단계 전형 (※ 남녀 선발관련 세부사항은 모집요강을 통해 별도 공지함)

○면접고사

면접방법	기본점수	배점	평가항목	비고
일반면접	4점	20점	표현성, 논리성, 사회성	
			지원동기, 성장환경, 희생정신, 국가관/안보관	
			신체균형/자세, 발성과 발음	
			종합판정	

○체력평가: 총점 20점 (기본점수 4점)
- 국민체력인증센터(국민체력 100) 인증서를 제출 받아 국가안보융합학부 체력평가 기준표에 따라 점수 부여

○신체검사
- 공무원채용신체검사 시행 후 합불 판정

※ 유의사항
- 신원조사 미 실시에 따라 범죄경력·수사경력조회 회보서를 수험생 본인이 경찰서에서 발급받아 신원조회 내용을 확인하여 본교 국토안보학전공에 지원여부를 스스로 판단해야 하며, 입학 후 장교 선발과정에 있어서 이에 따른 불이익은 본인에게 책임이 있음
- 육군본부 정책에 따라 세부사항은 변동될 수 있으며 세부사항은 모집요강을 참고하기 바람

3) 학생부교과전형 준비전략

가) 학생부교과전형의 특징[42)]

학생부교과전형은 교과 성적을 정량적으로 평가하는 전형으로, 내신 성적이 가장 큰 비중을 차지한다.

대학별 학생부교과전형의 선발유형은 [학생부(교과성적)+면접/비교과+수능최저기준]으로 정리 될 수 있으며 대학별로 면접이나 비교과성적, 수능최저학력기준을 적용하기도 한다. 교과 성적만을 반영하는 대학은 매우 높은 성적 커트라인을 제시하지만, 면접/비교과, 수능 최저학력기준 등 다른 평가기준이 도입된 유형은 상대적으로 내신 평균 등급이 낮아지므로 지원하려는 대학의 선발유형을 미리 파악해두는 것이 필요하다.

학생부교과전형은 대학 전체 모집비율에서 가장 많은 비중을 차지하지만, 경쟁률은 상대적으로 낮은 특징을 가지고 있다. 내신 성적이 2등급이내인 수험생들은 한정되어 있고, 좋은 내신 성적을 가진 수험생이 여러 학교에 동시에 합격 했을 가능성도 있기 때문에 미등록 충원인원이 타 전형에 비해 많은 편이다.

또한 정성적 평가의 학생부종합전형에 비해 비교적 명확하게 합격 여부를 판단할 수 있는 것이 특징이므로, 전년도 합불 자료를 통해 비교적 정확한 결과를 예측할 수 있다. 하지만 각 대학마다 교과, 면접, 비교과 반영비율이 달라질 수 있으므로 전년도 합불 자료를 맹신해서는 안된다.

상위권대학은 주로 학생부종합전형의 모집율이 높기 때문에 학생부교과전형은 중상위권 이하 및 지방거점 대학의 선발 비중이 높으며, 내신 성적이 당락을 결정짓는 절대적인 요소이므로 일반고 수험생에게 유리한 전형이라고 볼 수 있다.

2024교과전형의 또 다른 특징은 교과전형에 정성평가를 도입하는 대학이 늘어났다. 건국대는 교과전형 선발 방법을 생기부(교과) 100%에서 생기부(교과) 70% + 서류평가 30%로 변경해 2024학년도에 반영한다. 서류평가 시에는 대학 자체적인 종합평가 시스템을 활용해 정서평가를 실시한다. 경희대는 2022학년도에 '고교연계전형'을 '지역균형전형'으로 명칭 변경하면서 전형 방법 역시 생기부 100% 반영에서 생기부 70% + 교과종합평가 30%로 바꾸었다. 동국대 역시 교과성적 70%와 서류평가 30%를 반영하며 추천인원도 확대했다. 성균관대는 진로선택과목 및 전문교과과목의 교과(성적 및 세부능력 특기사항)를 종합적으로 정성평가하는 방식을 전년도에 이어 올해

---

42) 에듀진 [2023 수시] '교과전형'도 생기부까지 챙겨야 합격한다!

도 유지한다. 위 대학들 정성평가 방식은 '학생부종합' 전형 방식과 동일하다.

나) 교과 성적의 지원여부 파악[43)]

학생부교과전형 준비에 우선되는 것은, 수험생의 학생부 교과 성적으로 지원여부를 가늠하는 것이다. 이때 활용될 수 있는 자료는 해당 대학 홈페이지나 '대학 알리미 (http://www.academyinfo.go.kr/)'에 공개 되어있는 전년도 합격자의 교과 성적 평균 등급이다. 주요 상위권 대학은 대체적으로 내신 성적이 평균 2등급 이내인 수험생들이 지원할 수 있다.

다) 대학별 선발유형 파악

학생부교과전형은 대학별로 선발하는 유형이 다르고, 그에 따라 내신 성적 커트라인도 상대적으로 낮아지거나, 부족한 내신 성적을 다른 평가요소로 보완할 수도 있기 때문에 각 선발유형의 파악은 필수적이다.

(1) 교과 성적 반영 비율별 대학 분석[44)]

No	대학명	선발인원	졸업연도에 따른 지원자격 제한	수능 최저 유무	고교당 추천인원	전형방법
1	건국대	342	×	×	제한 ×	학생부교과 70, 서류평가 30
2	경희대	577	졸업예정자만	○	5%	학생부교과·비교과(출결,봉사)70 교과종합평가 30
3	고려대	666	졸업예정자만	○	4%	학생부교과 80, 서류 20
4	동국대	400	×	×	8명 이내	학생부교과 70, 서류30
5	서강대	172	졸업예정자만	○	20명	학생부교과 90, 비교과 10
6	서울시립대	230	×	○	10명 이내	학생부교과 100
7	성균관대	388	졸업예정자만	○	10%	학생부 100
8	숙명여대	252	×	○	제한 없음	학생부교과 100
9	연세대	472	졸업예정자만	×	10명 이내	1단계: 학생부교과 100(5배수) 2단계: 학생부교과

---

44) [진학사 수시대입정보] '졸업생이 올해 수시 교과전형 도전 시 고려사항은?'

					70, 면접 30
10	이화여대	400	재수생까지	×	있음 (추후 모집요강 확인)
					학생부교과 80, 면접 20
11	중앙대	504	재수생까지	○ (서울)	20명
					학생부교과 90, 출결 10
12	한국외대	332	재수생까지	○	20명	학생부교과 100
13	한양대	332	재수생까지	×	11%	학생부교과 100
14	홍익대 (서울)	313	2021년 2월 이후 졸업(예정)자	○	10명 이내	학생부교과 100

(2) 수능 최저기준 적용 여부

수능 최저기준의 충족여부는 9월 수능 모의평가를 기준으로 하여 가채점의 결과로 예측해볼 수 있다. 따라서 수험생은 가채점 후 지원대학을 상향할 것인지, 다소 내릴 것인지 최종 결정을 해야 한다. 학생부교과전형은 교과 성적 관리가 제일 중요하지만, 대학에 따라 수능 최저기준의 충족여부에 따라 합격의 당락이 결정되기도 하므로, 내신 성적은 물론 수능시험 대비도 잘 해두는 것이 지원할 수 있는 대학의 폭을 넓히는 최선의 방법이라고 할 수 있다.

대학	전형명	수능 최저학력기준
국민대	교과성적 우수자	인문 : 국,수,영,사/과탐(1) 중 2개 합 5 자연 : 국,수,영,과탐(1) 중 2개 합 6
경기대	교과성적 우수자	인문 : 국,수,영,사/과탐(1) 중 2개 합 7 자연 : 국,수,영,과탐(1) 중 2개 합 7
	학교장 추천	미적용
한국외대 (서울)	학교장 추천	국,수,영,탐(1) 중 2개 합 4, 한국사 4
홍익대	학교장 추천	인문/예술 : 국,수,영,사/과탐(1) 중 3개 합 8,한국사 4 자연/ 캠퍼스자율 : 국,수(미/기),영,과탐(1) 중 3개 합 8,한 4
서울과학 기술대학 교	고교추천	인문 및 건축학부 : 국,수,영,탐/직(1) 중 2개 합 7 자연 : 국,수(미/기),영,과(1) 중 2개 합 7

표 271 2024학년도 대입정보 119

대학	전형명	수능 최저학력기준
서울 시립대	지역균형 선발	인문 : 국,수,영,사/과탐(1) 중 3개 합 7 자연 : 국,수(미/기),영,과(1) 중 3개 합 7
숭실대	지역균형 인재	인문, 경상 : 국,수,영,탐(1) 중 2개 합 4 자연 : 국,수(미/기),영,과(1) 중 2개 합 5 융합특성화자유전공 : 국,수(미/기),영 ,탐(1) 중 2개 합 5
인천대	교과성적 우수자	인문, 디자인, 자연 : 국,수,영,탐(1) 중 2개 합 7 사범대 : 국,수,영,탐(1) 중 2개 합 6 국제통상학부 : 국,수,영,탐(1) 중 2개 합 5
인하대	지역추천 인재	인문 : 국,수,영,탐(1) 중 2개 합 6 자연 : 국,수(미/기),영,과(1) 중 2개 합 5 의예과 : 국,수(미/기),영,과 중 3개 각 1
중앙대 (서울)	지역균형	인문, 간호학과 : 국,수,영,탐(1) 중 3개 합 7,한 4 자연 (약학부 외) : 국,수(미/기),영,과(1) 중 3개 합 7, 한 4 약학부 : 국,수(미/기),영,과(1) 4개 합 5, 한 4
성신여대	지역균형	인문: 국,수,영,탐/직(1) 중 2개 합 7 자연: 국,수,영,탐/직(1) 중 2개 합 7
세종대	지역균형	인문 : 국,수,영,탐(1) 중 2개 합 5 자연 : 국,수(미/기),영,과(1) 중 2개 합 6

표 272 2024학년도 대입정보 119

(3) 기타 평가요소

학생부 교과 성적, 수능 최저기준 외에 기타 평가요소를 반영하는 대학도 있는데 비교과성적 또는 면접, 적성고사 등을 반영한다. 지원대학이 면접고사를 실시한다면 모집요강을 통해 면접 평가 요소와 평가 방법 등을 숙지하면서 대비할 필요가 있고, 이 때 대학이 발표한 기출 문항을 참조하면 대비에 적잖은 도움을 받을 수 있다. 기출 면접 문항은 대학 홈페이지에 바로 탑재해 놓은 대학이 있는가 하면, '선행학습역량평가보고서'에 기출 면접 문항을 담아 놓은 대학도 있다.

다만, 면접을 실시하는 대학에 지원할 때 유의해야 할 점이 있다. 그것은 낮은 학생부 교과 성적을 면접으로 뒤집을 수 있다는 생각을 크게 갖지 않는 것이다. 평균 1등급 이내에서의 만회는 가능할 수 있겠지만, 그 이상 차이 나는 학생부 교과 성적을 만회하기는 쉽지 않다.

나. 학생부종합전형

1) 학생부종합전형의 추세[45]

구분	전형유형	2024학년도	2023학년도	2022학년도
수시	학생부(종합)	79,520명 (23.1%)	81,390명 (29.9%)	79,503명 (22.9%)

학생부 종합전형은 2024학년도에 전체 모집정원의 **23.1%(79,520명)**를 선발하는 전형으로 학생부 종합전형에서 학생부와 서류 또는 면접을 일괄 합산하여 선발하거나, 면접을 치르지 않고 서류평가만으로 선발하는 전형이다. 최근 3년간 학생부 교과전형과 학생부 종합전형의 선발 비율을 비교해 보면 학생부 교과전형의 선발 비율이 월등히 높으나, 학생들이 주로 목표로 하는 서울권 주요 15개 대학만 놓고 보면 교과 전형은 5천여 명 선발하는 데 반해 **종합 전형은 그 3배 가량인 1만 5천여 명을 선발**한다.

학생부종합전형의 선발방법을 정리해보면, 다음과 같이 분류할 수 있다.

> **1) 서류평가 100%**
> **2) 일괄합산 서류평가 + 면접평가**
> **3) 단계별 서류평가 + 면접평가**
> **4) 일괄합산 교과성적 + 서류평가**
>
> **＊ 수능 최저기준 적용 유/무**

2024학년은 2019년에 발표된 대입 제도 공정성 강화 방안이 본격 시행되는 학년이다. 소논문 기재 금지와 수상 기재 축소에서 시작된 변화가 **학생부 기재 항목 축소**와 **정규 교육과정 외 비교과 대입 반영 폐지**로 완결됐다. 교사 추천서도 일찌감치 폐지됐고, 2024학년에는 대필과 외부 도움으로 문제가 불거진 **자기소개서도 결국 폐지**된다.

학생부에서도 **대입 미반영 항목**이 늘어나 수상 경력, 자율동아리, 개인 봉사 활동, 독서 활동이 반영되지 않는다. 상대적으로 교과 학습 발달 상황의 기록들이 더욱 중요해졌다고 할 수 있다. 또 정규 동아리, 교내 봉사 활동은 반영되므로 교내 활동에서의 학교생활 충실도가 중요해졌다.[46]

---

45) "2020대입, 학생부 위주 전형이 대세" /대학저널

학생부 종합 전형 학생부 교과/비교과 관리에 최선을 다했다면, 학생부 종합 전형

- 학생부 종합 전형은 대부분 수시모집에서 실시
- 선발 비중 감소 추세, 상위권 대학일수록 비중 높아
    - 수시에서 서울대는 학생부 종합 전형만으로 선발
    - 특별한 스펙보다는 학교생활을 충실히 해온 학생이라면 지원 가능
- 서류와 면접을 종합적으로 평가해 학생을 선발, 교과도 서류 평가에 포함되므로 내신 관리도 중요, 면접 비율이 증가하였음
    - 학생부 비교과 점검 및 대학 평가항목의 축소화
* 추천서와 자기소개서 폐지

표 275 학생부 종합 전형

---

46) 2024 학생부 종합 전형 분석/ 내일교육

2) 주요대학별 선발기준
가) 서울대[47)]

구분	전형명	모집인원 (명)
정원 내	지역균형전형	476
	일반전형 (음악대학 피아노과. 관현악과 제외)	1,394
	기회균형특별전형(사회통합)	159(4*)
정원 외	기회균형특별전형 (농어촌)	82
	기회균형특별전형 (저소득)	88
	기회균형특별전형 (특수·북한)	18**이내

* 수시모집 기회균형특별전형(사회통합) 농업생명과학대학에 지원하는 농생명계열 고교 졸업예정자는 정원 외로 4명 이내에서 별도 선발함

** 정시모집 기회균형특별전형(특수교육대상자·북한이탈주민)의 모집인원은 특수교육대상자의 모집단위(대학)별 상한 인원이며, 총 18명 이내에서 최종 선발함. 북한이탈주민은 별도로 정해진 모집인원이 없음

(1) 지역균형전형
(가) 지원 자격

소속 고등학교장의 추천을 받은 2024년 2월 국내 고등학교 졸업예정자 (조기졸업예정자 제외)
※ 고등학교별 추천 인원은 2명 이내이며, 각 고등학교는 반드시 학교장 직인이 날인된 추천자 명단을 서류제출 기간 내에 공문으로 제출해야 함

(나) 전형방법
① 전형요소 및 배점

모집단위	1단계	2단계	
	서류평가	1단계 성적	면접
전 모집단위	100 (3배수)	70	30

- 전 모집단위에서 수능 최저학력기준을 적용하며, 반드시 모집단위별 수능 응시영역기준 및 인정 기준을 준수해야 함
- 사범대학은 면접에서 교직적성·인성면접을 포함함
- 의과대학은 면접에서 의학을 전공하는 데 필요한 자질, 적성과 인성을 평가하며, 상황/제시문 기반 면접과 서류 기반 면접을 복수의 면접실에서 진행함

② 지역균형선발전형 수능 최저학력기준

모집단위	수능 최저학력기준
전 모집단위	4개 영역(국어, 수학, 영어, 탐구) 중 3개 영역 등급 합이 7등급 이내

- 탐구영역의 등급은 2개 과목 등급 평균을 반영함

---

47) 2024 서울대 입학전형

(2) 일반전형 (음악대학 피아노과, 관현악과 제외)
(가) 지원 자격

고등학교 졸업자 (2024년 2월 졸업예정자 포함) 또는 법령에 의하여 고등학교 졸업 이상의 학력이 있다고 인정된 자(고등학교 졸업학력 검정고시 합격자, 외국소재 고등학교 졸업 (예정)자 포함)

(나) 전형방법
① 전형요소 및 배점

모집단위	1단계	2단계		
	서류평가	1단계 성적	면접 및 구술고사	교직적성·인성면접
전 모집단위 (미술대학, 사범대학, 음악대학 제외)	100 (2배수)	100	100	-
미술대학 디자인과		-	100	-
사범대학		100	60	40

- 미술대학 디자인과는 수능 최저학력기준을 적용하며, 모집단위별 수능 응시영역기준 및 인정 기준을 준수해야 함
- 사범대학 체육교육과는 수능 최저학력기준을 적용하며, 모집단위별 수능 응시영역기준 및 인정 기준을 준수해야 함. 1단계 합격자 중 단체종목 지원자에 한하여 실기평가를 실시하고 그 결과는 면접 및 구술고사에 반영함

② 음악대학 전형요소 및 배점

모집 단위	2단계		2단계		
	서류평가	1단계 실기평가	1단계 서류평가	면접 및 구술고사	2단계 실기평가
국악과	40	60	50	10	40

- 수능 최저학력기준(수능 응시영역기준 포함)을 적용하지 않음
- 1단계에서 모집인원의 2.5배수를 선발함

③ 수시모집 일반전형 수능 최저학력기준

전 모집단위(미술대학, 사범대학 체육교육과 제외)에서 수능 최저학력기준(수능 응시영역기준 포함)은 적용하지 않음. 단, 미술대학, 사범대학 체육교육과 최종 합격자는 2024학년도 수능에서 모집단위별 수능 응시영역기준 및 인정 기준을 준수해야 하고 수능 최저학력기준을 충족해야 함

모집단위	수능 최저학력기준
미술대학 디자인과	4개 영역(국어, 수학, 영어, 탐구) 중 3개 영역 등급 합이 7등급 이내
사범대학 체육교육과	4개 영역(국어, 수학, 영어, 탐구) 중 3개 영역 이상 4등급 이내

- 외국 소재 고등학교에서 전 과정을 이수한 졸업(예정)자는 수시모집 일반전형에서 수능 최저학력기준(수능 응시영역기준 포함)을 적용하지 않음
- 미술대학 디자인과 탐구영역 등급 충족 인정 기준
  탐구영역의 등급은 2개 과목 등급 평균을 반영함
- 사범대학 체육교육과 탐구영역 등급 충족 인정 기준
  탐구영역 4등급 충족 인정 기준: 2개 과목 모두 4등급 이내

④ 면접 및 구슬고사

[공동 출제 문항 활용 모집단위]

- 평가방법: 지원자 1명을 대상으로 하여 복수의 면접위원이 실시함. 제출서류를 참고하여 추가질문을 할 수 있음
- 평가내용: 면접 및 구슬고사는 고등학교 교육과정 상의 기본 개념 이해를 토대로 단순 정답이나 단편 지식이 아닌 종합적인 사고력을 평가하는 데 중점을 두고 있음. 주어진 제시문과 질문을 바탕으로 면접관과 수험생 사이의 자유로운 상호작용을 통해 문제 해결 능력과 논리적이고 창의적인 사고력을 종합적으로 평가함

모집단위			평가내용	시간	
				답변준비	면접
인문대학			인문학, 사회과학 관련 제시문을 활용하여 전공적성 및 학업능력 평가(영어 또는 한자 활용 가능)	30분 내외	15분 내외
사회과학대학	전 모집단위 (경제학부 제외)		인문학, 사회과학 관련 제시문을 활용하여 전공적성 및 학업능력 평가(영어 또는 한자 활용 가능)		
	경제학부		사회과학, 수학(인문) 관련 제시문을 활용하여 전공적성 및 학업능력 평가(영어 또는 한자 활용 가능)		
자연과학대학	수리과학부		수학(자연) 관련 제시문을 활용하여 전공적성 및 학업능력 평가	45분 내외	
	통계학과				
	물리·천문학부	물리학 전공	물리학 관련 제시문을 활용하여 전공적성 및 학업능력 평가		
		천문학 전공			
	화학부		화학 관련 제시문을 활용하여 전공적성 및 학업능력 평가		
	생명과학부		생명과학 관련 제시문을 활용하여 전공적성 및 학업능력 평가		
	지구환경과학부	유형①~③ 택1	① 물리학 관련 제시문을 활용하여 전공적성 및 학업능력 평가 ② 화학 관련 제시문을 활용하여 전공적성 및 학업능력 평가 ③ 지구과학 관련 제시문을 활용하여 전공적성 및 학업능력 평가		
간호대학		유형①~② 택1	① 화학, 생명과학 관련 제시문을 활용하여 전공적성 및 학업능력 평가	45분 내외	
			② 인문학, 사회과학 관련 제시문을 활용하여 전공적성 및 학업능력 평가 (영어 또는 한자 활용 가능)	30분 내외	
경영대학			사회과학, 수학(인문) 관련 제시문을 활용하여 전공적성 및 학업능력 평가 (영어 또는 한자 활용 가능)	30분 내외	
공과대학			수학(자연) 관련 제시문을 활용하여 전공적성 및 학업능력 평가	45분 내외	
농업생명과학대학	농경제사회학부		사회과학, 수학(인문) 관련 제시문을 활용하여 전공적성 및 학업능력 평가(영어 또는 한자 활용 가능)	30분 내외	
	식물생산과학부		생명과학 관련 제시문을 활용하여 전공적성 및 학업능력 평가	45분 내외	
	산림과학부		수학(자연) 관련 제시문을 활용하여 전공적성 및 학업능력 평가		
	식품동물생명공학부		화학, 생명과학 관련 제시문을 활용하여 전공적성 및 학업능력 평가		
	응용생물화학부	유형①~② 택1	① 화학 관련 제시문을 활용하여 전공적성 및 학업능력 평가 ②지구과학 관련 제시문을 활용하여 전공적성 및		

		학업능력 평가		
	조경·지역시스템공학부	수학(자연) 관련 제시문을 활용하여 전공적성 및 학업능력 평가		
	바이오시스템·소재학부			

모집단위		평가내용	시간	
			답변 준비	면접
사회 과학 대학	전 모집단위 (경제학부 제외)	인문학, 사회과학 관련 제시문을 활용하여 전공적성 및 학업능력 평가(영어 또는 한자 활용 가능)	30분 내외	15분 내외
	경제학부	사회과학, 수학(인문) 관련 제시문을 활용하여 전공적성 및 학업능력 평가(영어 또는 한자 활용 가능)		
자연 과학 대학	수리과학부	수학(자연) 관련 제시문을 활용하여 전공적성 및 학업능력 평가	45분 내외	
	통계학과			
	물리·천문학부 물리학 전공	물리학 관련 제시문을 활용하여 전공적성 및 학업능력 평가		
	물리·천문학부 천문학 전공			
	화학부	화학 관련 제시문을 활용하여 전공적성 및 학업능력 평가		
	생명과학부	생명과학 관련 제시문을 활용하여 전공적성 및 학업능력 평가		
	지구환경과학부 유형 ①~③ 택1	① 물리학 관련 제시문을 활용하여 전공적성 및 학업능력 평가		
		② 화학 관련 제시문을 활용하여 전공적성 및 학업능력 평가		
		③ 지구과학 관련 제시문을 활용하여 전공적성 및 학업능력 평가		
간호대학 유형 ①~② 택1		① 화학, 생명과학 관련 제시문을 활용하여 전공적성 및 학업능력 평가	45분 내외	
		② 인문학, 사회과학 관련 제시문을 활용하여 전공적성 및 학업능력 평가 (영어 또는 한자 활용 가능)	30분 내외	
경영대학		사회과학, 수학(인문) 관련 제시문을 활용하여 전공적성 및 학업능력 평가 (영어 또는 한자 활용 가능)	30분 내외	
공과대학		수학(자연) 관련 제시문을 활용하여 전공적성 및 학업능력 평가	45분 내외	
농업 생명 과학 대학	농경제사회학부	사회과학, 수학(인문) 관련 제시문을 활용하여 전공적성 및 학업능력 평가(영어 또는 한자 활용 가능)	30분 내외	
	식물생산과학부	생명과학 관련 제시문을 활용하여 전공적성 및 학업능력 평가	45분 내외	
	산림과학부	수학(자연) 관련 제시문을 활용하여 전공적성 및 학업능력 평가		
	식품동물생명공학부	화학, 생명과학 관련 제시문을 활용하여 전공적성 및 학업능력 평가		
	응용생물화학부 유형 ①~② 택1	① 화학 관련 제시문을 활용하여 전공적성 및 학업능력 평가		
		②지구과학 관련 제시문을 활용하여 전공적성 및 학업능력 평가		
	조경·지역시스템공학부	수학(자연) 관련 제시문을 활용하여 전공적성 및 학업능력 평가		
	바이오시스템·소재학부			

모집단위		평가내용	시간	
			답변 준비	면접
사범 대학	교육학과	인문학, 사회과학 관련 제시문을 활용하여 전공적성 및 학업 능력 평가(영어 또는 한자 활용 가능)	30분 내외	15분 내외
	국어교육과			
	영어교육과			
	독어교육과			
	불어교육과			
	사회교육과			
	역사교육과			
	지리교육과			
	윤리교육과			
	체육교육과			
	수학교육과	수학(자연) 관련 제시문을 활용하여 전공적성 및 학업능력 평가	45분 내외	
	물리교육과	물리학 관련 제시문을 활용하여 전공적성 및 학업능력 평가		
	화학교육과	화학 관련 제시문을 활용하여 전공적성 및 학업능력 평가		
	생물교육과	생명과학 관련 제시문을 활용하여 전공적성 및 학업능력 평가		
	지구과학교육과	지구과학 관련 제시문을 활용하여 전공적성 및 학업능력 평가		
생활 과학 대학	소비자 아동학 부 - 소비자학 전공	사회과학, 수학(인문) 관련 제시문을 활용하여 전공적성 및 학업능력 평가(영어 또는 한자 활용 가능)	30분 내외	
	소비자 아동학 부 - 아동가족 학전공	인문학, 사회과학 관련 제시문을 활용하여 전공적성 및 학업 능력 평가(영어 또는 한자 활용 가능)		
	식품영양학과	화학, 생명과학 관련 제시문을 활용하여 전공적성 및 학업능력 평가	45분 내외	
	의류학과 유형 ①~② 택1	① 화학, 생명과학 관련 제시문을 활용하여 전공적성 및 학업능력 평가	45분 내외	
		② 사회과학, 수학(인문) 관련 제시문을 활용하여 전공적성 및 학업능력 평가(영어 또는 한자 활용 가능)	30분 내외	
약학 대학	약학계열	수학(자연) 관련 제시문을 활용하여 전공적성 및 학업능력 평가	45분 내외	
	자유전공학부 유형 ①~③ 택1	① 인문학, 수학(인문) 관련 제시문을 활용하여 전공적성 및 학업능력 평가(영어 또는 한자 활용 가능) ② 사회과학, 수학(인문) 관련 제시문을 활용하여 전공적성 및 학업능력 평가(영어 또는 한자 활용 가능) ③ 수학(인문), 수학(자연) 관련 제시문을 활용하여 전공적성 및 학업능력 평가	30분 내외	

※ 제시문별 출제 범위

수학(인문)	수학, 수학Ⅰ, 수학Ⅱ, 확률과 통계
수학(자연)	수학, 수학Ⅰ, 수학Ⅱ, 확률과 통계, 미적분, 기하
물리학	통합과학, 과학탐구실험, 물리학Ⅰ, 물리학Ⅱ
화학	통합과학, 과학탐구실험, 화학Ⅰ, 화학Ⅱ
생명과학	통합과학, 과학탐구실험, 생명과학Ⅰ, 생명과학Ⅱ
지구과학	통합과학, 과학탐구실험, 지구과학Ⅰ, 지구과학Ⅱ

[공동 출제 문항 활용 모집단위]

▶ 미술대학

모집단위	평가내용 및 방법
디자인과	-모집단위 관련 전공적성 및 학업능력을 평가 (15분 내외) 서류평가 자료를 활용한 심층적인 질의

▶ 음악대학

모집단위	평가내용 및 방법
국악과	- 2단계 실기평가 및 서류평가 자료, 한국음악이론과 서양음악이론을 바탕으로 한 음악적 소양 등을 평가하는 심층적인 질의(10분 내외)

▶ 수의과대학

모집단위	평가내용 및 방법
수의과대학	- 수의학을 전공하는 데 필요한 자질과 적성, 인성 등을 평가함 - 다양한 상황 제시와 생명과학과 관련된 기본적인 학업 소양을 확인함 - 면접실 당 10분씩 총 5개 면접실에서 진행함(50분 내외)

+ 면접시간 내 상황 숙지를 위한 답변준비 시간을 부여할 수 있음

▶ 의과대학

모집단위	평가내용 및 방법
의과대학	- 의학을 전공하는 데 필요한 자질, 적성과 인성을 평가하며, 제시문에 영어가 활용될 수 있음 - 상황/제시 기반 면접과 서류 기반 면접을 복수의 면접실에서 진행함(60분 내외)

+ 상황 숙지를 위한 답변준비 시간을 별도로 부여할 수 있음

▶ 치의학대학원 치의학과

모집단위	평가내용 및 방법
치의학대학원 치의학과	- 치의학을 전공하는 데 필요한 자질과 적성, 인성 등을 평가하며 제시문에 영어 또는 한자가 활용될 수 있음 - 다양한 상황 제시와 제출서류 내용을 확인함 - 면접실 당 10분씩 총 4개 면접실에서 진행함(40분 내외)

+ 상황 숙지를 위한 답변준비 시간을 별도로 부여할 수 있음

(3) 기회균형특별전형 (사회통합)
(가) 지원자격

고등학교 졸업자(2024년 2월 졸업예정자 포함) 또는 법령에 의하여 고등학교 졸업 이상의 학력이 있다고 인정된 자로서 지원서 접수 마감일 기준으로 아래 중 하나의 자격을 유지하고 있는 자

① 농어촌 학생

가. 농어촌 재학(중학교 3년 + 고등학교 3년) + 농어촌 거주 6년(지원자·부·모)
「지방자치법」 제3조에 의한 읍·면(농어촌) 지역 또는 「도서·벽지 교육진흥법」 제2조에 따

른 도서·벽지 지역 소재 중·고등학교에서 전 교육과정을 이수하고 지원자와 부모 모두가 중학교 입학일부터 고등학교 졸업일까지 읍·면(농어촌) 지역 또는 도서·벽지 지역에 거주한 자

나. 농어촌 재학(초등학교 6년 + 중학교 3년 + 고등학교 3년) + 농어촌 거주 12년(지원자)

「지방자치법」 제3조에 의한 읍·면(농어촌) 지역 또는 「도서·벽지 교육진흥법」 제2조에 따른 도서·벽지 지역 소재 초·중·고등학교에서 전 교육과정을 이수하고 지원자 본인이 초등학교 입학일부터 고등학교 졸업일까지 읍·면(농어촌) 지역 또는 도서·벽지 지역에 거주한 자

+ 읍·면 또는 도서·벽지 지역 소재 과학고, 영재고, 외국어고, 국제고, 예술고, 체육고, 국내학력인정 외국교육기관은 농어촌 학교로 인정하지 않음

② 저소득 학생

다. 「국민기초생활 보장법」 제2조 제1호에 따른 수급권자 또는 제2조 제2호에 따른 수급자

라. 「국민기초생활 보장법」 제2조 제10호에 따른 차상위계층 중 복지급여(차상위 자활급여, 차상위 장애수당, 차상위 장애인연금부가급여, 차상위 본인부담경감)를 받고 있는 가구 학생 또는 차상위계층 확인서 발급 대상 가구 학생

마. 「한부모가족지원법」 제5조 및 제5조의2에 따른 지원대상 가구 학생

③ 국가보훈대상자

바. 「국가보훈 기본법」 제3조 제2호에 따른 '국가보훈대상자'에 해당하고 국가보훈 관계 법령에 따른 교육지원 대상자로 지원서 접수 마감일 기준으로 보훈(지)청장이 발급하는 '대학입학특별전형대상자증명서'를 제출할 수 있는 자

④ 서해 5도 학생

사. 서해 5도 재학(중학교 3년 + 고등학교 3년) + 서해 5도 거주 6년(지원자·친권자 혹은 후견인)

「서해 5도 지원 특별법」 제2조에 의한 서해 5도 지역 소재 중·고등학교에서 전 교육과정을 이수하고 지원자와 친권자(혹은 후견인) 모두가 중학교 입학일부터 고등학교 졸업일까지 서해 5도 지역에 거주한 자

아. 서해 5도 재학(초등학교 6년 + 중학교 3년 + 고등학교 3년) + 서해 5도 거주 12년(지원자)

「서해 5도 지원 특별법」 제2조에 의한 서해 5도 지역 초·중·고등학교에서 전 교육과정을 이수하고 지원자 본인이 초등학교 입학일부터 고등학교 졸업일까지 서해 5도 지역에 거주한 자

⑤ 자립지원 대상 아동

자. 「아동복지법 시행령」 제38조제2항 해당자로 고등학교 입학일부터 지원서 접수 마감일 기준으로 생활 중인 자 또는 고등학교 졸업일까지 생활한 자(단, 검정고시 출신자는 중학교 졸업 학력 취득 후 아동복지시설에서 3년 이상 생활한 자)

⑥ 농생명계열 고교 졸업예정자(농업생명과학대학)

차. 2024년 2월 고등학교 졸업예정자로서 아래의 'ㄱ' 또는 'ㄴ'에 해당하고 소속 고등학교장의 추천을 받은 자(고등학교별 추천 인원 제한 없음)

ㄱ. 동일계열 인정 기준학과의 교육과정 이수

농업과, 원예과, 산림자원과, 동물자원과, 농업기계과, 농업토목과, 식품가공과, 조경과

ㄴ. 농림·수산 해양 및 식품 가공 교과(군) 전문교과Ⅱ 30단위 이상 이수

+ 농림·수산 해양 교과(군) 중 수산 해양 관련 과목은 제외함

※ 정원 외로 4명 이내에서 별도 선발함

(나) 전형방법

① 전형요소 및 배점

모집단위	1단계	2단계	
	서류평가	1단계 성적	면접
전 모집단위 (미술대학, 음악대학 제외)	100 (2배수)	70	30

+ 사범대학은 면접에서 교직적성·인성면접을 포함함

+ 의과대학은 면접에서 의학을 전공하는 데 필요한 자질, 적성과 인성을 평가하며, 상황/제시문 기반 면접과 서류 기반 면접을 복수의 면접실에서 진행함

② 미술대학 전형요소 및 배점

모집단위	1단계	2단계		
	서류평가	1단계 성적	면접	실기평가
동양화과, 서양화과, 조소과, 공예과	100 (3배수)	30	30	30

모집단위	1단계	2단계
	서류평가	면접
디자인과	100 (3배수)	100

③ 음악대학 전형요소 및 배점

모집단위	1단계	2단계		
	서류평가	1단계 성적	면접	실기평가
성악과, 작곡과, 피아노과, 관현악과	100 (2배수)	50	10	40

④ 수시모집 기회균형특별전형(사회통합) 수능 최저학력기준

전 모집단위에서 수능 최저학력기준(수능 응시영역기준 포함)을 적용하지 않음

(4) 기회균형특별전형 (특수교육대상자·북한이탈주민)

　(가) 지원 자격

　　① 특수교육대상자

아래의 각 항을 모두 충족하는 자
가. 고등학교 졸업자(2024년 2월 졸업예정자 포함) 또는 법령에 의하여 고등학교 졸업 이상의 학력이 있다고 인정된 자
나. 「장애인복지법」 제32조에 의하여 장애인 등록이 되어 있는 자 중 '장애의 정도가 심한 장애인' 또는 '국가유공자 등 예우 및 지원에 관한 법률' 제4조 및 제6조에 의해 등록이 되어 있는 자 중에서 「장애인복지법」에 의한 '장애의 정도가 심한 장애인' 기준에 상응하는 자
다. 2024학년도 수능에서 모집단위별 수능 응시영역기준 및 인정기준을 충족한 자(음악대학 제외)

　　② 북한이탈주민

아래의 각 항을 모두 충족하는 자
가. 최근 9년 이내(지원서 접수 마감일 기준)에 입국한 북한이탈주민으로서 고등학교 졸업자(2024년 2월 졸업예정자 포함) 또는 법령에 의하여 이와 동등 이상의 학력이 있다고 인정된 자
나. 2024학년도 수능에서 모집단위별 수능 응시영역기준 및 인정기준을 충족한 자(음악대학 제외)

　(나) 전형방법

　　① 전형요소 및 배점

모집단위	서류평가	면접
전 모집단위	60	40

+ 미술대학, 사범대학 체육교육과, 음악대학은 실기능력을 서류평가에 반영함

+ 사범대학은 교직적성·인성면접을 포함함

나) 연세대[48]

구분	전형명	모집인원
학생부종합 (정원 내)	활동우수형	568명 (37명)
	국제형	274명
	기회균형 Ⅰ	180명
	기회균형 Ⅱ	30명

※ '( )' 안 인원은 정원 외 계약학과 별도 모집인원

(1) 활동우수형, 국제형

(가) 지원자격

-학생부종합(국제형)은 국내고와 해외고/검정고시 출신자로 구분하여 선발함

구분		지원자격
활동우수형		국내외 고등학교 졸업자(2024년 2월 졸업예정자 포함) 또는 법령에 의하여 고등학교 졸업 이상의 학력이 있다고 인정된 자(고등학교 졸업학력 검정고시 합격자 포함)
국제형	국내고	국내고등학교 졸업자 및 2024년 3월 이전 졸업예정자
	해외고/ 검정고시	- 해외 소재 고등학교 졸업자 및 2024년 3월 이전 졸업예정자 - 특별법에 의한 국제학교 졸업자로서 국내 고등학교 학력 인정을 받은 자 - 국내 소재 외국교육기관, 외국인학교, 특별법에 의한 국제학교 졸업자 및 2024년 2월 졸업예정인 자로서 국내 고등학교 졸업자격 검정고시 합격자 - 국내 고등학교 졸업자격 검정고시 합격자 - 글로벌인재학부는 해외 소재 고등학교 졸업(예정)자에 한하여 지원 가능함

(나) 전형요소 및 반영비율: 단계별 전형

단계	서류평가	면접평가	내용
1단계	100%	-	- 제출한 서류를 종합적으로 평가함 - 모집인원의 일정배수를 2단계 평가 대상자로 선발함 - 인문·통합 (생활과학대학·간호대학 모집단위)·국제계열 3배수, 자연계열 4배수
2단계	60%	40%	- 제시문 기반 면접 - 국제형에 한하여 제시문이 영어로 출제될 수 있음 ※ 세부내용은 추후 수시모집 요강 참조

---

48) 2024 연세대 입학전형

(다) 대학수학능력시험 최저학력기준

전형명	계열	국어, 수학, 탐구 2과목(사회탐구/과학탐구)	영어	한국사
활동 우수형	인문	2개 과목 등급 합 4 이내 (국어, 수학 중 1개 과목 포함)	3등급 이내	4등급 이내
	자연 (의·치·약 제외)	2개 과목 등급 합 5 이내 (수학 포함)		
	자연 (의예·치의예·약학)	1등급 2개 이상 (국어, 수학 중 1개 과목 포함)		
국제형	국제(국내고)	2개 과목 등급 합 5 이내 (국어, 수학 중 1개 과목 포함)	1등급	
	국제(해외고/검정고시)	대학수학능력시험 최저학력기준을 적용하지 않음		

[인문/사회, 국제(국내고)] 수학: 공통+선택(확률과 통계, 미적분, 기하 중 택 1), 탐구: 사회탐구/과학탐구
[자연(의예.치의예.약학 포함)] 수학: 공통+선택(미적분, 기하 중 택 1), 탐구: 과학탐구만 반영
[통합{생활과학대학·간호대학} 모집단위] 인문 또는 자연계열의 대학수학능력시험 최저학력기준 중 하나를 만족하여야 함

(2) 기회균형

(가) 지원자격

• 국내·외 고등학교 졸업자(2024년 2월 졸업예정자 포함) 또는 법령에 의하여 고등학교 졸업 이상의 학력이 있다고 인정된 자
(고등학교 졸업학력 검정고시 합격자 포함)로서 다음의 지원자격 중 하나의 자격을 갖춘 자
※ 단, 농어촌학생의 경우 국내 정규 고등학교 졸업자 또는 졸업예정자에 한함

구분	지원자격
기회균형 Ⅰ	- 국가보훈대상자: 「국가보훈 기본법」 제3조 제2호에 따른 '국가보훈대상자'로서 국가보훈 관계 법령에 따른 교육지원 대상자 - 기초생활수급자: 「국민기초생활 보장법」 제2조 제1호(수급권자), 제2호(수급자)에 의한 대상자 - 차상위계층: 「국민기초생활 보장법」 제10호(차상위계층) 중 복지급여를 받고 있는 가구의 세대 구성원 또는 차상위계층 확인서 발급 대상 가구의 세대 구성원 - 한부모가족: 「한부모가족지원법」 제5조 또는 제5조의 2에 따른 지원 대상 가구의 세대 구성원 - 농어촌학생: 고른기회전형(농어촌학생) 지원자격을 충족한 자 ※ 영재학교, 특목고, 특성화고(일반고등학교와 종합고등학교의 직업과정 이수자 포함)/마이스터고 등에서 재학한 사실이 있는 자는 기회균형(농어촌학생)으로 지원할 수 없음
기회균형 Ⅱ	- 다문화가정 자녀: 혼인신고 이전에 외국국적이었던 친모(친부)와 대한민국 국적인 친부(친모) 사이에 출생한 대한민국 국적자(혼인신고 이전 외국 국적이었던 친모(친부)가 결혼 이전에 대한민국 국적을 취득한 사실이 있을 경우 지원 불가) - 장애인 부모 자녀: 「장애인복지법」제32조에 의하여 장애인 등록을 필한 장애정도가 심한 장애인(부모 중 1인 이상)의 자녀 - 민주화운동관련자: 「민주화운동 관련자 명예회복 및 보상 등에 관한 법률」에 따라 민주화운동 관련자로 인정된 자 또는 그의 자녀(민주화운동 관련자 명예회복 및 보상심의위원회의 민주화운동 관련자 증서 제출 가능자) - 국내·외의 벽·오지 근무경력이 있는 선교사 및 교역자 자녀: 국내·외의 벽·오지에서 2013년 1월 1일 ~ 2023년 수시모집 원서접수 시작 전일까지의 기간 동안 통산 근무경력 기간이 5년 이상이며 2023년 수시모집 원서접수 시작일까지 해당 분야에 재직 중인 자의 자녀 - 농어촌학생(고교 전과정 농어촌 이수자): 「지방자치법」 제3조에 의한 읍·면(광역시, 도, 도·농 통합시의 관할구역 안에 두는 읍·면) 또는 「도서·벽지 교육진흥법 시행규칙」 제2조에 따른 도서·벽지 소재 고등학교에 입학하여 전 교육과정을 이수한

졸업(예정)자로서 고등학교 재학기간 중 본인과 부모 모두가 읍·면·도서·벽지 지역에 거주한 자(고교졸업시까지 본인과 부·모 모두가 농어촌 거주요건을 충족시켜야 함)
※ 영재학교, 특목고, 특성화고 등에서 재학한 사실이 있는 자는 기회균형(농어촌학생)으로 지원할 수 없음

(나) 전형요소 및 반영비율: 단계별 전형

단계	서류평가	면접평가	내용
1단계	100%	-	- 제출한 서류를 종합적으로 평가함 - 모집인원의 일정배수를 2단계 평가 대상자로 선발함
2단계	60%	40%	- 제시문 기반 면접 ※ 세부내용은 추후 수시모집 요강 참조

(다) 대학수학능력시험 최저학력기준: 적용하지 않음

(3) 학생부종합[고른기회전형(농어촌학생 예능계열), 고른기회전형(특수교육대상자)]
(가) 지원자격

구분	지원자격
농어촌학생	• 국내 고등학교 졸업자 및 2024년 2월 졸업예정자로서 다음 중 하나에 해당하는 자 - 초·중·고교 전과정 농어촌 이수자: 「지방자치법」제3조에 의한 읍·면(광역시, 도, 도·농 통합시의 관할구역 안에 두는 읍·면) 또는 「도서·벽지 교육진흥법 시행규칙」 제2조에 따른 도서·벽지 소재 초.중.고등학교에 입학하여 전 교육과정을 이수한 졸업(예정)자로서, 초.중.고등학교 재학 기간 중 읍·면·도서·벽지 지역에서 거주한 자 (고교졸업 시까지 농어촌 거주요건을 충족시켜야 함) - 중·고교 전과정 농어촌 이수자: 「지방자치법」제3조에 의한읍·면(광역시, 도, 도·농 통합시의 관할구역 안에 두는 읍·면) 또는 「도서·벽지 교육진흥법 시행규칙」 제2조에 따른 도서·벽지 소재 중·고등학교에 입학하여 전 교육과정을 이수한 졸업(예정)자로서, 중.고등학교 재학 기간 중 본인과 부.모 모두가 읍·면·도서·벽지 지역 에서 거주한 자(고교졸업 시까지 농어촌 거주요건을 충족시켜야 함) ※ 영재학교, 특목고, 특성화고 등에서 재학한 사실이 있는 자는 농어촌학생으로 지원할 수 없음
특수교육대상자	국내·외 고등학교 졸업자(2024년 2월 졸업예정자 포함) 또는 법령에 의하여 고등학교 졸업 이상의 학력이 있다고 인정된 자(고등학교 졸업학력 검정고시 합격자 포함)로서 다음 중 하나에 해당하는 자 - 「장애인복지법」제32조에 의하여 장애인 등록을 필한 장애정도가 심한 장애인 - 「국가유공자 등 예우 및 지원에 관한 법률」제4조 등에 의한 상이등급자로 등록(1급부터 6급까지만 인정)되어 있는 자

■ 지원자격 별 모집인원

구분	인문	자연	체능	예능	합계
농어촌학생	-	-	-	2	2
특수교육대상자	○	○	○	○	15

※ 농어촌학생은 수시모집에서 예능계열만 선발하며, 예능계열을 제외한 나머지 계열은 정시모집에서 선발함
※ 특수교육대상자는 해당 모집단위별 1명 이내(예능계열, 체능계열은 각 총 1명 이내)로 15명을 선발함(선발 모집단위는 모집단위별 모집인원 참조)

(나) 전형요소 및 반영비율

· [일괄합산전형] 농어촌학생[예능계열] / 특수교육대상자[예·체능계열]

계열	단계	서류평가	면접평가	비고
인문·자연	일괄합산	100%	-	· 제출서류를 바탕으로 종합평가함
예·체능	일괄합산	60%	40%	· 서류평가: 제출한 서류를 종합적으로 평가함 · 실기평가: 세부내용은 추후 수시 모집요강 참조

(다) 대학수학능력시험 최저학력기준: 적용하지 않음

다) 고려대[49]

모집시기	전형유형	전형명	정원내	정원외	전형요소
수시모집	학생부	학생부종합(학업우수전형)	950	20	○ 1단계: 서류 100 (5배수) ○ 2단계: 1단계성적70 +면접 30
		학생부종합(계열적합전형)	573	20	○ 1단계: 서류 100 (5배수) ○ 2단계: 1단계성적50 +면접 50
		학생부종합(고른기회전형)	181	-	○ 1단계: 서류 100 (3배수) ○ 2단계: 1단계성적70 +면접 30
		학생부종합(재직자전형)	10	-	
		학생부종합(사이버국방전형)	5	-	○ 1단계: 서류 100 (5배수) ○ 2단계: 1단계 성적60 + 면접20 + 기타20(군 면접, 체력검정 등)

<최저학력기준>

전형명	모집단위	수능 최저학력기준
학업우수전형	인문·자연계열 (반도체공학과, 차세대통신학과, 의과대학 제외)	국어*, 수학*, 영어, 탐구*(상위 1과목) 4개 영역 등급의 합이 8 이내 및 한국사 4등급 이내
	반도체공학과, 차세대통신학과	국어*, 수학*, 영어, 탐구*(상위 1과목) 4개 영역 등급의 합이 7 이내 및 한국사 4등급 이내
	의과대학	국어*, 수학*, 영어, 탐구*(2과목 평균) 4개 영역 등급의 합이 5 이내 및 한국사 4등급 이내
사이버국방전형	사이버국방학과	국어*, 수학*, 영어, 탐구*(2과목 평균) 4개 영역 등급의 합이 7 이내 및 한국사 4등급 이내

★ 국어, 수학, 탐구영역 선택과목

모집단위	국어영역	수학영역	탐구영역
인문계열	화법과 작문, 언어와 매체	미적분, 기하, 확률과 통계	과학탐구, 사회탐구 중 2과목
자연계열	화법과 작문, 언어와 매체	미적분, 기하	과학탐구 중 2과목

※ 탐구영역은 **반드시 2개 과목에 응시**하고, 서로 다른 2개 분야에 응시하는 경우만 인정함(동일분야 'Ⅰ +Ⅱ'를 인정하지 않음)

(1) 학업우수전형

(가) 지원자격

국내·외 정규 고등학교 졸업(예정)자 또는 관련 법령에 의하여 이와 동등 이상의 학력이 있다고 인정된 자
※ 학업우수전형, 학교추천전형 간에는 복수지원 할 수 없음 (2개 전형 중 1개만 선택 가능)

---

49) 2024 고려대 입학전형

(나) 전형요소 및 반영비율

구분	전형요소별 반영비율	비고
1단계	서류 100%	모집단위별 모집인원의 5배수 선발 서류: 학생부 종합평가
2단계	1단계 성적70% + 면접30%	면접: 제시문 기반 면접

(2) 계열적합형
(가) 지원자격

국내외 정규 고등학교 졸업(예정)자 또는 관련 법령에 의하여 이와 동등 이상의 학력이 있다고 인정된 자

(나) 수능최저학력기준: 없음

(다) 전형요소 및 평가방법

구분	전형요소별 반영비율	비고
1단계	서류 100%	모집단위별 모집인원의 5배수 선발 서류: 학생부 종합평가
2단계	1단계 성적50% + 면접50%	면접: 제시문 기반면접

※ 의과대학 면접 변경예고: 상황·제시문 기반 면접을 복수의 고사실에서 시행함

(3) 학생부종합(학업우수형-사이버국방)
(가) 지원자격

국내·외 정규 고등학교 졸업(예정)자 또는 관련 법령에 의하여 이와 동등 이상의 학력이 있다고 인정된 자이며, 「군인사법」 제10조(결격사유 등)에 저촉되지 않는 만 16세 이상 23세 이하인 자
단, 군복무를 필한 자의 응시연령 상한은 「제대군인 지원에 관한 법률 시행령」에 따라 군복무기간을 합산하여 적용함
※ 학생부종합(학업우수형-사이버국방), 학생부종합(일반전형-학업우수형) 간에는 복수지원 할 수 없음

(나) 수능 최저학력기준

국어(화법과 작문, 언어와 매체 중 택1), 수학(미적분, 기하 중 택1), 영어, 과학탐구(택2) 4개 영역 등급의 합이 7 이내 및 한국사 4등급 이내
※ 과학탐구영역은 2개 과목 평균등급으로 반영하며, 동일 분야 'I + II'를 인정하지 않음(예: 화학 I + 화학 II)

(다) 전형요소 및 평가방법

구분	전형요소별 반영비율	비고
1단계	서류 100%	모집인원의 6배수 선발
2단계	1단계 성적 60% + 면접 20% + 기타 20%(군 면접, 체력검정 등)	-

서류) 제출서류를 종합적으로 평가함

면접) 제시문 기반 면접이며, 필요한 경우 학생부의 내용을 확인할 수 있음

※ 사이버국방학과는 신원조회, 인성검사, 신체검사, 체력검정, 군 면접평가 실시

(4) 고른기회 전형

(가) 지원자격

지원자격	
국가보훈대상자	국내·외 고등학교 졸업(예정)자 또는 관련 법령에 의하여 이와 동등 이상의 학력이 있다고 인정된 자로서 원서접수 마감일 기준으로 「국가보훈 기본법」 제3조제2호에 따른 '국가보훈대상자'이고 국가보훈 관계 법령에 따른 교육지원 대상에 해당하며, 보훈(지)청장이 발급하는 '대학입학특별전형대상자증명서'를 제출할 수 있는 자
농어촌학생	국내 고등학교 졸업(예정)자 중 「고등교육법 시행령」 제29조제2항14호'가'목에 해당하고, 출신 고등학교장의 '농어촌학생 확인서'를 받은 자로서 다음 지원자격 중 하나에 해당하는 자 ■ 농어촌지역* 소재 중학교 입학일부터 고등학교 졸업일까지 중·고 전 교육과정을 이수하고 해당 전 재학기간 동안 본인과 부모 모두가 농어촌지역*에 거주한 자 ■ 농어촌지역* 소재 초등학교 입학일부터 고등학교 졸업일까지 초·중·고 전 교육과정을 이수하고 해당 전 재학기간 동안 본인이 농어촌지역*에 거주한 자 ※ 특수목적고(과학고·외국어고·국제고·예술고·체육고·산업수요맞춤형고) 출신자와 고등학교 졸업학력 인정 검정고시 합격자는 지원자격이 없음 (고교 입학 시 고교유형에 따름) ★ 농어촌지역: 「지방자치법」 제3조에 의한 읍·면 지역 및 「도서·벽지 교육진흥법 시행규칙」 제2조에 따른 도서·벽지 지역
사회배려자	국내·외 고등학교 졸업(예정)자 또는 관련 법령에 의하여 이와 동등 이상의 학력이 있다고 인정된 자로서 원서접수 마감일 기준으로 「고등교육법 시행령」 제29조제2항제14호'라'목에 해당하는 자 ■ 「국민기초생활 보장법」 제2조제1호(수급권자), 제2호(수급자) ■ 「국민기초생활 보장법」 제2조제10호(차상위계층)에 의한 대상자 ■ 「한부모가족지원법」 제5조 또는 제5조의2에 따른 대상자
자립지원대상아동	국내·외 고등학교 졸업(예정)자 또는 관련 법령에 의하여 이와 동등 이상의 학력이 있다고 인정된 자로서 원서 접수 마감일 기준으로 「아동복지법 시행령」 제38조제2항에 해당하는 자 ■ 가정위탁 보호 중인 자 ■ 아동복지시설에서 보호 중인 자 ■ 「아동복지법」 제16조에 따라 보호조치가 종료되거나 해당 시설에서 퇴소한 지 5년이 지나지 아니한 자

(나) 수능최저학력기준: 없음

(다) 전형요소 및 평가방법

구분	전형요소별 반영비율	비고
1단계	서류 100%	모집단위별 모집인원의 3배수 선발 서류: 학생부 종합평가
2단계	1단계 성적 70% + 면접 30%	면접: 제시문 기반 면접

(5) 재직자 전형
(가) 지원자격

다음 '1) ~ 4)' 중 하나에 해당하는 사람으로서 국내 소재 산업체 근무경력이 3년* 이상인 재직자(「고등교육법시행령」제29조제2항제14호'다'목 해당자)

1)「초·중등교육법 시행령」제76조의3제1호에 따른 일반고등학교에 재학하는 동안 시·도 교육감이「직업교육훈련 촉진법」에 따른 직업교육훈련기관 중 직업교육훈련 위탁기관으로 선정한 기관에서 1년 이상의 직업교육훈련과정을 이수하고 해당 일반고등학교를 졸업한 자

2)「초·중등교육법 시행령」제90조제1항제10호에 따른 산업수요 맞춤형 고등학교를 졸업한 자

3) 특성화고등학교* 등을 졸업한 자
*「초·중등교육법 시행령」제91조제1항에 따른 특성화고등학교 중 자연현장실습 등 체험 위주의 교육을 전문으로 실시하는 고등학교를 제외한 학교(「초·중등교육법 시행령」 제76조의3제1호에 따른 일반고등학교에 설치된 학과 중 특성화고등학교에서 제공하는 것과 같은 교육과정으로 운영되는 학과 포함)

4)「평생교육법」제31조제2항에 따른 학력인정 평생교육시설 중 특성화고등학교 등에서 제공하는 것과 같은 교육과정을 운영하는 평생교육시설에서 해당 교육과정을 이수한 자
★ 2024년 3월 1일을 기준으로 총 재직기간이 3년 이상(예정)이어야 함

(나) 수능최저학력기준: 없음

(다) 전형요소 및 평가방법

구분	전형요소별 반영비율	비고
1단계	서류 100%	모집단위별 모집인원의 3배수 선발 서류: 학생부 종합평가
2단계	1단계 성적 70% + 면접 30%	면접: 제시문 기반 면접

라) 사이버국방 전형
(1) 지원자격

국내·외 정규 고등학교 졸업(예정)자 또는 관련 법령으로 이와 동등 이상의 학력이 있다고 인정된 자이며,「군인사법」제10조(결격사유 등)에 저촉되지 않는 만 16세 이상 23세 이하인 자 단, 군복무를 필한 자의 응시연령 상향은「제대군인지원에 관한 법률 시행령」에 따라 군복무 기간을 합산하여 적용함

(2) 수능 최저학력기준: 있음 (앞 참고)

(3) 전형요소 및 반영비율

구분	전형요소별 반영비율	비고
1단계	서류 100%	모집인원의 5배수 선발 서류: 학생부 종합평가
2단계	1단계 성적 60% + 면접 20% + 기타 20%(군 면접, 체력검정 등)	면접: 제출서류 기반 면접 기타: 신원조회, 인성검사, 신체검사, 체력검정, 군 면접평가

마) 서강대[50]

전형명	모집인원
일반 전형	523명
기회균형 전형	85명
서강가치 전형	36명

(1) 일반 전형
(가) 지원자격

고등학교 졸업(예정)자 또는 동등 이상의 학력 인정자

(나) 전형방법(전형요소 및 반영 비율)

선발모형	전형요소	제출서류
일괄 합산	서류평가 100%	학교생활기록부

(다) 선발방법
① 모집단위(전공)별 총점 성적순에 따라 합격자를 선발함
② 동점자 처리기준: 모두 선발함

(라) 대학수학능력시험 최저학력기준: 적용하지 않음

(2) 기회균형 전형
(가) 지원자격

고등학교 졸업(예정)자 또는 동등 이상의 학력 인정자로서 아래의 자격 기준 중 하나에 해당하는 자

---

50) 2024 서강대 입학전형

(1) 국가보훈대상자
(2) 농어촌학생(6년, 12년)
(3) 기초생활보장대상자(수급(권)자, 차상위, 한부모)
(4) 특성화고교졸업자(기준학과, 관련 30단위)
(5) 장애인대상자(중증장애인, 상이등급자(중증))
(6) 자립지원 대상 아동
(7) 북한이탈주민, 제3국 출생 북한이탈주민 자녀

구분	세부지원자격
국가 보훈 대상 자	「국가보훈기본법」 제3조 제2호에 따른 '국가보훈대상자'로서 국가보훈관계 법령에 따른 교육지원 대상자 (1) 독립유공자 자녀 및 손자녀(외손 포함) (2) 국가유공자 및 자녀(단, 참전유공자는 제외) (3) 6·18자유상이자 본인 및 자녀 (4) 지원 순직·공상 군경(공무원) 및 자녀 (5) 고엽제후유의증환자(수당지급대상자) 및 자녀 (6) 5·18민주유공자 및 자녀 (7) 특수임무유공자 및 자녀 (8) 보훈보상대상자 및 자녀
농어 촌학 생	「고등교육법 시행령」제29조제2항제14호'가'목에 해당하는 농어촌지역 소재 고등학교 졸업(예정)자로 서 아래 자격기준 중 하나에 해당하며 출신 고등학교장으로부터 실 거주를 확인받은 자 (1) [중·고교 6년 전 과정 이수자] : <u>중학교 입학일부터 고등학교 졸업일까지</u> 농어촌지역에 소재하는 　중·고등학교에 입학하여 전 교육 과정을 이수하고 해당 기간 동안 지원자와 부모가 모두 농어촌 　지역에 거주한 자 (2) [초·중·고교 12년 전 과정 이수자] : <u>초등학교 입학일부터 고등학교 졸업일까지</u> 농어촌지역에 소 　재하는 초·중·고등학교에 입학하여 전 교육 과정을 이수하고 해당기간 동안 농어촌지역에 거주한 자 ※ 농어촌지역 :「지방자치법」 제3조에 따른 읍·면 이하 지역 및 「도서·벽지 교육진흥법」 제2조에 　따른 도서·벽지지역 ※ 지원자격은 연속된 연수만을 인정하며, 졸업예정자의 경우 졸업 시까지 농어촌학생 자격을 충족 　하여야 함 ※ 특수목적고등학교(과학고·외국어고·국제고·예술고·체육고·마이스터고 등) 및 영재학교에 재학한 사실 　이 있는 자는 지원 불가함 ※ 고등학교(초등학교, 중학교) 재학 중 행정구역 개편 등으로 읍·면에서 동으로 변경 또는 도서·벽 　지 지역이 해제되는 경우에는 해당 고등학교(초등학교, 중학교) 재학 기간 동안만 해당 지역을 농 　어촌지역으로 인정함 ※ 부 또는 모의 사망·이혼 등의 사유가 발생한 경우, 지원자격심의에 따라 결정함
기초 생활 보장 대상 자	원서접수 마감일 기준 아래의 자격기준 중 하나에 해당하는 자 (1) [기초생활수급자 및 수급권자] :「국민기초생활보장법」 제2조 제1호에 따른 수급권자, 제2호에 　따른 수급자 (2) [차상위계층] :「국민기초생활보장법」 제2조 제10호에 따른 차상위 계층 (3) [한부모가족 지원대상자] :「한부모가족지원법」 제5조 및 제5조의2에 따른 지원대상자
장애 인 대상 자	아래의 자격기준 중 하나에 해당하는 자 (1) [중증장애인] :「장애인복지법」 제32조에 의하여 중증장애인에 해당하는 자 (2) [상이등급자] :「국가유공자 등 예우 및 지원에 관한 법률」,「특수임무유공자 등 예우 및 지원에 　관한 법률」,「보훈보상대상자 지원에 관한 법률」 등에 의한 상이등급자 중에서 「장애인복지법」 　제32조에 의한 중증장애 정도에 상응하는 자
특성 화고 교 졸업 자	「고등교육법 시행령」 제29조제2항제14호'나'목에 해당하는 특성화고등학교 졸업(예정)자로서 아래의 　동일계열 조건 중 하나를 충족한 자 (1) [기준학과 이수자] : 본교에서 선발하는 모집단위에 해당되는 학과별 기준학과를 이수(예정)한 자 (2) [관련 전문교과 30단위 이수자] : 지원하고자 하는 본교의 모집단위와 관련된 전문교과를 30단위 　이상 이수한 자(모집단위와 관련된 전문교과의 타당성 여부는 본 대학교에서 별도 심사함) ※ 일반고(종합고)의 전문계과정 이수자 지원가능. 마이스터고 및 종합고 보통과 지원불가 ※ 학과별 기준학과의 경우 입학처 홈페이지를 통해 추후 공지 예정

자립지원대상아동	「아동복지법 시행령」 제38조제2항에 따른 해당자
북한이탈주민 등	아래의 자격기준 중 하나에 해당하는 자 (1) [북한이탈주민]: 「북한이탈주민법」 제2조제1호에 해당하는 북한이탈주민 (2) [제3국 출생 북한이탈주민 자녀]: 북한이탈주민이 탈북 과정 중에 제3국에서 출생한 자녀

※ 추후 법령 변경 등의 사유로 특별전형 지원자격이 변경되는 경우 이에 따름 (원서접수마감일 기준)

(나) 전형방법(전형요소 및 반영 비율)

선발모형	전형요소
일괄 합산	서류평가 100%

(다) 선발방법

① 모집단위별 총점 성적순에 따라 합격자를 선발함

② 동점자 처리기준: 모두 선발함

(라) 대학수학능력시험 최저학력기준: 적용하지 않음

(마) 제출서류

학교생활기록부(또는 고교 학력 서류), 지원자격 관련서류 등

(바) 기타

① [특성화고교졸업자] 지원자의 경우 동일계열 조건을 충족하는 경우만 지원이 가능하므로, '경제학과, 경영학부, 지식융합미디어학부, 전자공학과, 컴퓨터공학과, 화공생명공확과, 기계공학과'만 지원 가능함

② [특성화고교졸업자] 지원자격으로 지식융합미디어학부에 최종합격하는 경우, 추후 전공 선택시 '신문방송학과, 미디어&엔터테인먼트학과'만 선택 가능함

(3) 서강가치전형

(가) 지원자격

고등학교 졸업(예정)자 또는 동등 이상의 학력 인정자로서 아래의 자격 기준 중 하나에 해당하는 자

구분	세부 지원자격
(1) 다문화가족 자녀	「다문화가족지원법」 제2조에 따른 다문화가족의 자녀로서 대한민국 국적자
(2) 군인 자녀	직업군인으로 복무 중인 자의 자녀로서 국방부장관의 추천을 받은 자
(3) 소방·경찰공무원 자녀	15년 이상 소방·경찰공무원으로 근무 중인 자의 자녀(원서접수 마감일 기준)
(4) 가톨릭지도자추천자	가톨릭교회의 사제, 현직 수도회 장상(총원장, 관구장, 지부장) 및 소속 가톨릭계 고등학교장, 한국예수회 소속 수도자의 추천을 받은 자 ※ 지원자의 종교는 무관하며, 추천인 1명당 1명의 지원자만 추천 가능함

(나) 전형방법(전형요소 및 반영 비율)

선발모형	전형요소
일괄 합산	서류평가 100%

(다) 선발방법
① 모집단위(전공)별 총점 성적순에 따라 합격자를 선발함
② 동점자 처리기준: 모두 선발

(라) 대학수학능력시험 최저학력기준: 적용하지 않음

(마) 제출서류
학교생활기록부(또는 고교 학력 서류), 지원자격 관련서류 등

바) 성균관대[51]

구분	전형명	모집인원
정원 내	계열모집	441
	학과모집	429
	과학인재	110
	기회균형	13
정원 외	농어촌	100
	특성화고	23
	이웃사랑	60
	장애인 등	10
	특성화고졸재직자	180

(1) 계열모집
(가) 지원자격

고교졸업(예정)자 또는 관련 법령에 의하여 이와 동등 이상의 학력이 있다고 인정된 자

(나) 전형요소 및 반영비율

구분	학생부
반영비율	100%

---

51) 2024 성균관대 입학전형

(다) 선발방법

서류평가 취득 총점 순으로 최종 합격자를 선발함

(라) 수능 최저학력기준: 없음

(마) 동점자 처리기준

학생부평가 우선순위 영역* 취득점수 상위자

* 우선순위 영역: 학업수월성>학업충실성>전공적합성>활동다양성>자기주도성>발전가능성

(2) 학과모집
(가) 지원자격

고교졸업(예정)자 또는 관련 법령에 의하여 이와 동등 이상의 학력이 있다고 인정된 자

(나) 전형요소 및 반영비율

① 전 모집단위 (의예, 교육학, 한문교육, 수학교육, 컴퓨터교육, 스포츠과학 제외)

구분	학생부
반영비율	100%

② 의예, 교육학, 한문교육, 수학교육, 컴퓨터교육, 스포츠과학

구분	서류	면접	선발배수
1단계	100	-	3배수 내외 (의예: 5배수 내외)
2단계	70(1단계 성적)	30	-

※ 서류: 학교생활기록부, 자기소개서

(다) 선발방법
① 전 모집단위 (의예, 교육학, 한문교육, 수학교육, 컴퓨터교육, 스포츠과학 제외):
학생부 평가 취득 총점 순으로 최종 합격자를 선발함
② 의예, 교육학, 한문교육, 수학교육, 컴퓨터교육, 스포츠과학
1) 면접 대상자 선발: 서류평가 취득 총점 순으로 면접대상자 선발
2) 최종합격자 선발: 면접시험 응시자 중에서 1단계 성적(서류평가)과 면접시험 취득 총점 순으로 최종 합격자를 선발함

(라) 수능 최저학력기준: 없음
(마) 동점자 처리기준

가. 학생부종합전형(학과모집-면접 미시행 모집단위)

　　학생부평가 우선순위 영역* 취득점수 상위자

나. 학생부종합전형(학과모집-면접 시행 모집단위)

　　1) 면접점수 상위자

　　2) 학생부평가 우선순위 영역* 취득점수 상위자

　　　* 우선순위 영역: 학업수월성>학업충실성>전공적합성>활동다양성>자기주도성>발전가능성

(3) 과학인재 전형
(가) 지원자격

고교졸업(예정)자 또는 관련 법령에 의하여 이와 동등 이상의 학력이 있다고 인정된 자

(나) 전형요소 및 반영비율

구분	학생부	면접	선발배수
1단계	100	-	7배수 내외
2단계	70(1단계 성적)	30	-

(다) 선발방법

　　가. 면접대상자 선발: 학생부 평가 취득 총점 순으로 면접대상자 선발

　　나. 최종합격자 선발: 면접시험 응시자 중에서 1단계 성적(학생부 평가)과 면접시험 취득 총점 순으로 최종 합격자를 선발함

(라) 수능 필수응시영역 및 최저학력기준: 없음

(마) 동점자 처리 기준

　　가. 면접점수 상위자

　　나. 학생부평가 우선순위 영역* 상위자

　　* 우선순위 영역: 학업수월성>학업충실성>전공적합성>활동다양성>자기주도성>발전가능성

(4) 기회균형 전형
(가) 지원자격

고교졸업(예정)자 또는 관련 법령에 의하여 이와 동등 이상의 학력이 있다고 인정된 자로서 다음 중 어느 하나에 해당하는 자

국가보훈대상자		국가보훈기본법 제3조 제2호에 따른 국가보훈대상자로서 국가보훈관계 법령에 따른 교육지원대상자
서해5도	6년	서해5도 지원 특별법 제15조 및 동법 시행령 제11조에 따른 서해5도 주민의 자녀로서 서해5도에서 중고교 전 교육과정(6년)을 이수하고 해당

		기간 중 본인 및 부모 모두가 서해5도 지역에서 거주한 자
	12년	서해5도 지원 특별법 제15조 및 동법 시행령 제11조에 따른 서해5도 주민의 자녀로서 서해5도에서 초중고교 전 교육과정(12년)을 이수하고 해당 기간 중 본인이 서해5도 지역에서 거주한 자
농어촌 지역	6년	농어촌지역(지방자치법 제3조에 의한 읍면지역 및 도서벽지지역 교육진흥법시행규칙 제2조에 의한 지역) 소재에서 중고교 전 교육과정(6년)을 이수하고 해당 기간 중 본인 및 부모 모두가 농어촌지역에서 거주한 자
	12년	농어촌지역(지방자치법 제3조에 의한 읍면지역 및 도서벽지지역 교육진흥법시행규칙 제2조에 의한 지역) 소재에서 초중고교 전 교육과정(12년)을 이수하고 해당 기간 중 본인이 농어촌지역에서 거주한 자
특성화고 졸업(예정)자		초중등교육법 시행령 제91조 제1항에 따른 특성화고 졸업(예정)자로서 출신고 고등학교장의 동일계열 교육과정 이수확인을 받은 자 혹은 모집단위와 관련된 전문교과를 30단위 이상 이수한 자 ※산업수요 맞춤형 마이스터고 제외/특성화고와 동일한 교육과정을 이수한 일반고(종합고) 출신자 포함 ※모집단위와 관련된 전문교과는 동일계열 이수확인서 등 관련 서류와 자료를 검토하여 성균관대에서 인정 여부 최종 판정
이웃 사랑	수급자	국민기초생활보장법 제2조 제1호(수급권자), 제2호(수급자)
	차상위계층	국민기초생활보장법 제10호(차상위계층)
	한부모가족	한부모가족지원법 제5조 및 제5조의2에 따른 지원대상자
장애인 등	장애인	장애인복지법 제32조에 의하여 장애인 등록이 되어 있는 자 (※장애의 정도가 심하지 않은 장애인 포함)
	상이등급자	국가유공자등예우및지원에관한법률 제4조 등에 의한 상이등급자로 등록되어 있는 자

(나) 전형요소 및 반영비율

구분	서류
반영비율	100%

(다) 선발방법

서류평가 취득 총점 순으로 최종 합격자를 선발함

(라) 수능 최저학력기준: 없음

(마) 동점자 처리기준

서류평가 우선순위 영역* 취득점수 상위자

* 우선순위 영역: 학업수월성>학업충실성>전공적합성>활동다양성>자기주도성>발전가능성

(5) 농어촌전형(정원 외)
(가) 지원자격

고교졸업(예정)자로서 농어촌지역(「지방자치법」 제3조에 의한 읍·면 지역 및 도서·벽지 교육진흥법시행규칙 제2조에 의한 지역) 소재에서 <u>중·고교 전 교육과정(6년)</u>을 이수하고 해당 기간 중 본인 및 부모 모두가 농어촌지역에서 거주한 자 혹은 <u>초·중·고교 전 교육과정(12년)</u>을 이수하고 해당 기간 중 본인이 농어촌지역에서 거주한 자

(나) 전형요소 및 반영비율

구분	서류
반영비율	100%

*서류: 학생부, 자기소개서, 지원 자격 확인자료

(다) 선발방법

지원 모집단위가 속한 계열(인문/자연)별 서류평가 취득 총점 순으로 최종 합격자를 선발함 (단, 모집단위별 최대 선발가능인원 내에서 선발함)

(라) 수능 최저학력기준: 없음

(마) 동점자 처리기준

서류평가 우선순위 영역* 취득점수 상위자

* 우선순위 영역: 학업수월성>학업충실성>전공적합성>활동다양성>자기주도성>발전가능성

(6) 특성화고 전형(정원 외)
(가) 지원자격

「초·중등교육법」 시행령 제91조 제1항에 따른 <u>특성화고 졸업(예정)자</u>로서 출신고 고등학교장이 동일계열 교육과정 이수확인을 받은 자 혹은 <u>모집단위와 관련된 전문교과를 30단위 이상 이수한 자</u>

※ 산업수요 맞춤형 마이스터고 제외, 특성화고와 동일한 교육과정을 이수한 일반고(종합고) 출신자 포함
※ 모집단위와 관련된 전문교과는 동일계열 이수확인서 등 관련서류와 자료를 검토하여 성균관대에서 인정여부 최종판정

(나) 전형요소 및 반영비율

구분	서류
반영비율	100%

*서류: 학생부, 자기소개서, 지원 자격 확인자료

(다) 선발방법

서류평가 취득 총점 순으로 최종 합격자를 선발함
(단, 모집단위별 최대 선발가능인원 내에서 인문계, 자연계 통합 선발함)

(라) 수능 최저학력기준: 없음

(마) 동점자 처리기준

서류평가 우선순위 영역* 취득점수 상위자

* 우선순위 영역: 학업수월성>학업충실성>전공적합성>활동다양성>자기주도성>발전가능성

(7) 이웃사랑 전형(정원 외)
(가) 지원자격

고교졸업(예정)자 또는 관련 법령에 의하여 이와 동등 이상의 학력이 있다고 인정된 자로서 「국민기초생활보장법」 제2조 제1호(수급권자), 제2호(수급자), 제10호(차상위계층) 혹은 「한부모가족지원법」 제5조 및 제5조의2에 따른 지원대상자
1. 추후 법령 등의 변경으로 특별전형 지원자격이 변경되는 경우 이를 따름
2. 검정고시 출신자 및 고교 졸업 동등 학력자를 제한하지 않음

(나) 전형요소 및 반영비율

구분	서류
반영비율	100%

*서류: 학생부, 자기소개서, 지원 자격 확인자료

(다) 선발방법

지원 모집단위가 속한 계열(인문/자연) 및 학과(약학)별 서류평가 취득 총점 순으로 최종 합격자를 선발함(단, 모집단위별 최대 선발가능인원 내에서 선발함)

(라) 수능 최저학력기준: 없음

(마) 동점자 처리기준

서류평가 우선순위 영역* 취득점수 상위자

* 우선순위 영역: 학업수월성>학업충실성>전공적합성>활동다양성>자기주도성>발전가능성

(8) 장애인 등 전형(정원 외)
(가) 지원자격

고교졸업(예정)자 또는 관련 법령에 의하여 이와 동등 이상의 학력이 있다고 인정된 자로서 「장애인복지법법」 제32조에 의하여 장애인 등록이 되어있는 자 혹은 「국가유공자등예우및지원에관한법률」 제4조 등에 의한 상이등급자로 등록되어 있는 자
- 추후 법령 등의 변경으로 특별전형 지원자격이 변경되는 경우 이를 따름
- 검정고시 출신자 및 고교 졸업 동등 학력자를 제한하지 않음

(나) 전형요소 및 반영비율

구분	서류
반영비율	100%

*서류: 학생부, 자기소개서, 지원 자격 확인자료

(다) 선발방법

지원 모집단위가 속한 계열(인문/자연)별 서류평가 취득 총점 순으로 최종 합격자를 선발함 (단, 사범대학은 학과별 서류평가 취득 종점 순으로 최종 합격자를 선발함)

(라) 수능 최저학력기준: 없음

(마) 동점자 처리기준

서류평가 우선순위 영역* 취득점수 상위자

* 우선순위 영역: 학업수월성>학업충실성>전공적합성>활동다양성>자기주도성>발전가능성

(9) 특성화고졸재직자 전형 (정원 외)

(가) 지원자격

국내 특성화고교(전문계고교)·마이스터고 졸업 후 3년 이상 산업체 근무경력을 가진 재직자

(나) 전형요소 및 반영비율

구분	서류
반영비율	100%

*서류: 학생부, 자기소개서, 지원 자격 확인자료

(다) 선발방법

서류평가 취득 총점 순으로 최종 합격자를 선발함

(라) 수능 최저학력기준: 없음

(마) 동점자 처리기준

서류평가 우선순위 영역* 취득점수 상위자

* 우선순위 영역: 학업수월성>학업충실성>전공적합성>활동다양성>자기주도성>발전가능성

사) 한양대[52]

구분	전형명	모집인원(명)
학생부종합	일반전형	837 (26)
	고른기회전형	118
	특성화고졸재직자	1

※ 모집인원 중 ( )는 정원 외 인원임

(1) 일반전형

- 학생부종합평가100%
- 학생부 외 제출서류 없음
- 수능 면제, 면접 없음

(가) **지원자격**: 2022년 2월 이후(2021년 2월 졸업자 포함) 국내 정규 고교 졸업(예정)자

(나) **제출서류**: 학교생활기록부

(다) **전형방법**: 학생종합평가 100%

(2) 고른기회 전형

- 학생부종합평가100%
- 지원자격 증빙서류 제출
- 수능 면제, 면접 없음

(가) 지원자격

구분	자격요건
기초생활 수급자 및 차상위계층	국내 정규 고교 졸업(예정)자 및 동등의 학력 소지자로서 아래 자격요건(①~③) 중 하나를 충족하는 자 ① 「국민기초생활보장법」 제2조 제1호(제2호)에 따른 수급(권)자 가구의 학생 ※ 시·군·구청장 또는 읍·면·동 주민센터장이 발급하는 기초생활수급증명서 제출 가능자 ② 「국민기초생활보장법」 제2조 제10호에 따른 차상위계층 중 복지급여(차상위 자활급여, 차상위 장애수당, 차상위 장애인연금부가급여, 차상위 본인부담경감)를 받고 있는 가구 학생 또는 차상위계층 확인서 발급 대상 가구 학생 ※ 시·군·구청장 또는 읍·면·동 주민센터장이 발급하는 차상위계층 확인서 제출 가능자 ③ 「한부모가족지원법」 제5조 및 제5조의2에 따른 지원대상 가구 학생

52) 2024 한양대 입학전형

	※ 시·군·구청장 또는 읍·면·동 주민센터장이 발급하는 한부모가족증명서 제출 가능자
국가보훈 대상자	2022년 2월 이후(2021년 2월 졸업자 포함) 국내 정규 고교 졸업(예정)자로서 아래 자격요건(④)을 충족하는 자 ④「국가보훈기본법」제3조 제2호에 따른 '국가보훈대상자'로서 국가보훈 관계 법령에 따른 교육지원대상자 ※ 지역별 보훈(지)청장이 발급하는 대학입학특별전형대상자증명서 제출 가능자
농어촌학생	2022년 2월 이후(2022년 2월 졸업자 포함) 국내 정규 고교 졸업(예정)자로서 아래 자격 요건(⑤~⑥) 중 하나를 충족하는 자 <table><tr><td>⑤ 농어촌 지역 중·고등학교 6년 이수자</td><td>**중학교 입학일부터 고등학교 졸업(예정)일까지** 농·어촌(읍·면) 또는 도서·벽지 지역의 중·고등학교에서 전 교육과정을 이수(예정)한 졸업(예정)자로서 중·고등학교 재학기간 동안 **본인, 부, 모 모두가** 농·어촌(읍·면) 또는 도서·벽지 지역에서 실제로 거주한 자</td></tr><tr><td>⑥ 농어촌 지역 초·중·고등학교 12년 이수자</td><td>**초등학교 입학일부터 고등학교 졸업(예정)일까지** 농·어촌(읍·면) 또는 도서·벽지 지역의 초·중·고등학교에서 전 교육과정을 이수(예정)한 졸업(예정)자로서 초·중·고등학교 재학기간 동안 본인이 농·어촌(읍·면) 또는 도서·벽지 지역에서 실제로 거주한 자</td></tr></table>
특성화고교 졸업자	2022년 2월 이후(2022년 2월 졸업자 포함) 국내 정규 고교 졸업(예정)자로서 아래 자격 요건(⑦~⑧) 중 하나를 충족하는 자 ⑦「초·중등교육법 시행령」제91조 제1항에 따른 특성화고등학교에서 입학 후 전 교육과정을 이수(예정)하고 본교의 모집단위와 동일한 계열의 기준학과를 졸업(예정)한 자 ⑧「초·중등교육법 시행령」제91조 제1항에 따른 특성화고등학교에서 입학 후 전 교육과정을 이수(예정)하고 졸업(예정)한 자로서 본교의 모집단위와 동일한 계열의 전문교과를 30단위 이상 이수한 자 ※ 동일계열 및 기준학과 : 추후 수시모집요강 참조 ※ 특성화고등학교 범위 : 특성화고와 같은 교육과정을 운영하는 학과가 있는 종합고 포함 (종합고 보통과[일반고 교육과정 이수자], 마이스터고, 대안교육 특성화고는 지원불가)
특수교육 대상자	국내 정규 고교 졸업(예정)자 및 동등의 학력 소지자로서 아래 자격요건(⑨~⑩) 중 하나를 충족하는 자 ⑨「장애인복지법」제32조에 의하여 장애인 등록이 되어 있는 자로서「장애인 등에 대한 특수교육법」제15조 및 동법 시행령 제10조의 선정기준에 의한 자 ⑩ 기타 장애인복지법에 이중 등록되지 않는「국가유공자 등 예우 및 지원에 관한 법률」제4조 등에 의한 상이 등급자 본인(국가보훈처 등록)

※ 상기 자격요건 중 "기초생활수급자 및 차상위계층", "특수교육대상자"에 한하여 학교생활기록부가 없는 자(검정고시 출신자, 외국고교 졸업자 등)는 학교생활기록부 대체 서식을 제출받아 평가합니다.

※ 세부 자격요건에 따라 지원자격이 상이하므로 반드시 수시 전형별 지원자격 요약 (한양대 입학전형 기본계획 p.8)을 참조하여 주시기 바랍니다.

(가) **제출서류**: 학교생활기록부, 학력증명서(해당자), 지원자격 증빙서류

(나) **전형방법** : 학생부종합평가 100%

(다) **기타** : 지원자격 구분별 선발인원 배정 없음

(3) 특성화고졸재직자전형

- 학생부종합평가 100%
- 수능 면제, 면접 없음
- 지원자격 증빙서류 제출

(가) **모집단위 및 모집인원**: 산업융합학부 155명(정원 내 1명 포함)

(나) 지원자격

국내 특성화고교(전문계고교)·마이스터고 졸업 후 3년 이상 산업체 근무경력을 가진 재직자 (지원자격 관련 세부사항은 2024학년도 수시모집요강 참조)

(다) **제출서류**: 학교생활기록부, 지원자격 증빙서류

(라) **전형방법**: 학생부종합평가 100%

아) 중앙대[53]

구분	전형		계	전형요소	수능최저기준
학생부 종합	CAU융합형인재		513	1단계: 서류 100%	없음
	CAU탐구형인재		424		
	CAU어울림		20		
	기 회 균 형	농어촌학생	142		
		기초생활수급자차상위	70		
		장애인등대상자	8		
		특성화고졸재직자	232		

(1) CAU융합형인재전형

- 학교생활에서 학업과 교내 다양한 활동을 통하여 균형적으로 성장한 인재 선발
- 학생부 등 제출서류 기반 서류평가 실시
- 1단계 합격자 대상으로 면접고사 실

(가) 지원 자격

-고등학교 졸업(예정)자, 2학년 수료예정자 중 상급학교 진학대상자 또는 관계 법령에 의하여 고등학교 졸업자와 동등 이상의 학력이 있다고 인정된 자

(나) 수능최저학력기준: 없음

(다) 전형방법
① 전형요소별 반영 비율

선발단계	서류(%)	면접(%)	비고
1단계	100	-	모집단위별 3.5배수 선발
2단계	70	30	

'

② 서류평가
학생부, 자기소개서 등을 근거로 지원자의 학업 및 교내 다양한 활동을 통한 성장가능성을 종합적으로 평가
③ 면접평가
학업준비도, 인성 및 의사소통능력 등을 종합적으로 평가하는 개인별 심층면접

---

53) 2024 중앙대 입학전형

(2) CAU탐구형인재전형

- 고교 교육과정을 바탕으로 해당 전공분야에서 탐구능력을 보인 경험이 있으며, 학교생활에 충실한 학생
- 교내 학업 관련 창의적체험활동, 수업 등 탐구활동과정에서 탁월한 역량을 보인 학생 선발
- 학생부 등 제출서류 기반 서류평가 실시

(가) 지원 자격

고등학교 졸업(예정)자, 2학년 수료예정자 중 상급학교 진학대상자 또는 관계 법령에 의하여 고등학교 졸업자와 동등 이상의 학력이 있다고 인정된 자

(나) 수능최저학력기준: 없음

(다) 전형방법
① 전형요소별 반영 비율: 서류평가 100%
② 서류평가
   학교생활기록부, 자기소개서 등을 근거로 지원자의 탐구능력, 전공분야의 학업잠재력, 학교생활 충실성 등을 종합적으로 평가

(3) CAU어울림전형

- 학교생활에서 학업과 교내 다양한 활동을 통해 균형적으로 성장한 인재를 선발
- 학교생활기록부 등 제출서류 기반 서류평가 실시

(가) 지원 자격

-고등학교 졸업(예정)자, 2학년 수료예정자 중 상급학교 진학대상자 또는 관계 법령에 의하여 고등학교 졸업자와 동등 이상의 학력이 있다고 인정된 자로서, 아래의 지원자격 중 어느 하나에 해당하는 자(외국고교 출신자 지원불가)

유형	지원자격
국가보훈대상자	국가보훈기본법 제3조제2호에 따른 '국가보훈대상자'로서 국가보훈 관계법령에 따른 교육지원대상자 (보훈(지)청장이 발행하는 '대학입학 특별전형 대상자 증명서' 제출이 가능한 자에 한함)
장애인 부모 자녀	부모 중 1인 이상이 (장애인복지법)제32조에 의하여 장애인 등록(중증장애인)을 필한 장애의 정도가 심한 장애인의 자녀
자립지원대상 아동	아동복지법 시행령 제38조 제2항의 대상자
직업군인, 경찰·소방공무원 자녀	20년 이상 장기 복무(근무)한 직업군인, 경찰·소방공무원의 자녀 (기간 산정 시, 군 의무 복무 기간을 포함하며, 복무(근무) 기간을 충족한 퇴직자 지원가능)

다자녀 가정의 자녀	다자녀(4자녀이상) 가정 출신 자녀
다문화 가정의 자녀	결혼 이전에 외국 국적이었던 친모(친부)와 국적이 대한민국인 친부(친모) 사이에서 출생한 대한민국 국적자
북한이탈주민 등	북한이탈주민법 제2조제1호에 해당하는 북한이탈주민이나 제3국에서 출생한 북한이탈주민의 자녀

(나) 수능최저학력기준: 없음

(다) 전형방법
① 전형요소별 반영 비율: 서류평가 100%
② 서류평가
　학교생활기록부, 자기소개서 등을 근거로 지원자의 학업 및 교내 다양한 활동을 통한 성장 가능성을 종합적으로 평가

(4) 기회균형전형

- 농어촌학생 / 기초생활수급자 및 차상위계층 / 장애인 등 대상자 / 특성화고졸재직자전형으로 나누어 선발
- 학교생활에서 학업과 교내 다양한 활동을 통해 균형적으로 성장한 인재를 선발
(특성화고졸재직자는 사회경력, 자기계발 노력을 포함하여 평가)
- 학교생활기록부 등 제출서류 기반 서류평가 실시

(가) 지원 자격
① 농어촌학생 전형
- 국내 고등학교 졸업(예정자) 중 다음 지원 자격(유형Ⅰ 또는 유형Ⅱ) 중 하나에 해당하는 자

유형	지원자격 설명
<유형Ⅰ>	지방자치법 제3조에 의한 읍·면 또는 도서벽지교육진흥법 제2조에 따른 도서벽지에 소재하는 학교에서 중학교 입학 시부터 고등학교 졸업 시까지 전 교육과정을 이수하는 기간 동안 본인, 부·모가 모두 농어촌 지역에서 거주하고, 출신 고등학교장의 확인을 받은 졸업(예정)자
<유형Ⅱ>	지방자치법 제3조에 의한 읍,면 또는 (도서벽지교육진흥법) 제2조에 따른 도서·벽지 지역에 소재 초·중·고등학교 12년 전 교육과정을 이수한 자 중 자격 해당 기간(초등학교 입학 일부터 고등학교 졸업일까지) 동안 본인이 읍·면 또는 도서·벽지 지역에 거주하고, 출신 고등학교장의 확인을 받은 졸업(예정)자

※ 초중등교육법시행령제90조의 특수목적고(과학고, 외국어고, 국제고, 예술고, 체육고, 마이스터고)는 자격에서 제외하며, 외국고 및 검정고시 출신자(비인가 대안학교 포함), 학력인정 평생교육시설 출신자는 지원할 수 없습니다.
※ 초중고교 재학 중 또는 졸업 이후 읍·면이 동으로 개편된 경우에도 당해 동 지역을 읍·면 지역으로 간주합니다.
※ 농어촌 지역 거주시점 개시일: 해당연도의 각 학교 입학 개시일 기준임
※ 고교 졸업예정자가 최종 합격할 경우 재학 고등학교의 졸업일까지 지원자격(농어촌 지역 거주 및 농어촌 지역 고교 재학)을 유지해야 하며, 자격을 유지하지 않을 경우 불합격 또는 입학이 취소될 수 있습니다.
※ 재학기간과 거주기간은 연속된 연수만을 인정합니다.

② 기초생활수급자 및 차상위계층

고등학교 졸업(예정)자, 2학년 수료예정자 중 상급학교 진학대상자 또는 관계 법령에 의하여 고등학교 졸업자와 동등 이상의 학력이 있다고 인정된 자로서 아래의 자격을 충족하는 자 (※ 서류 발급 인정 기간(모집요강에 명시) 내에 관련 자격을 확인할 수 있는 서류 발급이 가능한 자에 한함)
- 국민기초생활보장법 제2조 제1호 및 제2호에 따른 수급(권)자
- 국민기초생활보장법 제2조 제10호에 의한 차상위계층 복지급여를 받고 있는 학생 또는 차상위계층 확인서 발급 대상(구, 우선돌봄차상위) 학생
- 한부모가족지원법 제5조, 제5조의2에 따른 지원 대상자

③ 장애인 등 대상자

고등학교 졸업(예정)자, 2학년 수료예정자 중 상급학교 진학대상자 또는 관계 법령에 의하여 고등학교 졸업자와 동등 이상의 학력이 있다고 인정된 자로서 아래의 자격을 충족하는 자

- 장애인복지법 제32조에 의하여 장애인 등록(중증 장애인)을 필한 자
- 국가유공자 등 예우 및 지원에 관한 법률 제4조 등에 의한 상이등급자(1급-6급)로 등록되어 있는 자
※ 단, 장애인복지법 개정에 따른 하위법령 개정 시 지원자격 관련 문구가 수정 및 추가안내 될 수 있음

④ 특성화고졸재직자 전형

- 아래 조건 중 하나에 해당하는 자로서 산업체 근무경력이 3년 이상인 재직자(단, 개강일 기준 재직 중이어야 함)

- 특성화고등학교 등을 졸업한 자
※ 초중등교육법 시행령 제91조 제1항에 따른 특성화고등학교 중 자연현장실습 등 체험위주의 교육을 전문으로 실시하는 고등학교 제외(초중등교육법 시행령 제76조의3 제1호에 따른 일반고등학교에 설치된 학과 중 특성화고등학교에서 제공하는 것과 같은 교육과정으로 운영되는 학과 포함)
- 초중등교육법 시행령 제90조 제1항 제10호에 따른 산업수요 맞춤형 고등학교를 졸업한 자
- 초중등교육법 시행령 제76조의3 제1호에 따른 일반고등학교에 재학하는 동안 시도교육감이 직업교육훈련 촉진법에 따른 직업교육훈련기관 중 직업교육훈련 위탁기관으로 선정한 국방부 직할부대 및 기관에서 1년 이상의 직업교육훈련과정을 이수하고 해당 일반고등학교를 졸업한 자
- 평생교육법 제31조 제2항에 따른 학력인정 평생교육시설 중 특성화고등학교 등에서 제공하는 것과 같은 교육과정을 운형하는 평생교육시설에서 해당 교육과정을 이수한 자

※ 산업체 근무 및 경력산정 관련 유의사항
  - 아래 기준에 따라 산업체 인정여부 및 근무경력을 산정하여 판단함

구분	내용
재직상태 유지	- 지원시점 기준(원서접수 시작일) 미재직자는 지원 불가 - 개강일 기준 재직 중이어야 함 - 재학 중 재직 유지, 단 이직을 위한 일시적 구직기간은 퇴직 다음날로부터 8개월로 제한

재직기간 산정	- 학기 개시일 기준 총 재직기간(4대 보험 중 하나 이상에 가입된 기간)이 3년 이상(예정)인 자 ※ 2개이상 산업체에서 재직한 경우 재직기간을 합산하여 산정하나, 재직기간이 중복된 경우 중복된 기간은 제외하고 산정함 ※ 군 의무복무, 직업군인 등의 군경력도 재직기간으로 인정함
산업체의 범위	- 아래의 기준 중 하나 이상을 충족해야 함(4대 보험 지역 가입자는 지원자격에 해당하징 않음) · 국가,지방자치단체 및 공공단체(소속 직원의 경우) · 근로기준법 제11조에 의거 상시근로자 5인(사업주 포함) 이상 사업체 · 4대 보험 한 개 이상 가입 사업체(창업 및 자영업자 포함)

(나) 수능최저학력기준: 없음

(다) 전형방법

① 전형요소별 반영 비율: 서류평가 100%

② 서류평가

가) 농어촌학생, 기초생활수급자 및 차상위계층, 장애인 등 대상자 전형

학교생활기록부, 자기소개서 등을 근거로 지원자의 학업 및 교내 다양한 활동 등을 통한 성장 가능성을 종합 적으로 평가

나) 특성화고졸재직자 전형

학교생활기록부, 자기소개서 등을 근거로 지원자의 학업능력, 사회경력, 자기계발 노력 등을 종합적으로 평가

자) 경희대학교[54]

전형		정원 내	정원 외	계	수능최저기준
네오르네상스전형		1,090	-	1,090	없음
기회 균형 전형	국가보훈·수급자·농어촌·자립아동 등	150	-	150	
	장애인 등 대상자	-	15	15	
	특성화고 등을 졸업한 재직자	3	190	193	
고른기회전형		90	-	90	

---

54) 2024 경희대 입학전형

(1) 네오르네상스전형

(가) 지원 자격

고등학교 졸업(예정)자 또는 법령에 따라 이와 같은 수준 이상의 학력이 있다고 인정되는 자로서, 본교의 인재상인 '문화인', '세계인', '창조인' 중 하나에 해당해야 함.

① 문화인: 문화·예술적 소양을 바탕으로 다양한 공동체 안에서 삶을 완성해 나가는 책임 있는 교양인으로 성장할 잠재력을 갖춘 자.
② 세계인: 외국어능력을 바탕으로 지구적 차원에서 타인과 함께 평화를 추구하는 세계 시민으로 성장할 잠재력을 갖춘 자.
③ 창조인: 수학과 과학에 대한 재능과 탐구력을 바탕으로 학문간 경계를 가로지르며 융·복합 분야를 개척하는 전문인으로 성장할 잠재력을 갖춘 자.
※ 글로벌한국학과는 입학 후 전과(부)할 수 없습니다.
※ 조리&푸드디자인학과는 입학 후 전과(부)할 수 없습니다.
※ 태권도학과 지원자는 태권도 2단(품) 이상의 단증 소지자여야 함.

(나) 전형요소 및 반영 비율

- 1단계는 서류평가 성적으로 모집인원의 3배수 내외를 선발하며, 2단계는 1단계 성적과 면접평가 성적을 합산하여 총점 순으로 선발합니다.
- 2단계 면접평가는 개인당 8분 내외(단, 의·약학계열은 18분 내외)로 진행됩니다.
- 공통서류를 기한 내에 미제출하거나 면접평가에 불참한 경우, 입학전형 대상에서 제외됩니다.
- 전형자료 허위 내용 확인 시 입학 전·후를 막론하고 본교 서류적절성 심의위원회의 심의를 거쳐 전형에서 제외하거나, 합격 또는 입학을 취소합니다.
- 자기소개서의 대필·허위 작성 확인 시 입학 전·후를 막론하고 본교 서류적절성 심의위원회의 심의를 거쳐 전형에서 제외하거나, 합격 또는 입학을 취소합니다.
- 학교생활기록부에 미기재된 사항이 있을 경우, 확인을 위하여 추가 서류 제출을 요구할 수 있습니다.

| 사정방법 | 단계 | 선발비율 | 구분 | 전형 요소별 반영 비율 | | 계 |
				서류평가 성적	면접평가 성적	
다단계	1단계	300% 내외	비율	100%	-	100%
			배점	700점	-	700점
	2단계	100%	비율	70%	30%	100%
			배점	700점	300점	1,000점

(다) 제출서류: 학교생활기록부(공통)

(2) 기회균형전형

(가) 모집인원: 358명

(나) 지원자격

원서접수 마감일 현재 다음 각 호 중 하나에 해당해야 합니다.
※ 조리&푸드디자인학과는 입학 후 전과(부)할 수 없습니다.
※ 특성화고 등을 졸업한 재직자의 해당 학과는 입학 후 전과(부)할 수 없습니다.
※ 태권도학과 지원자는 태권도 2단(품) 이상의 단증 소지자여야 합니다.

① 국가보훈대상자·농어촌·수급자·자립아동 등

고등학교 졸업(예정)자 또는 법령에 따라 이와 같은 수준 이상의 학력이 있다고 인정되는 자로서 국가보훈기본법 제3조 제2호의 국가보훈대상자로 국가보훈관계 법령에 따른 교육지원 대상자에 해당해야 함. ※ 국가보훈관계 교육지원 대상자 근거 법령 - 독립유공자 예우에 관한 법률 제15조 - 국가유공자 등 예우 및 지원에 관한 법률 제22조 [※ 국가유공자 중, 참전유공자는 교육지원 대상이 아님] - 518민주유공자 예우에 관한 법률 제12조 - 고엽제 후유의증 환자지원 등에 관한 법률 제7조의5 - 특수임무유공자 예우 및 단체설립에 관한 법률 제11조 - 보훈보상대상자 지원에 관한 법률 제25조

② 농어촌학생(서해5도 포함)

국내 고등학교 졸업(예정)자로서 아래의 <유형 1>과 <유형 2> 중 하나에 해당해야 함.
※ 단, 농어촌지역(읍 또는 면) 또는 도서벽지 소재 특수목적고 중 과학고등학교, 외국어고등학교, 국제고등학교, 예술고등학교, 체육고등학교와 자율형사립고등학교 졸업(예정)자는 지원대상에서 제외합니다.
※ 입학부터 졸업까지 해당 조건을 충족시켜야 하며, 2개 이상의 학교에서 재학한 경우 재학 고교 모두가 반드시 고교 유형 조건을 충족시켜야 합니다.
※고교 유형이 재학 중에 변경된 경우, 입학 또는 전입 당시의 고교 유형을 기준으로 합니다.
※ 지원 자격은 연속된 연수만을 인정합니다. [(초)중·고등학교 입학부터 학기를 중단하지 않고 이수하고 졸업한 경우만 인정]

<유형 1>	아래의 ① ~ ②를 모두 충족하는 자 ① 농·어촌지역(읍 또는 면) 또는 도서·벽지에 소재하는 국내 중학교 입학부터 고등학교 졸업까지 재학한 자 ② 국내 중학교 입학부터 고등학교 졸업까지 본인 및 부모 모두가 농·어촌 지역(읍 또는 면) 또는 도서·벽지에서 거주한 자

<유형 2>	아래의 ① ~ ②를 모두 충족하는 자 ① 농·어촌지역(읍 또는 면) 또는 도서·벽지에 소재하는 국내 초등학교 입학부터 고등학교 졸업까지 재학한 자 ② 국내 초등학교 입학부터 고등학교 졸업까지 본인이 농·어촌 지역(읍 또는 면) 또는 도서·벽지에서 거주한 자

※ 농·어촌 지역(읍 또는 면)의 의미: 군 지역과 시 지역 중 읍·면 지역을 의미합니다.

※ 재학 기간 중, 행정구역이 읍 또는 면에서 동으로 변경된 경우의 처리: 고등학교(중학교, 초등학교) 재학 중 행정구역 개편 등으로 주소지/재학 학교 소재지가 읍 또는 면에서 동으로 변경된 경우, 해당 학교에 재학하는 기간 동안에만 지원자격 인정(해당 주소지에 계속 거주하면서 전학 또는 상급학교로 진학하는 경우에는 지원자격 불인정)

※ 도서·벽지의 의미: 도서·벽지 교육진흥법 시행규칙 제2조에 해당하는 지역을 의미합니다.

※ 본인 및 부모 모두가 농·어촌지역 또는 도서·벽지에서 거주함의 의미: 국내 중학교 입학부터 고등학교 졸업까지 지원자 및 부모 모두가 농·어촌지역 또는 도서·벽지에서 거주함을 의미합니다. 단, 부모가 이혼한 경우, 이혼 시점부터 졸업까지 부모 중 1인(지원자와 부모의 거주지가 모두 다른 경우, 친권자 기준)과 농·어촌지역 또는 도서·벽지에서 거주한 경우도 인정합니다.

※ 2개 이상의 학교에서 재학한 경우 해당 학교 모두가 반드시 읍·면 또는 도서·벽지에 소재해야 하되, 동일한 지역이 아니어도 무방합니다.

※ <대학입학전형 기본사항>에 의거, 거주지에서 직장소재지까지 부·무의 출퇴근 가능 여부를 파악하며, 이는 서류평가에 반영될 수 있습니다.

③ 기초생활수급자·차상위계층·한부모가족지원대상자

고등학교 졸업(예정)자 또는 법령에 따라 이와 같은 수준 이상의 학력이 있다고 인정되는 자로서 원서접수 마감일 현재 아래 ① ~ ② 중 하나에 해당해야 함.
①「국민기초생활보장법」제2조 제1호(수급권자), 제2호(수급자), 제10호(차상위계층)에 의한 대상자.
②「한부모가족지원법」제5조 또는 제5조의2에 따른 지원 대상자.

④ 자립지원 대상 아동

고등학교 졸업(예정)자 또는 법령에 따라 이와 같은 수준 이상의 학력이 있다고 인정되는 자로서 원서접수 마감일 현재 「아동복지법 시행령」 제38조 제2항의 자립지원 대상 아동 ① ~ ③ 중 하나에 해당해야 함.
① 가정위탁보호 중인 아동
② 아동복지시설에서 보호 중인 아동
③ 아동복지법 제16조에 따라 보호조치가 종료되거나 해당 시설에서 퇴소한 지 5년이 지나지 아니한 아동

⑤ 장애인 등 대상자

고등학교 졸업(예정)자 또는 법령에 따라 이와 같은 수준 이상의 학력이 있다고 인정되는 자로서 원서접수 마감일 현재 아래 ① ~ ② 중 하나에 해당해야 함.
① 장애인복지법 제32조에 의하여 장애인 등록을 필한 장애인
② 국가유공자 등 예우 및 지원에 관한 법률 제4조 등에 의한 상이등급자(국가보훈처 등록)
※ 지원자 본인이 장애인대상자 또는 상이등급자인 경우에만 지원 가능

⑥ 특성화고 등을 졸업한 재직자

고등교육법 시행령 제29조제2항제14호'다목'(아래 ①~④) 중 하나에 해당하는 사람으로서 산업체 근무 경력이 3년 이상인 재직자여야 합니다.
① 「초·중등교육법 시행령」 제76조의3제1호에 따른 일반고등학교에 재학하는 동안 시·도 교육감이 「직업교육훈련 촉진법」에 따른 직업교육훈련기관 중 직업교육훈련위탁기관으로 선정한 기관에서 1년 이상의 직업교육훈련과정을 이수하고 해당 일반고등학교를 졸업한 사람
② 산업수요 맞춤형 고등학교를 졸업한 사람
③ 특성화고등학교 등을 졸업한 사람
④ 「평생교육법」 제31조제2항에 따른 학력인정 평생교육시설 중 특성화고등학교등에서 제공하는 것과 같은 교육과정을 운영하는 평생교육시설에서 해당 교육과정을 이수한 사람
※ 입학 후 학과를 변경하거나 전과(부)할 수 없습니다.
※ 재직기간
- 입학일 기준으로 재직 중이며, 총 재직 기간(제출서류로 확인가능한 기간)이 3년 이상 되어야 합니다. [※ 단, 일용근로 고용·산재보험 가입기간은 재직기간에 포함되지 않으며, 상용근로 고용·산재보험 가입기간만 재직기간으로 인정됨]
- 2개 이상 산업체에 재직한 경우, 재직기간을 합산하여 3년 이상이 되어야 함
- 병역특례기간 동안의 산업체 경력, 의무복무 등의 군경력도 재직기간으로 인정
※ 산업체의 범위
- 산재·고용보험 상용근로자(자영업자 포함)를 고용하는 사업체 및 단체
- 국가·지방자치단체 및 공공단체, 사립학교, 별정우체국 등(공무원 연금, 군인연금, 사립학교 교직원 연금, 별정 우체국직원 연금 가입 대상 기관)

(다) 전형요소 및 반영 비율

- 학교생활기록부 교과 성적과 서류평가 성적을 합산하여 총점 순으로 선발합니다.
- 공통서류를 기한 내에 미제출하거나 면접평가에 불참한 경우, 입학전형 대상에서 제외됩니다.
- 전형자료 허위 내용 확인 시 입학 전·후를 막론하고 본교 서류적절성 심의위원회의 심의를 거쳐 전형에서 제외하거나, 합격 또는 입학을 취소합니다.
- 학생부종합전형 서류평가 방법은 본교 입시 내용을 확인하기 바랍니다.

사정방법	구분	전형 요소별 반영 비율		계
		서류평가 성적	면접평가 성적	
일괄합산	비율	70%	30%	100%
	배점	700점	300점	1,000점

(라) **제출서류**: 학교생활기록부(공통), 지원자격 증빙서류(공통)

(3) 고른기회전형
(가) 모집인원: 90명

(나) 지원자격

고등학교 졸업(예정)자 또는 법령에 따라 이와 같은 수준 이상의 학력이 있다고 인정되는 자로서 원서접수 마감일 현재 다음 각 호 중 하나에 해당해야 합니다.
※ 태권도학과 지원자는 태권도 2단(품) 이상의 단증 소지자여야 합니다.

가. 의사상자 및 자녀: 의사상자 등 예우 및 지원에 관한 법률 제2조 제2호~제3호에 해당하는 자 및 자녀
나. 직업군인 또는 소방공무원의 자녀: 직업군인 또는 소방공무원으로 15년 이상 근무한 자의 자녀(군인의 경우 현역병 의무복무기간 제외)
다. 다자녀(4자녀 이상) 가정의 자녀
라. 다문화가족의 자녀: 결혼 이전에 외국국적이었던 친부(친모)와 대한민국 국적인 친모(친부) 사이에 출생한 다문화 가정의 자녀[※ 단, 결혼 이전에 외국국적을 가진 친부(친모)가 한국국적을 포기한 사실이 있는 경우, 지원자격을 인정하지 않음]
마. 조손가정: (외)할아버지, (외)할머니, 손자, 손녀로 구성된 가족으로서 부모 모두가 사망하거나 생사가 분명하지 않은 손자녀[※ 단, 부모 모두의 주민등록이 말소되지 않은 경우는 지원할 수 없으며, 주민등록표등본 상 (외)조부모와 지원자(손자·녀)가 함께 거주하고 있어야 함]
바. 장애인부모 자녀: 부 또는 모가 장애인복지법 제32조에 의하여 장애인 등록을 필한 장애의 정도가 심한 장애인(기존 1~3등급)인 자의 자녀

(다) 전형요소 및 반영 비율

- 학교생활기록부 교과 성적과 서류평가 성적을 합산하여 총점 순으로 선발합니다.
- 공통서류를 기한 내에 미제출하거나 면접평가에 불참한 경우, 입학전형 대상에서 제외됩니다.
- 전형자료 허위 내용 확인 시 입학 전·후를 막론하고 본교 서류적절성 심의위원회의 심의를 거쳐 전형에서 제외하거나, 합격 또는 입학을 취소합니다.
- 학생부종합전형 서류평가 방법은 본교 입시 내용을 확인하기 바랍니다.

사정방법	구분	전형 요소별 반영 비율		계
		서류평가 성적	면접평가 성적	
일괄합산	비율	70%	30%	100%
	배점	700점	300점	1,000점

(라) **제출서류**: 학교생활기록부(공통), 지원자격 증빙서류(공통)

차) 한국외국어대학교 (서울)[55]

전형명	모집인원			전형방법	수능최저
	서울	글로벌	합계		
면접형	219	249	468	1단계: 서류 100% (3배수 선발)	
SW인재	-	34	34	2단계: 서류 50% + 면접 50%	-
서류형	224	276	500	서류 100%	
기회균형전형	62	123	185		

(1) 학생부종합전형(면접형)
(가) 지원 자격

고등학교 졸업(예정)자 또는 기타 법령에 의하여 고등학교 졸업 이상의 학력이 있다고 인정된 자

(나) 전형 방법
① 전형요소 및 반영비율

구분	서류평가	면접평가 (인·적성면접)	계	선발
1단계	500점(100%)	-	500점(100%)	3배수
2단계	500점(60%)	500점(40%)	1,000점(100%)	

② 서류평가 : 학교생활기록부를 바탕으로 계열적합성, 탐구역량, 인성, 발전가능성을 정성적· 종합적으로 평가
③ 면접평가 : 개별 블라인드 면접(인· 적성면접)으로 계열적합성, 논리적사고력, 인성을 종합적으로 평가

(다) 대학수학능력시험 최저학력기준: 없음

(2) 학생부종합(SW인재)
(가) 지원 자격

고등학교 졸업(예정)자 또는 기타 법령에 의하여 고등학교 졸업 이상의 학력이 있다고 인정된 자로서, 소프트웨어 분야에 대한 재능과 열정을 가진 자

(나) 전형방법
① 성적 반영 비율 및 점수

구분	서류평가	면접평가 (인·적성면접)	계	선발
1단계	500점(100%)	-	500점(100%)	3배수
2단계	500점(60%)	500점(40%)	1,000점(100%)	

---

55) 2024 한국외대 입학전형

② 서류평가 : 학교생활기록부를 바탕으로 계열적합성, 탐구역량, 인성, 발전가
능성을 정성적· 종합적으로 평가
③ 면접평가 : 개별 블라인드 면접(인· 적성면접)으로 계열적합성, 논리적사고
력, 인성을 종합적으로 평가

(다) 수능최저학력기준: 없음

(3) 학생부종합전형(서류형)
(가) 지원 자격

고등학교 졸업(예정)자 또는 기타 법령에 의하여 고등학교 졸업 이상의 학력이 있다고 인
정된 자

(나) 전형 방법

가. 성적 반영 비율 및 점수 : 서류평가 100%(총점 500점)로 선발
나. 서류평가 : 학교생활기록부를 바탕으로 계열적합성, 탐구역량, 인성, 발전가능성을 정성적·
종합적으로 평가

(다) 대학수학능력시험 최저학력기준: 없음

(4) 학생부종합전형(고른기회전형)
(가) 지원 자격

고등학교 졸업(예정)자 또는 기타 법령에 의하여 고등학교 졸업 이상의 학력이 있다고 인
정된 자로서, 원서접수 마감일 현재 다음 각 호 중 하나에 해당하는 자

가. 기초생활수급자 및 차상위계층
1) 국민기초생활보장법 제2조 제1호 및 제2호에 따른 수급(권)자
2) 국민기초생활보장법 제2조 제10호에 따른 차상위계층 중 차상위복지급여사업(차상위 자활
급여, 차상위 장애수당, 차상위 장애인연금부가급여, 차상위 장애인연금부가급여, 차상위 건강
보험본인부담경감, 차상위계층 확인서 발급) 대상 가구의 학생
3) 한부모가족지원법 제5조 및 제5조의2에 따른 복지급여사업(한부모가족지원) 대상 가구의 학생
나. 국가보훈대상자
- '국가보훈기본법' 제3조 제2호에 따른 국가보훈대상자로서 국가보훈관계 법령에 따른 교육지원 대상자
다. 농어촌학생 (고교 졸업예정자의 경우, 고교 졸업시까지 자격이 유지되어야 함)
- 국내 고등학교 졸업(예정)자로서 아래의 <유형1>, <유형2> 중 하나를 충족시키는 자
  <유형1> 중· 고등학교 6년 연속 이수자
  지방자치법 제3조에 의한 읍· 면 또는 도서· 벽지 교육진흥법 시행규칙 제2조에 따른 도
  서· 벽지에 소재하는 학교에서 중학교 입학시부터 고등학교 졸업시까지 중· 고등학교 전
  교육과정을 이수하는 기간 동안 본인, 부· 모가 모두 읍· 면 또는 도서· 벽지에서 거주하고
  출신 고등학교장의 확인을 받은 졸업(예정)자

<유형2> 초· 중· 고등학교 12년 연속 이수자

지방자치법 제3조에 의한 읍· 면 또는 도서· 벽지 교육진흥법 시행규칙 제2조에 따른 도서· 벽지에 소재하는 학교에서 초등학교 입학시부터 고등학교 졸업시까지 초· 중· 고등학교 전 교육과정을 이수한 자 중 자격 해당 기간 동안 본인이 읍· 면 또는 도서· 벽지 지역에 거주하고 출신 고등학교장의 확인을 받은 졸업(예정)자

라. 서해 5도 학생

- '서해 5도 지원 특별법' 제2조 제1호에 해당하는 지역에 소재하는 고등학교 졸업(예정)자로서, 아래의 <유형1>, <유형2> 중 하나를 충족시키는 자 (고교 졸업예정자의 경우, 고교 졸업까지 자격이 유지되어야 함)

<유형1> '서해 5도 지원 특별법 시행령 제11조 제1호' 해당자 : 서해 5도에서 친권자 또는 후견인과 함께 거주하면서 서해 5도에 설립된 중학교 및 고등학교의 모든 교육과정을 이수한 학생

<유형2> '서해 5도 지원 특별법 시행령 제11조 제2호' 해당자 : 서해 5도에 거주하면서 서해 5도에 설립된 초· 중· 고등학교의 모든 교육과정을 이수한 학생

고른기회전형 '농어촌학생 / 서해 5도 학생' 지원 자격 관련 사항
※ 영재학교, 과학과, 외국어고, 국제고, 예술고, 체육고, 산업수요 맞춤형 고등학교 출신자, 외국고 출신자, 고등학교 졸업학력 검정고시 합격자, 학력인정 평생교육시설, 비인가 대안학교 출신자는 지원할 수 없습니다.
※ 농어촌학생의 경우 중· 고교 재학 중 또는 졸업 이후 읍, 면이 동으로 변경 또는 도서· 벽지 지역이 해제된 경우에도 지원자격을 인정합니다.
※ 읍· 면 또는 도서· 벽지 지역 (서해 5도) 거주시점 개시일 : 해당년도의 각 학교 입학 개시일
※ 고교 졸업예정자가 최종 합격할 경우 재학 고등학교의 졸업일까지 지원 자격을 유지해야 하며, 자격을 유지하지 않을 경우 불합격 또는 입학이 취소될 수 있습니다.

(나) 전형 방법

가. 성적 반영 비율 및 점수 : 서류평가 100%(총점 500점)로 선발

나. 서류평가 : 학교생활기록부를 바탕으로 학업역량, 진로역량, 공동체역량을 정성적· 종합적으로 평가

(다) 대학수학능력시험 최저학력기준: 없음

카) 서울시립대학교[56)

(1) 학생부종합전형 I

(가) 모집인원: 370명

(나) 지원자격

고등학교 졸업자(졸업예정자) 또는 법령에 의하여 고등학교 졸업 이상의 학력이 있다고 인정된 자로서, 모집단위별 인재상에 부합한다고 자기 자신을 추천할 수 있는 자

---

56) 2024 서울시립대 입학전형

(다) 전형방법

1단계(3배수) : 서류평가 100% / 2단계 : 서류평가 60% + 면접평가 40%

(라) 제출서류

학교생활기록부 다음의 경우에 한하여 학교생활기록부 대체서식에 의한 추가서류를 제출할 수 있음. · 국외고 졸업(예정)자 및 국외고에서 1학기 이상 이수한 경우, 국외고 재학 시 학업 및 교내활동 관련 내용 · 검정고시 합격자의 경우 과거 3년 이내의 학업 및 활동 관련 내용

(마) 수능최저학력기준: 없음

(2) 학생부종합전형Ⅱ
(가) 모집인원: 80명

(나) 지원자격

고등학교 졸업자(졸업예정자) 또는 법령에 의하여 고등학교 졸업 이상의 학력이 있다고 인정된 자로서, 모집단위별 인재상에 부합한다고 자기 자신을 추천할 수 있는 자

(다) 전형방법

1단계(3배수) : 서류평가 100%

(라) 제출서류

- 학교생활기록부 다음의 경우에 한하여 학교생활기록부 대체서식에 의한 추가서류를 제출할 수 있음. · 국외고 졸업(예정)자 및 국외고에서 1학기 이상 이수한 경우, 국외고 재학 시 학업 및 교내활동 관련 내용 · 검정고시 합격자의 경우 과거 3년 이내의 학업 및 활동 관련 내용

(3) 기회균형 전형Ⅰ
(가) 모집인원: 143명

(나) 지원자격

고등학교 졸업자(졸업예정자) 또는 법령에 의하여 고등학교 졸업 이상의 학력이 있다고 인정된 자로서, 다음 요건 중 하나에 해당하는 자 ①「국가보훈 기본법」제3조 제2호의 국가보훈대상자로서 국가보훈 관계 법령에 따른 교육 지원 대상자

② 「국민기초생활 보장법」 제2조 제1호~제2호에 따른 수급권자 및 수급자
③ 「국민기초생활 보장법」 제2조 제10호에 따른 차상위계층 중 복지급여(차상위 자활, 차상위 장애수당, 차상위 장애인연금부가급여, 차상위 건강보험본인부담금 경감)를 받고 있는 가구의 학생 또는 차상위계층 확인서 발급 대상 가구 학생
④ 「한부모가족지원법」제5조 및 제5조의2에 따른 지원대상 가구 학생

(다) 전형방법

1단계(3배수) : 서류평가 100% / 2단계 : 서류평가 60% + 면접평가 40%

(라) 제출서류

- 학교생활기록부
다음의 경우에 한하여 학교생활기록부 대체서식에 의한 추가서류를 제출할 수 있음.
· 국외고 졸업(예정)자 및 국외고에서 1학기 이상 이수한 경우, 국외고 재학 시 학업 및 교내활동 관련 내용
· 검정고시 합격자의 경우 과거 3년 이내의 학업 및 활동 관련 내용

(마) 수능최저학력기준: 없음

(4) 사회공헌·통합전형
(가) 모집인원: 34명

(나) 지원자격

고등학교 졸업자(졸업예정자) 또는 법령에 의하여 고등학교 졸업 이상의 학력이 있다고 인정된 자로서, 다음 요건 중 하나에 해당하는 자
※ 모집단위별 인재상에 부합한다고 자기 자신을 추천할 수 있는 자
① 독립유공자예우에 관한 법률 제5조에 해당되는 독립유공자의 후손
② 「민주화운동관련자 명예회복 및 보상 등에 관한 법률」 제2조 제2호에 해당하는 자(민주화운동관련자 명예회복 및 보상 심의위원회의 민주화운동관련자증서 발급가능자) 또는 그의 자녀
③ 보건복지부장관으로부터 의사자로 인정된 자의 자녀 및 의상자(1~6급)로 인정된 자 또는 그의 자녀
④ 결혼이전에 외국국적이었던 친부(친모)와 대한민국국적인 친모(친부) 사이에 출생한 다문화가정의 자녀로서 대한민국 국적자(단, 결혼이전에 외국국적을 가진 친부(친모)가 한국국적을 포기한 사실이 있는 경우 지원자격을 인정하지 않음)
⑤ 다자녀(3자녀이상)가정 출신 자녀
⑥ 「난민법」제2조 제2호에 해당하는 자(난민으로 인정된 자) 또는 그의 자녀
※ 제출서류
- 학교생활기록부, 자기소개서
- 다음의 경우에 한하여 학교생활기록부 대체서식에 의한 추가서류를 제출할 수 있음.
· 국외고 졸업(예정)자 및 국외고에서 1학기 이상 이수한 경우, 국외고 재학 시 학업 및 교

내활동 관련 내용
· 검정고시 합격자의 경우 과거 3년 이내의 학업 및 활동 관련 내용
○ 전형방법
- 1단계(4배수) : 서류평가 100% / 2단계 : 서류평가 60% + 면접평가 40%
‣ 수능최저학력기준 없음.

(다) 전형방법

1단계(3배수) : 서류평가 100% / 2단계 : 서류평가 60% + 면접평가 40%

(라) 제출서류

- 학교생활기록부
다음의 경우에 한하여 학교생활기록부 대체서식에 의한 추가서류를 제출할 수 있음.
· 국외고 졸업(예정)자 및 국외고에서 1학기 이상 이수한 경우, 국외고 재학 시 학업 및 교내활동 관련 내용
· 검정고시 합격자의 경우 과거 3년 이내의 학업 및 활동 관련 내용

(마) 수능최저학력기준: 없음

타) 이화여자대학교[57]

(1) 전형별 모집인원

전형유형	전형명	모집인원(명)	전형요소 및 방법	수능최저기준
학생부위주 (종합)	미래인재전형	948	서류 100%	○
	고른기회전형	159		
	사회기여자전형	15		

(2) 지원 자격

전형구분	지원 자격
미래인재 전형	교과영역 및 학교 활동영역에서 자신의 역량을 적극적으로 계발한 자
고른기회 전형	**아래의 자격 중 한 가지에 해당하는 자** 1. 국가보훈대상자로서 국가보훈관계법령에 따라 교육지원을 받는 대상자 2. 국민기초생활 보장법 제2조 제1호(수급권자), 제2호(수급자)에 의한 대상자 3. 국민기초생활 보장법 제2조 제10호(차상위계층)에 의한 대상자 4. 한부모가족지원법 제5조, 제5조의2에 따른 지원 대상자

57) 2024 이화여대 입학전형

	5. 농어촌 지역(「지방자치법」 제3조에 의한 읍·면 지역 또는 「도서·벽지 교육진흥법 시행규칙」 제2조에 따른 도서·벽지 지역)에 소재하는 고등학교 졸업자 (2024년 2월 졸업예정자 포함)로서 다음 중 하나에 해당하는 자
	가. 농어촌 지역 소재지 학교에서 중학교 입학 시부터 고등학교 졸업 시까지 전 교육과정(6년)을 이수한 자 중 해당 전 재학기간 동안 본인 및 부모 모두 농어촌 지역에 거주한 자
	나. 농어촌 지역 소재지 학교에서 초등학교 입학 시부터 고등학교 졸업 시까지 초·중·고 전 교육과정(12년)을 이수하고 해당 전 재학기간동안 본인이 농어촌 지역에 거주한 자
	※ 농어촌 지역 소재 특수목적고에 재학한 사실이 있는 경우 지원 불가
	6. 「북한이탈주민법」 제2조제1호에 해당하는 북한이탈주민이나 제3국 출생 북한이탈주민 자녀
사회 기여자 전형	**아래의 자격 중 한 가지에 해당하는 자** 1. 민주화운동관련자 명예회복 및 보상 등에 관한 법률 제2조 제2호 각 목에 해당하는 자(민주화운동관련자 명예회복 및 보상심의위원회의 민주화운동관련자 증서를 교부받은 자) 및 그의 자녀 2. 직업군인의 자녀로서 국방부장관의 추천을 받은 자 3. 결혼 이전에 외국 국적을 가진 친모(친부)와 국적이 대한민국인 친부(친모) 사이에 출생한 다문화가정의 자녀로서 대한민국 국적자 4. 해외 파견 선교라로서 2014년 1월 1일 이후부터 통산 해외 선교 근무 경력 기간이 5년 이상이며, 현재 해당 분야에 재직 중인 자의 자녀 ※ 본교가 인정하는 교단 및 교회의 목회 활동에 한함 ※ 해외선교를 위한 통산 체류기간이 5년 이상

(3) 서류평가

전형	서류내용	활용방법
미래인재전형		제출서류를 토대로 지원자의 학업역량 및 학교 활동의 우수성, 발전가능성 등을 종합적으로 평가
고른기회전형	학교생활기록부	
사회기여자전형		

(4) 수능 응시지정영역과 최저기준

전형명		수능최저기준
미래인재전형	인문계열	국어, 수학, 영어, 탐구(사회/과학) 4개 영역 중 **3개 영역 등급 합 6이내**
	자연계열	국어, 수학, 영어, 탐구(과학) 4개 영역 중 **2개 영역 등급 합 5이내(수학 포함)**
	의예과	국어, 수학, 영어, 탐구(과학) 4개 영역 중 **4개 영역 등급 합 5이내**
	약학전공	국어, 수학, 영어, 탐구(과학) 4개 영역 중 **4개 영역 등급 합 5이내**

	미래산업약학전공	국어, 수학, 영어, 탐구(사회/과학) 4개 영역 중 **4개 영역 등급 합 5이내**
	스크랜튼학부	국어, 수학, 영어, 탐구(사회/과학) 4개 영역 중 **3개 영역 등급 합 5이내**
고른기회전형, 사회기여자전형	인문계열	국어, 수학, 영어, 탐구(사회/과학) 4개 영역 중 **3개 영역 등급 합 8이내**
	자연계열	국어, 수학, 영어, 탐구(과학) 4개 영역 중 **2개 영역 등급 합 6이내(수학 포함)**

※ **계열은 본교의 모집단위/전공 구분 기준에 따름**
- 인문계열은 국어 영역, 자연계열(의예과, 약학전공 포함)은 수학 영역(미적분, 기하 중 택1)을 응시하여야 함
- 탐구영역은 응시한 과목 중 상위 1과목의 등급으로 반영함
- 제2외국어/한문은 탐구영역의 한 과목으로 인정하지 않음

파) 홍익대학교[58]

전형명	캠퍼스	모집계열/ 모집단위	전형요소 및 반영비율(%)	수능최저 기준
학교생활우수자전형	서울/ 세종	인문계열/자연계열/예술학과/캠퍼스자율전공(인문·예능)/캠퍼스자율전공(자연·예능)	서류 100	서울:○ 세종: ×
고른기회 I 전형		인문계열/자연계열	서류 100	×
고른기회 II 전형				
기초생활수급자·차상위계층				
특성화고등을졸업한 재직자전형	서울	디자인경영융합학부	서류 100	

58) 2024 홍익대 입학전형

(1) 학교생활우수자전형

캠퍼스	모집인원(명)
서울캠퍼스	464명
세종캠퍼스	217명
계	681명

(가) 지원 자격

국내 고등학교 졸업(예정)자
※ 1998년 이전(1998년 포함) 졸업자, 고등학교 졸업학력 검정고시 출신자, 외국고교 졸업(예정)자 등은 지원할 수 없음

(나) 전형요소 및 반영비율

캠퍼스	모집계열/모집단위	전형요소 및 반영비율 서류
서울/세종	인문계열/자연계열/예술학과/캠퍼스자율전공(인문·예능)/캠퍼스자율전공(자연·예능)	100%

(다) 서류평가

캠퍼스	모집계열/모집단위	평가자료
서울/세종	인문계열/자연계열/예술학과/캠퍼스자율전공(인문·예능)/캠퍼스자율전공(자연·예능)	학교생활기록부

(라) 수능 최저기준 (세종캠퍼스: 없음)

캠퍼스	모집계열/모집단위	수능최저학력기준
서울	인문계열/예술학과/캠퍼스자율전공(인문·예능)	국어, 수학, 영어, 탐구(사회/과학) 영역 중 3개 영역 중 3개 영역 등급 합 8 이내
	자연계열/캠퍼스자율전공(자연·예능)	국어, 수학(미적분/기하), 영어, 탐구(과학) 영역 중 3개 영역 등급 합 8 이내

※ **한국사 4등급 이내**
※ 각 모집계열/모집단위별 수능최저학력기준에 제시된 4가지 영역[국어, 수학, 영어, 탐구(2과목)] 및 한국사를 모두 응시해야 함
※ 탐구영역의 경우 최상위 1과목 등급을 반영함

(2) 고른기회전형 I
(가) 모집인원

캠퍼스	모집인원(명)
서울캠퍼스	15명
세종캠퍼스	9명

(나) 지원 자격

국내 고등학교 졸업(예정)자 또는 관계 법령에 의해 고등학교 졸업자와 동등 이상의 학력이 있다고 인정된 자 중, 원서접수 마감일 기준으로 다음 중 한 가지에 해당하는 자

캠퍼스	자격유형	지원자격
서울/세종	국가보훈대상자	1) 「독립유공자 예우에 관한 법률」 제4조 제1~2호에 해당하는 '독립유공자의 자녀 및 (외)손자녀' 2) 「국가유공자 등 예우 및 지원에 관한 법률」 제4조 제1항 제3~18호(단, 제10호 제외)에 해당하는 '국가유공자 및 그 자녀(참전유공자 제외)' 3) 「국가유공자 등 예우 및 지원에 관한 법률」 제73조에 해당하는 '618 자유상이자 및 그 자녀' 4) 「국가유공자 등 예우 및 지원에 관한 법률」 제73조의2에 해당하는 '지원 순직·공상 군경(공무원) 및 그 자녀' 5) 「고엽제후유의증 등 환자지원 및 단체설립에 관한 법률」 제2조제3호에 해당하는 '고엽제후유의증환자(수당지급대상자) 및 그 자녀' 6) 「518 민주유공자 예우에 관한 법률」 제4조 제1~3호에 해당하는 '518민주유공자 및 그 자녀' 7) 「특수임무유공자 예우 및 단체설립에 관한 법률」 제3조 제1호~3호에 해당하는 '특수임무유공자와 그 자녀' 8) 보훈보상대상자 지원에 관한 법률 제2조 제1항 제1~4호에 해당하는 '보훈보상대상자 및 그 자녀'
	아동복지시설 보호대상자	「아동복지법」 제3조 제10호에 따른 아동복지시설에서 보호받는 자

(다) 전형요소 및 반영비율

캠퍼스	모집계열	전형요소 및 반영비율 서류
서울/세종	인문계열/자연계열	100%

(라) 서류평가

캠퍼스	모집계열	평가자료
서울/세종	인문계열/자연계열	학교생활기록부

(마) 대학수학능력시험 최저학력기준: 없음

(3) 고른기회전형 II

(가) 모집인원

캠퍼스	모집인원(명)
서울캠퍼스	9명
세종캠퍼스	6명

(나) 지원자격

국내 고등학교 졸업(예정)자 또는 관계 법령에 의해 고등학교 졸업자와 동등 이상의 학력이 있다고 인정된 자

캠퍼스	자격유형	지원자격
서울 / 세종	소년소녀가정	국민기초생활보장 수급자로서 거주지 읍·면·동사무소에 소년소녀가정 또는 가정보호 위탁아동으로 등재된 자
	군인자녀	20년 이상 현역근무 중이거나 근무한 군인의 자녀
	장애인 부모 자녀	부모 중 1인 이상이 「장애인복지법」 제32조에 의하여 중증 장애인 등록을 필한 자의 자녀
	조손가정의 손자녀	(외)할아버지, (외)할머니, 손자, 손녀로 구성된 가족으로서 부모 모두가 사망하거나 생사가 분명하지 않은 손자녀 ※ 단, 부모 모두의 주민등록이 말소되지 않은 경우는 지원할 수 없으며 주민등록표등본상 (외)조부모와 지원자(손자·녀)가 함께 거주하고 있어야 함
	다문화가족의 자녀	결혼 이전에 외국국적이었던 친부(친모)와 대한민국 국적인 친모(친부) 사이에 출생한 자 ※ 단, 결혼 이전에 외국국적을 가진 친부(친모)가 한국국적을 포기한 사실이 있는 경우, 지원자격을 인정하지 않음

(4) 기초생활수급자·차상위계층전형

(가) 모집인원

캠퍼스	모집인원(명)
서울캠퍼스	29
세종캠퍼스	14
계	43

(나) 지원자격

국내 고등학교 졸업(예정)자 또는 관계 법령에 의해 고등학교 졸업자와 동등 이상의 학력이 있다고 인정된 자

캠퍼스	자격유형	지원자격
서울/ 세종	기초생활수급자	「국민기초생활보장법」 제2조제1호 및에 다른 수급(권)자
	차상위계층	「국민기초생활보장법」 제2조 제10호와 「한부모가족지원법」 제5조 및 제5조의2에 따라 차상위 자활급여, 차상위 장애수당, 차상위 장애인연금 부가급여, 차상위 건강보험본인부담금 경감, 한부모 가족 지원사업 중 하나 이상의 급여를 받고 있는 가구의 학생 또는 차상위계층확인서 발급 대상 가구 학생

(다) 전형요소 및 반영비율

캠퍼스	모집계열/모집단위	전형요소 및 반영비율
		서류
서울/세종	인문계열/자연계열	100%

(라) 서류평가

캠퍼스	모집계열	평가자료
서울/세종	인문계열/자연계열	학교생활기록부

(마) 대학수학능력시험 최저학력기준: 없음

(5) 농어촌학생전형
(가) 모집인원

캠퍼스	모집인원(명)
서울캠퍼스	54
세종캠퍼스	30
계	84

(나) 지원 자격

2022년 2월 이후(2월 포함) 국내 고등학교 졸업(예정)자로서 아래의 유형 중 하나에 해당하는자

자격유형	지원자격
유형 I	농·어촌 지역 소재 중·고등학교에서 중학교 입학일부터 고등학교 졸업일까지 6년의 모든 교육과정을 연속하여 이수한 자로서 중·고등학교 재학기간 동안 본인 및 부모 모두가 농·어촌 지역에 거주한 자
유형 II	농·어촌 지역 소재 초·중·고등학교에서 초등학교 입학일부터 고등학교 졸업일까지 12년의 모든 교육과정을 연속하여 이수한 자로서 초·중·고등학교 재학기간 동안 본인이 농·어촌 지역에 거주한 자

※ 지원 가능 지역: 지방자치법 제3조에 의한 「읍·면 지역 및 도서·벽지 교육진흥법」 제2조에 의한 도서·벽지 지역
※ 아래 해당자 지원 불가
- 학교생활기록부에 반영교과의 석차등급이 기재되지 않은 자
- 외국고, 특수목적고 졸업(예정)자
- 고등학교 졸업학력 검정고시 출신자

(다) 전형요소 및 반영비율

캠퍼스	모집계열	전형단계	선발배수	전형요소 및 반영비율		
				학생부교과	서류	면접
서울/세종	인문계열/자연계열/예술학과	-	-	100%	-	-
	미술계열 (예술학과 제외)	1단계	2배수	20%	80%	-
		2단계	1배수	-	40%	60%

(라) 학교생활기록부 교과 반영방법

가. 인문계열/자연계열/예술학과

캠퍼스	모집계열/모집단위	반영교과	반영학기	반영방법	점수산출 활용지표
서울/ 세종	인문계열/예술학과	국어, 영어, 수학, 사회	1학년 1학기 ~ 3학년 1학기	공통 및 일반선택 과목 90% + 진로선택과목 10%	석차등급 (공통 및 일반선택과목), 성취도 (진로선택과목)
	자연계열	국어, 영어, 수학, 과학			

※ 공통 및 일반선택과목은 석차등급이 있는 과목만 반영함
※ 반영교과 이수단위 수에 따른 가중치를 부여할 수 있음(자세한 사항은 2023학년도 모집요강 참조)
※ '사회'는 역사와 도덕을 포함함

나. 미술계열(예술학과 제외)

캠퍼스	반영교과	반영학기	반영방법	점수산출 활용지표
서울/ 세종	국어, 영어 택1 (수학/사회/과학)	1학년 1학기 ~ 3학년 1학기	반영교과군의 전 교과목을 학년구분 없이 반영	석차등급

※ 석차등급이 있는 과목만 반영함
※ 택1(수학/사회/과학): '수학', '사회', '과학' 중 이수단위 합이 큰 교과를 자동 반영하며, 이수단위 합이 같을 경우 교과점수 산출 시 유리한 교과를 반영함
※ '사회'는 역사와 도덕을 포함함

(마) 서류평가(미술계열(예술학과 제외))

캠퍼스	모집계열	평가자료
서울/세종	미술계열 (예술학과 제외)	학교생활기록부, 미술활동보고서

(바) 면접평가(미술계열(예술학과 제외))

제출서류의 진실성, 미술 관련 소양, 창의성, 표현능력 등을 종합적으로 평가

(사) 대학수학능력시험 최저학력기준: 없음

(6) 특성화고등을졸업한재직자전형
(가) 모집인원

캠퍼스	모집인원(명)
서울캠퍼스(정원 내)	3
서울캠퍼스(정원 외)	185
계	188

(나) 지원 자격

다음 중 하나에 해당하는 자로서, 2024년 3월 1일 기준으로 산업체에서 3년 이상 재직 중인 자
1) 「초·중등교육법 시행령」제76조의3 제1호에 따른 일반고등학교에서 재학하는 동안 시도 교육감이 「직업교육훈련 촉진법」에 따른 직업교육훈련기관 중 직업교육훈련 위탁기관으로 선정한 기관에서 1년 이상의 직업교육훈련과정을 이수하고 해당 일반고등학교를 졸업한 자
2) 「초·중등교육법 시행령」제90조 제1항 제10호에 따른 산업수요 맞춤형 고등학교를 졸업한 자
3) 「초·중등교육법 시행령」제91조 제1항에 따른 특성화고등학교 등*을 졸업한 자
*「초·중등교육법 시행령」제91조 제1항에 따른 특성화고등학교 중 자연현장실습 등 체험위주의 교육을 전문으로 실시하는 고등학교를 제외한 학교(「초·중등교육법 시행령」제76조의3 제1호에 따른 일반고등학자료교에 설치된 학과 중 특성화고등학교에서 제공하는 것과 같은 교육과정으로 운영되는 학과 포함) 단, 종합고의 일반고 교육과정 졸업자(구 보통과)는 지원 불가
4) 「평생교육법」제31조 제2항에 따른 학력인정 평생교육시설 중 특성화고등학교 등에서 제공하는 것과 같은 교육과정을 운영하는 평생교육시설에서 해당 교육과정을 이수한 자

(다) 전형요소 및 반영비율

캠퍼스	모집계열	전형요소 및 반영비율
		서류
서울	디자인경영융합학부	100%

(라) 서류평가

캠퍼스	모집계열	평가자료
서울	디자인경영융합학부	학교생활기록부, 재직경력요약서

(마) 대학수학능력시험 최저학력기준: 없음

하) 단국대학교(죽전)[59]

(1) 전형방법

정원 구분	전형명	선발모형	전형요소별 반영비율	
			학생부	
			교과	비교과
정원 내	DKU인재(서류형), 기회균형선발, 사회적배려대상자, 취업자	일괄합산	100	
	DKU인재(면접형), SW인재, 창업인재	1단계(3~4배수)	100	
		2단계	1단계 성적 70 + 면접 30	
정원 외	교육기회배려자(약학 계열 제외), 농어촌학생(의학계열 제외), 특수교육대상자, 특성화고졸재직자	일괄합산	100	
	교육기회배려자(약학계열), 농어촌학생(의학계열)	1단계(5배수)	100	
		2단계	1단계 성적 70 + 면접 30	

---

59) 2024 단국대 입학전형

(2) 지원자격

정원 구분	전형명	지원 자격
정원 내	DKU 인재	국내 정규 고등학교 졸업(예정)자 또는 법령에 의하여 고등학교 졸업 이상의 학력이 있다고 인정된 자 [고등학교 졸업학력 검정고시 합격자, 외국 소재 고등학교 졸업(예정)자 포함] ※ 의학계열, 약학계열 : 2024학년도 대학수학능력시험에 응시한 자(수능최저학력기준 있음)
	SW 인재	국내 정규 고등학교 졸업(예정)자 또는 법령에 의하여 고등학교 졸업 이상의 학력이 있다고 인정된 자 [고등학교 졸업학력 검정고시 합격자, 외국 소재 고등학교 졸업(예정)자 포함]로서 소프트웨어 및 정보보안 분야에 관심과 활동이 있는 자
	창업인재	국내 정규 고등학교 졸업(예정)자 또는 법령에 의하여 고등학교 졸업 이상의 학력이 있다고 인정된 자 [고등학교 졸업학력 검정고시 합격자, 외국 소재 고등학교 졸업(예정)자 포함]로서 창업에 대한 관심과 활동이 있는 자
	기회균형 선발	국내 정규 고등학교 졸업(예정)자 또는 법령에 의하여 고등학교 졸업 이상의 학력이 있다고 인정된 자 [고등학교 졸업학력 검정고시 합격자, 외국 소재 고등학교 졸업(예정)자 포함]로서 아래 각 호의 하나에 해당하는 자 [국가보훈대상자] 국가보훈기본법 제3조제2호의 국가보훈대상자로서 국가보훈관계 법령에 따른 교육지원 대상자 (대학입학특별전형대상자 증명서를 제출하여야 함) ① 독립유공자의 자녀 및 손자녀(외손 포함)　② 국가유공자 및 그 자녀 ③ 6.18자유상이자 및 그 자녀　④ 지원공상(순직) 군경, 지원공상(순직) 공무원 ⑤ 고엽제후유의증 환자(수당지급 대상자) 및 그 자녀　⑥ 5.18민주화유공자 및 그 자녀 ⑦ 특수임무유공자 및 그 자녀　⑧ 보훈보상대상자 및 그 자녀 [서해 5도(백령도, 대청도, 소청도, 연평도, 소연평도) 학생] ⑨ 학생 본인이 서해 5도에서 「민법」 제909조에 따른 친권자 또는 같은 법 제928조에 따른 후견인과 함께 거주하면서 서해 5도에 설립된 중학교 및 고등학교의 모든 교육과정을 이수(예정)한 자 ⑩ 학생 본인만 서해 5도에 거주하면서 서해 5도에 설립된 초등학교·중학교 및 고등학교의 모든 교육과정을 이수(예정)한 자 [기초생활수급자, 차상위계층, 한부모가족 대상자] ⑪ [국민기초생활보장법] 제2조제1호(수급권자), 제2호(수급자) ⑫ [국민기초생활보장법] 제2조제10호(차상위계층) ⑬ [한부모가족지원법] 제5조 및 제5조의2에 따른 지원대상자 <차상위계층의 인정범위> ■ 차상위 본인부담경감대상자　■ 차상위 장애수당 대상자 ■ 차상위 장애인연금 부가급여 대상자　■ 차상위 자활급여 대상자　■ 차상위계층 확인사업 대상자 ※ 학생이 속한 세대의 구성원 중 한 명이 위의 대상인 경우 차상위계층으로 인정함
	사회적 배려 대상자	국내 정규 고등학교 졸업(예정)자 또는 법령에 의하여 고등학교 졸업 이상의 학력이 있다고 인정된 자 [고등학교 졸업학력 검정고시 합격자, 외국 소재 고등학교 졸업(예정)자 포함]로서, 아래 각 호의 하나에 해당하는 자 ① 다문화가족의 자녀 　- 다문화가족지원법 제2조에 해당하는 가족 　　㉮ 재한외국인처우기본법 제2조제3호의 결혼이민자와 국적법 제2조부터 제4조까지의 규정에 따라 대한민국 국적을 취득한 자로 이루어진 가족 　　㉯ 국적법 제3조 및 제4조에 따라 대한민국 국적을 취득한 자와 같은 법 제2조부터 제4조까지의 규정에 따라 대한민국 국적을 취득한 자로 이루어진 가족 ② 다자녀(3자녀 이상)가정의 자녀 ③ 장애의 정도가 심한 장애인의 자녀 ④ 소방공무원 또는 경찰공무원으로서 원서접수 시작일 기준 10년 이상 재직한 자의 자녀 ⑤ 직업군인(장교, 준사관, 부사관)으로서 원서접수 시작일 기준 10년 이상 복무한 자의 자녀 ⑥ 소아암병력자

	취업자	국내 정규 고등학교 졸업(예정)자 또는 법령에 의하여 고등학교 졸업 이상의 학력이 있다고 인정된 자 [고등학교 졸업학력 검정고시 합격자, 외국 소재 고등학교 졸업자 포함]로서 산업체 근무 경력이 2024년 2월 29일 기준 3년 이상인 재직자 [단, 2024년 2월 29일 기준 재직(영업) 중이어야 함] **【산업체 인정 기준】** 1. 국가·지방자치단체 및 공공단체(소속 직원의 경우) 2. 근로기준법 제11조에 의거 상시근로자 5인(사업주 포함) 이상 사업체 3. 4대 보험 중 1개 이상 가입 사업체(창업·자영업자 포함) ※ 4대 보험 가입 대상사업체가 아닌 1차 산업 종사자는 국가·지방자치단체가 발급하는 공적증명서 확인을 통해 인정할 수 있음 **【산업체 재직(영업)기간 산정기준】** 1. 2024. 2. 29(목) 기준 총 재직(영업)기간이 3년 이상이어야 함 1) 총 재직기간은 4대보험 가입 증명서(국민연금 가입자 가입증명 등) 상의 보험 가입기간으로 산출함 2) 창업·자영업자의 휴업기간 등 비영업기간은 재직(영업)기간 산정에서 제외함 2. 2개 이상 산업체에서 재직한 경우 재직(영업)기간을 합산하되, 재직(영업)기간이 중복된 경우 중복된 기간은 제외함 3. 휴직(휴업)기간은 재직(영업)기간으로 인정하지 않음 4. 군 의무복무 경력, 병역특례 기간 동안의 산업체 근무경력은 재직기간으로 인정함
정원외	교육 기회 배려자	국내 정규 고등학교 졸업(예정)자 또는 법령에 의하여 고등학교 졸업 이상의 학력이 있다고 인정된 자 [고등학교 졸업학력 검정고시 합격자, 외국 소재 고등학교 졸업(예정)자 포함]로서 아래 각 호의 하나에 해당하는 자 ① [국민기초생활보장법] 제2조제1호(수급권자), 제2호(수급자) ② [국민기초생활보장법] 제2조제10호(차상위계층) ③ [한부모가족지원법] 제5조 및 제5조의2에 따른 지원대상자 [차상위계층의 인정범위] ■차상위 본인부담경감대상자　　　■차상위 장애수당 대상자 ■차상위 장애인연금 부가급여 대상자　■차상위 자활급여 대상자　■차상위계층 확인사업 대상자 ※ 학생이 속한 세대의 구성원 중 한 명이 위의 대상인 경우 차상위계층으로 인정함 ※ 약학계열의 경우 2024학년도 대학수학능력시험 응시자에 한함(수능최저학력기준 있음, 12쪽 참조)
	농어촌 학생	국내 정규 고등학교 졸업(예정)자 중 아래 각 호의 하나에 해당하는 자 ① 학생 본인이 지방자치법 제3조에 의한 읍·면 지역 또는 도서·벽지 교육진흥법 시행규칙 제2조에 의한 도서·벽지 지역 소재 중·고등학교에서 중학교 입학일부터 고등학교 졸업일까지 교육과정을 이수(예정)하고, 자격기간 내 학생 본인 및 부모 모두가 읍·면지역 또는 도서·벽지 지역에 거주하는 자 ② 학생 본인만 지방자치법 제3조에 의한 읍·면지역 또는 도서·벽지 교육진흥법 시행규칙 제2조에 의한 도서·벽지 지역 소재 초등학교·중학교 및 고등학교에서 전 교육과정을 이수(예정)하고, 자격기간 내 읍·면지역 또는 도서·벽지 지역에 거주하는 자 ※ 초·중·고등학교 재학기간 중 행정구역 개편 등으로 읍·면에서 동으로 변경된 경우에는 지원 가능하나, 상급학교 진학 시에는 읍면 지역 또는 도서·벽지 지역 소재 학교로 진학하여야 하며, 읍·면 지역 또는 도서·벽지 지역 소재지에 거주하여야 함 ※ 2개 이상의 학교에서 재학한 경우 해당 학교 모두가 반드시 읍면 지역 또는 도서·벽지 지역에 소재하여야 하며, 동일 지역이 아니어도 무방함 ※ 특수목적고(과학고, 외국어고, 국제고, 예술고, 체육고) 출신자는 지원할 수 없음(단, 마이스터고 출신자는 지원 가능) ※ 지원자격 기간 내 무단전출 및 기타 사유로 인한 직권(신고)말소 등이 1일이라도 있는 경우(①호 해당자의 경우 부모 포함) 지원할 수 없음 ※ [부모의 예외 적용자] 등 지원자격 특이사항의 경우 우리 대학 입학전형관리위원회가 정하는 바에 따름

		[부모의 예외 적용자]
		1. 부모의 사망·실종
		  1) 부모 중 1명이 사망·실종인 경우에는 법률상 사망일 또는 실종일 이후부터 생존하는 부 또는 모
		  2) 부모 모두 사망·실종인 경우에는 민법에서 정한 법률상의 친권이 있는 자
		2. 부모의 이혼 : 법률상 이혼일 이후부터 친권이 있는 부 또는 모(친권과 양육권이 경합하는 경우는 양육권을 가진 자)
		3. 입양자 : 법률상 입양일 이후부터 친권이 있는 양부모(친권과 양육권이 경합하는 경우는 양육권을 가진 자)
		4. 부모 중 일방이 장기여행, 중병, 심신상실, 수감 등으로 사실상 친권행사를 할 수 없는 경우, 성년후견·한정후견 심판을 받은 경우, 친권행사 금지 가처분, 친권상실 선고 등으로 법률상 친권행사를 할 수 없는 경우는 민법에서 정한 법률상 친권을 행사할 수 있는 자
		※ 의학계열의 경우 2024학년도 대학수학능력시험 응시자에 한함(수능최저학력기준 있음, 12쪽 참고)

	특수교육 대상자	국내 정규 고등학교 졸업(예정)자 또는 법령에 의하여 고등학교 졸업 이상의 학력이 있다고 인정된 자 [고등학교 졸업학력 검정고시 합격자, 외국 소재 고등학교 졸업(예정)자 포함]로서 아래 각 호의 하나에 해당하는 자 ① 장애인복지법 제32조에 의하여 장애인 등록을 필하고, 각종 장애 또는 지체로 인하여 특별한 교육적 요구가 있는 자 ② 국가유공자 등 예우 및 지원에 관한 법률 제4조 등에 의한 상이등급자 [국가보훈처 등록]

	특성화고
	졸재직자
		아래 각 호의 하나에 해당하는 자로서 산업체 근무경력이 2024년 2월 29일 기준 3년 이상인 재직자 (단, 2024년 2월 29일 기준 재직 중이어야 함)
		① 일반고등학교에 재학하는 동안 직업교육훈련 과정을 이수한 자
		  - 초·중등교육법 시행령 제76조의3제1호에 따른 일반고등학교에 재학하는 동안 시·도 교육감이 '직업교육훈련 촉진법'에 따른 직업교육훈련기관 중 직업교육훈련위탁기관으로 선정한 기관에서 1년 이상의 직업교육훈련과정을 이수하고 해당 일반고등학교를 졸업한 자
		② 초·중등교육법 시행령 제90조제1항제10호에 따른 산업수요 맞춤형 고등학교(마이스터고)를 졸업한 자
		③ 특성화고등학교 등을 졸업한 자
		  - 초·중등교육법 시행령 제91조제1항에 따른 특성화고등학교를 졸업한 자
		  - 초·중등교육법 시행령 제76조의3제1호에 따른 일반고등학교에 설치된 학과 중 특성화고등학교에서 제공하는 것과 같은 교육과정으로 운영되는 학과를 졸업한 자
		  ※ 초·중등교육법 시행령 제91조제1항에 따른 특성화고등학교 중 자연현장실습 등 체험위주의 교육을 전문으로 실시하는 고등학교 제외
		④ 평생교육시설에서 특성화고 교육과정을 이수한 자
		  - 평생교육법 제31조제2항에 따른 학력인정 평생교육시설 중 특성화고등학교 등에서 제공하는 것과 같은 교육과정을 운영하는 평생교육시설에서 해당 교육과정을 이수한 자
		
		【산업체 인정 기준】
		1. 국가·지방자치단체 및 공공단체(소속 직원의 경우)
		2. 근로기준법 제11조에 의거 상시근로자 5인(사업주 포함) 이상 사업체
		3. 4대보험 중 1개 이상 가입 사업체(창업·자영업자 포함)
		※ 4대보험 가입 대상사업체가 아닌 1차 산업 종사자는 국가·지방자치단체가 발급하는 공적증명서 확인을 통해 인정할 수 있음
		
		【산업체 재직(영업)기간 산정기준】
		1. 2024. 2. 29(목) 기준 총 재직(영업)기간이 3년 이상이어야 함
		  1) 총 재직기간은 4대보험 가입 증명서(국민연금 가입자 가입증명 등) 상의 보험 가입기간으로 산출함
		  2) 창업·자영업자의 휴업기간 등 비영업기간은 재직(영업)기간 산정에서 제외함
		2. 2개 이상 산업체에서 재직한 경우 재직(영업)기간을 합산하되, 재직(영업)기간이 중복된 경우 중복된 기간은 제외함
		3. 휴직(휴업)기간은 재직(영업)기간으로 인정하지 않음
		4. 군 의무복무 경력, 병역특례 기간 동안의 산업체 근무경력은 재직기간으로 인정함

(3) 학생부종합전형 평가내용 및 방법

전형명		평가방법	평가내용
정원내	DKU인재(서류형), 기회균형선발, 사회적배려대상자, 취업자	서류평가	학교생활기록부를 통하여 학업역량, 전공적합성, 인성 및 발전가능성 등을 종합평가
	DKU인재(면접형), SW인재	서류평가	학교생활기록부를 통하여 학업역량, 전공적합성, 인성 및 발전가능성 등을 종합평가
		면접평가	학교생활기록부를 기반으로 한 질의응답을 통하여 서류진위, 전공적합성, 인성 및 발전가능성 등을 종합평가
	창업인재	서류평가	학교생활기록부를 통하여 학업역량, 전공적합성, 창업활동, 인성 및 발전가능성 등을 종합평가
		면접평가	학교생활기록부를 기반으로 한 질의응답을 통하여 서류진위, 전공적합성, 인성 및 발전가능성 등을 종합평가
정원외	교육기회배려자, 농어촌학생, 특수교육대상자, 특성화고졸재직자	서류평가	학교생활기록부를 통하여 학업역량, 전공적합성, 인성 및 발전가능성 등을 종합평가
	교육기회배려자(약학계열) 농어촌학생(의학계열)	서류평가	학교생활기록부를 통하여 학업역량, 전공적합성, 인성 및 발전가능성 등을 종합평가
		면접평가	학교생활기록부를 기반으로 한 질의응답을 통하여 서류 진위, 전공적합성, 인성 및 발전가능성 등을 종합평가

* 검정고시 합격자와 외국고교 졸업(예정)자는 학교생활기록부 대신 다음의 서류를 통하여 서류 및 면접평가를 진행함
  - 검정고시 합격자 : 검정고시 성적증명서, 학생부 대체서식[선택서류], 학력 서류[제출한 경우]
  - 외국고교 졸업(예정)자 : 성적증명서[학교소개서를 통해 성적체계 확인], 학생부 대체서식[선택서류], 학력 서류[제출한 경우]

(4) 대학수학능력시험 최저학력기준: 없음

거) 숙명여자대학교[60]

전형명		모집 인원	모집단위 (계열)	선발유형	전형요소 및 반영비율			1단계 선발 배수	수능최저 학력기준
					서류 심사	1단계 성적	면접		
정 원 내	숙명인재 (면접형)	284	인문계, 약학부	1단계	100	-	-	3배수	X
				2단계	-	60	40	-	
	숙명인재 (서류형)	91	자연계	일괄합산	100	-	-	-	X
	숙명디지털 융합인재	70	인공지능공학부, 지능형전자시스템전공 신소재물리전공, 컴퓨터과학전공, 데이터사이언스전공	일괄합산	100	-	-	-	X
	기회균형	71	인문계 자연계	일괄합산	100	-	-	-	X
정 원 외	농어촌학생	62	인문계 자연계	일괄합산	100	-	-	-	X
	특성화고교 출신자	26	인문계 자연계	일괄합산	100	-	-	-	X
	특성화고졸 재직자	118	문헌정보학과 소비자경제학과 경영학부 앙트러프러너십전공	일괄합산	100	-	-	-	X
	특수교육 대상자	15	인문계 자연계 예체능계	1단계	100	-	-	4배수	X
				2단계	-	60	40	-	

(1) 지원자격

전형명	지원자격
숙명인재 (면접형) 숙명인재 (서류형) 숙명디지털 융합인재전형	고교 졸업(예정)자 또는 법령에 의해 고등학교 졸업과 동등 이상의 학력이 있다고 인정되는 자
기회균형전형	▶국가 보훈 대상자 고교 졸업(예정)자 또는 법령에 의해 고등학교 졸업과 동등 이상의 학력이 있다고 인정되는 자로서 다음 어느 하나에 해당하는 자 국가보훈관계 법령에 따른 교육지원 대상자(독립유공자손자녀, 국가유공자자녀, 6.18자유상이자자녀, 지원대상자자녀, 고엽제후유의증환자의자녀, 5.18민주유공자자녀, 특수임무유공자자녀, 보훈보상대상자자녀) ▶기초생활수급자외 고교 졸업(예정)자 또는 법령에 의해 고등학교 졸업과 동등 이상의 학력이 있다고 인정되는 자로서 원서접수 마감일 현재 다음 어느 하나에 해당하는 자 국민기초생활보장법 제2조제1호(수급권자), 제2호(수급자), 제10호(차상위계층) 및 한부모가족지원법 제5조 또는 제5조의 2에 따른 지원대상자) ▶농어촌 학생 국내 소재 정규 고교 졸업(예정)자로서 지원자격 유형 1) 또는 2) 중 하나에 해당하는 자 1) 읍면지역 또는 도서벽지지역에 소재한 학교에서 중학교 입학 시부터 고등학교 졸업 시까지 중고 전 교육과정을 이수하고, 해당기간 중학교부터 고교 전 과정 동안 부모와 학생이 모두 읍

---

60) 2024 숙명여대 입학전형

	면지역 또는 도서벽지지역에 거주한 자 2) 학생 본인이 읍면지역 또는 도서벽지지역에 소재한 학교에서 초등학교 입학 시부터 고등학교 졸업 시까지 초중고 전 교육과정을 이수하고 읍면지역 또는 도서 벽지지역에 거주한 자 ※ 재학기간과 거주기간은 연속된 연수만 인정함 ※ 특목고 (과학고, 외국어고, 국제고, 예술고, 체육고). 학력인정 평생교육시설, 비인가 대안학교 졸업(예정)자 지원 불가
농어촌전형 (정원 외)	국내 소재 정규 고교 졸업(예정)자로서 지원자격 유형 1) 또는 2) 중 하나에 해당하는 자 1) 읍면지역 또는 도서벽지지역에 소재한 학교에서 중학교 입학 시부터 고등학교 졸업 시까지 중고 전 교육과정을 이수하고, 해당기간 중학교부터 고교 전 과정 동안 부모와 학생이 모두 읍면지역 또는 도서벽지지역에 거주한 자 2) 학생 본인이 읍면지역 또는 도서벽지지역에 소재한 학교에서 초등학교 입학 시부터 고등학교 졸업 시까지 초중고 전 교육과정을 이수하고 읍면지역 또는 도서 벽지지역에 거주한 자 ※ 재학기간과 거주기간은 연속된 연수만 인정함 ※ 특목고 (과학고, 외국어고, 국제고, 예술고, 체육고). 학력인정 평생교육시설, 비인가 대안학교 졸업(예정)자 지원 불가
특성화고교 출신자전형 (전형 외)	초중등교육법 시행령 제91조제1항에 따른 특성화 고등학교를 졸업(예정)한 자로 다음 중 하나에 해당하는 자(특성화고등학교는 특성화고 및 특성화고와 같은 교육과정을 운영하는 학과가 있는 일반고(종합고)를 의미함) 단, 특성화고등학교 중 자연현장실습 등 체험위주의 교육을 전문으로 실시하는 고등학교와 산업수요 맞춤형 고등학교(마이스터고), 종합고의 일반고 교육과정 졸업(예정)자는 지원할 수 없음 1) 모집단위별 지정한 교육과정 총론의 동일계열 기준학과에 해당하는 자 2) 모집단위별 지정한 동일계 인정 전문교과를 총 30단위 이상 이수한 자
특성화고졸 재직자전형 (정원외)	다음의 어느 하나에 해당하는 사람으로서 산업체 근무경력이 3년 이상인 재직자 (고등교육법시행령제29조제2항제14호'다'목) 1) 초중등교육법 시행령 제 76조의3제1호에 따른 일반고등학교에 재학하는 동안 시도교육감이 직업교육훈련 촉진법에 따른 직업교육훈련기관 중 직업교육훈련위탁기관으로 선정한 기관에서 1년 이상의 직업교육훈련과정을 이수하고 해당 일반고등학교를 졸업한사람 2) 초중등교육법 시행령 제 90조제1항제10호에 따른 산업수요 맞춤형 고등학교를 졸업한 사람 3) 특성화고등학교 등을 졸업한 사람 4) 평생교육법 제31조 제2항에 따른 학력인정 평생교육시설 중 특성화 고등학교 등에서 제공하는 것과 같은 교육과정을 운영하는 평생교육시설에서 해당 교육과정을 이수한 사람 ▶재직기간 산정 -2024년 3월 1일 기준으로 재직 중이며, 총 재직기간(4대보험 중 하나 이상에 가입된 기간)이 3년 이상이어야 함 - 고등학교 졸업일 다음날부터 근무기간으로 산정함 - 4대 보험 가입 확인서의 기간만을 재직기간으로 인정함 - 2개 이상의 산업체에서 재직한 경우 총 재직기간은 합산하여 산정하되, 중복되는 기간은 이중으로 합산하지 않음
특수교육 대상자전형	고교 졸업(예정)자 또는 법령에 의해 고등학교 졸업과 동등 이상의 학력이 있다고 인정되는 자로 다음 각 항 중 어느 하나에 해당하는 자 1) 장애인복지법 제 2조에 의한 장애인으로 동법 제 32조에 의하여 장애인 등록을 필하고, 장애인 등에 대한 특수교육법 제 15조에 의한 장애가 있는 자 2) 국가보훈 관계법령*에 의한 상이 및 장애등급자 　* 국가유공자 등 예우 및 지원에 관한 법률. 특수임무유공자 등 예우 및 단체설립에 관한 법률, 보훈보상대상자 지원에 관한 법류 등

(2) 학교생활기록부 교과 성적 반영방법

　(가) **교과성적 활용지표**: 석차등급을 이수단위로 가중 평균한 환산석차등급

　　① 해당 반영교과에 석차등급이 있는 전 과목 반영

② 단, 석차등급이 없는 진로선택으로 이수한 과목의 성적은 성취도를 등급으로 변환하여 상위 3개 과목 반영

성취도	A	B	C
등급	1	3	5

(나) 학년별 반영비율: 전학년 100%(학년별/학기별 가중치 없음)

(다) 학생부 반영교과

모집단위	학생부 반영교과
인문계, 자연계	국어, 수학, 외국어(영어), 사회(역사/도덕, 한국사 포함), 과학
체육교육과, 미술대학	국어, 외국어(영어), 사회(역사/도덕, 한국사 포함)

너) 국민대학교[61]

(1) 국민프런티어

(가) 모집인원: 483명 [인문계 209명, 자연계 241명, 예체능계 33명]

(나) 지원자격

국내 고등학교 졸업(예정)자 또는 법령에 의하여 이와 동등 이상의 학력이 있다고 인정되는 자

(다) 전형방법

전형형태	1단계 선발인원	전형요소별 반영비율 및 반영점수						
		구분		1단계		2단계		
				서류 평가	계	1단계 성적	면접	계
단계별	300%	전형요소별 명목 반영비율		100%	100%	70%	30%	100%
		전형요소별 실질 반영비율		100%	100%	70%	30%	100%
		전형요소별 반영점수	최고점	1,000점	1,000점	700점	300점	1,000점
			최저점	0점	0점	0점	0점	0점

(라) 서류평가

1단계 서류평가 성적으로 모집단위별 모집인원의 3배수(300%)를 선발
가. 평가 항목: 자기주도성, 발전가능성, 전공잠재력, 학업능력, 공동체의식 및 협동능력
나. 평가 자료: 학교생활기록부(또는 대체서식)

---

61) 2024 국민대 입학전형

(마) 면접

1단계 선발인원 중에서 모집단위별로 2단계 전형요소별 반영비율(배점)에 따른 전형총점의 성적순으로 모집인원의 100%를 선발
가. 평가방법: 입학사정관 3명의 평가자가 출제 지문 없이 제출서류를 통한 질의응답 (10분 내외)
나. 평가 내용: 제출서류(학교생활기록부(또는 대체서식)와 연계한 개별 확인 면접
다. 평가 항목: 자기주도성 및 도전정신, 전공적합성, 인성

(바) 제출서류: 학교생활기록부(또는 대체서식)

(사) 수능최저학력기준: 없음

(2) 학교생활우수자전형

  (가) 모집인원: 404명 [인문계 157명, 자연계 247명]

  (나) 지원자격

국내 고등학교 교육과정을 3학년 1학기까지 (5개 학기 이상) 이수한 국내 고등학교 졸업(예정)자
※ 학력인정 평생교육시설, 각종학교, 방송통신고, 고등기술학교 등 관계 법령에 의한 학력인정 학교 또는 유사한 교육기관 등의 졸업(예정)자는 지원할 수 없음
※ 검정고시, 국외 고등학교 졸업(예정)자는 지원할 수 없음

  (다) 전형방법

전형형태	선발인원	전형요소별 반영비율 및 반영점수			
		구분		서류평가	계
일괄합산	100%	전형요소별 명목 반영비율		100%	100%
		전형요소별 실질 반영비율		100%	100%
		전형요소별 반영점수	최고점	1,000점	1,000점
			최저점	0점	0점

  (라) 서류평가

1단계 서류평가 성적으로 모집단위별 모집인원의 100%를 선발
가. 평가 항목: 자기주도성, 발전가능성, 전공잠재력, 학업능력, 공동체의식 및 협동능력
나. 평가 자료: 학교생활기록부

  (마) 면접: 없음

  (바) 제출서류: 학교생활기록부, 자기소개서

  (사) 수능최저학력기준: 없음

(3) 기회균형 I 전형

(가) 모집인원: 122명 [인문계 55명, 자연계 67명]

(나) 지원자격

가. 국내 고등학교 졸업(예정)자 또는 법령에 의하여 이와 동등 이상의 학력이 있다고 인정되는 자로서 아래의 사항 중 하나의 자격을 갖춘 자
  1) 국가보훈대상자 : 국가보훈기본법 제3조 제2호의 '국가보훈대상자'로서 국가보훈관계 법령에 따른 교육지원 대상자
  2) 기초생활수급자 : 국민기초생활보장법 제2조 제2호에 따른 수급자
  3) 차상위계층 : 국민기초생활보장법 제2조 제10호에 따른 차상위계층 대상자
  4) 한부모가족 지원대상자 : 한부모가족지원법 제5조 및 제5조의2에 따른 지원대상자
나. 특성화고교 졸업(예정)자로서 아래 사항 모두 해당자
  1) 고등교육법 시행령 제29조 2항 제14호 나목에 따른 지원대상자
  2) 특성화고등학교에 설치된 학과가 본교 모집단위별 동일계열 인정 기준학과와 부합하는 자

(다) 전형방법

전형형태	1단계 선발인원	전형요소별 반영비율 및 반영점수						
		구분		1단계		2단계		
				서류 평가	계	1단계 성적	면접	계
단계별	300%	전형요소별 명목 반영비율		100%	100%	70%	30%	100%
		전형요소별 실질 반영비율		100%	100%	70%	30%	100%
		전형요소별 반영점수	최고점	1,000점	1,000점	700점	300점	1,000점
			최저점	0점	0점	0점	0점	0점

(라) 서류평가

1단계 서류평가 성적으로 모집단위별 모집인원의 3배수(300%)를 선발
가. 평가 항목: 자기주도성, 발전가능성, 전공잠재력, 학업능력, 공동체의식 및 협동능력
나. 평가 자료: 학교생활기록부(또는 대체서식)

(마) 면접

1단계 선발인원 중에서 모집단위별로 2단계 전형요소별 반영비율(배점)에 따른 전형총점의 성적순으로 모집인원의 100%를 선발
가. 평가 방법: 입학사정관 3명의 평가자가 출제 지문 없이 제출서류를 통한 질의응답(10분 내외)
나. 평가 내용: 제출서류(학교생활기록부(또는 대체서식))와 연계한 개별 확인 면접
다. 평가 항목: 자기주도성 및 도전정신, 전공적합성, 인성

(바) 제출서류: 학교생활기록부(또는 대체서식), 지원자격 증명서류 등

(사) 수능최저학력기준: 없음

(4) 농어촌학생전형(정원외)
(가) 모집인원: 100명[인문계 45명, 자연계 53명, 예체능계 2명]

(나) 지원자격(아래 사항 모두 해당자)

가. 국내 고등학교 졸업(예정)자 ※ 특수목적고등학교(과학고, 외국어고, 국제고, 예술고, 체육고) 졸업(예정)자는 지원할 수 없음 ※ 학력인정 평생교육시설, 각종학교, 방송통신고, 고등기술학교 등 관계 법령에 의한 학력인정 학교 또는 유사한 교육기관 등의 졸업(예정)자는 지원할 수 없음 ※ 검정고시, 국외 고등학교 졸업(예정)자는 지원할 수 없음 나. 지방자치법 제3조에 의한 읍·면 지역(광역시·도, 도·농 통합시의 관할구역 안에 두는 읍·면) 또는 도서·벽지교육진흥법시행규칙 제2조에 의한 도서·벽지 지역에 소재한 고등학교의 전교육과정을 이수(예정자 포함)하고 다음에 해당하는 자 <초·중·고등학교 12년 거주자> 초등학교 입학일(시작일)부터 고등학교 졸업일(졸업예정자 포함)까지 학생의 거주지 및 출신학교 소재지가 읍·면지역 또는 도서·벽지지역인 자 ※ 해당기간 동안 연속하여 재학한 경우에만 인정하며, 해당기간 중 자퇴편입학정원외 관리유예된 경우 지원할 수 없음 ※ 초등학교 시작일 당일 읍면 지역 또는 도서벽지지역이 아닌 지역에서 읍면 지역 또는 도서벽지 지역 소재 초등학교로 전편재입학 한 경우에도 지원할 수 없음 ※ 직권(또는 신고) 거주 불명 등록된 경우에는 농어촌 읍면지역 또는 도서벽지 지역에 거주한 것으로 인정하지 않음 ※ 행정구역은 초등학교·중학교·고등학교 각각 입학일(시작일) 당시의 행정구역 단위를 기준으로 하며, 각각의 입학일 (시작일) 이후 거주지 또는 학교 소재지의 행정구역이 해제 또는 동으로 개편된 경우에는 해당지역을 농어촌 읍면 지역 또는 도서벽지 지역으로 인정함. 단, 재학 중 행정구역 해제 또는 동으로 개편된 지역으로 주소지를 이전한 경우 농어촌 읍면지역 또는 도서 벽지지역으로 인정하지 않음

(다) 전형방법

전형형태	선발인원	전형요소별 반영비율 및 반영점수		서류평가	계
		구분		서류평가	계
일괄합산	100%	전형요소별 명목 반영비율		100%	100%
		전형요소별 실질 반영비율		100%	100%
		전형요소별 반영점수	최고점	1,000점	1,000점
			최저점	0점	0점

(라) 서류평가

1단계 서류평가 성적으로 모집단위별 모집인원의 100%를 선발 가. 평가 항목: 자기주도성, 발전가능성, 전공잠재력, 학업능력, 공동체의식 및 협동능력 나. 평가 자료: 학교생활기록부

(마) 면접: 없음

(바) 제출서류: 학교생활기록부, 지원자격 증명서류 등

(사) 수능최저학력기준: 없음

(5) 기회균형Ⅱ전형 (정원 외)
(가) 모집인원: 57명 [인문계 26명, 자연계 31명]

(나) 지원자격(아래 사항 모두 해당자)

가. 국내 고등학교 졸업(예정)자 또는 법령에 의하여 이와 동등 이상의 학력이 있다고 인정되는 자
나. 아래의 사항 중 하나의 자격을 갖춘 자
1) 기초생활수급자 : 국민기초생활보장법 제2조 제2호에 따른 수급자
2) 차상위계층 : 국민기초생활보장법 제2조 제10호에 따른 차상위계층 대상자
3) 한부모가족 지원대상자 : 한부모가족지원법 제5조 및 제5조의2에 따른 지원대상자

(다) 전형방법

전형형태	선발인원	전형요소별 반영비율 및 반영점수		서류평가	계
일괄합산	100%	전형요소별 명목 반영비율		100%	100%
		전형요소별 실질 반영비율		100%	100%
		전형요소별 반영점수	최고점	1,000점	1,000점
			최저점	0점	0점

(라) 서류평가

전형요소별 반영비율(배점)에 따라 전형총점의 성적 순으로 모집인원의 100%를 선발
가. 평가 항목: 자기주도성, 발전가능성, 전공잠재력, 학업능력, 공동체의식 및 협동능력
나. 평가 자료: 학교생활기록부(또는 대체서식)

(마) 면접: 없음

(바) 제출서류: 학교생활기록부(또는 대체서식), 지원자격 증명서류 등

(사) 수능최저학력기준: 없음

(6) 취업자전형

(가) 모집인원: 20명 [기업융합법학과(야간) 2명, 기업경영학부(야간) 18명]

(나) 지원자격(아래 사항 모두 해당자)

가. 국내 고등학교 졸업자 또는 법령에 의하여 이와 동등 이상의 학력이 인정되는 자(단, 국외고 졸업자 제외)
나. 본교가 인정하는 아래의 산업체 범위 내에서 원서접수 시작일 현재 통산 3년 이상 근무(영업) 경력이 있고, 근무(영업) 중인 자
※ 산업체 인정 범위
▶ 국가‧지방자치단체 및 공공단체
▶ 근로기준법 제11조에 의거 상시근로자 5인(사업주 포함)이상 사업체
▶ 4대 보험 중 1개 이상 가입 사업체(창업‧자영업자 포함)
- 4대 보험 가입 대상사업체가 아닌 산업체(농업, 수산업 등) 종사자는 국가 지방자치단체가 발급하는 공적증명서(농지원부 등) 확인을 통해 인정할 수 있음
-4대 보험 미가입 영세창업·자영업자는 사업자 등록증을 소지하고, 세금체납 사실이 없는 경우 지원 가능
다. 지원자격 세부사항
1) 원서접수 시작일을 기준으로 총 근무(영업) 기간이 통산 3년 이상이어야 함
▶ 근무(영업)기간이 중복된 경우 중복된 기간은 제외하고 산정함
▶ 영세창업·자영업자 중 휴업 등 비영업기간은 제외하고 산정함
2) 원서접수 시작일 현재 근무(영업) 중이어야 함
3) 근무기간은 본교에서 요청하는 지원자격 증명서류(국민연금가입증명서, 건강보험자격득실확인서, 사업자등록증명원 등)상에 기재되어 있는 기간임
4) 군 의무복무 경력은 근무(영업)기간에 포함됨
5) 2개 이상 산업체에서 근무(영업)한 경우 합산하여 통산 3년 이상이 되어야 함

(다) 전형방법

전형 형태	1단계 선발인원	전형요소별 반영비율 및 반영점수					
		구분	1단계		2단계		
			서류 평가	계	1단계 성적	면접	계
단계별	300%	전형요소별 명목 반영비율	100%	100%	70%	30%	100%
		전형요소별 실질 반영비율	100%	100%	70%	30%	100%
		전형요소별 반영점수 최고점	1,000점	1,000점	700점	300점	1,000점
		최저점	0점	0점	0점	0점	0점

(라) 서류평가

1단계 서류평가 성적으로 모집단위별 모집인원의 3배수(300%)를 선발
가. 평가 항목: 자기주도성, 발전가능성, 전공잠재력, 학업능력, 공동체의식 및 협동능력
나. 평가 자료: 학교생활기록부(또는 대체서식)

(마) 면접

1단계 선발인원 중에서 모집단위별로 2단계 전형요소별 반영비율(배점)에 따른 전형총점의 성적순으로 모집인원의 100%를 선발
가. 평가 방법: 입학사정관 3명의 평가자가 출제 지문 없이 제출서류를 통한 질의응답(10분 내외)
나. 평가 내용: 제출서류(학교생활기록부(또는 대체서식))와 연계한 개별 확인 면접
다. 평가 항목: 자기주도성 및 도전정신, 전공적합성, 인성

(바) 제출서류: 학교생활기록부(또는 대체서식), 지원자격 증명서류 등

(사) 수능최저학력기준: 없음

(7) 특성화고 등을 졸업한 재직자전형(정원 외)
(가) 모집인원: 156명 [기업융합법학과(야간) 46명, 기업경영학부(야간) 110명]

(나) 지원자격(아래 사항 모두 해당자)
① 특성화고등학교 등 졸업자

구분	자격요건
마이스터고	초중등교육법 시행령 제90조 제1항 제10호의 산업수요 맞춤형 고등학교
특성화고 등	초중등교육법 시행령 제91조 제1항에 따른 특성화고등학교 중 자연현장실습 등 체험위주의 교육을 전문으로 실시하는 고등학교를 제외한 학교
특성화고 교육과정 이수자	평생교육법 제31조 제2항에 따른 학력인정 평생교육시설 중 특성화고등학교 등에서 제공하는 것과 같은 교육과정을 운영하는 평생교육시설에서 해당교육과정을 이수한 자
	초중등교육법 시행령 제76조의3 제1호에 따른 일반고등학교에 설치된 학과 중 특성화고등학교에서 제공하는 것과 같은 교육과정으로 운영되는 학과
직업교육 훈련과정 이수자	초중등교육법 시행령 제76조의3 제1호에 따른 일반고등학교에 재학하는 동안 시도교육감이 직업교육훈련 촉진법에 따른 직업교육훈련기관 중 직업교육훈련위탁기관으로 선정한 기관에서 1년 이상의 직업교육훈련과정을 이수하고 해당 일반 고등학교를 졸업한 자

② 본교가 인정하는 아래의 산업체 범위 내에서 입학일(2024.03.01.) 기준으로 통산 3년 이상 근무(영업)하고 원서접수 시작일 현재 근무(영업) 중인 자

※ 산업체 인정 범위
▶ 국가 · 지방자치단체 및 공공단체
▶ 근로기준법 제11조에 의거 상시근로자 5인(사업주 포함)이상 사업체
▶ 4대 보험 중 1개 이상 가입 사업체(창업 · 자영업자 포함)
- 4대 보험 가입 대상사업체가 아닌 산업체(농업, 수산업 등) 종사자는 국가 · 지방자치단체가 발급하는 공적증명서(농지원부 등) 확인을 통해 인정할 수 있음

- 4대 보험 미가입 영세창업·자영업자는 사업자 등록증을 소지하고, 세금체납 사실이 없는 경우 지원 가능다. 지원자격 세부사항

1) 입학일(2023.04.01.)을 기준으로 총 근무(영업)기간이 통산 3년 이상(예정자 포함)이어야 함
  ‣ 입학일(2023.04.01.)을 기준으로 역산하며, 합격하고 등록한 자가 입학일(2024.03.01.) 기준으로 통산 근무(영업)기간이 3년 미만인 경우 합격(입학)을 취소함
  ‣ 근무(영업)기간이 중복된 경우 중복된 기간은 제외하고 산정함
  ‣ 영세창업·자영업자 중 휴업 등 비영업기간은 제외하고 산정함
2) 입학일(2023.03.01.) 및 원서접수 시작일 모두 근무(영업) 중이어야 함
  ‣ 합격하고 등록한 자가 입학일(2023.03.01.) 기준 휴직(휴업) 중일 경우 합격(입학)을 취소함
3) 근무기간은 본교에서 요청하는 지원자격 증명서류(국민연금가입증명서, 건강보험자격득실확인서, 사업자등록증명원 등)상에 기재되어 있는 기간임
4) 군 의무복무 경력은 근무(영업)기간에 포함됨
5) 2개 이상 산업체에서 근무(영업)한 경우 합산하여 통산 3년 이상이 되어야 함
6) 고등학교 졸업일 이전에 직장(자영업체)에서 근무(영업)한 기간도 재직기간으로 인정함
  ‣ 고등학교(평생교육시설) 재학기간 중 근무(영업)경력은 졸업(이수)하기 직전 학기만 인정

(다) 전형방법

전형형태	선발인원	전형요소별 반영비율 및 반영점수			
		구분		서류평가	계
일괄합산	100%	전형요소별 명목 반영비율		100%	100%
		전형요소별 실질 반영비율		100%	100%
		전형요소별 반영점수	최고점	1,000점	1,000점
			최저점	0점	0점

(라) 서류평가

전형요소별 반영비율(배점)에 따라 전형총점의 성적 순으로 모집인원의 100%를 선발
가. 평가 항목: 자기주도성, 발전가능성, 전공잠재력, 학업능력, 공동체의식 및 협동능력
나. 평가 자료: 학교생활기록부(또는 대체서식)

(마) 면접: 없음

(바) 제출서류: 학교생활기록부(또는 대체서식), 지원자격 증명서류 등

(사) 수능최저학력기준: 없음

더) 서울과기대[62]

(1) 지원 자격

전형명	지원 자격	인원
학교생활우수자전형	국내 정규 고등학교 졸업(예정)자 또는 법령에 따라 이와 동등 이상의 학력이 있다고 인정된 자로 학교생활에 충실한 자	407
창의융합인재전형	국내 정규 고등학교 졸업(예정)자 또는 법령에 따라 이와 동등 이상의 학력이 있다고 인정된 자로 창의적 융합사고를 바탕으로 첨단학문 분야에 관심과 역량을 갖춘 자	57
기회균형전형 (국가보훈대상자)	국내 정규 고등학교 졸업(예정)자 또는 법령에 따라 이와 동등 이상의 학력이 있다고 인정된 자로 다음에 해당하는 자 - 국가보훈기본법 제3조제2호에 따른 보훈대상자로서 국가보훈관계 법령에 따른 교육지원 대상자	19
기회균형전형 (기회균등)	국내 정규 고등학교 졸업(예정)자 또는 법령에 따라 이와 동등 이상의 학력이 있다고 인정되고, 다음에 해당하는 자 - 국민기초생활보장법 제2조제1호(수급권자), 제2호(수급자), 제10호 (차상위계층)에 의한 대상자, 한부모가족지원법 제5조 또는 제5조의2에 따른 지원대상자	86
기회균형전형 (평생학습자) ※ 미충원 인원 정시 선발	다음의 어느 하나에 해당하는 자 - 국내 정규 고등학교 졸업(예정자) 또는 이와 동등 이상의 학력이 있다고 인정된 자로서, 입학일(2024년 3월 1일) 기준 만 30세 이상인 자 - 고등교육법 시행령 제29조 제2항제14호'다'목에 해당되며 특성화고 등을 졸업한 후 본교가 인정하는 범위의 산업체에서 근무 경력이 3년 이상인 자(2024년 3월 1일 기준)	72
기회균형전형 (농어촌학생) ※ 미충원 인원 정시 선발	국내 정규 고등학교 졸업(예정)자로 다음에 해당하는 자 - 학교의 장이 정하는 농어촌 지역 또는 도서·벽지 교육진흥법 제2조에 따른 도서벽지의 학생 중 다음 하나에 해당하는 자 1) 유형(6년): 학생 본인이 농어촌 소재 학교에서 중학교 입학 시부터 고등학교 졸업 시까지 중고등학교 교육과정을 이수하고, 본인 및 부, 모 모두 농어촌 지역에 거주 2) 유형(12년): 학생 본인이 농어촌 소재 학교에서 초등학교 입학 시부터 고등학교 졸업 시까지 초중고등학교 교육과정을 이수하고 농어촌 지역에 거주	58
기회균형전형 (특성화고 등을 졸업한 재직자) ※ 미충원 인원 정시 선발	고등교육법 시행령 제29조제2항제14호'다'목에 해당되며 특성화고 등을 졸업한 후 본교가 인정하는 범위의 산업체에서 근무 경력이 3년 이상인 자(2024년 3월 1일 기준)	168
기회균형전형 (특수교육대상자) ※ 미충원 인원 정시 선발	국내 정규 고등학교 졸업(예정)자 또는 법령에 따라 이와 동등 이상의 학력이 있다고 인정된 자로 다음에 해당하는 자 - 장애인 복지법 제32조에 의하여 장애인으로 등록되어 있는 자 - 국가유공자 등 예우 및 지원에 관한 법률 제4조에 의한 상이등급자(국가보훈처 등록)	10

---

62) 2024 서울과기대 입학전형

(2) 전형요소 및 비율

1단계(3배수) : 서류 100 2단계 : 1단계 성적 70 + 면접 30 <1단계> o 서류 - 최저(0) 최고(1,000) 기본점수(0) <2단계> o 1단계 성적 - 최저(0) 최고(700) 기본점수(0) o 면접 - 최저(0) 최고(300) 기본점수(0)

(3) 주요 제출서류: 학교생활기록부

(4) 수능 최저학력기준: 없음

(5) 서류 및 면접 평가

서류평가	면접평가
학교생활기록부를 토대로 종합평가	복수의 면접위원이 지원자의 제출서류에 대한 확인, 지원 전공에 대한 기본 소양 등을 평가

러) 인하대학교[63]

(1) 인하미래인재

(가) 지원자격

고교 졸업학력 인정 고등학교 졸업(예정)자 또는 법령에 의하여 고등학교 졸업 이상의 학력이 있다고 인정된 자

고교구분에 따른 지원가능 여부						졸업생
일반고	자율고	특목고	특성화고	해외고	검정고시	
○	○	○	○	○	○	○

(나) 전형방법

1단계: 서류종합평가 100 (3.5배수 내외)/ 단, 의예과의 경우 3배수 내외 2단계: 1단계 성적 70 + 면접평가 30

(다) 수능최저학력기준: 미적용

---

63) 2024 인하대 입학전형

(라) **제출서류**: 학교생활기록부, 지원자격 증빙서류(해당자)

(마) **평가방법**

구분	전형방법
1단계	·제출서류(학교생활기록부 등)를 평가기준에 따라 정성적으로 종합평가하여 모집단위별 모집인원의 3.5배수 내외(단, 의예과의 경우 3배수 내외)를 전형총점 순으로 선발
2단계	·1단계 전형 합격자에 한하여 1단계 성적과 면접 점수를 합산하여 전형총점을 산출한 후, 모집단위별 모집인원을 초과하지 않는 범위 내에서 전형총점 순으로 선발 ·면접평가는 평가기준에 따라 면접위원이 제출서류를 바탕으로 개별면접 실시

(2) 고른기회

(가) 지원자격

고교 졸업학력 인정 고등학교 졸업(예정)자 또는 법령에 의하여 고등학교 졸업 이상의 학력이 있다고 인정된 자로서 아래에 해당하는 자

[국가보훈대상자]
- 「국가보훈기본법」 제3조제2호에 따른 국가보훈대상자로서 국가보훈관계법령에 따른 교육지원 대상자

고교구분에 따른 지원가능 여부						졸업생
일반고	자율고	특목고	특성화고	해외고	검정고시	
○	○	○	○	○	○	○

[국민기초생활보장수급자 및 차상위계층]
- 「국민기초생활보장법」 제2조 제1호(수급권자) 및 제2호(수급자)에 의한 대상자
- 「국민기초생활보장법」 제2조 제10호에 의한 차상위계층 중 복지급여를 받고 있는 가구의 학생
※ 차상위계층 대상자가 지원자 본인이 아닐 경우, 주민등록표(등본)상 차상위계층 대상자와 지원자가 함께 거주하고 있어야 함
- 「한부모가족지원법」 제5조 또는 제5조 2에 따른 지원 대상자 가구의 학생

[자립지원 대상 아동]
- 「아동복지법」 시행령 제38조 제2항 해당자

[북한이탈주민이나 제3국 출생 북한이탈주민 자녀]
- 「북한이탈주민법」 제2조제1호에 해당하는 북한이탈주민이나 제3국에서 출생한 북한이탈주민의 자녀

(나) **전형방법**: 일괄합산 (서류종합평가 100)

(다) **수능최저학력기준: 미적용**

(라) **제출서류**: 학교생활기록부, 지원자격 증빙서류

(마) 평가방법

구분	전형방법
일괄합산	제출서류(학교생활기록부 등)를 평가기준에 따라 정성적으로 종합평가하여 전형총점을 산출한 후, 모집단위별 모집인원을 초과하지 않는 범위 내에서 전형총점 순으로 선발

(3) 평생학습자

(가) 지원자격

고교 졸업학력 인정 고등학교 졸업(예정)자 또는 법령에 의하여 고등학교 졸업 이상의 학력이 있다고 인정된 자로서 2024년 3월 1일 기준 만 30세 이상인 자

고교구분에 따른 지원가능 여부						졸업생
일반고	자율고	특목고	특성화고	해외고	검정고시	
○	○	○	○	○	○	○

(나) **전형방법**: 일괄합산 (서류종합평가 100)

(다) **수능최저학력기준**: 미적용

(라) **제출서류**: 학교생활기록부, 지원자격 증빙서류

(마) 평가방법

구분	전형방법
일괄합산	제출서류(학교생활기록부 등)를 평가기준에 따라 정성적으로 종합평가하여 전형총점을 산출한 후, 모집단위별 모집인원을 초과하지 않는 범위 내에서 전형총점 순으로 선발

(4) 특성화고 등을 졸업한 재직자 전형
(가) 지원자격

산업체 근무경력이 2024년 3월 1일 기준으로 3년 이상인 재직자 (고등교육법시행령제29조
제2항제14호) 중 다음에 해당하는 자

1) 초중등교육법 시행령 제 76조의3제1호에 따른 일반고등학교에 재학하는 동안 시도교육감이
   직업교육훈련 촉진법에 따른 직업교육훈련기관 중 직업교육훈련위탁기관으로 선정한 기관
   에서 1년 이상의 직업교육훈련과정을 이수하고 해당 일반고등학교를 졸업한사람
2) 초중등교육법 시행령 제 90조제1항제10호에 따른 산업수요 맞춤형 고등학교를 졸업한 사람
3) 특성화고등학교 등을 졸업한 사람
※ 초중등교육법 시행령 제91조 제1항에 따른 특성화고등학교 중 자연현장실습 등 체험 위주
   의 교육을 전문으로 실시하는 고등학교를 제외한 학교
4) 평생교육법 제31조 제2항에 따른 학력인정 평생교육시설 중 특성화 고등학교 등에서 제공
   하는 것과 같은 교육과정을 운영하는 평생교육시설에서 해당 교육과정을 이수한 자

※ 군 의무복무 경력을 재직기간에 포함

고교구분에 따른 지원가능 여부						졸업생
일반고	자율고	특목고	특성화고	해외고	검정고시	
× *	×	× **	○	×	×	○

* 종합고의 특성화고 교육과정 이수자 지원 가능, 일반고 재학 중 직업교육과정 이수자 지원 가능
** 특목고 중 마이스터고 출신자 지원 가능

(나) **전형방법**: 일괄합산(서류종합평가 100)

(다) 수능최저학력기준: 미적용

(라) **제출서류**: 학교생활기록부, 지원자격 증빙서류

(마) 평가방법

구분	전형방법
일괄합산	제출서류(학교생활기록부 등)를 평가기준에 따라 정성적으로 종합평가하여 전형총점을 산출한 후, 모집단위별 모집인원을 초과하지 않는 범위 내에서 전형총점 순으로 선발

(5) 농어촌학생

(가) 지원자격

고교 졸업학력 인정 고등학교 졸업(예정)자로서 아래 지원자격 중 어느 하나에 해당하는 자

1) 유형(6년): 학생 본인이 농어촌 소재 학교에서 중학교 입학 시부터 고등학교 졸업 시까지 중고등학교 교육과정을 이수하고, 본인 및 부, 모 모두 농어촌 지역에 거주
2) 유형(12년): 학생 본인이 농어촌 소재 학교에서 초등학교 입학 시부터 고등학교 졸업 시까지 초중고등학교 교육과정을 이수하고 농어촌 지역에 거주한 자
※ 농어촌지역: 지방자치법 제3조에 정한 읍·면 또는 도서벽지 교육진흥법 제2조에 따른 도서벽지의 학생
※ 특수목적고등학교(과학고, 외국어고, 국제고, 예술고, 체육고, 마이스터고), 평생교육법에 따른 학력인정 평생교육시설, 검정고시, 비인가 대안학교 졸업(예정)자는 지원할 수 없음
※ 재학기간과 거주기간은 연속된 연수만을 인정함(학업 중단 후 재입학할 경우에도 거주기간은 중간 단절 없이 연속되어야 함)

고교구분에 따른 지원가능 여부						졸업생
일반고	자율고	특목고	특성화고	해외고	검정고시	
○	○	×	○	×	×	○

(나) **전형방법**: 일괄합산(서류종합평가 100)

(다) **수능최저학력기준: 미적용**

(라) **제출서류**: 학교생활기록부, 지원자격 증빙서류

(마) **평가방법**

구분	전형방법
일괄합산	제출서류(학교생활기록부 등)를 평가기준에 따라 정성적으로 종합평가하여 전형총점을 산출한 후, 모집단위별 모집인원을 초과하지 않는 범위 내에서 전형총점 순으로 선발

(6) 서해5도지역출신자

(가) 지원자격

서해 5도에 소재하는 일반 고등학교 졸업(예정)자 중 다음의 어느 하나에 해당하는 자로서 소속 학교장의 추천(계열 구분 없이 1개 고교별 2명 이내)을 받은 자
① 유형 Ⅰ(6년): 서해 5도에서 「민법 제909조에 따른 친권자」 또는 같은 법 제928조에 따른 후견인과 함께 거주하면서 서해 5도에 설립된 중학교 및 고등학교의 모든 교육과정을 이수한 자
② 유형 Ⅱ(12년): 서해 5도에 거주하면서 서해 5도에 설립된 초등학교·중학교 및 고등학교의 모든 교육과정을 이수한 자

※ 서해 5도: 인천광역시 옹진군에 속하는 백령도, 대청도, 소청도, 연평도, 소연평도와 인근 해역

※ 추천 인원: 고교별 계열 구분 없이 2명 이내

※ 관련 법규: 서해 5도 지원 특별법 시행령 제11조

고교구분에 따른 지원가능 여부						졸업생
일반고	자율고	특목고	특성화고	해외고	검정고시	
○	×	×	×	×	×	○

(나) **전형방법**: 일괄합산 (서류종합평가 100)

(다) 수능최저학력기준: 미적용

(라) **제출서류**: 학교생활기록부, 지원자격 증빙서류

(마) 평가방법

구분	전형방법
일괄합산	제출서류(학교생활기록부 등)를 평가기준에 따라 정성적으로 종합평가하여 전형총점을 산출한 후, 모집단위별 최대모집인원을 초과하지 않는 범위 내에서 계열별 모집인원(인문 2명, 자연 1명)을 전형총점 순으로 선발. 단, 한 계열에서 선발하지 못한 인원은 다른 계열에서 선발할 수 있음.

머) 숭실대학교[64]
  (1) SSU미래인재 전형
    (가) 모집인원: 618명

    (나) 지원자격

고등학교 졸업(예정)자 또는 관계 법령에 의하여 고등학교 졸업과 동등 이상의 학력이 있다고 인정된 자

    (다) 수능 최저학력기준: 없음

---

64) 2024 숭실대 입학전형

(라) 전형방법

① 전형요소 및 반영비율

구분		서류종합평가	면접평가	비고
1단계	명목/실질반영비율	100%	-	모집단위별 3배수 선발
	최고점/최저점	70점/0점	-	(1단계 동점자 전원 선발)
2단계	명목/실질반영비율	70%	30%	-
	최고점/최저점	70점/0점	30점/0점	

② 단계별 평가방법

구분	평가역량(요소)	평가자료	비고
서류종합평가	학업역량, 활동역량, 잠재역량	학교생활기록부	블라인드 평가
면접평가	전공적합성, 인성, 잠재력	서류기반 면접(블라인드)	10분 내외

※ 제출서류: 학교생활기록부, 활동증빙서류(해당자에 한함)

※ 자기소개서 폐지

※ 블라인드 처리정보: 지원자 성명, 수험번호, 출신 고등학교명, 부모(친인척 포함)의 직업 정보 등

(2) SW우수자전형

(가) 모집인원: 21명

(나) 지원자격

고등학교 졸업(예정)자 또는 관계 법령에 의하여 고등학교 졸업과 동등 이상의 학력이 있다고 인정된 자

(다) 수능최저학력기준: 없음

(라) 전형방법

① 전형요소 및 반영비율: 상동
② 단계별 평가방법: 상동

(3) 기회균형 전형

(가) 모집인원: 137명

(나) 지원자격

고등학교 졸업(예정)자 또는 관계 법령에 의하여 고등학교 졸업과 동등 이상의 학력이 있다고 인정된 자로서 아래 각 항 중 하나에 해당하는 자

구분	내용	비고
국가보훈	국가보훈기본법 제3조 제2호에 따른 국가보훈 대상자로	국가보훈처에서 발행

대상자	서 국가보훈 관계 법령에 따른 교육지원 대상자	하는 '대학입학특별 전형대상자 증명서' 발급이 가능한 자
농어촌학생	- 유형1 (6년): 학생 본인이 농어촌지역에 소재한 학교에서 중학교 입학일부터 고등학교 졸업일까지 전 교육과정을 이수하고 같은 기간 동안 부·모·학생(본인) 모두가 농어촌 지역에 거주한 자 - 유형2 (12년): 학생 본인이 농어촌지역에 소재한 학교에서 초·중·고 전 교육과정을 이수하고, 같은 기간 동안 본인이 농어촌 지역에 거주(초등학교 입학일부터 고등학교 졸업일까지)한 자	-
서해5도 학생	- 유형1 (6년): 서해5도에서 「민법」 제909조에 따른 친권자 또는 같은 법 제928조에 따른 후견인과 함께 거주하면서 서해5도에 설립된 중학교 및 고등학교의 모든 교육과정을 이수한 자 - 유형2 (12년): 서해5도에 거주하면서 서해5도에 설립된 초등학교·중학교 및 고등학교의 모든 교육과정을 이수한 자	-
특성화고교 졸업자	초·중등교육법 시행령 제91조 제1항에 따른 특성화고등학교(자연현장실습 등 체험 위주의 교육을 전문으로 실시하는 고등학교 제외)의 교육과정을 이수한 졸업(예정)자로서, 아래의 사항 중 하나에 해당하는 자 - 지원 모집단위에 해당하는 특성화고교 동일계열 기준 학과를 이수한 자 - 지원 모집단위에 해당하는 특성화고교 동일계열 기준 학과를 이수하지 않았으나, 특성화고등학교에서 지원 모집단위와 관련된 전문교과를 30단위 이상 이수한 자	특성화고 전공에 따라 지원 가능한 모집단위 및 동일계열 인정교과목은 추후 모집요강 참고
기초생활 수급자 및 차상위계층	- 국민기초생활보장법 제2조 제1호, 제2호에 따른 수급(권)자 - 국민기초생활보장법 제2조 제10호에 따른 차상위계층 - 한부모가족지원법 제5조 및 제5조의2에 따른 지원대상자	-

(다) 수능 최저학력기준: 없음

(라) 전형방법
　① 전형요소 및 반영비율: 상동
　② 단계별 평가방법: 상동

(4) 특수교육대상자 전형
(가) 모집인원: 35명

(나) 지원자격

고등학교 졸업(예정)자 또는 관계 법령에 의하여 고등학교 졸업과 동등 이상의 학력이 있다고 인정된 자로서 다음 중 어느 하나에 해당하는 자
- 장애인복지법 제32조에 의하여 장애인 등록이 되어 있는 자(장애 정도와 무관)
- 국가유공자등예우및지원에관한법률 제4조 제1항에 의한 상이등급자(국가보훈처 등록)

(다) 수능 최저학력기준: 없음

(라) 전형방법
　　① 전형요소 및 반영비율: 상동
　　② 단계별 평가방법: 상동

(5) 특성화고등을졸업한재직자 전형
　(가) 모집인원: 153명

(나) 지원자격

다음의 어느 하나에 해당하는 사람으로서 2024년 3월 1일 기준으로 산업체 근무경력이 3년 이상인 재직자 (고등교육법시행령 제29조 제2항 제14호)
- 초·중등교육법 시행령 제76조의3 제1호에 따른 일반고등학교에 재학하는 동안 시도교육감이 직업교육훈련촉진법에 따른 직업교육훈련기관 중 직업교육훈련위탁기관으로 선정한 기관에서 1년 이상의 직업교육훈련과정을 이수하고 해당 일반 고등학교를 졸업한 자
- 초·중등교육법 시행령 제90조 제1항 제10호에 따른 산업수요맞춤형 고등학교를 졸업한 자
- 특성화고등학교 등을 졸업한 자
- 평생교육법 제31조 제2항에 따른 학력인정 평생교육시설 중 특성화고등학교 등에서 제공하는 것과 같은 교육과정을 운영하는 평생교육시설에서 해당 교육과정을 이수한 자

(다) 수능 최저학력기준: 없음

(라) 전형방법
　　① 전형요소 및 반영비율

구분	서류종합평가	면접평가
명목/실질반영비율	100%	-
최고점/최저점	70점/0점	

　　② 단계별 평가방법

구분	평가역량(요소)	평가자료	비고
서류종합평가	학업역량, 활동역량, 잠재역량	학교생활기록부	블라인드 평가

※ 제출서류: 학교생활기록부, 지원자격 서류　　※ 자기소개서 폐지
※ 블라인드 처리정보: 지원자 성명, 수험번호, 출신 고등학교명, 부모(친인척 포함)의 직업 정보

버) 명지대학교[65]

(1) 명지인재면접전형

(가) 모집인원

전형명	인문캠퍼스(서울)	자연캠퍼스(용인)	계
학생부교과(명지인재면접전형)	184명	192명	376명

(나) 지원자격

고등학교 졸업(예정)자 또는 법령에 의하여 고등학교 졸업학력과 동등이상의 학력이 있다고 인정된 자

(다) 전형요소 및 반영비율

구분		학생부(교과)	면접	비고
1단계	비율	100%	-	4배수 선발
	최고점/최저점	1,000점/0점		
2단계	비율	70%	30%	
	최고점/최저점	700점/0점	300점/0점	

- 수능 최저학력기준: 없음

(라) 평가방법

구분	내용
서류평가	- 평가요소: 인성, 전공적합성, 발전가능성 - 평가방법: 학교생활기록부를 기반으로 평가요소에 따라 종합적으로 평가
면접평가	- 평가요소: 인성, 전공적합성, 의사소통능력 - 면접방법: 2명의 면접위원과 1명의 수험생 간 약 10~15분간 개별 면접

(2) 명지인재서류전형

(가) 모집인원

전형명	인문캠퍼스(서울)	자연캠퍼스(용인)	계
학생부교과(특성화고교전형)	141명	110명	251명

(나) 지원자격

고등학교 졸업(예정)자 또는 법령에 의하여 고등학교 졸업학력과 동등이상의 학력이 있다고 인정된 자

---

65) 2024 명지대 입학전형

(다) 전형요소 및 반영비율

구분		학생부(교과)	비고
일괄합산	비율	100%	
	최고점/최저점	1,000점/0점	

- 수능 최저학력기준: 없음

(라) 평가방법

구분	내용
서류평가	- 평가요소: 인성, 전공적합성, 발전가능성
	- 평가방법: 학교생활기록부를 기반으로 평가요소에 따라 종합적으로 평가

(3) 크리스천리더

(가) 모집인원

전형명	인문캠퍼스(서울)	자연캠퍼스(용인)	계
학생부교과(특성화고교전형)	26명	26명	52명

(나) 지원자격

- 고등학교 졸업(예정)자 또는 법령에 의하여 고등학교 졸업학력과 동등이상의 학력이 있다고 인정된 자
- 위에 해당되면서 아래에 해당하는 자
  : 한국기독교교회협의회 (NCCK), 한국기독교총연합회(CKK), 독립교회연합회(KAICAM), 한국교회연합(CCIK), 한국장로교총연합회(CPCK) 회원교단의 목회자가 확인한 자
  *단, 위에 해당되지 않는 교단 범위는 지원자격 심사를 통해 적격 여부를 확인함

(다) 전형요소 및 반영비율

구분		학생부(교과)	면접	비고
1단계	비율	100%	-	4배수 선발
	최고점/최저점	1,000점/0점		
2단계	비율	70%	30%	
	최고점/최저점	700점/0점	300점/0점	

- 수능 최저학력기준: 없음

(라) 평가방법

구분	내용
서류평가	- 평가요소: 인성, 전공적합성, 발전가능성
	- 평가방법: 학교생활기록부를 기반으로 평가요소에 따라 종합적으로 평가
면접평가	- 평가요소: 인성, 전공적합성, 의사소통능력
	- 면접방법: 2명의 면접위원과 1명의 수험생 간 약 10~15분간 개별 면접

(4) 사회적배려대상자
(가) 모집인원

전형명	인문캠퍼스(서울)	자연캠퍼스(용인)	계
학생부교과(특성화고교전형)	19명	16명	35명

(나) 지원자격

- 고등학교 졸업(예정)자 또는 법령에 의하여 고등학교 졸업학력과 동등이상의 학력이 있다고 인정된 자
- 위에 해당되면서 아래 중 하나에 해당되는 자
1. 15년 이상 재직 중(원서접수 마가일 기준)인 직업군인, 경찰, 소방, 교정공무원의 자녀
2. 다자녀(3자녀 이상) 가정의 자녀
3. 제3국 출생 북한이탈주민 가정의 자녀
4. 다문화 가정의 자녀
5. 의사상자 및 그의 자녀

(다) 전형요소 및 반영비율

구분		학생부(교과)	비고
일괄합산	비율	100%	
	최고점/최저점	1,000점/0점	

- 수능 최저학력기준: 없음

(라) 평가방법

구분	내용
서류평가	- 평가요소: 인성, 학업역량, 전공적합성, 발전가능성
	- 평가방법: 학교생활기록부 및 자기소개서를 기반으로 평가요소에 따라 종합적으로 평가

(5) 농어촌학생
(가) 모집인원

전형명	인문캠퍼스(서울)	자연캠퍼스(용인)	계
학생부교과(특성화고교전형)	69명	32명	101명

(나) 지원자격

▶ 고등학교 졸업(예정)자로서 아래 유형 중 하나에 해당되는 자
[유형1] 「지방자치법」 제3조에 따른 읍 . 면 지역 또는 「도서 . 벽지 교육진흥법 시행규칙」 제2조에 따른 도서 . 벽지에 소재하는 중 . 고 전 교육과정을 연속으로 이수하고, 이수기간 동안 본인 및 부모가 농어촌지역 또는 도서 . 벽지에 거주한 자
[유형2] 「지방자치법」 제3조에 따른 읍 . 면 지역 또는 「도서 . 벽지 교육진흥법 시행규칙」

제2조에 따른 도서 . 벽지에 소재하는 초 . 중 . 고 전 교육과정을 연속으로 이수하고, 이수기간 동안 본인이 농어촌지역 또는 도서·벽지에 거주한 자

✔**지원불가 대상**: 검정고시 합격자 및 특수목적고(과학고, 외국어고, 국제고, 예술고, 체육고, 마이스터고) 출신자

(다) 전형요소 및 반영비율

구분		학생부(교과)	비고
일괄합산	비율	100%	
	최고점/최저점	1,000점/0점	

- 수능 최저학력기준: 없음

(라) 평가방법

구분	내용
서류평가	- 평가요소: 인성, 학업역량, 전공적합성, 발전가능성 - 평가방법: 학교생활기록부 및 자기소개서를 기반으로 평가요소에 따라 종합적으로 평가

서) 경기대학교[66)]

전형명	수원캠퍼스 모집인원(명)	서울캠퍼스 모집인원(명)
KGU학생부종합전형	644	68
SW우수자전형	15	0
기회균형선발전형	174	29
사회배려대상자	35	5
특수교육대상자 (정원 외)	4	0

※ *수능최저학력기준 미적용*

(1) KGU학생부종합
(가) 지원자격

국내외 고등학교 졸업(예정)자

(나) 전형요소

[1단계]서류평가 100%(3배수 내외) [2단계] 1단계 성적 70%+면접고사 30%

---

66) 2024 경기대 입학전형

(2) SW우수자전형
(가) 지원자격

국내외 고등학교 졸업(예정)자로 소프트웨어 분야에 관심과 활동이 있는 자

(나) 전형요소

[1단계]서류평가 100%(3배수 내외) [2단계] 1단계 성적 70%+면접고사 30%

(3) 기회균형선발전형
(가) 지원자격

국내외 고등학교 졸업(예정)자로 아래의 기준 중 하나에 해당하는 자
단, 3번 지원자격(기회균형선발)에 해당하는 자는 고등학교 졸업(예정)자 또는 법령에 의하여 곧으학교 졸업학력과 동등 이상의 학력이 있다고 인정되는 자도 지원 가능
1. 국가보훈대상자:「국가보훈 기본법」 제3조제2호에 따른 '국가보훈대상자'로서 국가보훈 관계 법령에 따른 교육지원 대상자로 보훈(지)청장이 발행하는 '대학입학특별전형대상자 증명서' 발급대상자
2. 농어촌학생

구분		내용
유형 I	6년 과정 이수자 (부·모·지원자)	지방자치법 제3조에 따른 읍·면 또는 도서·벽지 교육진흥법 제2조에 따른 도서·벽지에 소재하는 학교에서 **중학교 입학 시부터 고등학교 졸업 시까지 6년 전 교육과정을 이수**하는 기간 동안 본인 및 부·모 모두 읍·면 또는 도서·벽지에 거주하고 출신 고등학교장의 확인을 받은 자
유형 II	12년과정 이수자 (지원자)	지방자치법 제3조에 따른 읍·면 또는 도서·벽지 교육진흥법 제2조에 따른 도서·벽지에 소재하는 학교에서 **초·중·고등학교 12년 전 교육과정을 이수**한 자 중 자격 해당 기간 동안 본인이 읍·면 또는 도서·벽지에 거주하고 출신 고등학교장의 확인을 받은 자

- 2개 이상의 학교에 재학한 경우에는 해당 학교 모두가 읍·면 또는 도서·벽지 소재 학교이어야 함
- 중·고등학교 재학 중 행정구역 개편으로 시(구·동) 지역으로 편입된 지역은 읍·면 또는 도서·벽지로 간주함 [단, 행정구역 개편 후 부·모·본인 중 1명이라도 자격요건에 해당하는 기간 중 읍·면 또는 도서·벽지가 아닌 지역으로 1일이라도 거주지를 변경한 경우에는 해당되지 않음]
- 부모와 학생의 거주지 또는 거주지와 학교 소재지가 동일한 읍·면 또는 도서·벽지가 아니라도 가능함
- 초·중등교육법시행령 제90조의 특수목적고, 특성화고(일반고일 전문계학과 출신자 포함), 대안학교(인가, 비인가), 국외고, 검정고시, 학력인정 평생교육시설 출신자는 지원할 수 없음
- 고교 졸업예정자가 최종 합격할 경우 재학 고등학교의 졸업일까지 지원자격(농어촌 지역 거주 및 농어촌 지역 고교 재학)을 유지해야 하며, 자격을 유지하지 않을 경우 합격이 취소될 수 있음
3. 기초생활수급자, 차상위계층, 한부모가족 지원대상자: 아래의 기준 중 하나에 해당하는 자
- 국민기초생활보장법 제2조 제1호의 '수급권자', 제2호의 '수급자',
- 국민기초생활보장법 제2조 제10호에 따른 '차상위계층',
- 한부모가족지원법 제5조 및 제5조의 2에 따른 '지원대상자'
(본인 기준 자격증명서 발급이 어려운 차상위 가구의 학생에 해당하는 경우, 자격에 따른 증명서 외 주민등록등본 1부 및 가족관계증명서 1부(부 또는 모 기준) 등을 추가 제출)
4.「서해 5도 지원 특별법」 제15조 및 「서해 5도 지원 특별법 시행령」 제11조에 따른 서

해 5도 주민의 자녀 5. 「아동복지법 시행령」 제38조제2항 해당자 6. 「북한이탈주민법」 제2조제1호에 해당하는 북한이탈주민이나 제3국에서 출생한 북한이 　탈주민의 자녀	

(나) 전형요소: 서류평가 100%

(4) 사회배려대상자전형
(가) 지원자격

- 국내 고등학교 졸업(예정)자로 아래의 기준 중 하나에 해당하는 자 1. 대한민국 국적자로서 결혼 전 외국 국적이었던 친부(모)와 대한민국 국적인 친모(부)로 이루어진 가정의 자녀 2. 15년 이상 장기 근무한 군인·경찰·소방·교정(보호)공무원의 자녀 - 군무원 및 청원경찰 제외 / 재직기간은 2023.08.31.을 기준으로 함 3. 의사상자 등 예우 및 지원에 관한 법률 제2조 제2항~제3항에 해당하는 자 및 자녀 (의사상자 : 직무 외의 행위로 타인의 급박한 위해를 구제하려다가 사망하거나 부상하여 보건복지부 장관이 의사자 또는 의상자로 인정한 사람) 4. 다자녀(3자녀 이상) 가정의 자녀

(나) 전형요소: 서류평가 100%

(5) 특수교육대상자전형 (정원 외)
(가) 지원자격

고등학교 졸업(예정)자 또는 법령에 의하여 고등학교 졸업학력과 동등 이상의 학력이 있다고 인정되는 자로서 아래의 기준 중 하나를 만족하는 자 1. 장애인복지법 제32조에 의하여 장애인 등록을 필한 자 2. 기타 장애인복지법에 이중등록 되지 않은 국가보훈 관계 법령*에 의한 　상이등급자(국가보훈대상자) * 국가유공자 등 예우 및 지원에 관한 법률, 특수임무유공자 등 예우 및 단체설립에 관한 법률, 보훈보상대상자 지원에 관한 법률 등

(나) 전형요소

전형요소	[1단계]서류평가 100%(3배수 내외) [2단계] 1단계 성적 70%+면접고사 30%

어) 인천대학교[67]

전형명	정원 내	정원 외	총계	수능최저
자기추천전형	686	-	686	
기회균형전형	109	-	109	
사회통합전형	54	-	54	X
서해5도출신자전형	-	6	6	
특수교육대상자전형	-	47	47	

(1) 자기추천전형
(가) 지원자격

고등학교 졸업(예정)자 또는 관계 법령에 의하여 고등학교 졸업자와 동등 이상의 학력이 인정된 자로 지원학과(부)에 대한 관심과 잠재역량을 갖춘 자

(나) 모집인원: 686명

(다) 전형방법

유형	구분	서류평가	면접고사	계
학생부종합	1단계(3배수) *사범대학 4배수	100% (350점)	-	100%(350점)
	2단계	70%(350점)	30%(150점)	100%(500점)

(라) 제출서류: 학교생활기록부, 지원자격 증빙서류

(2) 기회균형전형
(가) 지원 자격

구분	지 원 자 격
국가보훈 대상자	고등학교 졸업(예정)자 또는 관계 법령에 의하여 고등학교 졸업자와 동등 이상의 학력이 있다고 인정된 자로서 서접수 마감일 기준으로「국가보훈 기본법」제3조 제2호의 '국가보훈대상자'로서 국가보훈관계 법령에 따른 교육지원 대상자에 해당하는 자 ※ 교육지원 대상자 ① 독립유공자의 자녀 및 (외)손자녀 ② 국가유공자 및 그 자녀(단, 참전유공자 제외) ③ 6·18 자유상이자 및 그 자녀 ④ 지원 순직·공상 군경(공무원) 및 자녀 ⑤ 고엽제후유의증환자(수당지급대상자) 및 그 자녀 ⑥ 5·18 민주유공자 및 그 자녀 ⑦ 특수임무유공자 및 그 자녀 ⑧ 보훈보상대상자 및 그 자녀
기초생활 수급자 또는	고등학교 졸업(예정)자 또는 관계 법령에 의하여 고등학교 졸업자와 동등 이상의 학력이 있다고 인정된 자로서 원서접수 마감일 기준으로 아래 지원자격(①

차상위 계층	~③) 중 하나에 해당하는 자 ① 「국민기초생활보장법」 제2조 제1호 및 2호에 따른 수급(권)자 ② 「국민기초생활보장법」 제2조 제10호에 따른 차상위계층 ③ 「한부모가족지원법」 제5조 및 제5조의2에 따른 지원대상자
농어촌 학생	국내 고등학교 졸업(예정)자로서 아래의 <유형1>과 <유형2> 중 하나에 해당하는 자 <유형1> 학생 본인이 중학교 입학 시부터 고등학교 졸업 시 까지 농어촌(읍·면) 소재 중·고등학교에서 전 교육과정을 이수하고 같은 기간 본인 및 부모 모두가 농어촌(읍·면) 지역에 거주한 자 <유형2> 학생 본인이 초등학교 입학 시부터 고등학교 졸업 시 까지 농어촌(읍· 면)소재 초·중·고등학교에서 전 교육과정을 이수하고 같은 기간 본인이 농어촌 (읍·면) 지역에 거주한 자 ※ "도서·벽지 교육진흥법" 제2조에 따른 도서·벽지로 지정된 '동' 지역은 농어 촌지역으로 인정함 ※ 제외대상 : 특수목적고 출신자 또는 검정고시 합격자

(나) 모집인원: 109명

(다) 전형방법

유형	구분	서류평가	계
학생부종합	일괄사정	100%(350점)	100%(350점)

(라) 제출서류: 학교생활기록부, 지원자격 증빙서류

(3) 사회통합전형

    (가) 지원 자격

- 고등학교 졸업(예정)자 또는 관계 법령에 의하여 고등학교 졸업자와 동등 이상의 학력이
있다고 인정된 자로서 원서접수 마감일 기준으로 아래 지원자격 중 하나에 해당하는 자
가) 백혈병, 소아암 병력자
나) 직업군인, 경찰직, 소방직, 교정직으로 15년 이상 재직 중인 자의 자녀
다) 집배원, 환경미화원(지자체 상용직)으로 10년 이상 재직 중인 자의 자녀
라) 다문화가정의 자녀 : 외국국적인(이었던) 친모(친부)와, 국적이 대한민국인 친부(친모)
사이에 출생한 대한민국 국적자
마) 다자녀(3자녀 이상) 가정의 자녀
바) 장애인 부모의 자녀 : 부모 중 1인 이상이 「장애인복지법」 제32조에 의하여
장애인(장애정도:심한) 등록을 필한 자의 자녀

    (나) 모집인원: 54명

(다) 전형방법

유형	구분	서류평가	계
학생부종합	일괄사정	100%(350점)	100%(350점)

(라) 제출서류: 학교생활기록부, 지원자격 증빙서류

(4) 특수교육대상자전형 - 정원 외
(가) 지원자격

국내 고등학교 졸업(예정)자 또는 관계법령에 의하여 고등학교 졸업자와 동등 이상의 학력
이 있다고 인정된 자로서 아래 항목 중 하나에 해당하는 자
가) 장애인 복지법 제32조에 의하여 장애인 등록이 되어 있는 자
나) 장애인 복지법에 이중등록 되지 않은 국가유공자 등 예우 및 지원에 관한 법률 제4조
등에 의한 상이 등급자(국가보훈처 등록)

(나) 모집인원: 47명

(다) 전형방법

유형	구분	서류평가	면접고사	계
학생부종합	1단계 (3배수)	100%(350점)	-	100%(350점)
	2단계	70%(350점)	30%(150점)	100%(500점)

(라) 제출서류: 학교생활기록부, 지원자격 증빙서류

(5) 서해5도출신자전형 - 정원 외
(가) 지원자격

국내 고등학교 졸업(예정)자로서 아래 항목 중 하나에 해당하는 자
가) 서해5도에서 민법 제909조에 따른 친권자 또는 같은 법 제928조에 따른 후견인과 함께 거주하면서 서
해5도에 설립된 중학교 및 고등학교의 모든 교육과정을 이수한 학생
나) 서해5도에 거주하면서 서해5도에 설립된 초등학교, 중학교 및 고등학교의 모든 교육과정을 이수한 학생

(나) 모집인원: 6명

(다) 전형방법

유형	구분	서류평가	계
학생부종합	일괄사정	100%(350점)	100%(350점)

(라) 제출서류: 학교생활기록부, 지원자격 증빙서류

저) 세종대학교[68]

전형 및 모집단위	인원
세종창의인재 전형 (면접형)	330명
세종창의인재 전형 (서류형)	131명
기회균형	95명
사회기여 및 배려자	30명
서해5도 학생 (정원 외)	3명
특성화고교졸 재직자 특별전형 (정원 내/외)	2 (117)명
국방시스템공학 특별전형 (정원 외)	32명

※ 수능최저학력기준 **없음**

(1) 학생부종합: 창의인재 전형 (면접형)
(가) 지원자격

고등학교 졸업(예정)자 및 법령에 의하여 이와 동등 이상의 학력이 인정된 자

(나) 전형요소 및 반영비율

모집단위	사정방법	전형요소
인문계열	1단계	서류평가 100% [3배수]
자연계열	2단계	1단계 성적 70% + 면접고사 30%

(다) 서류평가 및 면접고사

전형요소	비고
서류평가	학교생활기록부(교과+비교과)에 대한 평가영역별(학업역량, 전공적합성, 창의성 및 발전가능성, 인성) 정량·정성 평가에 기초한 종합평가
면접고사	지원자의 전공적합성, 발전가능성, 의사소통능력 및 인성을 평가 다수의 면접위원이 지원자 1인에 대하여 면접을 진행함 (면접시간:9분 내외)

※ 제출 서류의 공정성 확보를 위해 대입전형 서류 검증, 블라인드 면접 등을 시행하고 있음

(2) 학생부종합: 창의인재 전형 (서류형)
(가) 지원자격

고등학교 졸업(예정)자 및 법령에 의하여 이와 동등 이상의 학력이 인정된 자

(나) 전형요소 및 반영비율

모집단위	전형요소
인문계열, 자연계열	서류평가 100%

---

68) 2024 세종대 입학전형

(다) 서류평가 및 면접고사

전형요소	비고
서류평가	학교생활기록부(교과+비교과)에 대한 평가영역별(학업역량, 전공적합성, 창의성 및 발전가능성, 인성) 정량·정성 평가에 기초한 종합평가

※ 제출서류의 공정성 확보를 위해 대입전형 서류 검증, 블라인드 면접 등을 시행하고 있음

(3) 학생부종합: 사회기여 및 배려자 전형
(가) 지원자격

고등학교 졸업(예정)자 및 법령에 의하여 이와 동등 이상의 학력이 인정된 자로서, 원서접수 시작 일 기준으로 다음 중 하나에 해당하는 자
가. 직업군인, 경찰, 소방공무원으로 20년 이상 근무한 자의 자녀
나. 다자녀(3자녀 이상) 가정의 자녀
다. 다문화가정의 자녀 : 결혼 전에 외국국적이었던 친부(친모)와 대한민국 국적인 친모(친부) 사이에 출생한 대한민국 국적자
라. 장애인부모의 자녀 : 부모 중 1인 이상이 장애인복지법 제32조에 의하여 장애인 등록을 필한 장애등급 1~3등급인 자의 자녀

(나) 전형요소 및 반영비율

모집단위	전형요소
인문계열, 자연계열	서류평가 100%

(다) 서류평가 및 면접고사

전형요소	비고
서류평가	학교생활기록부(교과+비교과)에 대한 평가영역별(학업역량, 전공적합성, 창의성 및 발전가능성, 인성) 정량·정성 평가에 기초한 종합평가

※ 제출서류의 공정성 확보를 위해 대입전형 서류 검증, 블라인드 면접 등을 시행하고 있음

(4) 학생부종합: 기회균형전형
(가) 지원자격

고등학교 졸업(예정)자 및 법령에 의하여 이와 동등 이상의 학력이 인정된 자로서, 원서접수 시작일 기준으로 다음 중 하나에 해당하는 자

가. 국가보훈대상자
고등학교 졸업(예정)자 또는 관계 법령에 의하여 고등학교 졸업과 동등 이상의 학력이 있다고 인정되는 자로서 아래에 해당하는 자
- 「국가보훈기본법」 제3조 제2호에 따른 국가보훈 대상자로서 국가보훈관계 법령에 따른 교육지원 대상자

나. 기초생활수급(권)자, 차상위계층, 한부모가족 지원대상자

고등학교 졸업(예정)자 또는 관계 법령에 의하여 고등학교 졸업과 동등 이상의 학력이 있다고 인정되는 자로서 다음의 어느 하나에 해당하는 자
- 국민기초생활보장법 제2조 제1호, 제2호에 따른 수급(권)자
- 국민기초생활보장법 제2조 제10호에 따른 차상위계층
- 한부모가족지원법 제5조 및 제5조의2에 따른 지원 대상자

다. 농어촌학생

국내 고등학교 졸업(예정)자로서 아래 지원자격 중 어느 하나에 해당하고, 출신 고등학교장의 확인을 받은 자
- **유형 1 (6년)** : 학생 본인이 농어촌지역에 소재한 학교에서 중학교 입학 시부터 고등학교 졸업 시까지 전 교육과정을 이수하고 같은 기간 부·모·학생(본인) 모두가 농어촌 지역에 거주한 자
- **유형 2 (12년)** : 학생 본인이 농어촌지역에 소재한 학교에서 초·중·고 전 교육과정을 이수하고, 같은 기간 본인이 농어촌 지역에 거주(초등학교 입학 시부터 고등학교 졸업 시까지)한 자
※ 농어촌지역: 지방자치법 제 3조에 따른 읍·면 지역 및 도서벽지 교육진흥법 제2조에 따른 도서벽지 지역
※ 특수목적고등학교(과학고, 외국어고, 국제고, 예술고, 체육고, 마이스터고), 평생교육법에 따른 학력인정 평생교육시설, 검정고시, 비인가 대안학교 졸업(예정)자는 지원할 수 없음
※ 고교 유형은 고등학교 입학일 기준이며, 농어촌 지역 거주 개시일은 해당 학년도 개시일인 3월 2일임
※ 재학기간과 거주기간은 연속된 연수만을 인정함 (학업중단 후 재입학할 경우에도 거주기간은 중간 단절 없이 연속되어야 함)
※ 고등학교(초등학교, 중학교) 재학 기간 중 행정구역 개편 등으로 읍·면 지역이 동으로 변경 또는 도서·벽지 지역이 해제된 경우에는 재학기간 동안 해당 지역을 읍·면 또는 도서·벽지 지역으로 인정
※ 유형 1(6년) 지원자격에 해당하는 기간 중 학생과 부모의 거주는 각각의 주민등록상 거주기록과 일치해야 함
※ 유형 1(6년) 지원자격에 해당하는 기간 중 부모가 이혼한 경우 친권이 있는 부 또는 모를 부모로 인정하며, 이혼 전 부모의 주소지와 이혼 후의 주민등록상 지원자 본인의 친권이 있는 부·모의 주소지가 농어촌 지역이어야 함 (단, 친권자과 양육권자가 상이한 경우에는 양육권(자녀교육권)을 가진 자를 부모로 간주함)

라. 특성화고교 졸업자

초·중등교육법 시행령 제91조 제1항에 따른 특성화고등학교(중 자연현장실습 등 체험 위주의 교육을 전문으로 실시하는 고등학교 제외)의 교육과정을 이수한 졸업(예정)자로서, 아래의 사항 중 하나에 해당하는 자
- 지원 모집단위에 해당하는 특성화고교 동일계열 기준학과를 이수한 자
- 지원 모집단위에 해당하는 특성화고교 동일계열 기준학과를 이수하지 않았으나, 특성화고등학교에서 지원 모집단위와 관련된 전문교과를 30단위 이상 이수한 자로 출신학교장이 지원모집단위와 동일계열 교과과정 을 이수했다고 인정한 자
※ 특성화고등학교는 특성화고 및 특성화고와 같은 교육과정을 운영하는 일반고(종합고 포함)를 의미함
※ 마이스터고등학교, 평생교육법에 따른 학력인정 평생교육시설 졸업(예정)자는 지원할 수 없음

마. 만학도 전형

2024. 3. 1. 기준 만30세 이상인 자

바. 북한이탈주민

고등학교 졸업(예정)자 또는 법령에 따라 이와 같은 수준 이상의 학력이 있다고 인정되는 자로서, "북한이탈주민의 보호 및 정착 지원에 관한 법률" 제2조제1호에 해당하는 북한이탈주민에 해당하며, 북한이탈주민등록확인서 제출이 가능한 자

(나) 전형요소 및 반영비율

모집단위	전형요소
인문계열, 자연계열	서류평가 100%

(다) 서류평가 및 면접고사

전형요소	비고
서류평가	학교생활기록부(교과+비교과)에 대한 평가영역별(학업역량, 전공적합성, 창의성 및 발전가능성, 인성) 정량·정성 평가에 기초한 종합평가

※ 제출서류의 공정성 확보를 위해 대입전형 서류 검증, 블라인드 면접 등을 시행하고 있음

(5) 학생부종합: 서해 5도학생 특별전형
(가) 지원자격

서해 5도에 소재하는 고등학교 졸업(예정)자로서 다음의 어느 하나에 해당하는 자
- **유형 1 (6년)** : 서해5도에서 「민법」 제909조에 따른 친권자 또는 같은 법 제928조에 따른 후견인과 함께 거주하면서 서해5도에 설립된 중학교 및 고등학교의 모든 교육과정을 이수한 자
- **유형 2 (12년)** : 서해5도에 거주하면서 서해5도에 설립된 초등학교·중학교 및 고등학교의 모든 교육과정을 이수한 자
※ 서해 5도 : 인천광역시 옹진군에 속하는 백령도, 대청도, 소청도, 연평도, 소연평도
※ 재학기간과 거주기간은 연속된 연수만을 인정함 (학업 중단 후 재입학할 경우에도 거주기간은 중간 단절 없이 연속되어야 함)
※ 유형 1 (6년) 지원자격에 해당하는 기간 중 학생과 부모의 거주는 각각의 주민등록상 거주기록과 일치해야 함

(나) 전형요소 및 반영비율

모집단위	전형요소
인문계열, 자연계열	서류평가 100%

(다) 서류평가 및 면접고사

전형요소	비고
서류평가	학교생활기록부(교과+비교과)에 대한 평가영역별(학업역량, 전공적합성, 창의성 및 발전가능성, 인성) 정량·정성 평가에 기초한 종합평가

※ 제출서류의 공정성 확보를 위해 대입전형 서류 검증, 블라인드 면접 등을 시행하고 있음

(6) 학생부종합: 특성화고교졸 재직자 특별전형
(가) 지원자격

고등교육법 시행령 제29조 제2항 14호'다'에 따라 산업체에서 3년 이상 재직 중인 자로서 다음 중 하나에 해당하는 자
① 「초·중등교육법 시행령」제76조의3 제1호에 따른 일반고등학교에 재학하는 동안 시·도교육감이「직업교육훈련 촉진법」에 따른 직업교육훈련기관 중 직업교육훈련위탁기관으로

선정한 기관에서 1년 이상의 직업교육훈련과정을 이수하고 해당 일반고등학교를 졸업한 사람
②「초·중등교육법 시행령」제90조 제1항 제10호에 따른 산업수요 맞춤형 고등학교를
졸업한 사람
③ 특성화고등학교 등을 졸업한 사람
④「평생교육법」제31조 제2항에 따른 학력인정 평생교육시설 중 특성화고등학교 등에서
제공하는 것과 같은 교육과정을 운영하는 평생교육시설에서 해당 교육과정을 이수한 사람

※ 산업체의 범위
- 국가·지방자치단체 및 공공단체(소속 직원의 경우)
- 근로기준법 제11조에 의거 상시근로자 5인(사업주 포함) 이상 사업체
- 4대 보험 중 1개 이상 가입 사업체(창업, 자영업자 포함)
. 4대 보험 미가입 영세창업·자영업자는 사업자등록증을 소지하고, 사업소득 관련 세금 체납 사실이 없는 경우
지원 가능
. 4대 보험 가입 대상 사업체가 아닌 1차 산업 종사자는 국가·지방자치단체가 발급하는 공적증명서(농지원부 등)
확인을 통해 인정할 수 있음

※ 재직기간 산정
- 2024학년도 학기 개시일(2024.3.1) 기준 총 재직기간을 합산하여 3년 이상이어야 함
- 2개 이상 산업체에서 재직한 경우 재직기간을 합산하여 3년 이상이어야 함
- 군 의무복무 경력은 재직기간에 포함함
- 고교(평생교육시설) 재학 기간 중 발생한 '산업체 근무경력'은 졸업·이수 직전 학기(3학년 2학기)의 근무 경력에
한하여 지원자격을 인정함

(나) 전형요소 및 반영비율

모집단위	전형요소
인문계열, 자연계열	서류평가 100%

(다) 서류평가 및 면접고사

전형요소	비고
서류평가	학교생활기록부(교과+비교과)에 대한 평가영역별(학업역량, 전공적합성, 창의성 및 발전가능성, 인성) 정량·정성 평가에 기초한 종합평가

※ 제출서류의 공정성 확보를 위해 대입전형 서류 검증, 블라인드 면접 등을 시행하고 있음

(7) 학생부 교과: 국방시스템공학 특별전형
(가) 지원자격

가. 국내 정규 고등학교 졸업(예정)자로서 학교생활기록부 반영교과의 석차등급 산출이 가능한 자
나. 군인사법 제10조(결격사유 등) 2항에 저촉되지 아니한 자로서 임관일 기준
만 20세 이상 27세 이하인 자 (__2024학년도 입학자의 임관기준일 : 2028년 6월 1일__)
다. 친권자 동의 및 재정보증보험에 가입 가능한 자
※ 검정고시 출신자, 외국 고등학교 졸업(예정)자는 지원 불가
※ 신용불량 등의 사유로 재정보증보험에 가입 제한 시 지원불가

(나) 전형요소 및 반영비율

사정방법	전형요소						비고
	학교생활기록부 (교과)	해군본부 주관					
		면접검정	체력평가	해군주관			
				신체검사	인성검사	신원조회	
1단계	100%	-	-	-	-	-	3배수 선발
2단계	80% (1단계 성적)	10%	10%	합·불판정			

① 면접평가: 해군 또는 대학 면접평가관에 의한 평가
② 체력검정: '국민체력 100' 인증 결과에 따른 점수 부여
③ 신체검사: 해군 건강관리 규정 적용, 색약 및 색맹은 지원불가
④ 인성검사: 해군 간부 선발 시 시행하는 인성검사 적용

처) 성신여자대학교[69]

구분	전형명	모집인원(명)
학생부 종합 전형	학교생활우수자	215
	자기주도인재	435
	기회균형 Ⅰ	109
	특성화고 등을 졸업한 재직자 (정원 외)	85
	특수교육대상자 (정원 외)	15

※ 수능최저학력기준: 없음

(1) 학교생활우수자
(가) 지원자격

국내 고등학교 졸업(예정)자 또는 관계 법령에 의하여 고등학교 졸업자와 동등의 학력이 있다고 인정되는 자

※ 외국소재 고등학교 졸업(예정)자는 12년(최소 23학기) 이상의 학교교육과정을 이수해야 함. 예외적으로 12년 미만 학재의 경우 초·중·고등학교 전 교육과정을 한 국가에서 이수하거나 부족한 수학기간을 대학에서 이수한 경우 지원 가능함

(나) 반영비율: 일괄합산 [서류 100%]

(다) 제출서류: 학교생활기록부, 지원자격 증명서류(해당자)

---

69) 2024 성신여대 입학전형

(2) 자기주도인재

(가) 지원자격: 상동

(나) 반영비율: 1단계[(3배수) 서류 100%], 2단계[1단계 결과 70% + 면접30%]

(다) 제출서류: 학교생활기록부, 지원자격 증명서류(해당자)

(3) 기회균형 Ⅰ
(가) 지원자격

국내 고등학교 졸업(예정)자 또는 관계 법령에 의하여 고등학교 졸업자와 동등의 학력이 있다고 인정되는 자로서 아래 자격기준 중 어느 하나에 해당하는 자

1. 국가보훈대상자
『국가보훈 기본법』 제3조제2호에 따른 '국가보훈대상자'로서 국가보훈 관계 법령에 따른 교육지원 대상자
※ 외국소재 고등학교 졸업(예정)자는 12년(최소 23학기) 이상의 학교교육과정을 이수해야 함. 예외적으로 12년 미만 학제의 경우 초·중·고등학교 전 교육과정을 한 국가에서 이수하거나 부족한 수학기간을 대학에서 이수한 경우 지원 가능함.

2. 농·어촌학생
농어촌 지역(「지방자치법」 제3조에 의한 읍·면 지역 또는「도서·벽지 교육진흥법 시행규칙」 제2조에 따른 도서·벽지 지역)에 소재하는 고등학교 졸업(예정)자로서 다음 중 하나에 해당하는 자
1) 유형I. 농어촌 지역 소재지 학교에서 중학교 입학 시부터 고등학교 졸업 시까지 전 교육과정(6년)을 이수한 자 중 전체 재학기간 동안 본인 및 부모 모두 농어촌 지역에 거주한 자
2) 유형II. 농어촌 지역 소재지 학교에서 초등학교 입학 시부터 고등학교 졸업 시까지 초·중·고 전 교육과정(12년)을 이수하고 전체 재학기간 동안 본인이 농어촌 지역에 거주한 자
※ 지원 불가능한 자: 농어촌 지역 소재 특성화고 및 특수목적고에 재학한 사실이 있는 경우 지원불가
※ 입학부터 졸업까지 해당 조건을 충족시켜야 하며, 2개 이상의 학교에서 재학한 경우 재학 고교 모두가 반드시 고교유형 조건을 충족시켜야 함
※ 고교 유형이 재학 중에 변경된 경우, 입학 또는 전입 당시의 고교 유형을 기준으로 함
※ 지원자격은 연속된 연수만을 인정함

3. 특성화고교출신자
「초·중등교육법 시행령」 제91조제1항에 따른 특성화고등학교를 졸업(예정)한 자로 다음 중 하나에 해당하는 자
1) 모집단위별 지정한 동일계열 인정 고교 기준학과를 이수한 자
2) 모집단위와 관련된 전문교과를 30단위 이상 이수한 자
※ 특성화고등학교는 「초·중등교육법 시행령」 제91조제1항에 따른 특성화고등학교 및 특성화고와 같은 교육과정을 운영하는 학과가 있는 일반고(종합고)를 의미함
※ 지원 불가능한 자: 특성화고등학교 중 자연현장실습 등 체험위주의 교육을 전문으로 실시하는 고등학교와 산업수요 맞춤형 고등학교(마이스터고등학교), 평생교육법에 따른 학력인정고교의 졸업(예정)자, 그리고 학생부가 없는 자
※ 동일계열 및 기준학과: 추후 수시모집요강 참조

(나) 반영비율: 일괄합산 [서류 100%]

(다) 제출서류: 학교생활기록부, 지원자격 증명서류(해당자)

(4) 특성화고 등을 졸업한 재직자 (정원 외)
(가) 지원자격

■ 아래 사항에 모두 해당하는 자

1. 특성화고등학교 등 졸업자
1) 「초중등교육법 시행령」제76조의3제1호에 따른 일반 고등학교에 재학하는 동안 시ㆍ도교육감이 「직업교육훈련 촉진법」에 따른 직업교육훈련기관 중 직업교육훈련위탁기관으로 선정한 기관에서 1년 이상의 직업교육훈련과정을 이수하고 해당 일반 고등학교를 졸업한 자
2) 「초ㆍ중등교육법 시행령」제90조제1항제10호에 따른 산업수요 맞춤형 고등학교를 졸업한 자
3) 특성화고등학교 등을 졸업한 자
4) 「평생교육법」제31조 제2항에 따른 학력인정 평생교육시설 중 특성화고등학교 등에서 제공하는 것과 같은 교육과정을 운영하는 평생교육시설에서 해당 교육과정을 이수한 자
2. 아래의 산업체 범위 내에서 입학일(2024.03.01.) 기준으로 통산 3년 이상 근무(영업)하고, 원서접수 마감일 현재 근무(영업) 중인 자
※ 산업체 인정 범위
▶ 국가·지방자치단체 및 공공단체
▶ 「근로기준법」 제11조에 의거 상시근로자 5인(사업주 포함)이상 사업체
▶ 4대 보험 중 1개 이상 가입 사업체(창업·자영업자 포함)
- 4대 보험 가입 대상사업체가 아닌 산업체(농업, 수산업 등) 종사자는
국가·지방자치단체가 발급하는 공적증명서(농지원부 등) 확인을 통해 인정할 수 있음
- 4대 보험 미가입 영세창업·자영업자는 사업자 등록증을 소지하고, 세금체납 사실이 없는 경우 지원 가능
※ 근무(영업)기간 산정 기준
▶ 입학일(2024.03.01.)을 기준으로 역산하며, 합격하고 등록한 자가 입학일 (2024.03.01.)
기준으로 통산 근무(영업)기간이 3년 미만인 경우 합격(입학)을 취소함
▶ 근무(영업)기간이 중복된 경우 중복된 기간은 제외하고 산정함
▶ 영세창업·자영업자 중 휴업 등 비영업기간은 제외하고 산정함
▶ 2개 이상 산업체에서 근무(영업)한 경우 합산하여 통산 3년 이상이 되어야 함

(나) 반영비율: 일괄합산 [서류 100%]

(다) 제출서류: 학교생활기록부, 지원자격 증명서류(해당자)

(5) 특수교육대상자 (정원 외)

■ 고등학교 졸업(예정)자로서 국내 고등학교에서 3개 학기 이상 성적을 취득하고 소속 학교장의 추천을 받은 자(추천인원 제한 없음)

■ 지원 불가능한 자
- 예술고등학교, 체육고등학교, 마이스터고등학교, 특성화고등학교 졸업(예정)자
- 일반고(종합고), 전문계 또는 예·체능계 과정, 위탁교육(작업과정/ 대안교육) 이수자
- 방송통신고등학교, 각종학교, 학력인정 평생교육시설 등 졸업(예정)자
- 학생부가 없거나 학생부에 지정교과 과목별 등급 또는 석차가 없어 성적산출이 불가능한 자
- 기타 출신 고등학교의 교육과정이 통상적인 일반계 고등학교와 상이한 경우 심사를 통해 지원자격 제한 가능

(가) 반영비율: 1단계[(3배수) 서류 100%], 2단계[1단계 결과 70% + 면접30%]

(나) 제출서류: 학교생활기록부, 지원자격 증명서류(해당자)

커) 아주대학교[70]

전형명		모집인원	전형방법
ACE전형		586	[1단계] 서류종합평가 100 (3배수) [2단계] 1단계70+면접30
첨단융합인재전형		92	
고른기회	고른기회1	84	(일괄)서류종합평가100
	고른기회2	46	
	특수교육대상자전형(정원 외)	10	(1단계)서류종합평가 100(3배수) (2단계)1단계70+면접30
	특성화고등을졸업한재직자전형 (정원내외)	105*	

*정원 내 2명, 정원 외 103명을 모집함

■ 수능 최저기준 (ACE전형)

전형	수능최저기준
의학과	국어, 수학(미적분, 기하 중 택1), 영어, 탐구(과탐 중 택2, 2과목 평균) 등급 합 6 이내
약학과	국어, 수학(미적분, 기하 중 택1), 영어, 탐구(과탐 중 택2, 2과목 평균) 등급 합 7 이내

■ 각 전형별 지원 자격은 다음과 같다.

(1) ACE전형

국내·외 고등학교 졸업(예정)자[조기졸업자 포함] 또는 관계 법령에 의하여 고등학교 졸업자와 동등 이상의 학력이 있다고 인정된 자

70) 2024 아주대 입학전형

(2) 첨단융합인재전형

국내·외 고등학교 졸업(예정)자[조기졸업자 포함] 또는 관계 법령에 의하여 고등학교 졸업자와 동등 이상의 학력이 있다고 인정된 자

(3) 고른기회1 전형

국내·외 고등학교 졸업(예정)자[조기졸업자 포함] 또는 관계 법령에 의하여 고등학교 졸업자와 동등 이상의 학력이 있다고 인정된 자로서 각 항목에서 규정한 세부 지원 자격 중 어느 하나에 해당하는 자

지원자격	지원자격별 세부 자격기준
국가보훈대상자	국가보훈기본법 제3조 제2호의 '국가보훈대상자'로서 국가보훈관계 법령에 따른 교육지원 대상자: 보훈(지)청장이 발급하는 '대학입학특별전형대상자증명서'제출 가능자
농어촌 또는 도서벽지 출신자	<가>또는 <나>의 조건에 해당하고 제출서류에 결함이 없는 자 ※ 국내 일반고, 자율고, 특성화고만 지원 가능함

유형		내용
①	6년과정 이수자 (부·모·지원자)	지방자치법 제3조에 따른 읍·면 또는 도서·벽지 교육진흥법 제2조에 따른 도서·벽지에 소재하는 학교에서 중학교 입학일부터 고등학교 졸업일까지 6년 전 교육과정을 이수하는 기간 동안 본인, 부, 모가 모두 농어촌 지역에서 거주하고 출신 고등학교장의 확인을 받은 자
②	12년과정 이수자 (지원자)	지방자치법 제3조에 따른 읍·면 또는 도서·벽지 교육진흥법 제2조에 따른 도서·벽지에 소재하는 학교에서 초·중고등학교 12년 전 교육과정(초등학교 입학일부터 고등학교 졸업일까지)을 이수한 자 중 자격 해당 기간 동안 본인이 읍 면 또는 도서·벽지 지역에 거주하고 출신 고등학교장의 확인을 받은 자

※ 2개 이상의 학교에 재학한 경우에는 해당 학교 모두가 읍·면 또는 도서·벽지 소재학교 이어야 함
※ 6년 과정 이수자의 경우 중·고등학교 재학 중 행정구역 개편으로 시(구·동) 지역으로 편입된 지역은 농어촌 또는 도서·벽지로 간주함[단, 행정구역 개편 후 부·모·본인 중 1명이라도 자격요건에 해당하는 기간 중 농어촌 또는 도서·벽지가 아닌 지역으로 1일이라도 거주지를 변경한 경우에는 해당되지 않음].
※ 부모와 학생의 거주지 또는 거주지와 학교 소재지가 동일한 읍·면 또는 도서·벽지가 아니라도 가능함
※ 12년 과정 이수자의 경우 초·중·고등학교 재학 중 행정구역 개편으로 시(구·동) 지역으로 편입된 지역은 농어촌 또는 도서·벽지로 간주함 [단, 행정구역 개편 후 자격요건에 해당하는 기간 중 농어촌 또는 도서·벽지가 아닌 지역으로 1일이라도 거주지를 변경한 경우에는 해당되지 않음]
※ 초·중등교육법시행령 제 90조의 특수목적고, 대안학교(인가,비인가), 국외고, 검정고시, 학력인정 평생교육시설 출신자는 지원할 수 없음
※ 고교 졸업예정자가 최종 합격할 경우 재학 고등학교의 졸업일까지 지원자격

	(농어촌 지역 거주 및 농어촌 지역 고교 재학)을 유지해야 하며, 자격을 유지하지 않을 경우 합격이 취소될 수 있음 ※ 지원자격은 연속된 연수만을 인정함 (학업 중단 후 재입학할 경우에도 거주기간은 중간 단절 없이 연속되어야 함) ※ 학생과 부모의 거주는 각각의 주민등록상 거주기록과 일치해야 함 ※「대입전형기본사항」에 의거, 거주지에서 직장소재지까지 부모의 출퇴근 가능 여부를 파악할 수 있음

(4) 고른기회2 전형

국내·외 고등학교 졸업(예정)자[조기졸업자 포함] 또는 관계 법령에 의하여 고등학교 졸업자와 동등 이상의 학력이 있다고 인정된 자로서 각 항목에서 규정한 세부 지원 자격 중 어느 하나에 해당하는 자

지원자격	지원자격별 세부 자격기준
사회 기여자	①~⑥의 조건 중 어느 하나에 해당하고 제출서류에 결함이 없는 자 ① 민주화운동 관련자 명예회복 및 보상 등에 관한 법률 제2조 제2항 각호에 해당하는 자 (민주화운동 관련자 명예회복 및 보상 심의위원회의 민주화운동 관련자증서를 교부받은 자)의 자녀 ② 군부사관 또는 직업군인으로 15년 이상 근무한 자의 자녀 ③ 경찰공무원으로 15년 이상 근무한 자의 자녀 ④ 소방공무원으로 15년 이상 근무한 자의 자녀 ⑤ 교정직공무원으로 15년 이상 근무한 자의 자녀 ⑥ 도서·벽지 교육진흥법 제2조에 따른 도서벽지 지역 및 등급별 구분표 지역 구분 중 가~다 지역에 소재하는 근무지에서 2012년 1월 1일 이후부터 2022년 9월 1일까지 기간 중 통산 근무경력이 5년 이상이며 원서접수 마감일 기준 재직 중인 자의 자녀 ※근무자의 직종은 행정공무원·교육공무원·군인·경찰·소방공무원·교정직 공무원만 해당함
사회 배려자	①~③의 조건 중 어느 하나에 해당하고 제출서류에 결함이 없는 자 ① 아동복지시설출신자: 아동복지법 제3조 제10호에 따른 아동복지시설에서 보호받는 자 ② 장애우 부모 자녀: 부모 중 1인 이상이 장애인복지법 제32조에 의하여 중증장애인 등록이 되어있는 자의 자녀 ③ 다문화 가정의 자녀: 결혼 이전에 외국 국적이었던 친모(친부)와 국적이 대한민국인 친부(친모) 사이에 출생한 다문화가정의 자녀로서 대한민국 국적자
다자녀 가구	다자녀(3자녀 이상) 가구의 자녀

(5) 특성화고 등을 졸업한 재직자 전형

다음 각 호 중 하나에 해당하는 자로서 산업체 근무경력이 3년 이상인 재직자 (2024년 3월 1일 기준)
① 초·중등교육법 시행령 제76조의3 제1호에 따른 일반고등학교에 재학하는 동안 시·도 교육감이 직업교육훈련 촉진법에 따른 직업교육훈련기관 중 직업교육훈련위탁기관으로 선정한 기관에서 1년 이상의 직업교육훈련과정을 이수하고 해당 일반고등학교를 졸업한 자
② 초·중등교육법 시행령 제90조 제1항 제10호에 따른 산업수요 맞춤형고등학교(마이스터고) 졸업자
③ 특성화고등학교 등을 졸업한 자
④ 평생교육법 제31조 제2항에 따른 학력인정 평생교육시설 중 특성화고등학교등에서 제공하는 것과 같은 교육과정을 운영하는 평생교육시설에서 해당 교육과정을 이수한 자

● 산업체 재직기간, 인정범위 유의사항

구분	내용
재직 기간	1) 2024년 3월 1일 기준으로 총 재직기간(제출서류로 확인가능한 기간)이 3년 이상 근무해야 함 ※ 재직기간 3년은 1,095일 기준으로 산정(3년×365일=1,095일) 가) 4대 보험 가입 확인서 상의 가입기간만을 재직기간으로 산정하며, 재직한 모든 산업체의 재직기간을 합산하여 반영함 나) 2개 이상의 산업체에서 재직한 경우 총 재직기간은 합산하여 산정하되, 중복되는 기간은 이중으로 합산하지 않음 다) 현 직장 재직증명서상의 재직기간과 4대 보험 가입 확인서상의 가입기간이 다를 경우 재직증명서상의 재직기간 범위 내에 있는 4대 보험 가입 확인서상의 가입 기간만을 재직기간으로 인정함 2) 2개 이상 산업체에서 재직한 경우 재직기간을 합산하여 3년 이상이 되어야 함 3) 재직기간은 고등학교 졸업일 다음 날부터 근무한 것으로 산정함 4) 원서접수 시작일 현재 휴직(휴업)자는 지원할 수 없음(원서접수일은 모집요강공지) 5) 병역특례 기간의 산업체 경력을 포함하여 군 의무복무 경력은 재직기간 산정에 포함됨
산업체 인정 범위	1) 국가·지방자치단체 및 공동단체, 사립학교, 별정우체국 등(공무원 연금, 군인연금, 사립학교 교직원 연금, 별정 우체국직원 연금 가입 대상 기관) 2) 산재·고용보험 상용근로자(자영업자 포함)를 고용하는 사업체 및 단체 ※ 단, 4대 보험 개인(지역)가입자는 지원자격에 해당하지 않음

(6) 특수교육 대상자 전형(정원 외)

국내·외 고등학교 졸업(예정)자[조기졸업자 포함] 또는 관계 법령에 의하여 고등학교 졸업자와 동등 이상의 학력이 있다고 인정된 자로서 아래의 기준 중 하나를 만족하는 자
가. 「장애인복지법」 제32조에 의하여 장애인 등록이 되어있는 자
나. 「국가유공자 등 예우 및 지원에 관한 법률」 제4조 등에 의한 상이등급자(국가보훈처 등록)
※ 지원자 본인이 장애인대상자 또는 상이등급자인 경우에만 지원 가능

터) 광운대학교[71]

전형명	모집인원(명)		전형요소 및 반영비율	수능 최저
	정원내	정원외		
광운참빛인재전형 I (면접형)	329	-	1단계: (3배수) 서류종합평가 100% 2단계: 1단계 성적 70%+ 면접평가 30%	없음
소프트웨어우수인재전형	30	-		
광운참빛인재전형 II (서류형)	162	-	서류종합평가 100%	
특성화고등을졸업한재직자 전형	2	92		
농어촌학생	-	67		
특성화고졸업자	-	25		
서해5도출신자	-	16		

(1) 전형별 지원자격

(가) 광운참빛인재전형 I (면접형)

국내 고등학교 졸업(예정)자로서, 모집단위 분야에 대한 재능과 열정을 가진 자
※ 원서접수 시작일 현재 3개 학기 이상의 교육과정을 이수한 자

(나) 광운참빛인재전형 II (서류형): 상동

(다) 소프트웨어우수인재전형

국내 고등학교 졸업(예정)자로서, 소프트웨어분야에 대한 재능과 열정을 가진 자
※ 원서접수 시작일 현재 3개 학기 이상의 교육과정을 이수한 자

(라) 농어촌학생전형 ※정원 외

국내 고등학교 졸업(예정)자로서, 아래의 '유형 1' 또는 '유형 2'에 해당하는 자
※ 특수목적고등학교(과학고/외국어고/국제고/예술고/체육고/마이스터고) 졸업(예정)자 지원 불가
※ 농어촌지역: 「지방자치법」 제3조에 따른 읍·면 지역 및 「도서·벽지 교육진흥법」 제2조에 따른 도서·벽지 지역
※ 재학기간과 거주기간은 연속된 연수만을 인정함

---

71) 2024 광운대 입학전형

[유형 1 (중·고등학교 6년)]

학생 본인이 농어촌지역에 소재한 학교에서 중학교 입학 시부터 고등학교 졸업 시까지 전 교육과정을 이수하고, 같은 기간 부·모·학생(본인) 모두가 농어촌 지역에 거주한 자

- 중학교(1~3학년) 과정 중 2개 이상의 중학교에 재학하거나 고등학교 과정 중 2개 이상의 고등학교에 재학한 경우, 해당 중·고등학교가 모두 농·어촌(읍·면) 지역 또는 도서·벽지 지역에 소재하여야 하되, 동일한 읍·면 지역이 아니어도 됨
- 부·모·학생의 거주지와 학교 소재지가 동일한 농·어촌(읍·면) 지역 또는 도서·벽지 지역이 아니어도 됨
- 중학교(1~3학년)와 고등학교 재학기간 동안 부·모·학생 중 1인이 단 하루라도 주민등록상 거주지가 농·어촌(읍·면) 지역 또는 도서·벽지 지역이 아닌 곳으로 변경된 경우는 지원할 수 없음
- 중학교(1~3학년)와 고등학교 재학기간 중 학교 소재지 또는 본인 및 부·모의 거주지가 행정구역 개편으로 인하여 농·어촌(읍·면) 지역 또는 도서·벽지 지역이 아닌 곳으로 변경된 경우 학교 입학 당시의 행정구역단위를 기준으로 적용함(관련 증빙서류를 별도로 제출하여야 함)

[유형 2 (초·중·고등학교 12년)]

학생 본인이 농어촌지역에 소재한 학교에서 초등학교 입학 시부터 고등학교 졸업 시까지 전 교육과정을 이수하고, 같은 기간 본인이 농어촌 지역에 거주한 자

- 초·중·고등학교 과정 중 2개 이상의 학교에 재학한 경우, 해당 학교가 모두 농·어촌(읍·면) 지역 또는 도서·벽지 지역에 소재하여야 하되, 동일한 읍·면 지역이 아니어도 됨
- 초·중·고등학교 재학기간 중 학교 소재지 또는 본인의 거주지가 행정구역 개편으로 인하여 농·어촌 (읍·면) 지역 또는 도서·벽지 지역이 아닌 곳으로 변경된 경우 학교 입학 당시의 행정구역단위를 기준으로 적용함(관련 증빙서류를 별도로 제출하여야 함)

(마) 특성화고졸업자전형 ※정원 외

「초·중등교육법 시행령」 제91조 제1항에 따른 특성화고등학교(자연현장실습 등 체험위주의 교육을 전문으로 실시하는 고등학교 제외)의 교육과정을 이수한 졸업(예정)자로서, 다음의 어느 하나에 해당하는 자

※ 특성화고등학교는 특성화고 및 특성화고와 같은 교육과정을 운영하는 학과가 있는 일반고(종합고)를 의미함

※ 산업수요 맞춤형 고등학교(마이스터고) 졸업(예정)자 지원 불가

가. 지원 모집단위에 해당되는 특성화고교 동일계열 기준학과를 이수한 자
나. 지원 모집단위에 해당되는 특성화고교 동일계열 기준학과를 이수하지 않았으나 특성화고등학교에서 지원 모집단위와 관련된 전문교과를 30단위 이상 이수한 자

(바) 특성화고등을졸업한재직자전형   ※정원 내·외

다음의 어느 하나에 해당하는 자로서 2024년 3월 4일 기준으로 산업체 근무경력이 3년 이상인 재직자 (「고등교육법시행령」 제29조 제2항 제14호)

가. 「초·중등교육법 시행령」 제76조의3제1호에 따른 일반고등학교에 재학하는 동안 시도교육감이 「직업교육훈련촉진법」에 따른 직업교육훈련기관 중 직업교육훈련위탁기관으로 선정한 기관에서 1년 이상의 직업교육훈련과정을 이수하고 해당 일반 고등학교를 졸업한 자

나. 「초·중등교육법 시행령」 제90조 제1항 제10호에 따른 산업수요맞춤형 고등학교를 졸업한 자

다. 특성화고등학교 등을 졸업한 자

라. 「평생교육법」 제31조 제2항에 따른 학력인정 평생교육시설 중 특성화고등학교 등에서 제공하는 것과 같은 교육과정을 운영하는 평생교육시설에서 해당 교육과정을 이수한 자

※ 군 의무복무 경력을 재직기간에 포함할 수 있음

※ 산업체의 범위

> - 국가·지방자치단체 및 공공단체
> - 「근로기준법」 제11조에 의거 상시근로자 5인 이상 사업체(사업주 포함)
> - 4대 보험 중 1개 이상 가입 사업체(창업·자영업자 포함)

※ 4대 보험 가입 대상 사업체가 아닌 1차 산업체 종사자는 국가·지방자치단체가 발급하는 공적증명서(농지원부 등) 확인을 통해 인정할 수 있음

※ 4대 보험 미가입 영세창업·자영업자는 사업자등록증을 소지하고, 세금 체납 사실이 없는 경우 지원 가능

(사) 서해5도출신자전형 ※정원 외

서해 5도에 소재하는 고등학교 졸업(예정)자로서, 아래의 '유형 1' 또는 '유형 2'에 해당하는 자

※ 서해 5도 : 인천광역시 옹진군에 속하는 백령도, 대청도, 소청도, 연평도, 소연평도

[유형 1(중·고등학교 6년)]
서해 5도에서 「민법」 제909조에 따른 친권자 또는 같은 법 제928조에 따른 후견인과 함께 거주하면서 서해 5도에 설립된 중학교 및 고등학교의 모든 교육과정을 이수한 자

[유형 2(초·중·고등학교 12년)]
서해 5도에 거주하면서 서해 5도에 설립된 초등학교·중학교 및 고등학교의 모든 교육과정을 이수한 자

(2) 서류종합평가

(가) 전형자료: 학교생활기록부, 학교생활기록부 대체 서식(해당자에 한함)

※ 학교생활기록부 대체 서식은 검정고시 또는 외국고교 출신자만 제출 가능

(나) 평가방법

- 각 평가조별 입학사정관 2인으로 구성된 평가위원이 개별 독립평가

전형명	평가위원
학생부종합(광운참빛인재전형Ⅰ-면접형, 소프트웨어우수인재전형)	2인
학생부종합(광운참빛인재전형Ⅱ-서류형, 농어촌학생전형, 특성화고졸업자전형, 특성화고등을졸업한재직자전형, 서해5도출신자전형)	3인

- 지원자의 평가서류 (학교생활기록부 등)에 대한 종합적 정성평가
- 평가 시 전형자료에 기재된 지원자 인적사항, 학교명 등 블라인드 처리
- 서류종합평가 결과 우리 대학이 정한 일정기준 이상 편차가 발생하는 경우 재평가 실시

(3) 면접평가

(가) 장소 및 입실시간: 1단계 합격자 발표 시 공지 예정(본교 입학홈페이지)

(나) 평가방법
- 각 평가조별 입학사정관 2인으로 구성된 평가위원이 지원자에 대하여 개별 대면 면접 방식으로 진행 (면접 소요시간 10분 이내)
- 지원자의 평가서류 사전 검토를 통해 구성된 개인 적합 질문을 통한 종합평가 (문제 제시형 평가 없음)
- 지원자의 평가서류에 대한 내용 진위 여부 확인
- 평가 시 전형자료에 기재된 지원자 인적사항, 학교명 등 블라인드 처리
- 블라인드 면접방식으로 진행
※ 출신고교를 파악할 수 있는 교복, 체육복 등 착용 불가
※ 면접 진행 시 블라인드 면접에 저해되는 언행(성명/수험번호/출신고교/부모직업 등 언급)이 있을 경우 평가에 불이익을 받을 수 있음

퍼) 가톨릭대학교[72)]

구분	전형명	모집인원	전형요소
정원내	잠재능력우수자서류전형	259	서류종합평가 100
	잠재능력우수자면접전형	255	1단계: 서류종합평가 100 (4배수) 2단계: 1단계 70 + 면접평가 30
	가톨릭지도자추천전형	56	
	학교장추천전형	49	
	기회균형Ⅰ	96	서류종합평가 100
	특성화고 등을 졸업한 재직자전형	3	
정원외	기회균형Ⅱ전형	3	
	농어촌학생전형	66	
	특성화고교졸업자전형	25	
	특성화고 등을 졸업한 재직자전형	94	
	장애인 등 대상자전형	10	1단계: 서류종합평가 100 (3배수) 2단계: 1단계 70 + 면접평가 30

---

72) 2024 가톨릭대 입학전형

■ 수능최저: 없음
(단, 가톨릭대 학생부종합전형에서 수능최저기준은 약학과, 의예과만 해당한다.)

전형명	모집단위	수능최저기준
학교장추천전형	약학과	국어(화법과작문/언어와매체), 수학(미적분/기하), 영어, 과탐(2과목 평균) 중 **3개 영역 등급 합 5 이내**
	의예과	국어(화법과작문/언어와매체), 수학(미적분/기하), 영어, 과탐(2과목 평균) 중 **3개 영역 등급 합 4 이내 및 한국사 4등급 이내**
기회균형Ⅱ전형	약학과	국어(화법과작문/언어와매체), 수학(미적분/기하), 영어, 과탐(2과목 평균) 중 **3개 영역 등급 합 7 이내**
농어촌학생전형		

(1) 잠재능력우수자서류전형

구분	세부내용
모집인원	259명
지원자격	고등학교 졸업(예정)자 또는 법령에 의하여 고등학교 졸업 동등 이상의 학력이 있다고 인정된 자
전형방법	1단계(3배수): 서류종합평가 100% <학생부>
서류종합평가 요소	- 평가요소(반영비율): 학업역량(35%), 전공(계열)적합성 (30%), 인성(20%), 발전가능성(15%) - 평가방법: 학생부에 나타난 지원자의 인재 역량을 평가요소에 따라 종합·정성 평가
수능최저학력기준	없음

(2) 잠재능력우수자면접전형

구분	세부내용
모집인원	255명
지원자격	고등학교 졸업(예정)자 또는 법령에 의하여 고등학교 졸업 동등 이상의 학력이 있다고 인정된 자 ※단, 신학과 지원자 중 성직지망자는 영세 후 만 3년 이상 경과한 자에 한하며, 일반 지원자는 가톨릭 사제의 추천을 받은 남녀 가톨릭신자에 한함
전형방법	1단계(4배수): 서류종합평가 100% <학생부> 2단계: 1단계 성적 70% + 면접평가 30%
서류종합평가 요소	평가요소(반영비율): 학업역량(25%), 전공(계열)적합성(35%), 인성(20%), 발전가능성(20%) 평가방법: 학생부에 나타난 지원자의 인재 역량을 평가요소에 따라 종합·정성 평가
면접평가 요소	평가요소(반영비율): 전공(계열)적합성 50%, 인성(20%), 발전가능성(30%)

구분	세부내용
	평가방법: 지원자의 제출서류 내용의 진실성 및 가치를 확인하기 위한 10분 내외 개별 면접
수능최저학력기준	없음

(3) 가톨릭지도자추천전형

구분	세부내용		
모집인원	56명		
지원자격	**모집단위**		**지원자격**
	전 모집단위 (신학과 제외)		국내 고등학교 졸업(예정)자로서 아래의 ①항 또는 ②항에 해당되는 자 ① 가톨릭 사제 또는 현직 수도회 장상(총원장, 관구장, 지부장), 출신 가톨릭계 고등학교장의 추천을 받은 자(지원자의 종교나 신앙과는 무관함) ② 교회법에서 인정하는 첫 서원자 이상의 수도자(수사, 수녀) 중 소속 수도회 장상의 추천을 받은 자 (※단, 한 수도회에서 다수의 지원자를 추천 가능하나 모집단위별로는 1명만 추천 가능하며, 수도자는 의예과에 지원 불가함)
	신학과	수도자	다음 자격을 모두 갖춘 자: ① 고등학교 졸업(예정)자 또는 법령에 의하여 고등학교 졸업 동등 이상의 학력이 있다고 인정된 자 ② 소속 수도회 장상의 추천을 받은 수도자
		대학수료자	다음 자격을 모두 갖춘 자: ① 국내·외 정규 4년제 대학(방송통신대학, 산업대학 포함)에서 2년 이상 수료한 자 및 전문대학 졸업(예정)자 또는 법령에 의하여 전문대학 졸업 동등 이상의 학력이 있다고 인정된 자. 단, 교구 성직지망자는 국내·외 정규 4년제 대학(방송통신대학, 산업대학 포함) 졸업(예정)자 및 이와 동등 이상의 학력이 있다고 인정되는 자 ② 성직지망자는 영세 후 만 3년 이상 경과한 자로서 본당 주임신부와 소속 교구장 또는 수도회 장상의 추천을 받은 자에 한하며, 일반지원자는 가톨릭 사제의 추천을 받은 남녀 가톨릭신자에 한함
		교구장추천자	다음 자격을 모두 갖춘 자: ① 고등학교 졸업 후 만 3년이 경과한 자 ② 교구사제 지망 학생으로서 영세 후 만 5년 이상 경과한 자 ③ 사제직에 적합한 인성과 품성, 학업능력을 갖추었다고 인정되어 소속 교구장의 특별추천을 받은 자
		만학도	다음 자격을 모두 갖춘 자: ① 고등학교 졸업(예정)자 또는 법령에 의하여 고등학교 졸업 동등 이상의 학력이 있다고 인정된 자

		② 1989년 2월 28일 이전 출생한 자로서 가톨릭 사제의 추천을 받은 남녀 가톨릭 신자. 단, 성직지망자와 수도자는 지원할 수 없음
전형방법		1단계(4배수): 서류종합평가 100% (학생부) 2단계: 1단계 성적 70% + 면접평가 30%
서류 종합평가 요소		평가요소(반영비율): 학업역량(35%), 전공(계열)적합성(30%), 인성(20%), 발전가능성(15%) 평가방법: 학생부에 나타난 지원자의 인재 역량을 평가요소에 따라 종합·정성 평가
면접평가 요소		평가요소(반영비율): 전공(계열)적합성 50%, 인성(30%), 발전가능성(20%) 평가방법: 지원자의 제출서류 내용의 진실성 및 가치를 확인하기 위한 10분 내외 개별면접 (단, 의예과는 인·적성면접 포함하여 개인별 20분 내외 면접평가, 상황 숙지를 위한 시간은 별도로 부여할 수 있음)
수능최저 학력기준		없음

(4) 학교장추천전형

구분	세부내용
모집인원	49명
지원자격	국내 고등학교 졸업(예정)자로서 출신 고등학교장의 추천을 받은 자 (의예과 - 고교별 추천인원 1명 / 약학과, 간호학과 - 고교별 추천인원 제한 없음)
전형방법	1단계(4배수): 서류종합평가 100% (학생부) 2단계: 1단계 성적 70% + 면접평가 30%
서류종합 평가 요소	평가요소(반영비율): 학업역량(35%), 전공(계열)적합성(30%), 인성(20%), 발전가능성(15%) 평가방법: 학생부, 자기소개서에 나타난 지원자의 인재 역량을 평가요소에 따라 종합·정성 평가
면접평가 요소	평가요소(반영비율): 전공(계열)적합성 (50%), 인성(30%), 발전가능성(20%) 평가방법: 지원자의 제출서류 내용의 진실성 및 가치를 확인하기 위한 10분 내외 개별면접 (단, 의예과는 인·적성면접 포함하여 개인별 20분 내외 면접평가, 상황숙지를 위한 시간은 별도로 부여할 수 있음)
수능최저 학력기준	의예과, 약학과만 있음

(5) 기회균형 I 전형

구분	세부내용
모집인원	96명
지원자격	고등학교 졸업(예정)자 또는 법령에 의하여 고등학교 졸업 동등 이상의 학력이 있다고 인정된 자로서 원서접수 마감일 기준으로 아래의 지원자격 중 어느 하

	나에 해당되는 자
	1. 국가보훈대상자:「국가보훈기본법」제3조 제2호에 따른 국가보훈대상자로서 국가 보훈관계 법령에 따른 교육지원 대상자
	2. 기초생활수급자·차상위계층·한부모가족지원대상자: ①「국민기초생활보장법」 제2조 제1호, 제2호에 따른 수급(권)자 ②「국민기초생활보장법」제2조제10호에 따른 차상위계층 ③「한부모가족지원법」제5조 및 제5조의2에 따른 지원대상자
	3. 자립지원 대상 아동:「아동복지법 시행령」제38조 제2항 해당자
	4. 서해5도 학생: 서해5도에 소재하는 고등학교졸업(예정)자로서 다음의 어느 하나에 해당하는 자
	① 유형 1(6년): 서해5도에서 「민법」제909조에 따른 친권자 또는 같은 법 제928조에 따른 후견인과 함께 거주하면서 서해5도에 설립된 중학교 및 고등학교의 모든 교육과정을 이수한 자
	② 유형 2(12년): 서해5도에 거주하면서 서해5도에 설립된 초등학교·중학교 및 고등학교의 모든 교육과정을 이수한 자
	※ 서해5도: 인천광역시 옹진군에 속하는 백령도, 대청도, 소청도, 연평도, 소연평도
	※ 유형 1의 경우 학생 재학기간과 학생·부모 거주 충족 기간은 중학교 입학 시부터 고등학교 졸업 시까지, 유형 2의 경우 학생 재학기간과 학생 거주 충족 기간은 초등학교 입학 시부터 고등학교 졸업 시까지임
	※ 재학기간과 거주기간은 연속된 연수만을 인정함
	4. 만학도: 1989년 2월 28일 이전에 출생한 자
전형방법	서류종합평가 100% <학생부>
서류종합 평가요소	평가요소(반영비율): 학업역량(35%), 전공(계열)적합성(30%), 인성(20%), 발전가능성(15%)
	평가방법: 학생부, 자기소개서에 나타난 지원자의 인재 역량을 평가요소에 따라 종합·정성 평가
수능최저 학력기준	없음

(6) 기회균형Ⅱ전형 (정원 외)

구분	세부내용
모집인원	3명
모집단위	약학과
지원자격	고등학교 졸업(예정)자 또는 법령에 의하여 고등학교 졸업 동등 이상의 학력이 있다고 인정된 자로서 원서접수 마감일 기준으로 아래의 사항 중 어느 하나에 해당되는 자 1. 「국민기초생활보장법」제2조 제1호, 제2호에 따른 수급(권)자 2. 「국민기초생활보장법」제2조 제10호에 따른 차상위 계층 3. 「한부모가족지원법」제5조 및 제5조의 2에 따른 지원대상자
전형방법	서류종합평가 100% <학생부>
서류종합	평가요소(반영비율): 학업역량(35%), 전공(계열)적합성(30%), 인성(20%), 발전

구분	세부내용
평가 요소	가능성(15%)
	평가방법: 학생부, 자기소개서에 나타난 지원자의 인재 역량을 평가요소에 따라 종합·정성 평가
수능최저 학력기준	있음

(7) 농어촌학생전형 (정원 외)

구분	세부내용
모집인원	66명
지원자격	국내 고등학교 졸업(예정)자로서 아래의 지원자격 중 어느 하나에 해당하는 자 (단, 신학과 지원자 중 성직지망자는 영세 후 만 3년 이상 경과한 자에 한하며, 일반지원자는 가톨릭신자에 한함) 1. 유형 1(6년) : 학생 본인이 농어촌지역에 소재한 학교에서 중학교 입학 시부터 고등학교 졸업 시까지 전 교육과정을 이수하고 같은 기간 부·모·학생(본인) 모두가 농어촌지역에 거주한 자 2. 유형 2(12년) : 학생 본인이 농어촌지역에 소재한 학교에서 초·중·고 전 교육과정을 이수하고, 같은 기간 본인이 농어촌지역에 거주한 자 ※ 농어촌지역: 「지방자치법」 제3조에 따른 읍·면 지역 및 「도서·벽지 교육진흥법 시행규칙」 제2조에 따른 도서·벽지 지역 ※ 특수목적고등학교(과학고, 외국어고, 국제고, 예술고, 체육고, 마이스터고), 평생교육법에 따른 학력인정 평생교육시설, 검정고시, 비인가 대안학교 졸업(예정)자는 지원할 수 없음 ※ 유형 1의 경우 학생 재학기간과 학생·부모 거주 충족 기간은 중학교 입학 시부터 고등학교 졸업 시까지, 유형 2의 경우 학생 재학기간과 학생 거주 충족 기간은 초등학교 입학 시부터 고등학교 졸업 시까지임 ※ 재학기간과 거주기간은 연속된 연수만을 인정함 (학업 중단 후 재입학할 경우에도 거주기간은 중간 단절 없이 연속되어야 함) ※ 학생과 부모의 거주는 각각의 주민등록상 거주기록과 일치해야 함
전형방법	서류종합평가 100% <학생부> [단, 신학과는 교리문답 추가 실시(합격/불합격 자료로만 활용)]
서류종합 평가요소	평가요소(반영비율): 학업역량(35%), 전공(계열)적합성(30%), 인성(20%), 발전가능성(15%) 평가방법: 학생부에 나타난 지원자의 인재 역량을 평가요소에 따라 종합·정성 평가
수능최저 학력기준	약학과만 있음

(8) 특성화고교졸업자전형 (정원 외)

구분	세부내용
모집인원	25명
지원자격	「초·중등교육법 시행령」 제91조 제1항에 따른 특성화고등학교(자연현장실습 등 체험 위주의 교육을 전문으로 실시하는 고등학교 제외)의 교육과정을 이수한 졸업(예정)자로서, 아래의 사항 중 어느 하나에 해당하는 자 1. 지원 모집단위에 해당하는 특성화고교 동일계열 기준학과를 이수한 자 2. 지원 모집단위에 해당하는 특성화고교 동일계열 기준학과를 이수하지 않았으나, 특성화고등학교에서 지원 모집단위와 관련된 전문교과를 30단위 이상 이수한 자 ※ 특성화고등학교는 특성화고 및 특성화고와 같은 교육과정을 운영하는 일반고(종합고포함)를 의미함 ※ 산업수요 맞춤형 고등학교(마이스터고), 평생교육법에 따른 학력인정 평생교육시설 졸업(예정)자는 지원할 수 없음 ※ 동일계열 이수단위수, 이수교과목의 전공적합성 등을 서류평가에 반영함 ※ 동일계열 심사 결과 동일계열로 판단되지 않을 시, 지원자격 미달로 처리할 수 있음 ※ 동일계열 기준학과는 추후 안내 ※ 동일계열 전문교과 이수단위 인정에 대한 특이사항은 본교 입학전형위원회에서 논의하여 결정함
전형방법	서류종합평가 100% <학생부>
서류종합 평가요소	평가요소(반영비율): 학업역량(35%), 전공(계열)적합성(30%), 인성(20%), 발전가능성(15%) 평가방법: 학생부, 자기소개서에 나타난 지원자의 인재 역량을 평가요소에 따라 종합·정성 평가
수능최저 학력기준	없음

(9) 특성화고등을졸업한재직자전형, (정원 내/외)

구분	세부내용
모집인원	97명 (정원 내 3명, 정원 외 94명)
지원자격	「고등교육법시행령」 제29조 제2항 제14호에 따라 산업체에서 3년 이상 재직 중인 자로서 다음의 어느 하나에 해당하는 자 1. 「초·중등교육법 시행령」 제76조의3제1호에 따른 일반고등학교에 재학하는 동안 시도교육감이 「직업교육훈련 촉진법」에 따른 직업교육훈련기관 중 직업교육훈련위탁기관으로 선정한 기관에서 1년 이상의 직업교육훈련과정을 이수하고 해당 일반 고등학교를 졸업한 자 2. 「초·중등교육법 시행령」 제90조 제1항 제10호에 따른 산업수요맞춤형 고등학교를 졸업한 자 3. 특성화고등학교 등을 졸업한 자[(구) 전문계고등학교, 실업계고등학교] ※ 특성화고등학교 중 자연현장실습 등 체험위주의 교육을 전문적으로 실시하는 고등학교 제외 4. 일반 및 종합고등학교 등에 설치된 학과 중 특성화고등학교에서 제공하는 것과 같은 교육과정으로 운영되는 학과를 졸업한 자 5. 「평생교육법」 제31조 제2항에 따른 학력인정 평생교육시설 중 특성화고등학

교 등에서 제공하는 것과 같은 교육과정을 운영하는 평생교육시설에서 해당 교육과정을 이수한 자	
	※ **재직기간 산정** •2024학년도 학기 개시일(2024.3.1.)기준 총 재직기간을 합산하여 3년(1,095일) 이상이어야 함 •2개 이상 산업체에서 재직할 경우 재직기간은 합산하여 3년 이상이어야 함. 재직기간이 중복된 경우 중복된 기간은 제외하고 산정함 •원서접수 기간 중 반드시 재직 중이어야 함 •근무기간 산정은 고등학교 졸업일 다음 날부터 근무한 것으로 간주함 •군 의무복무 경력은 재직기간에 포함됨 •영세창업·자영업자 중 휴업이나 폐업 등 비영업기간은 제외하고 산정함
전형방법	서류종합평가 100% <학생부>
서류종합 평가요소	평가요소(반영비율): 학업역량(35%), 전공(계열)적합성(30%), 인성(20%), 발전가능성(15%) 평가방법 : 학생부에 나타난 지원자의 인재 역량을 평가요소에 따라 종합·정성평가
수능최저 학력기준	없음

(10) 장애인 등 대상자전형 (정원 외)

구분	세부내용
모집인원	10명
지원자격	고등학교 졸업(예정)자 또는 법령에 의하여 고등학교 졸업 동등 이상의 학력이 있다고 인정된 자로서 다음의 어느 하나에 해당하는 자 1. 「장애인복지법」 제32조에 의하여 장애인 등록이 되어 있는 자 2. 「국가유공자 등 예우 및 지원에 관한 법률」 제4조 1항에 의한 상이등급자 (국가보훈처 등록)
전형방법	1단계(3배수): 서류종합평가 100% <학생부> 2단계: 1단계 성적70% + 면접평가 30%
서류종합 평가요소	평가요소(반영비율): 학업역량(35%). 전공(계열)적합성(30%), 인성(20%), 발전가능성(15%) 평가방법: 학생부에 나타난 지원자의 인재 역량을 평가요소에 따라 종합·정성평가
면접평가 요소	평가요소(반영비율): 전공(계열)적합성(50%), 인성(30%), 발전가능성(20%) 평가방법: 지원자의 제출서류 내용의 진실성 및 가치를 확인하기 위한 10분 내외 개별면접
수능최저 학력기준	없음

허) 동덕여자대학교[73]

(1) 동덕창의리더전형

(가) 모집인원: 185명

(나) 지원자격

국내 고등학교 졸업(예정)자 또는 법령에 의하여 고등학교 졸업자와 동등 이상의 학력이 있다고 인정되는 자

(다) 전형요소 및 반영비율

전형 형태	1단계 선발인원	구분		1단계		2단계		
				서류평가	계	1단계 성적	면접	계
단계별	300%	전형요소별 반영비율		100%	100%	40%	60%	100%
		전형요소별 실질반영비율		100%	100%	40%	60%	100%
		전형요소별 반영점수	최고점	1,000점	1,000점	400점	600점	1,000점
			최저점	0점	0점	0점	0점	0점

※ 서류평가 자료: 학교생활기록부 전체

(라) 최저학력기준: 없음 (약학과 제외)

<약학과>
2024학년도 수학능력시험 3개 영역[국어, 수학, 탐구(상위 1과목)] 중에서 3개 영역의 합이 6등급 이내
- 국어는 선택과목 무관, 수학은 미적분/ 기하 중 택1, 탐구는 과학만 가능
- ※ 직업탐구 및 제2외국어/ 한문 제외

(마) 면접 평가기준 및 방법

개별 질의응답을 통하여 지원전공에 대한 적성 및 소양, 인성 등을 평가함

(2) 고른기회 특별전형 I

(가) 모집인원: 12명

(나) 지원자격

<기본 지원자격>
1) 국가보훈대상자 및 농어촌학생: 국내 고등학교 전 과정을 이수한 2022년 2월 이후 졸업자 및 2024년 2월 졸업예정자로서 아래 세부지원 자격에 해당하는 자

---

73) 2024 동덕여대 입학전형

2) 저소득층: 국내 고등학교 졸업(예정)자 또는 법령에 의하여 고등학교 졸업자와 동등 이상의 학력이 있다고 인정되는 자로서 아래 세부지원 자격에 해당하는 자

<세부지원자격>
1) 국가보훈대상자
「국가보훈기본법」 제3조 제2호에 따른 '국가보훈대상자'로서 국가보훈관계 법령에 따른 교육지원 대상자 (보훈(지)청장이 발급한 대학입학 특별전형 대상자 증명서를 제출해야 함)
2) 저소득층
- 「국민기초생활보장법」 제2조 제1호에 따른 수급권자 또는 제2호에 따른 수급자
- 「국민기초생활보장법」 제2조 제10호에 따른 차상위계층
- 「한부모가족지원법」 제5조 또는 제5조의 2에 따른 지원 대상자
3) 농어촌학생
「지방자치법」 제3조에 의한 읍·면지역 및 「도서·벽지지역 교육진흥법시행규칙」 제2조에 의한 지역의 학생(검정고시출신자 및 특수목적고(과학고, 외국어고, 국제고, 예술고, 체육고) 출신자 제외) 중 아래의 한 항에 해당하는 자
- 6년 요건(중학교 입학에서 고등학교 졸업까지)(부모거주 포함)
- 12년 요건(초·중·고 전 교육과정을 입학에서 졸업까지)(부모거주무관)

(다) 전형요소 및 반영비율

전형 형태	선발인원	구분		서류평가	
일괄 합산	100%	전형요소별 반영비율		100%	100%
		전형요소별 실질반영비율		100%	100%
		전형요소별 반영점수	최고점	1,000점	1,000점
			최저점	0점	0점

※ 서류평가 자료: 학교생활기록부 전체

(라) 최저학력기준: 없음

(3) 기회균형 특별전형Ⅱ (정원 내)

(가) 모집인원: 12명

(나) 지원자격

<기본 지원자격>
국내 고등학교 전 과정을 이수한 2022년 2월 이후 졸업자 및 2024년 2월 졸업예정자로서 아래 세부지원 자격에 해당하는 자
※단, 4) 장애인 부모의 자녀에 한해 법령에 의하여 고등학교 졸업자와 동등 이상의 학력이 있다고 인정되는 자를 포함함

<세부지원자격>
1) 15년 이상 재직한(또는 재직하고 퇴직한) 직업군인의 직계 자녀

2) 결혼이전에 외국국적이었던 친모(친부)와 국적이 대한민국인 친부(친모) 사이에 출생한 대한민국 국적자

3) 다자녀(3자녀 이상) 가정의 자녀

4) 「장애인복지법」 제32조에 의하여 장애인 등록을 필한 "장애의 정도가 심한 장애인(종전 1~3등급)"(부모중 1인)의 자녀

(다) 전형요소 및 반영비율

전형 형태	선발인원	구분		서류평가	
일괄 합산	100%	전형요소별 반영비율		100%	100%
		전형요소별 실질반영비율		100%	100%
		전형요소별 반영점수	최고점	1,000점	1,000점
			최저점	0점	0점

※ 서류평가 자료: 학교생활기록부 전체

(라) 최저학력기준: 없음

(4) 특성화고 등 고졸재직자 특별전형 (정원 외)

(가) 모집단위별 모집인원: 미래인재 융합대학 80명

(나) 지원자격 (아래 각 항에 모두 해당하는 자)

① 특성화고등학교 등 졸업자

구분	내용
마이스터고	초·중등교육법 시행령 제90조 제1항 제10호의 산업수요 맞춤형 고등학교를 졸업한 자
특성화고 등	- 초·중등교육법 시행령 제91조 제1항에 따른 특성화고등학교 중 자연 현장실습 등 체험 위주의 교육을 전문으로 실시하는 고등학교를 제외한 학교를 졸업한 자 - 초·중등교육법 시행령 제76조의3 제1호에 따른 일반(종합)고등학교에 설치된 학과 중 특성화고등학교에서 제공하는 것과 같은 교육과정으로 운영되는 학과의 교육과정을 이수하고 졸업한 자
평생교육시설	평생교육법 제31조 제2항에 따른 학력인정 평생교육시설 중 특성화고등학교 등에서 제공하는 것과 같은 교육과정을 운영하는 평생교육시설에서 해당 교육과정을 이수한 자
직업교육훈련과정	초·중등교육법 시행령 제76조의3 제1호에 따른 일반고등학교에 재학하는 동안 시·도 교육감이 직업교육훈련 촉진법에 따른 직업교육훈련기관 중 직업교육훈련위탁기관으로 선정한 기관에서 1년 이상의 직업교육훈련과정을 이수하고 해당 일반고등학교를 졸업한 자

※ 「보통과 <7차 일반 등>」 출신자는 지원할 수 없음

② 아래의 산업체 범위 내에서 입학일 기준 역년으로 통산 3년(1,095일) 이상(예정자 포함) 근무(영업)하고, 원서접수 시작일 현재 근무(영업)중인 자

※ 산업체 인정범위
○ 국가·지방자치단체 및 공공단체
○「근로기준법」제11조에 의거 상시근로자 5인(사업주 포함)이상 사업체
○ 4대 보험 중 1개 이상 가입 사업체(창업, 자영업자 포함)
- 4대 보험 가입 대상사업체가 아닌 산업체(농업, 수산업 등) 종사자는 국가·지방자치단체
가 발급하는 공적증명서(농지원부 등) 확인을 통해 인정할 수 있음
- 4대 보험 미가입 영세창업·자영업자는 사업자등록증을 소지하고, 세금체납 사실이 없는
경우 지원 가능

③ 아래의 근무(영업)기간 산정 기준을 충족하는 자

1) 2024년 3월 1일을 기준 총 근무(영업)기간이 역년으로 통산 3년 (1,095일) 이상(예정자 포함)이어야 함
※ 2024년 3월 1일을 기준으로 역산하며, 합격하고 등록한 자가 2024년 3월 1일 기준으로 통산 근
무(영업)기간이 3년 미만인 경우 합격(입학)을 취소함
※ 근무(영업)기간이 중복된 경우 중복된 기간은 제외하고 산정함
※ 영세창업·자영업자 중 휴업 등 비영업기간은 제외하고 산정함
2) 원서접수 시작일 및 2024년 3월 1일 모두 근무(영업)중이어야 함
※ 합격하고 등록한 자가 2024년 3월 1일 기준으로 휴직(휴업)중일 경우 합격(입학)을 취소함
3) 2개 이상의 산업체에서 근무(영업)한 경우 합산하여 역년으로 통산 3년(1,095일) 이상이 되어야 함
4) 산업체 근무경력 인정범위
※ 학교를 졸업하거나 평생교육시설의 교육과정을 이수한 후 산업체에서 근무한 기간
※ 학교를 졸업하거나 평생교육시설의 교육과정을 이수하기 직전 학기의 재학 중에 산업체에서 근무한 기간
※ 학교를 졸업하거나 평생교육시설의 교육과정을 이수하기 전의 기간으로서 해당 학교나 평생교육시
설에 재학하지 않은 기간 중에 산업체에서 근무한 기간

(다) 전형요소 및 반영비율

전형 형태	선발인원	구분		서류평가	면접	계
일괄 합산	100%	전형요소별 반영비율		60%	40%	100%
		전형요소별 실질반영비율		60%	40%	100%
		전형요소별 반영점수	최고점	600점	400점	1,000점
			최저점	0점	0점	0점

※ 서류평가 자료: 제출서류 전체(학교생활기록부 포함)

(라) 최저학력기준: 없음

(마) 면접 평가기준 및 방법

개별 질의응답을 통하여 지원전공에 대한 적성 및 소양, 인성 등을 평가함

고) 서울여자대학교[74)]

(1) 바롬인재서류전형

구분	내용
모집인원	248명
모집단위	전 모집단위(기독교학과, 스포츠운동과학과, 현대미술전공, 공예전공 제외.)
지원자격	고등학교 졸업(예정)자 및 법령에 의하여 고등학교 졸업 동등 이상의 학력이 인정된 자
전형방법	전 지원자를 대상으로 서류평가 성적순으로 선발
전형요소	
제출서류	학생부, 고등학교 졸업 동등 학력 관련 서류 (해당자)

구분	서류평가	
	100%	
	최저 0점	최고 100점

(2) 바롬인재면접전형

구분	내용
모집인원	162명
모집단위	전 모집단위(기독교학과, SW관련 학과, 현대미술전공, 공예전공, 자율전공학부(자연계열) 제외)
지원자격	고등학교 졸업(예정)자 및 법령에 의하여 고등학교 졸업 동등 이상의 학력이 인정된 자
전형방법	1단계: 각 모집단위별 모집인원 5배수의 면접대상자를 총점 순으로 선발 2단계: 1단계 통과자를 대상으로 면접 실시 후 총점 순으로 선발
전형요소	
제출서류	학생부, 고등학교졸업 동등 학력 관련 서류(해당자)

구분	서류평가		면접평가		총 비율	
1단계	100%		-		100%	
	최저 0점	최고 100점			최저 0점	최고 100점
2단계	50%		50%		100%	
	최저 0점	최고 50점	최저 0점	최고 50점	최저 0점	최고 100점

(3) SW융합인재전형

구분	내용
모집인원	29명
모집단위	디지털미디어학과, 정보보호학과, 소프트웨어융합학과, 데이터사이언스학과
지원자격	고등학교 졸업(예정)자 및 법령에 의하여 고등학교 졸업 동등 이상의 학력이 인정된 자
전형방법	1단계: 각 모집단위별 모집인원 5배수의 면접대상자를 총점 순으로 선발 2단계: 1단계 통과자를 대상으로 면접 실시 후 총점 순으로 선발
전형요소	
제출서류	학생부, 고등학교 졸업 동등 학력 관련 서류(해당자)

구분	서류평가		면접평가		총 비율	
1단계	100%		-		100%	
	최저 0점	최고 100점			최저 0점	최고 100점
2단계	50%		50%		100%	
	최저 0점	최고 50점	최저 0점	최고 50점	최저 0점	최고 100점

[74) 2024 서울여대 입학전형]

(4) 기독교지도자전형

구분	내용
모집인원	23명
모집단위	기독교학과
지원자격	고등학교 졸업(예정)자 및 법령에 의하여 고등학교 졸업 동등 이상의 학력이 인정된 자로서 본교에서 인정하는 교회에 출석하는 세례교인 ※ 교회의 범위는 본교가 정한 기준을 따름. 단, 기독교 교단에서 정한 이단으로 의심되는 경우, 기독교학과에서 심의 후 학생부종합전형관리위원회에서 지원자격 부합 여부를 결정함
전형방법	1단계: 모집인원 3배수의 면접대상자를 총점 순으로 선발 2단계: 1단계 통과자를 대상으로 면접 실시 후 총점 순으로 선발

구분		서류평가		면접평가		총 비율	
전형요소	1단계	100%		-		100%	
		최저 0점	최고 100점			최저 0점	최고 100점
	2단계	50%		50%		100%	
		최저 0점	최고 50점	최저 0점	최고 50점	최저 0점	최고 100점

구분	내용
제출서류	학생부, 세례교인증명서(본교 양식 또는 소속 교회 양식 택 1, 교회 직인 필수), 고등학교 졸업 동등 학력 관련 서류(해당자)

(5) 기회균형전형_사회통합지원
(가) 기초생활수급자 외

구분	내용
모집인원	89명
모집단위	전 모집단위(기독교학과, 교육심리학과, 예체능계열 제외)
지원자격	**[기초생활수급자, 차상위 계층, 한부모가족 지원대상자]** 고등학교 졸업(예정)자 및 법령에 의하여 고등학교 졸업 동등 이상의 학력이 인정된 자로서, 아래 지원 자격 중 하나에 해당하는 자 　1. 국민기초생활보장법 제2조 제1호에 따른 수급권자 본인 및 자녀 또는 제2호에 따른 수급자 　2. 국민기초생활보장법 제2조 제10호에 따른 차상위계층 　3. 한부모가족지원법 제5조 및 제5조의 2에 따른 지원대상자 **[국가보훈대상자]** 고등학교 졸업(예정)자 및 법령에 의하여 고등학교 졸업 동등 이상의 학력이 인정된 자로서, 국가보훈기본법 제3조 제2호의'국가보훈대상자'로서 국가보훈관계 법령에 따라 보훈(지)청장이 발급하는「대학입학 특별전형 대상자 증명서」 발급 대상자 **[농어촌 학생]** 농어촌지역 고등학교 졸업(예정)자 중 아래 지원자격 중 하나에 해당하는 자 가. 유형Ⅰ: 농어촌(읍·면) 소재 중 . 고교의 6년 전 교육과정을 입학에서 졸업까지 연속해서 모두 이수한 자로서 부모와 본인 모두 읍.면 지역에 거주한 자 나. 유형Ⅱ: 농어촌(읍·면) 소재 초 . 중 . 고교 12년 전 교육과정을 입학에서 졸업까

	지 연속해서 모두 이수한 자로서 해당 기간의 재학기간 동안 읍·면 지역에 거주한 자 · 유형Ⅰ의 학생재학기간과 학생·부모 거주 충족 기간은 중학교 입학 일부터 고등학교 졸업일까지, 유형Ⅱ의 학생 재학기간과 학생 거주 충족기간은 초등학교 입학 일부터 고등학교 졸업일까지임 · 읍·면 지역은 지방자치법 제3조에 의한 읍·면을 의미하며(광역시·도, 도·농 통합 시 관할구역 안에 두는 읍·면 포함) 도서·벽지교육진흥법시행규칙 제2조에 따른 도서·벽지 지역을 포함함 · 고등학교 졸업 검정고시 합격자는 지원 불가 · 읍·면 소재 특수목적고교(과학고, 외국어고, 국제고, 예술고, 체육고 등) 출신자는 지원 불가 · 고등학교(중학교, 초등학교) 재학 기간 중 행정구역 개편 등으로 읍·면·도서·벽지 지역이 동 지역 또는 도서·벽지 해제지역으로 변경된 경우 고등학교(중학교, 초등학교) 재학 기간 중 해당 지역을 읍·면·도서·벽지 지역으로 인정함 · 농어촌 학생이 2개 이상의 학교에서 재학한 경우 해당 학교 모두가 반드시 읍·면이나 도서·벽지 지역에 소재하는 학교이어야 하되 동일한 읍·면이나 도서·벽지 지역이 아니어도 지원 가능함 · 지원자의 거주지, 부모의 거주지, 재학한 학교 소재지가 동일한 읍·면이나 도서·벽지 지역이 아니어도 지원 가능함 · 재학기간과 거주기간은 연속된 연수만을 인정함 (학업 중단 후 재입학할 경우에도 거주기간은 중간 단절 없이 연속되어야 함) · 학생과 부모의 거주는 각각의 주민등록상 거주기록과 일치해야 함 · 졸업예정자는 고교 졸업일까지 농어촌 지역에 거주해야 함 · 농어촌 학생 지원자격에 대한 교육부의 지침이 따로 있을 경우 추후 변경·보완될 수 있음 · 합격자에 한하여 등록 이후 추가서류를 제출해야 하며 졸업일까지 농어촌 지역에 거주 및 재학하지 않은 것으로 확인되면 합격 또는 입학을 취소함 **[자립지원 대상 아동]** 고등학교 졸업(예정)자 및 법령에 의하여 고등학교 졸업 동등 이상의 학력이 인정된 자로서, 아동복지법 시행령 제38조 제2항 해당자
전형방법	전 지원자를 대상으로 서류평가 성적순으로 선발
전형요소	서류평가 100% (최저 0점, 최고 100점)
제출서류	학생부, 고등학교 졸업 동등 학력 관련 서류(해당자), 지원자격 관련 서류 *지원자격 관련 사실 확인을 위하여 추가서류를 요청하거나 실사를 실시할 수 있음

(나) 기회균형전형_농어촌학생 (정원 외)

구분	내용
모집인원	63명
모집단위	전 모집단위(기독교학과, 바이오헬스융합학과, 예체능계열 제외)
지원자격	농어촌지역 고등학교 졸업(예정)자 중 아래 지원자격 중 하나에 해당하는 자 **가. 유형Ⅰ**: 농어촌(읍·면) 소재 중 . 고교의 6년 전 교육과정을 입학에서 졸업까지 연속해서 모두 이수한 자로서 부모와 본인 모두 읍·면 지역에 거주한 자 **나. 유형Ⅱ**: 농어촌(읍·면) 소재 초 . 중 . 고교 12년 전 교육과정을 입학에서 졸업까지 연속해서 모두 이수한 자로서 해당기간의 재학기간 동안 읍·면 지역에 거주한 자 · 유형Ⅰ의 학생재학기간과 학생·부모 거주 충족 기간은 중학교 입학 일부터 고등학교 졸업일까지, 유형Ⅱ의 학생 재학기간과 학생 거주 충족기간은 초등학교 입학 일부터 고등학교 졸업일까지임 · 읍·면 지역은 지방자치법 제3조에 의한 읍·면을 의미하며(광역시·도, 도·농 통합 시 관할구역 안에 두는 읍·면 포함) 도서·벽지교육진흥법시행규칙 제2조에 따른 도

구분	내용
	서·벽지 지역을 포함함
	·고등학교 졸업 검정고시 합격자는 지원 불가
	·읍·면 소재 특수목적고교(과학고, 외국어고, 국제고, 예술고, 체육고 등) 출신자는 지원 불가
	·고등학교(중학교, 초등학교) 재학 기간 중 행정구역 개편 등으로 읍·면·도서·벽지 지역이 동 지역 또는 도서·벽지 해제지역으로 변경된 경우 고등학교(중학교, 초등학교) 재학 기간 중 해당 지역을 읍·면·도서·벽지 지역으로 인정함
	·농어촌 학생이 2개 이상의 학교에서 재학한 경우 해당 학교 모두가 반드시 읍·면이나 도서·벽지 지역에 소재하는 학교이어야 하되 동일한 읍·면이나 도서·벽지 지역이 아니어도 지원 가능함
	·지원자의 거주지, 부모의 거주지, 재학한 학교 소재지가 동일한 읍.면이나 도서·벽지 지역이 아니어도 지원 가능함
	·재학기간과 거주기간은 연속된 연수만을 인정함 (학업 중단 후 재입학할 경우에도 거주기간은 중간 단절 없이 연속되어야 함)
	·학생과 부모의 거주는 각각의 주민등록상 거주기록과 일치해야 함
	·졸업예정자는 고교 졸업일까지 농어촌 지역에 거주해야 함
	·농어촌 학생 지원자격에 대한 교육부의 지침이 따로 있을 경우 추후 변경·보완될 수 있음
	·합격자에 한하여 등록 이후 추가서류를 제출해야 하며 졸업일까지 농어촌 지역에 거주 및 재학하지 않은 것으로 확인되면 합격 또는 입학을 취소함
전형방법	전 지원자를 대상으로 서류평가 성적순으로 선발
전형요소	서류평가 100% (최저 0점, 최고 100점)
제출서류	학생부, 지원 자격 관련 서류 * 지원자격 관련 사실 확인을 위하여 추가서류를 요청하거나 실사를 실시할 수 있음

※ 수시모집에서 미달 또는 미등록으로 인한 결원은 정시모집 및 추가모집을 통하여 선발할 수 있음

(다) 기회균형전형_특성화고교졸업자 (정원 외)

구분	내용
모집인원	23명
모집단위	경제학과, 문헌정보학과, 사회복지학과, 아동학과, 행정학과, 언론영상학부, 화학·생명환경과학부, 바이오헬스융합학과, 원예생명조경학과, 식품응용시스템학부, 경영학과, 패션산업학과, 디지털미디어학과, 정보보호학과, 소프트웨어융합학과, 데이터사이언스학과
지원자격	국내 특성화고등학교 졸업(예정)자 중 아래 지원자격에 모두 해당하는 자 가. [초중등교육법 시행령] 제91조 제1항에 따른 특성화 고등학교 중 자연현장실습 등 체험위주의 교육을 전문 으로 실시하는 고등학교를 제외한 학교의 졸업자 ※ 특성화고와 같은 교육과정을 운영하는 학과가 있는 일반고(종합고) 포함 (종합고의 일반고 교육과정 졸업(예정)자 제외) ※ 산업수요 맞춤형 고등학교(마이스터고등학교) 제외 나. 특성화고등학교에 설치된 학과와 동일계열이라고 인정하는 본교 모집단위에 지원한 자 단, 동일계열인 기준학과가 모집요강에 명시되지 않을지라도 특성화고등학교에서 이수한 교과목이 해당 모집단위와 관련된 전문교과를 30단위 이상

		이수한 경우에는 지원 가능함
		※ 동일계열 확인을 위하여 교육과정, 이수학점 등을 검토하기 위한 "전공적합성"을 심사항목에 포함하여 심의함
		※ 전문교과 이수단위 인정에 대한 특이사항은 본교 학생부종합전형관리위원회 및 대학입학전형관리위원회 에서 논의하여 결정함
전형방법		전 지원자를 대상으로 서류평가 성적순으로 선발
전형요소		서류평가 100% (최저 0점, 최고 100점)
제출서류		학생부 *지원자격 관련 사실 확인을 위하여 추가서류를 요청할 수 있음

*수시모집에서 미달 또는 미등록으로 인한 결원은 정시모집 및 추가모집을 통하여 선발할 수 있음.

■ 학생부 서류평가 평가방법

가. 지원자의 서류평가 평가요소에 대해 본교 평가준거에 따라 입학사정관이 정성적으로 종합평가

나. 평가서류 : 학교생활기록부

※ 서류내용의 진위여부, 학교폭력 사실관계 확인이 필요한 경우 실사를 실시할 수 있음

■ 면접평가 (바롬인재면접전형, SW융합인재전형, 기독교지도자전형)

- 2명의 평가자에 의한 개별면접으로 평가요소에 대해 종합적으로 평가

※ 모든 면접은 제시문 없이 제출서류 기반으로 진행됨

노) 한성대학교[75]

(1) 전형유형별 지원자격

전형명		모집계열/단위	지원자격
한성인재		크리에이티브인문학부(주/야) 사회과학부(주/야) 글로벌패션산업학부(주/야) 뷰티디자인매니지먼트학과(주/야) IT공과대학(주/야) 문학문화콘텐츠학과(주/야) AI응용학과(주/야)	학교생활기록부 성적이 3개 학기(3학년 1학기 포함) 이상 있는 국내 고등학교 졸업(예정)자 또는 관계 법령에 의하여 고등학교 졸업자와 동등 이상의 학력이 있다고 인정된 자 ※ 지원 가능: 일반고, 자율고, 특목고, 특성화고, 검정고시출신자 등
기회균형	고른기회	크리에이티브인문학부(주) 사회과학부(주) 글로벌패션산업학부(주) IT공대(주)	학교생활기록부 성적이 3개 학기(3학년 1학기 포함) 이상 있는 국내 고등학교 졸업(예정)자 또는 관계 법령에 의하여 고등학교 졸업자와 동등 이상의 학력이 있다고 인정된 자로 다음 중 하나에 해당하는 자 - 국가보훈대상자로 보훈(지)청장이 발급하는「대학입학 특별전형 대상자 증명서」발급이 가능한 자 - 국민기초생활보장법 수급(권)자 및 차상위 계층의 학생 - 한부모가족지원법에 따른 지원 대상자
	평생학습자	융합행정학과(야) 호텔외식경영학과(야)	- 고등학교 졸업 이상인 자 또는 법령에 의하여 이와 동등 이상의 학력을 갖춘 자로서 만 30세 이상인 자

75) 2024 한성대 입학전형

		뷰티디자인학과(야) 비즈니스컨설팅학과(야) ICT융합디자인학과(야)	- 특성화고·마이스터고 등 졸업 후 산업체 근무 경력이 3년 이상인 재직자 (2024년 3월 1일 기준) ※ 특성화고교졸재직자전형 지원기준과 동일
	농어촌 학생	크리에이티브인문학부(주/야) 사회과학부(주/야), 글로벌패션산업학부(주/야) IT공과대학(주/야)	학교생활기록부 성적이 있는 국내 고등학교 졸업(예정)자로 다음에 해당하는 자 - 지방자치법 제3조에 의한 읍·면지역 및 도서·벽지지역 교육진흥법시행규칙 제2조에 의한 지역에 소재한 중·고등학교에서 중·고교 전 교육과정을 이수한 졸업(예정)자로, 중1학년 입학일부터 고교 졸업까지 본인 및 부모 모두가 지방자치법 제3조에 의한 읍·면 지역 및 도서·벽지지역 교육진흥법시행규칙 제2조에 의한 지역에서 거주하고, 출신 고등학교장의 확인을 받은 자 ※ 검정고시출신자 및 특수목적고(과학고,외국어고,국제고,예술고,체육고) 출신자 제외 ※ 지원 가능: 일반고, 자율고, 특성화고
	특성화 고교 졸업자	사회과학부(주/야) 글로벌패션산업학부(주/야) 뷰티디자인매니지먼트학과(주/야) IT공과대학(주/야)	학교생활기록부 성적이 있는 초·중등교육법 시행령 제91조 제1항에 따른 국내 특성화 고등학교 졸업(예정) 자로 다음에 해당하는 자 - 특성화고교에서 이수한 학과(전문교과 30단위이상)가 본인이 지원한 본교 모집단위에서 제시한 고교 기준학과를 충족하는 자 ※ 산업수요 맞춤형 마이스터고 제외 ※ 자연현장실습 등 체험위주의 교육을 전문으로 실시하는 고등학교 및 평생교육법에 의한 학력인정학교 졸업자 제외 ※ 특성화고와 같은 교육과정을 운영하는 학과가 있는 일반고(종합고) 포함
	특성화 고교졸 재직자	융합행정학과(야) 호텔외식경영학과(야) 뷰티디자인학과(야) 비즈니스컨설팅학과(야) ICT융합디자인학과(야)	3년 이상의 산업체 재직자로 다음 중 하나에 해당하는 자 - 초.중등교육법 시행령 제76조의2제1호에 따른 일반고등학교에 재학하는 동안 시도교육감이 직업교육훈련 촉진법에 따른 직업교육훈련기관 중 직업교육훈련위탁기관으로 선정한 기관에서 1년 이상의 직업교육훈련과정을 이수하고 해당 일반고등학교를 졸업한 자 - 초.중등교육법시행령 제90조제1항제10호에 따른 산업수요맞춤형 고등학교를 졸업한 자 - 특성화고등학교등을 졸업한 자 *「초·중등교육법 시행령」제91조제1항에 따른 특성화고등학교 중 자연현장실습 등 체험위주의 교육을 전문으로 실시하는 고등학교를 제외한 학교(「초·중등교육법시행령」제76조의2 제1호에 따른 일반고등학교에 설치된 학과 중 특성화고등학교에서 제공하는 것과 같은 교육과정으로 운영되는 학과 포함) - 평생교육법 제31조제2항에 따른 학력인정 평생교육시설 중 특성화고등학교등에서 제공하는 것과 같은 교육과정을 운영하는 평생교육시설에서 해당 교육과정을 이수한 자 - 초·중등교육법 시행령 제91조 제1항에 따른 특성화 고등학교 졸업자이면서 3년 이상 산업체 재직자(군 의무복무 경력은 재직기간에 포함) - 특성화고와 같은 교육과정을 운영하는 학과가 있는 종합고 포함

(2) **전형요소별 반영방법**: 서류평가 100%

(3) **수능최저학력기준: 없음**

도) 상명대학교[76)]

(1) 상명인재전형

(가) 모집인원: 262명

계열	모집단위		모집인원	계열	모집단위		모집인원
인문	인문콘텐츠학부	역사콘텐츠전공	8	자연	수학교육과		8
		지적재산권전공	7		지능·데이터융합학부	휴먼지능정보공학전공	14
		문헌정보학전공	8			핀테크전공	10
	SW융합학부	한일문화콘텐츠전공	7			빅데이터융합전공	
	공간환경학부		10			스마트생산전공	
	행정학부		11		SW융합학부	컴퓨터과학전공	14
	가족복지학과		8			전기공학전공	8
	경제금융학부		12			지능IOT융합전공	8
	경영학부		14			게임전공	8
	글로벌경영학과		13		생명화학공학부	생명공학전공	9
	국어교육과		10			화학에너지공학전공	9
	영어교육과		8			화공신소재전공	9
	교육학과		8		외식의류학부	식품영양학전공	8
	-					의류학전공	7
				예체능	SW융합학부	애니메이션전공	6
					스포츠무학부	스포츠건강관리전공	8
					미술학부	조형예술전공	8
						생활예술전공	4

(나) 지원자격

고교졸업(예정)자 또는 「초·중등교육법 시행령」 제98조에 의하여 동등의 학력이 있다고 인정된 자

(다) 수능최저학력기준: 없음

(라) 전형방법

① 인문/자연/예체능(애니메이션전공)

선발모형	선발비율(%)	전형요소 실질반영비율(%)	전형총점(점)
일괄합산	100	서류평가 100	1,000

② 예체능(스포츠건강관리전공, 조형예술전공, 생활예술전공)

선발모형	선발비율(%)	전형요소 실질반영비율 (%)			전형총점(점)	비고
		서류평가	면접고사	계		
1단계	300	100	-	100	1,000	3배수 선발
2단계	100	70	30	100	1,000	-

※ 2단계 서류평가(70%)는 1단계 성적

---

76) 2024 상명대 입학전형

(2) 고른기회전형
(가) 모집단위 및 모집인원: 66명

계열	모집단위		모집인원	계열	모집단위		모집인원
인문	인문콘텐츠학부	역사콘텐츠전공	2	자연	수학교육과		2
		지적재산권전공	2		지능·데이터융합학부	휴먼지능정보공학전공	4
		문헌정보학전공	2			핀테크전공	2
	SW융합학부	한일문화콘텐츠전공	2			빅데이터융합전공	
	공간환경학부		2			스마트생산전공	
	행정학부		3		SW융합학부	컴퓨터과학전공	4
	가족복지학과		2			전기공학전공	2
	경제금융학부		4			지능IOT융합전공	2
	경영학부		4			게임전공	2
	글로벌경영학과		4		생명화학공학부	생명공학전공	2
	국어교육과		2			화학에너지공학전공	2
	영어교육과		2			화공신소재전공	2
	교육학과		2		외식의류학부	식품영양학전공	2
	-					의류학전공	2
				예체능	SW융합학부	애니메이션전공	2
					스포츠무학부	스포츠건강관리전공	1
					미술학부	조형예술전공	1
						생활예술전공	1

(나) 지원자격

[국가보훈대상자]

> 고교졸업(예정)자 또는 「초·중등교육법 시행령」제98조에 의하여 동등의 학력이 있다고 인정된 자 중 「국가보훈 기본법」제3조 제2호에 따른 '국가보훈대상자'로서 국가보훈관계 법령에 따른 교육지원 대상자
> ※ 국가보훈관계 교육지원 대상자 근거 법령
> 1) 독립유공자예우에 관한 법률 제15조
> 2) 국가유공자 등 예우 및 지원에 관한 법률 제22조(단, 참전유공자는 교육지원 비대상임)
> 3) 5·18민주유공자예우에 관한 법률 제12조
> 4) 고엽제후유의증 등 환자지원 및 단체설립에 관한 법률 제7조의5
> 5) 특수임무유공자 예우 및 단체설립에 관한 법률 제11조
> 6) 보훈보상대상자 지원에 관한 법률 제25조

[농·어촌학생]

> 국내 고등학교 졸업(예정)자로 다음의 기준 중 하나에 해당되는 자
> ※ 다만, 특수목적고(과학고, 외국어고, 국제고, 예술고, 체육고, 마이스터고) 출신자는 제외
> 1) 「지방자치법」 제3조에 의한 읍·면지역 및 「도서·벽지 교육진흥법 시행규칙」 제2조에 의한 지역에서 6년 (중학교 입학 시부터 고등학교 졸업 시까지) 교육과정을 이수하고, 재학기간 동안 본인 및 부·모가 모두 농·어촌 지역에 거주한 자
> 2) 「지방자치법」 제3조에 의한 읍·면지역 및 「도서·벽지 교육진흥법 시행규칙」 제2조에 의한 지역에서 초·중·고 12년(초등학교 입학 시부터 고등학교 졸업 시까지) 전 교육과정을 이수하고, 재학 기간 동안 농·어촌 지역에 거주한 자

※ 도서·벽지는 「도서·벽지 교육진흥법 시행규칙」 제2조에 열거된 읍·면·동, 리만 인정함.

※ 졸업예정자는 고교 졸업 시까지 농·어촌 지역에 거주해야 함.

※ 재학기간과 거주기간은 연속된 연수만을 인정(재입학의 경우, 거주기간은 단절 없이 연속되어야 함)

※ 학생과 부모의 거주는 각각의 주민등록상 거주기록과 일치해야 함

[기초생활수급자, 차상위계층, 한부모가족]

고교졸업(예정)자 또는 「초·중등교육법 시행령」 제98조에 의하여 동등의 학력이 있다고 인정된 자로서 다음의 기준 중 하나에 해당되는 자

1) 「국민기초생활보장법」 제2조 제1호(수급권자) 및 제2호(수급자)에 의한 대상자

2) 「국민기초생활보장법」 제2조 제10호(차상위계층)에 의한 대상자

3) 「한부모가족지원법」 제5조 제5조의 2에 의한 대상자

[서해5도학생]

「서해 5도 지원 특별법」 제2조 제1호에 해당하는 지역에 소재하는 일반 고등학교 졸업(예정)자로 다음의 기준 중 하나에 해당되는 자

1) 「서해 5도 지원 특별법 시행령」 제11조 제1호에 해당하는 자

서해 5도에서 친권자 또는 후견인과 함께 거주하면서 서해 5도에 설립된 중학교 및 고등학교의 모든 교육 과정을 이수한 학생

2) 「서해 5도 지원 특별법 시행령」 제11조 제2호에 해당하는 자

서해 5도에 거주하면서 서해 5도에 설립된 초등학교·중학교 및 고등학교의 모든 교육과정을 이수한 학생

　※ 서해 5도: 인천광역시 옹진군에 속하는 백령도, 대청도, 소청도, 연평도, 소연평도와 인근 해역

　※ 졸업예정자는 고교 졸업 시까지 서해 5도 지역에 거주해야 함.

　※ 재학기간과 거주기간은 연속된 연수만을 인정함

[특성화고교졸업자]

국내 고등학교 졸업(예정)자로 다음의 자격요건을 모두 충족하는 자

1) 「초·중등교육법 시행령」 제91조 제1항에 따른 특성화고등학교 졸업(예정)자

　※ 자연현장실습 등 체험위주의 교육을 전문으로 실시하는 고등학교는 제외

　※ 특성화고와 같은 교육과정을 운영하는 학과가 있는 일반고(종합고) 포함[산업수요 맞춤형 고등학교(마이스터고등학교) 졸업생 제외]

2) 모집단위별 교육과정의 기준학과와 특성화고등학교 교육과정의 기준학과 동일계열 지원자

　※동일계열 지원자가 아닌 경우, 해당 모집단위와 관련된 전문교과를 30단위 이상 이수한 경우도 인정함.

　※ 모집단위별 교육과정의 기준학과는 「2024학년도 수시모집요강」을 참조.

[자립지원 대상 아동]

고교졸업(예정)자 또는 「초·중등교육법 시행령」 제98조에 의하여 동등의 학력이 있다고 인정된 자로서 「아동복지법 시행령」 제38조 제2항에 해당하는 자

[북한이탈주민, 제3국 출생 북한이탈주민 자녀]

고교졸업(예정)자 또는 「초·중등교육법 시행령」 제98조에 의하여 동등의 학력이 있다고 인정된 자로서 「북한이탈주민법」 제2조 제1호에 해당하는 북한이탈주민 또는 제3국에서 출생한 북한이탈주민의 자녀

(다) 수능최저학력기준: 없음

(라) 전형방법

선발모형	선발비율(%)	전형요소 실질반영비율(%)	전형총점(점)
일괄합산	100	서류평가 100	1,000

(3) 특성화고졸재직자전형

(가) 모집단위 및 모집인원

계열	모집단위	모집인원	
		정원 내	정원 외
인문	융합경영학과	1	71

(나) 지원자격

다음의 어느 하나에 해당하는 사람으로서 산업체 근무 경력이 3년 이상인 재직자
1) 「초·중등교육법 시행령」 제76조의3 제1호에 따른 일반고등학교에 재학하는 동안 시·도교육감이 「직업교육훈련 촉진법」에 따른 직업교육훈련기관 중 직업교육훈련 위탁기관으로 선정한 기관에서 1년 이상의 직업 교육훈련과정을 이수하고 해당 일반고등학교를 졸업한 자
2) 「초·중등교육법 시행령」 제90조 제1항 제10호에 따른 산업수요 맞춤형 고등학교를 졸업한 자
3) 특성화고등학교 등을 졸업한 자
- 「초·중등교육법 시행령」 제91조 제1항에 따른 특성화고등학교 중 자연현장실습 등 체험위주의 교육을 전문으로 실시하는 고등학교를 제외한 학교(「초·중등교육법 시행령」 제76조의3 제1호에 따른 일반고등학교에 설치된 학과 중 특성화고등학교에서 제공하는 것과 같은 교육과정으로 운영하는 학과 포함)
4) 「평생교육법」 제31조 제2항에 따른 학력인정 평생교육시설 중 특성화고등학교 등에서 제공하는 것과 같은 교육과정을 운영하는 평생교육시설에서 해당 교육과정을 이수한 자

[본교 지원자격심사위원회 자격심사 기준]
▶ 재직기간 산정
- 2024년 3월 1일을 기준으로 총 재직기간이 3년(1,095일) 이상
- 2개 이상 산업체에서 재직한 경우 재직기간을 합산하여 통산 3년 이상
- 병역특례 기간의 기간의 산업체 경력도 인정
- 군 의무복무(대체복무 포함)는 경력으로만 인정하며 재직기간으로 산정
- 고등학교 졸업일 이전에는 산업체에서 근무한 기간은 재직기간으로 산정하지 않음

▶ 산업체의 범위
- 국가, 지방자치단체 및 공공기관(소속 직원의 경우)
- 「근로기준법」 제11조에 의거 상시근로자 5명(사업주 포함) 이상 사업체
- 4대 보험 중 1개 이상 가입 사업체(창업 및 자영업자 포함)
단, 1인 개인사업자 중 지역보험가입자의 경우는 인정하지 않음
※ 상기 사항은 「고등교육법 시행령」 제29조 제2항 제14호의 기준에 따라 변경될 수 있음

(다) 수능최저학력기준: 없음

(라) 전형방법

선발모형	선발비율(%)	전형요소 실질반영비율(%)	전형총점(점)
일괄합산	100	서류평가 100	1,000

(4) 특수교육대상자전형
(가) 모집단위 및 모집인원: 5명

계열	모집단위	모집인원	계열	모집단위		모집인원
인문	행정학부	1	예체능	SW융합학부	애니메이션전공	1
	가족복지학과	2		미술학부	조형예술전공	1

(나) 지원자격

고교졸업(예정)자 또는 「초·중등교육법 시행령」 제98조에 의하여 동등의 학력이 있다고 인정된 자로서 「장애인복지법」 제32조에 의해 등록되어 있는 청각장애(주장애)를 가진 자

(다) 수능최저학력기준: 없음

(라) 전형방법

선발모형	선발비율(%)	전형요소 실질반영비율(%)	전형총점(점)
일괄합산	100	서류평가 100	1,000

■서류평가
- 대상: 상명인재전형/ 기회균형전형/ 특성화고졸재직자전형/ 특수교육대상자전형

평가자료	평가항목	평가방법
학교생활기록부 (교과 및 비교과)	인성, 전공적합성, 발전가능성	학교생활기록부(교과 및 비교과)를 활용하여 종합적으로 평가

※ 학생부종합[상명인재전형-인문/자연/예체능(애니메이션전공), 기회균형전형, 특성화고졸재직자전형, 특수교육대상자전형]은 서류평가 100%로 선발
※ 학생부종합[상명인재전형, 기회균형전형(국가보훈대상자, 기초생활수급자·차상위계층·한부모가족, 자립지원 대상 아동, 북한이탈주민·제3국 출생 북한이탈주민 자녀), 특수교육대상자전형] 지원자 중 「초·중등교육법 시행령」 제98조에 의하여 동등의 학력이 있다고 인정된 자는 학교생활기록부 대체 증빙자료(검정고시 출신자의 경우 검정고시 성적증명서 포함)로 평가

■면접고사
- 대상: 상명인재전형[예체능계열 모집단위(스포츠건강관리전공, 조형예술전공, 생활예술전공)] 1단계 통과자에 한해 시행

면접방법	평가항목	시행단위	평가형식	평가시간
서류기반 개별면접 (블라인드 면접)	인성, 전공적합성, 발전가능성	모집단위별로 시행	면접위원 2인 수험생 1인	10분 내외

로) 건국대학교[77]

(1) KU자기추천 전형

(가) 모집인원: 830명

(나) 지원자격

국내·외 고등학교 졸업(예정)자 또는 법령에 의하여 이와 동등 이상의 학력이 있다고 인정된 자로서 교내활동에 자발적으로 참여하고, 해당 전공에 관심과 소질이 있어 스스로를 추천할 수 있는 자

(다) 전형방법

사정단계	서류평가	면접평가	합계	선발배수	수능최저학력기준
1단계	1,000(100%)	-	1,000(100%)	3배수	없음
2단계	700(70%)*	300(30%)	1,000(100%)	-	

* 1단계 성적

(라) 서류평가 안내 사항

● 제출서류: 학교생활기록부
● 평가방법
- 입학사정관 2인이 종합적으로 정성평가하고, 일정 점수 이상 차이가 나는 경우 원평가자를 제외한 입학사정관 2인이 재평가 진행
● 평가절차 및 평가기준: 건국대 섹션 하단 참조

(마) 면접평가 안내 사항

● 평가방법: 제출서류에 기초한 개별면접
● 면접내용: 서류진위여부확인 및 인성평가
● 면접형식: 면접평가자(2인) 대(對) 지원자(1인) / 개인당 10분 내외
● 평가요소 및 평가항목: 건국대 섹션 하단 참조

(바) 선발 원칙

● 1단계: 서류평가 석차 순으로 모집단위별 모집인원의 3배수 선발
● 2단계: 총점 석차 순(1단계 성적 70%+면접평가 30%)으로 모집단위별 모집인원 최종 선발
● 제출서류를 제출하지 않은 경우 선발 대상에서 제외
● 면접 대상자 중 면접 결시자와 면접평가 점수가 일정 수준 이하인 경우 선발대상에서 제외

(사) 전형 요소별 실질 반영 비율

사정단계	전형요소	최고점	최저점	차이	실질 반영 비율
1단계	서류평가	1,000	0	1,000	100%
2단계	1단계 성적	700	0	700	70%
	면접평가	300	0	300	30%

---

77) 2024 건국대 입학전형

(2) 사회통합 전형

(가) 모집인원: 20명

(나) 지원자격

● 국내 고등학교 졸업(예정)자 또는 법령에 의하여 이와 동등 이상의 학력이 있다고 인정된 자로서 원서접수 마감일 현재 다음 각 호 중 하나에 해당하는 자
- 국내 고교 학생부 3학기 이상 성적 산출내역이 있어야 함
1. 국가보훈 기본법 제3조 제2호에 따른 '국가보훈대상자'로서 국가보훈관계 법령에 따른 교육지원 대상자

> ※ 근거법령
> 1. 「독립유공자예우에 관한 법률」 제15조
> 2. 「국가유공자 등 예우 및 지원에 관한 법률」 제22조
> 3. 「5·18민주유공자예우에 관한 법률」 제12조
> 4. 「고엽제후유의증 등 환자지원 및 단체설립에 관한 법률」 제7조의 5
> 5. 「특수임무유공자 예우 및 단체설립에 관한 법률」 제11조
> 6. 「보훈보상대상자 지원에 관한 법률」 제25조

2. 의사상자 등 예우 및 지원에 관한 법률 제2조 제2호 ~ 제3호에 해당하는 자 및 자녀
3. 직업군인, 소방공무원, 경찰공무원으로 15년 이상 근무한 자(퇴직자 포함)의 자녀
4. 다자녀(4자녀 이상) 가정의 자녀
5. 다문화가족의 자녀
○결혼 이전에 국적이 외국국적이었던 친모(친부)와 결혼 이전에 국적이 대한민국인 친부(친모) 사이에 출생한 자
6. 아동복지시설출신자
○고등학교 입학부터 원서접수 마감일까지 아동복지법 제52조 제①항 1호~5호의 아동복지시설 또는 청소년복지 지원법 제31조의 청소년 복지시설에 수용된 자
7. 조손가정의 손자녀
○(외)할아버지, (외)할머니, 손자, 손녀로 구성된 가족으로서 부모가 사망하거나 생사가 분명하지 않은 손자녀(단, 부모 모두의 주민등록이 말소되지 않은 경우 지원할 수 없음.)
8. 장애인부모자녀
○부모 중 1인 이상이 장애인복지법 제32조에 의하여 중증 장애인 등록을 필한 자의 자녀

(다) 전형방법

사정단계	서류평가	학생부(교과)	합계	수능최저학력기준
1단계	700(70%)	300(30%)	1,000(100%)	없음

(라) 서류평가 안내 사항

● 제출서류: 학교생활기록부, 지원자격 증빙서류
● 평가방법
- 학생부(교과) 반영방법: 건국대 섹션 하단 참조

- 평가절차 및 평가기준: 건국대 섹션 하단 참조

(마) 선발 원칙
● 학생부(교과)와 서류평가의 점수를 합산하여 총점 석차 순으로 모집단위별 모집인원 선발
● 서류평가가 일정 수준 이하인 경우 선발대상에서 제외
● 제출서류를 제출하지 않은 경우 선발 대상에서 제외

(바) 전형 요소별 실질 반영 비율

전형요소	최고점	최저점	차이	실질 반영 비율
서류평가	700	0	700	70%
학생부(교과)	300	0	300	30%

(3) 기초생활및차상위 전형
(가) 모집인원: 63명

(나) 지원자격

● 국내 고등학교 졸업(예정)자 또는 법령에 의하여 이와 동등 이상의 학력이 있다고
인정된 자로서 원서접수 마감일 현재 다음 각 호 중 하나에 해당하는 자
1. 「국민기초생활 보장법」 제2조 제1호에 따른 수급권자 및 제2조 제2호에 따른 수급자
2. 「국민기초생활 보장법」 제2조 제10호에 따른 차상위계층
3. 「한부모가족지원법」 제5조 및 제5조의2에 따른 지원대상자

(다) 전형방법

사정단계	서류평가	면접평가	합계	수능최저학력기준
일괄합산	700(70%)	300(30%)	1,000(100%)	없음

(라) 서류평가 안내 사항
● 제출서류: 학교생활기록부, 지원자격 증빙서류

● 평가방법
- 학생부(교과) 반영방법: 건국대 섹션 하단 참조
- 평가절차 및 평가기준: 건국대 섹션 하단 참조

(마) 선발 원칙
● 학생부(교과)와 서류평가의 점수를 합산하여 총점 석차 순으로 모집단위별 모집인원 선발
● 서류평가가 일정 수준 이하인 경우 선발대상에서 제외
● 제출서류를 제출하지 않은 경우 선발 대상에서 제외

(바) 전형 요소별 실질 반영 비율

전형요소	최고점	최저점	차이	실질 반영 비율
서류평가	700	0	700	70%
학생부(교과)	300	0	300	30%

(4) 농어촌학생 전형
(가) 모집인원: 24명

(나) 지원자격

◉ 국내 고등학교 졸업(예정)자로서 원서접수 마감일 현재 다음 각 호 중 하나에 해당하는 자
[지원자격 1] 중학교 입학일부터 고등학교 졸업일까지 농어촌 소재지의 중·고등학교 전 교육과정을 연속하여 이수하고, 해당기간 동안 본인 및 부·모 모두 농어촌 소재지에 거주한 자
[지원자격 2] 초등학교 입학일부터 고등학교 졸업일까지 농어촌 소재지의 초·중·고등학교 전 교육과정을 연속하여 이수하고, 해당기간 동안 본인이 농어촌 소재지에 거주한 자
※ 방송통신고등학교, 특수목적고등학교(과학고, 외국어고, 예술고, 체육고 등), 마이스터고등학교, 평생교육시설, 비인가 대안학교 졸업(예정)자 지원불가
※ 지원자격 해당기간의 연속된 연수만을 인정함
※ '농어촌 소재지'란 「지방자치법」제3조에 따른 읍·면 지역 및 「도서·벽지 교육진흥법시행규칙」 제2조에 따른 도서·벽지 지역을 의미함
※ 고교 졸업예정자가 최종 합격할 경우 재학 고등학교의 졸업일까지 지원자격(농어촌 지역 거주 및 농어촌 지역 고교 재학)을 유지해야 하며, 자격을 유지하지 않을 경우 불합격 또는 입학이 취소될 수 있음

※ **행정구역(읍·면)의 적용 등 세부 기준**
1. 고등학교(초등학교·중학교) 재학 당시의 행정구역(읍·면) 단위를 기준으로 적용함.
2. 고등학교(초등학교·중학교) 재학 중에 읍·면이 동(洞)으로 행정구역이 개편된 경우, 개편된 동(洞)지역을 읍·면지역으로 인정함.
3. 고등학교(초등학교·중학교) 재학 당시 읍·면이었던 행정구역이 졸업 이후 동(洞)으로 개편된 경우, 개편된 동(洞)지역을 읍·면 지역으로 인정함.
4. 2개 이상의 학교에서 재학한 경우에 해당 학교 모두 반드시 읍·면 지역에 소재하는 학교이어야 하나, 동일한 읍·면 지역이 아니어도 됨.
5. 지원자의 거주지, 부모의 거주지, 재학한 학교 소재지가 동일한 읍·면 지역 또는 도서·벽지 지역이 아니어도 됨.
6. [지원자격 1] 중학교 입학일부터 고등학교 졸업일까지 주민등록표초본 상 본인, 부, 모 중 한명 이상이 단 하루라도 말소된 기록이 있는 경우는 지원 자격에 해당되지 않음.
7. [지원자격 2] 초등학교 입학일부터 고등학교 졸업일까지 주민등록표초본 상 본인이 단 하루라도 말소된 기록이 있는 경우는 지원 자격에 해당되지 않음.
8. [지원자격 1] 지원자격 특이자

특이내용	특이자 지원자격
부모의 이혼	① 이혼 전 부모의 주소지와 이혼 후의 주민등록상 지원자 본인의 친권이 있는 부(모)의 주소지가 농어촌지역이어야 함.
부모의 사망	① 부모 모두가 사망한 경우에는 부모 모두가 법률상의 사망일 이전까지의 주소지가 농어촌지역이어야 하며, 사망일 이후부터 지원자의 주소지가 농어촌지역이어야 함.
	② 부(모)가 사망한 경우에는 부(모)가 법률상의 사망일 이전까지의 주소지가 농어촌지역이어야

	하며, 지원자 본인과 생존한 부(모)의 주소지가 농어촌 지역이어야 함.

(다) 전형방법

사정단계	서류평가	면접평가	합계	수능최저학력기준
일괄합산	700(70%)	300(30%)	1,000(100%)	없음

(라) 서류평가 안내 사항

● 제출서류: 학교생활기록부, 지원자격 증빙서류
● 평가방법
- 학생부(교과) 반영방법: 건국대 섹션 하단 참조
- 평가절차 및 평가기준: 건국대 섹션 하단 참조
● 평가요소 및 평가항목

(마) 선발 원칙

● 학생부(교과)와 서류평가의 점수를 합산하여 총점 석차 순으로 모집단위별 모집인원 선발
● 서류평가가 일정 수준 이하인 경우 선발대상에서 제외
● 제출서류를 제출하지 않은 경우 선발 대상에서 제외

(바) 전형 요소별 실질 반영 비율

전형요소	최고점	최저점	차이	실질 반영 비율
서류평가	700	0	700	70%
학생부(교과)	300	0	300	30%

(5) 특성화고교졸업자 전형
(가) 모집인원: 22명 (정원 외)

(나) 지원자격

● 초·중등교육법 시행령 제91조 제1항에 따른 특성화고등학교 중 자연현장실습 등 체험위주의 교육을 전문으로 실시하는 고등학교를 제외한 학교(초·중등교육법 시행령 제76조의3 제1호에 따른 일반 고등학교에 설치된 학과 중 특성화고등학교에서 제공하는 것과 같은 교육과정으로 운영되는 학과를 포함)에 입학하여 원서 접수 마감일 현재 졸업(예정)자로서, 해당 고교에서 본인이 이수한 학과의 기준학과가 지원 모집단위에서 제시한 기준학과를 충족한 자
※ 신입학이 아닌 경우, 특성화고의 1학년 1학기 성적부터 있어야 함
※ 기준학과명이 명시되어 있지 않을지라도 특성화고교에서 이수한 교과목이 해당 모집단위와 관련된 전문교과 30단위 이상을 이수한 경우, 소속 고교장이 인정하여 추천한 자는 지원 가능함
※ 마이스터고등학교 졸업(예정)자, 특성화(전문계)고등학교 및 일반계(종합)고등학교의 "보통과"는 지원자격 없음
※ 동일계열 이수단위수, 이수교과목의 전공적합성 등을 서류평가에 반영함

(다) 모집단위별 기준학과

단과대학	모집단위	계열	기준학과
건축대학	건축학부	자연계	토목과, 건축시공과, 조경과, 디자인과, 문화콘텐츠과, 농업토목과, 산업설비과. 산업안전과
공과대학	사회환경공학부	자연계	토목과, 건축시공과, 조경과, 디자인과, 문화콘텐츠과, 농업토목과, 환경보건과, 산업안전과, 산림자원과, 농업기계과
	기계항공공학부	자연계	기계과, 냉동공조과, 자동차과, 조선과, 항공과, 금속재료과, 세라믹과, 산업설비과, 전기과, 전자과, 농업기계과, 항해과, 기관과, 정보컴퓨터과, 산업안전과
	전기전자공학부	자연계	전기과, 전자과, 기계과, 냉동공조과, 자동차과, 조선과, 항공과, 디자인과, 문화콘텐츠과, 방송·통신과, 정보컴퓨터과, 산업안전과
	화학공학부	자연계	화학공업과, 금속재료과, 세라믹과, 산업설비과, 식품가공과, 환경보건과, 산업안전과, 섬유과
	컴퓨터공학부	자연계	디자인과, 문화콘텐츠과, 기계과, 방송·통신과, 정보컴퓨터과, 항해과, 전자과, 산업안전과
	생물공학과	자연계	식품가공과, 환경보건과, 산업안전과, 환경보건과, 해양생산과, 수산양식과
사회과학대학	정치외교학과	인문계	경영·사무과, 재무·회계과, 유통과, 금융과, 판매과, 정보컴퓨터과
	경제학과	인문계	경영·사무과, 재무·회계과, 유통과, 금융과, 판매과, 정보컴퓨터과, 보육과, 사회복지과, 보건간호과
	행정학과	인문계	경영·사무과, 재무·회계과, 유통과, 금융과, 판매과, 정보컴퓨터과, 보육과, 사회복지과, 보건간호과
	국제무역학과	인문계	경영·사무과, 재무·회계과, 유통과, 금융과, 판매과, 정보컴퓨터과
	응용통계학과	인문계	경영·사무과, 재무·회계과, 유통과, 금융과, 판매과, 정보컴퓨터과
경영대학	경영학과	인문계	경영사무과, 재무·회계과, 유통과, 금융과, 판매과, 정보컴퓨터과, 문화콘텐츠과
	기술경영학과	인문계	경영사무과, 재무·회계과, 유통과, 금융과, 판매과, 정보컴퓨터과, 해양생산과, 항해과, 기관과
부동산과학원	부동산학과	인문계	경영·사무과, 재무·회계과, 유통과, 금융과, 판매과, 정보컴퓨터과
상허생명과학대학	동물자원과학과	자연계	동물자원과, 식품가공과, 유통과, 화학공업과, 해양생산과, 수산양식과
	식량자원과학과	자연계	농업과, 원예과, 농업기계과, 농업토목과, 식품가공과, 유통과, 화학공업과, 해양생산과, 수산양식과
	축산식품생명공학과	자연계	동물자원과, 식품가공과, 유통과, 화학공업과, 해양생산과, 수산양식과
	식품유통공학과	자연계	농업과, 원예과, 농업기계과, 농업토목과, 식품가공과, 유통과, 화학공업과
	산림조경학과	자연계	농업과, 원예과, 산림자원과, 농업기계과, 농업토목과, 식품가공과, 조경과

(라) 전형방법

사정단계	서류평가	학생부(교과)	합계	수능최저학력기준
일괄합산	700(70%)	300(30%)	1,000(100%)	없음

(마) 서류평가 안내 사항
● 제출서류: 학교생활기록부, 자기소개서(대교협 공통양식), 지원자격 증빙서류
● 평가방법
- 학생부(교과) 반영방법: 건국대 섹션 하단 참조
- 평가절차 및 평가기준: 건국대 섹션 하단 참조

(바) 선발 원칙
● 학생부(교과)와 서류평가의 점수를 합산하여 총점 석차 순으로 모집단위별 모집인원 선발

● 서류평가가 일정 수준 이하인 경우 선발대상에서 제외

● 제출서류를 제출하지 않은 경우 선발 대상에서 제외

(사) 전형 요소별 실질 반영 비율

전형요소	최고점	최저점	차이	실질 반영 비율
서류평가	700	0	700	70%
학생부(교과)	300	0	300	30%

(6) 특성화고졸재직자 전형

(가) 모집인원: 136명 (정원 내, 정원 외)

(나) 지원자격

● 「고등교육법시행령」 제29조 제2항 제14호 '다'목에 따라 다음 각 호 중 하나에 해당하는 자로서, 4대 보험 중 1개 이상 가입한 산업체에서 근무경력이 3년 이상인 재직자
1) 특성화고등학교 등을 졸업한 자:「초·중등교육법 시행령」 제91조 제1항에 따른 특성화고등학교 중 자연현장실습 등 체험위주의 교육을 전문으로 실시하는 고등학교를 제외한 학교(「초·중등교육법 시행령」 제76조의3 제1호에 따른 일반고등학교에 설치된 학과 중 특성화고등학교에서 제공하는 것과 같은 교육과정으로 운영되는 학과 포함)를 졸업한 자
2) 「초·중등교육법 시행령」 제76조의3 제1호에 따른 일반고등학교에 재학하는 동안 시·도 교육감이 「직업교육훈련 촉진법」에 따른 직업교육훈련기관 중 직업교육훈련위탁기관으로 선정한 기관에서 1년 이상의 직업교육훈련과정을 이수하고 해당 일반고등학교를 졸업한 자
3) 「초·중등교육법 시행령」 제90조 제1항 제10호에 따른 산업수요 맞춤형 고등학교를 졸업한 자
4) 「평생교육법」 제31조 제2항에 따른 학력인정 평생교육시설 중 특성화고등학교에서 제공하는 것과 같은 교육과정을 운영하는 평생교육시설에서 해당 교육과정을 이수한 자
※ 재직기간: 3년(365일×3년)이며, 고교 졸업일 다음 날부터 2023년 2월 28일까지를 기준으로 함
※ 군 의무복무 경력은 재직기간에 포함

(다) 전형방법

사정단계	서류평가	학생부(교과)	합계	수능최저학력기준
일괄합산	700(70%)	300(30%)	1,000(100%)	없음

(라) 서류평가 안내 사항

● 제출서류: 학교생활기록부, 자기소개서(본교양식), 지원자격 증빙서류

● 평가방법

- 학생부(교과) 반영방법: 건국대 섹션 하단 참조

- 평가절차 및 평가기준: 건국대 섹션 하단 참조

● 평가요소 및 평가항목

(마) 선발 원칙

● 학생부(교과)와 서류평가의 점수를 합산하여 총점 석차 순으로 모집단위별 모집인원 선발
● 제출서류를 제출하지 않은 경우 선발 대상에서 제외
● 서류평가 점수가 일정 수준 이하인 경우 선발대상에서 제외

(바) 전형 요소별 실질 반영 비율

전형요소	최고점	최저점	차이	실질 반영 비율
서류평가	700	0	700	70%
학생부(교과)	300	0	300	30%

(7) 특수교육대상자 전형
(가) 모집인원: 20명 (정원 외)

(나) 지원자격

국내 고등학교 졸업(예정)자 또는 법령에 의하여 이와 동등 이상의 학력이 있다고 인정된 자로서 원서접수 마감일 현재 「장애인복지법」 제32조에 의해 등록이 되어 있는 자 또는 「국가유공자 등 예우 및 지원에 관한 법률」 제4조 및 제6조에 의해 상이등급자로 등록이 되어 있는 자

(다) 전형방법

사정단계	서류평가	면접평가	합계	선발배수	수능최저학력기준
1단계	1,000(100%)	-	1,000(100%)	3배수	없음
2단계	700(70%)*	300(30%)	1,000(100%)	-	

* 1단계 성적

(라) 서류평가 안내 사항

● 제출서류: 학교생활기록부, 지원자격 증빙서류
● 평가방법
- 입학사정관 2인이 종합적으로 정성평가하고, 일정 점수 이상 차이가 나는 경우 원평가자를 제외한 입학사정관 2인이 재평가 진행
- 평가절차 및 평가기준: 건국대 섹션 하단 참조

(마) 면접평가 안내 사항

● 평가방법: 제출서류에 기초한 개별면접
● 면접내용: 서류진위여부확인 및 인성평가
● 면접형식: 면접평가자(2인) 대(對) 지원자(1인) / 개인당 10분 내외
● 평가요소 및 평가항목: 건국대 섹션 하단 참조

(바) 선발 원칙

- 1단계: 서류평가 석차 순으로 모집단위별 모집인원의 3배수 선발
- 2단계: 총점 석차 순(1단계 성적 70% + 면접평가 30%)으로 모집단위별 모집인원 최종 선발
- 제출서류를 제출하지 않은 경우 선발 대상에서 제외
- 서류의 표절·대필 및 허위사실 기재 발견 시 선발대상에서 제외 또는 합격 취소
- 면접 대상자 중 면접 결시자와 면접평가 점수가 일정 수준 이하인 경우 선발 대상에서 제외

(사) 전형 요소별 실질 반영 비율

사정단계	전형요소	최고점	최저점	차이	실질 반영 비율
1단계	서류평가	1,000	0	1,000	100%
2단계	1단계 성적	700	0	700	70%
	면접평가	300	0	300	30%

■ 학생부 위주전형 안내

1. 학생부위주전형 인재상

- 3년간 고교생활을 주도적으로 성실하게 보낸 학생
- 진로를 적극적으로 탐색하고 관련 활동과 경험을 통해 성장한 학생
- 고교생활의 충실성을 바탕으로 건국대학교에 입학하며, 잠재력을 발현할 학생

2. 학생부위주전형 평가방법 및 제출서류 요약

전형명		평가방법			제출서류		
		서류평가 [정성]	학생부(교과) [정량]	면접평가 [정성]	입학원서	학교생활 기록부	지원자격 서류
학생부종합	KU자기추천	○	×	○	○	○	×
	사회통합	○	○	×	○	○	○
	기초생활및차상위	○	○	×	○	○	○
	농어촌학생	○	○	×	○	○	○
	특성화고교졸업자	○	○	×	○	○	○
	특성화고졸재직자	○	○	×	○	○	○
	특수교육대상자	○	×	○	○	○	○

3. 학생부위주전형의 평가 절차

- 다수-다단계 평가 절차를 통해 평가의 공정성 및 신뢰성 확보

4. 학생부위주전형 서류평가
▶ 대상
- 학생부위주전형 전체

▶ 제출서류
- 학교생활기록부 (학생부 미보유자: 학생부 미보유자 대체 서식 필수 제출

▶ 평가방법
- 지원자 1인당 입학사정관 2인이 종합적으로 정성평가하고, 일정 점수 이상 차이가 나는 경우 원평가자를 제외한 입학사정관 2인이 재평가 진행

▶ 평가기준
- 학교생활기록부의 내용을 바탕으로 학업역량, 진로역량, 공동체역량 등을 정성적, 종합적으로 평가하여 점수를 부여함
- 활동의 결과보다는 준비 과정 및 노력, 활동 이후의 변화 등을 중심으로 평가함
- 평가요소별 주요 전형자료 이외에도 학생부의 모든 내용이 전형자료로 활용됨
- 평가요소 및 평가항목: 2022년 공동연구 결과 적용(예정)

5. 학생부위주전형 면접평가
▶ 대상
- 학생부종합(KU 자기추천, 특수교육대상자)의 1단계 합격자

▶ 평가방법
- 제출서류에 기초한 개별면접
- 면접 대상자 중 면접 결시자와 면접평가 점수가 일정 수준 이하인 경우 선발대상에서 제외

▶ 면접내용
- 서류진위여부 확인 및 인성평가
※ 면접 질문 예시는 입학처 홈페이지에서 학생부종합전형 가이드북 참조

▶ 면접형식
- 면접평가자(2인) 대(對) 지원자(1인)/ 개인당 10분 내외
- 블라인드 면접: 이름, 수험번호, 고교명 블라인드 처리, 면접 시, 고교를 나타낼 수 있는 교복 등 착용 금지

▶ 평가기준
- 평가요소 및 평가항목: 2022년 공동연구 결과 적용(예정)

모) 동국대[78]

동국대학교의 학생부종합전형은 Do Dream, Do Dream(소프트웨어), 불교추천인재, 고른기회 전형으로 나뉜다. 전체적인 모집인원은 다음과 같다.

구분		모집인원	정원내외
Do Dream		500	정원 내
Do Dream(소프트웨어)		64	
불교추천인재		108	
기회균형	기회균형통합	130	
	특수교육대상자	8	정원 외
총계			

※ 수능최저학력기준: 없음

(1) Do Dream 전형

(가) 모집인원:500명

(나) 지원자격

국내외 고교 졸업(예정)자 또는 법령에 의하여 이와 동등 이상의 학력이 있다고 인정되는 자(외국 검정고시 합격자 제외)

(다) 전형방법

구분	선발배수	전형요소 및 비율 (1000점 만점 기준 기본점수)		
1단계	3.5/4배수	서류종합 100% (600점)		수능최저학력기준 미적용
2단계	-	면접 30% (180점)	1단계 성적 70% (420점)	

① 1단계 선발배수
- 3.5배수 모집단위: 법학과, 경영학과, 전자전기공학부, 정보통신공학과
- 4배수 모집단위: 3.5배수 선발모집단위를 제외한 전 모집단위

② 서류 및 면접평가 방법: 동국대 섹션 하단 참조

(라) 제출서류: 학교생활기록부 등

---

78) 2024 동국대 입학전형

(2) Do Dream(소프트웨어) 전형

(가) 모집 인원: 64명

단과대학	모집단위	모집인원
AI융합대학	AI소프트웨어융합학부	64명

(나) 지원자격

국내외 고교 졸업(예정)자 또는 법령에 의하여 이와 동등 이상의 학력이 있다고 인정되는 자(외국 검정고시 합격자 제외)

(다) 전형방법

구분	선발배수	전형요소 및 비율 (1000점 만점 기준 기본점수)		
1단계	2.5배수	서류종합 100% (600점)		수능최저학력기준 미적용
2단계	-	면접30% (180점)	1단계 성적 70% (420점)	

※ 서류 및 면접평가 방법: 동국대 섹션 하단 참조

(라) 제출서류: 학교생활기록부 등

(3) 불교추천인재

(가) 모집인원: 108명

(나) 지원자격

구분		지원자격
일반		- 국내외 고교 졸업(예정)자 또는 법령에 의하여 이와 동등 이상의 학력이 있다고 인정되는 자(외국 검정고시 합격자 제외)로서 - 대한불교 조계종 산하 사찰(포교당 포함) 주지스님 혹은 소속(졸업) 종립고등학교장의 추천을 받은 자
승려	불교학부/ 문화재학과	- 국내·외 고교 졸업(예정)자 또는 법령에 의하여 이와 동등 이상의 학력이 있다고 인정되는 자(외국 검정고시 합격자 제외)로서 - 대한불교조계종 재적 승려(2023년 9월 및 2024 3월 승적 취득예정자 지원 가능)

(다) 전형방법

구분	선발배수	전형요소 및 비율 (1000점 만점 기준 기본점수)		
1단계	2/3배수	서류종합 100% (600점)		수능최저학력기준 미적용
2단계	-	면접30% (180점)	1단계 성적 70%(420점)	

① 1단계 선발배수:
  - 2배수 모집단위: 불교학부(일반), 불교학부(승려)
  - 3배수 모집단위: 2배수 모집단위를 제외한 전 모집단위
② 서류 및 면접 평가방법: 동국대 섹션 하단 참조

(라) 전형방법: 학교생활기록부, 지원자격 증빙서류 등

(4) 기회균형통합 전형
(가) 모집인원: 130명

(나) 지원자격

- 아래 중 하나에 해당하는 자

전형명	지원 자격
국가보훈 대상자	- 국내·외 고교 졸업(예정)자 또는 법령에 의하여 이와 동등 이상의 학력인증을 취득한 자(외국 검정고시 합격자 제외)로서 - 「국가보훈 기본법」 제3조 제2호의 '국가보훈대상자'로서 국가보훈 관계 법령에 따른 교육지원 대상자 (보훈(지)청장이 발행하는 '대학입학 특별전형 대상자 증명서' 발급 대상자)
농어촌학생	- 농어촌 지역 또는 「도서·벽지 교육진흥법」 제2조에 따른 도서·벽지의 고등학교 졸업(예정)자로서 ※ 단, 특수목적고(과학고, 외국어고, 국제고, 예술고, 체육고, 마이스터고) 졸업(예정)자는 지원 불가 - 아래 유형 중 하나에 해당하는 자 ⑴ [유형 I] <농어촌지역> 중고등학교에서 중학교 입학일부터 고등학교 졸업(예정)일까지 전 교육과정을 연속으로 이수(예정)하고, 6년 동안 부,모,학생 모두가 <농어촌지역>에 거주한 자 ⑵ [유형2] <농어촌지역> 초·중·고등학교에서 초등학교 입학일부터 고등학교 졸업(예정)일까지 전 교육과정을 연속으로 이수(예정)하고, 12년 동안 학생이 <농어촌지역>에 거주한 자 ※ 농어촌지역이란 ① 「지방자치법」 제3조에 의한 읍·면 지역 또는 ② 「도서·벽지교육진흥법」 제2조의 학교가 소재하는 '동' 지역을 의미함
특성화고교 졸업자	- 「초·중등교육법시행령」 제91조 제1항에 따른 특성화고등학교* 졸업(예정)자로서 * 특성화고와 같은 교육과정을 운영하는 학과가 있는 일반고(종합고)를 포함하며, 마이스터고, 종합고 "보통과", 대안학교, 학력인정 평생교육시설 졸업(예정)자는 지원 불가 - 고교에서 이수한 학과와 우리대학 지원 모집단위가 동일계열인 자 * 다만, 동일계열 여부를 판단하기 어려운 경우, 지원 모집단위와 관련된 전문교과를 30단위 이상 이수한 <동일계열확인서>를 제출하여야 함
기초생활 수급자 및	- 국내외 고교 졸업(예정)자 또는 법령에 의하여 이와 동등 이상의 학력이 있다고 인정되는 자 (외국 검정고시 합격자 제외)로서

차상위계층	- 원서접수 마감일 기준 아래 중 하나에 해당하는 자 (1) 「국민기초생활보장법」 제2조 제1호에 따른 수급권자 및 제2호에 따른 수급자 (2) 「국민기초생활보장법」 제2조 제10호에 따른 차상위 계층 (3) 「한부모가족지원법」 제5조 및 제5조의2에 따른 지원 대상자	
서해5도 학생	- 「서해5도 지원 특별법」 제15조 및 「서해5도 지원 특별법 시행령」 　제11조에 따라 서해5도에 설립된 고등학교 졸업(예정)자로서 - 다음의 유형 중 하나에 해당하는 자	
	[유형1]	<서해5도>에 설립된 중·고등학교에서 중학교 입학일부터 고등학교 졸업(예정)일까지 전 교육과정을 이수(예정)하고, 6년 동안 부·모·학생 모두가 <서해5도>에 거주한 자
	[유형2]	<서해5도>에 설립된 초·중·고등학교에서 초등학교 입학일부터 고등학교 졸업(예정)일까지 전 교육과정을 이수(예정)하고, 12년 동안 학생이 <서해5도>에 거주한 자
자립지원 대상자	- 국내·외 고교 졸업(예정)자 또는 법령에 의하여 이와 동등 이상의 학력이 　있다고 인정되는 자(외국 검정고시 합격자 제외)로서 - 원서접수 마감일 기준, 다음의 아동복지법 시행령 제38조제2항에 　해당하는 자 (1) 대리양육 또는 가정위탁보호 중인 아동 (2) 아동복지시설에서 보호 중인 아동 (3) 아동복지법 제16조에 따라 보호조치가 종료되거나 해당 시설에서 퇴소한지 5년이 지나지 않은 아동	

(다) 전형방법

구분	선발배수	전형요소 및 비율 (1000점 만점 기준 기본점수)		
1단계	5배수	서류종합 100% (600점)		수능최저학력기준 미적용
2단계	-	면접30% (180점)	1단계 성적 70% (420점)	

(라) 제출서류: 학교생활기록부, 지원자격 증빙서류 등

(마) 농어촌학생 재학,거주 인정 기준

구분	농어촌지역 재학,거주 인정 기준	
유형1	재학	중고등학교 6년(연속)
	거주	재학 기간 중 부·모·학생 6년
	1. 인정 재학기간과 거주기간의 시작일과 종료일은 중학교 입학일부터 고등학교 졸업일까지 연속된 기간입니다. 2. 중학교 과정 중 2개 이상의 중학교에 재학했거나 고등학교 과정 중 2개 이상의 고등학교에 재학한 경우 해당 중학교, 고등학교가 모두 농어촌지역에 소재	

하여야 하되, 동일한 농어촌지역 학교가 아니어도 인정합니다.

3. 부,모,학생의 거주지와 학교 소재지가 모두 동일한 농어촌지역이 아니어도 <농어촌지역거주>,<농어촌지역 재학>으로 인정합니다.

4. 중학교 입학일부터 고등학교 졸업일까지 부,모,학생 중 1인이 단 하루라도 주민등록상 농어촌지역이 아닌 곳에서 거주한 경우 지원자격을 인정하지 않습니다. 단, 이 기간 중 거주지가 '읍,면' 지역에서 '동' 지역으로 변경된 경우에는 <농어촌지역 거주>로 인정하되 동일 지역 내에서라도 거주지를 인정하면 <농어촌지역 거주>로 인정하되 동일 지역 내에서라도 거주지를 이전하면<농어촌지역 거주>로 인정하지 않습니다.

5. 중학교 재학기간 중 학교 소재지가 '읍,면'지역에서 '동' 지역으로 변경된 경우에는 <농어촌지역 중학교 재학>으로 인정하나 이후 같은 지역의 고등학교로 진학할 경우 고등학교는 입학 당시 농어촌지역이 아니므로 인정하지 않습니다.

6. 고등학교 재학기간 중 학교 소재지가 '읍,면' 지역에서 '동' 지역으로 변경된 경우에는 <농어촌지역 고등학교 재학>으로 인정합니다.

7. 고등학교 졸업일까지 재학 및 거주요건을 유지해야 하며, 최종합격자는 입학 후 제반 증빙서류를 제출해야 합니다.

8. 부,모 사망 또는 부,모 이혼의 경우 친권자(후견인)을 부모와 같은 자격으로 심사하여 인정합니다.

| 유형2 | 재학 | 초.중.고등학교 12년(연속) |
| | 거주 | 재학 기간 중 학생 12년 |

유형2

1.인정 재학기간과 거주기간의 시작일과 종료일은 초등학교 입학일부터 고등학교 졸업일까지 연속된 기간입니다.

2. 이외 사항은 <유형1> 2~7의 기준을 초등학교,중학교,고등학교 12년 전(全) 과정에 적용하되 부,모 관련 자격기준은 해당사항 없습니다.

(바) 특성화고교졸업자 동일계열 기준학과

구분	특성화고등학교 출신학과별 기준학과
불교대학	[2015개정] 경영·사무과, 재무·회계과, 유통과, 금융과, 판매과, 보육과, 사회복지과, 문화콘텐츠과, 관광·레저과
	[2009개정] 경영정보과, 회계정보과, 무역정보과, 유통정보과, 정보처리과, 콘텐츠개발과, 관광경영과, 관광과
문과대학	[2015개정] 경영·사무과, 재무·회계과, 유통과, 금융과, 판매과, 보육과, 사회복지과, 문화콘텐츠과, 관광·레저과
	[2009개정] 경영정보과, 회계정보과, 무역정보과, 유통정보과, 정보처리과, 콘텐츠개발과, 관광경영과, 관광과
이과대학	[2015개정] 금속재료과, 세라믹과, 산업설비과, 화학공업과, 전기과, 전자과, 정보컴퓨터과
	[2009개정] 전자기계과, 금속재료과, 전기과, 전자과, 컴퓨터응용과, 화학공업과, 전자통신과
법과대학	[2015개정] 경영·사무과, 재무·회계과, 유통과, 금융과, 판매과, 보육과, 사회복지과, 문화콘텐츠과, 관광·레저과
	[2009개정] 경영정보과, 회계정보과, 무역정보과, 유통정보과, 정보처리과,

	콘텐츠개발과, 관광경영과, 관광과
사회과학대학	[2015개정] 경영·사무과, 재무·회계과, 유통과, 금융과, 판매과, 보육과, 사회복지과, 디자인과, 관광·레저과, 문화콘텐츠과, 보건간호과, 방송·통신과, 정보컴퓨터과 [2009개정] 경영정보과, 관광경영과, 금융정보과, 농산물유통정보과, 무역정보과, 상업디자인과, 유통정보과, 전자상거래과, 정보처리과, 콘텐츠개발과, 항만물류과, 회계정보과, 복지서비스과
경찰사법대학	[2015개정] 경영·사무과, 정보컴퓨터과, 산업안전과 [2009개정] 컴퓨터응용과, 경영정보과, 정보처리과
경영대학	[2015개정] 경영·사무과 재무·회계과, 유통과, 금융과, 판매과, 방송·통신과, 정보컴퓨터과 [2009개정] 경영정보과, 관광경영과, 금융정보과, 농산물유통정보과, 무역정보과, 상업디자인과, 유통정보과, 전자상거래과, 정보처리과, 콘텐츠개발과, 항만물류과, 회계정보과
바이오시스템대학	[2015개정] 토목과, 건축시공과, 조경과, 식품가공과, 환경보건과, 산업안전과, 농업과, 원예과, 산림자원과, 동물자원과, 농업기계과, 농업토목과, 해양생산과, 수산양식과, 해양레저과, 화학공업과 [2009개정] 생명공학기술과, 수산식품과, 수산양식과, 식품가공과, 식품공업과, 자영수산과, 조리과, 해양생산과, 해양환경과, 동물자원과, 산림자원과, 화학공업과, 환경공업과
공과 대학	[2015개정] 디자인과, 문화콘텐츠과, 토목과, 건축시공과, 조경과, 기계과, 냉동공조과, 자동차과, 조선과, 항공과, 금속재료과, 세라믹과, 산업설비과, 화학공업과, 전기과, 전자과, 방송·통신과, 정보컴퓨터과, 환경보건과, 산업안전과, 항해과, 기관과 [2009개정] 건축과, 경영정보과, 금속재료과, 금융정보과, 기계과, 농산물유통정보과, 디자인과, 만화·애니메이션과, 무역정보과, 섬유과, 유통정보과, 인쇄과, 자동차과, 전기과, 전자과, 전자기계과, 전자상거래과, 전자통신과, 정보처리과, 조선과, 컴퓨터게임과, 컴퓨터응용과, 콘텐츠개발과, 토목과, 통신과, 항공과, 항만물류과, 해양정보과, 화학공업과, 환경공업과, 회계정보과, 냉동공조과, 동력기계과, 세라믹과
사범대학	[2015개정] 보육과, 사회복지과, 보건간호과, 조리·식음료과, 화학공업과, 섬유과, 의류과, 식품가공과 [2009개정] 상업디자인과, 조리과, 의상과, 실내디자인과, 보육과, 관광과, 간호과, 복지서비스과, 디자인과, 식품공업과, 섬유과, 식품가공과, 수산식품과
예술대학	[2015개정] 디자인과, 문화콘텐츠과, 방송·통신과, 정보컴퓨터과, 인쇄·출판과, 공예과 [2009개정] 디자인과, 만화·애니메이션과, 상업디자인과, 섬유과, 영상제작과, 컴퓨터게임과, 콘텐츠개발과, 실내디자인과, 의상과
AI융합학부	[2015개정] 기계과, 냉동공조과, 자동차과, 조선과, 항공과, 전기과, 전자과, 방송·통신과, 정보컴퓨터과 [2009개정] 기계과, 전자기계과, 금속재료과, 전기과, 전자과, 통신과, 컴퓨터응용과, 화학공업과, 환경공업과, 자동차과, 조선과, 항공과, 컴퓨터게임과, 정보처리과, 콘텐츠개발과

(5) 특수교육대상자 전형
(가) 모집인원: 8명

모집단위	법학과	사회복지학과	경영학과	전자전기공학부
모집인원	1명	1명	1명	1명
모집단위	정보통신공학전공	AI소프트웨어융합학부	교육학과	국어교육과
모집인원	1명	1명	1명	1명

(나) 지원자격

- 국내·외 고교 졸업(예정)자 또는 법령에 의하여 이와 동등 이상의 학력이 있다고 인정되는 자 (외국 검정고시 합격자 제외)로서
- 원서 접수 마감일 기준 아래 중 하나에 해당하는 자
(1) [장애인복지법] 제32조에 의해 장애인으로 등록되어 있는자
(2) [국가유공자 등 예우 및 지원에 관한 법률] 제4조 등에 의한 상이 등급자(국가보훈처에 등록)
(3) [장애인 등에 대한 특수교육법] 제15조 제1항에 따라 시도 교육감이 선정한 자

(다) 전형방법

구분	선발배수	전형요소 및 비율 (1000점 만점 기준 기본점수)		
1단계	5배수	서류종합 100% (600점)		수능최저학력기준 미적용
2단계	-	면접30% (180점)	1단계 성적 70% (420점)	

(라) 제출서류: 학교생활기록부 ,지원자격 증빙서류 등

(6) 서류 종합평가
㉮ 대상 전형

전형유형	전형명	반영단계	반영비율	반영총점 기본점수
학생부종합	Do Dream/ Do Dream(소프트웨어) /불교추천인재/ 기회균형통합/ 특수교육대상자	1단계	100%	1000점
				600점

㉯ 평가방법
- 평가요소 및 평가내용

구분	세부사항
평가요소	학교생활기록부
평가위원	2인 이상의 입학사정관
평가내용	충실한 학교생활 바탕의 학업역량, 주도적 학습태도, 전공관심도, 인성 등을 종합평가

- 평가영역 및 비율

구분	학교생활충실도 (학업역량/전공적합성)	인성 및 사회성	합계	비고
비율	80% 내외	20% 내외	100%	평가영역 및 비율은 추후 변경 가능

㉮ 기타

- 다수다단계 평가 절차에 따라 다수의 입학사정관이 종합적으로 정성 평가하며, 평가자 간 일정 점수 이상 차이가 나는 경우 재평가를 실시함.
- 학교생활기록부에 공인어학성적, 수학·과학·외국어 교과 관련 교외수상실적 등을 작성하는 경우 "0점(불합격)처리" 하며, 기타 사교육 유발요인(해외봉사실적, 어학연수 등) 등이 기술되어 있는 경우, 블라인드 평가 등의 평가에 불이익을 받을 수 있음.
- 지원자 성명, 부모(친인척 포함)의 실명 및 사회적,경제적 지위 작성 시 평가에 불이익을 받음.

(7) 면접 평가방법

㉮ 대상전형

전형유형	전형명	반영단계	반영비율	반영총점 기본점수
학생부종합	Do Dream/ Do Dream(소프트웨어) /불교추천인재/ 기회균형통합/ 특수교육대상자	2단계	30%	300점
				180점

㉯ 평가방법

구분	내용
방법/시간	제출서류 기반의 일반면접(개별면접) /10분 내외
평가위원	2인의 입학사정관
평가내용	제출서류 기반의 전공-전형취지 적합성, 발전가능성, 인성 등을 종합평가

㉰ 평가항목 및 비율

구분	전공적합성	전형취지 적합성	인성 및 사회성	발전가능성	합계	비고
비율	30%	20%	30%	20%	100%	해당 평가항목별 비율은 Do Dream전형 기준으로, 추후 변경 가능

보) 경북대[79]

(1) 일반학생전형

　(가) 모집인원: 803명

　(나) 지원자격

고등학교 졸업자(2024년 2월 말 이전 졸업예정자 포함) 또는 법령에 의하여 고등학교 졸업 이상의 학력이 있다고 인정되는 자

　(다) 사정단계별 선발인원 및 전형요소별 배점

사정단계	선발인원	전형요소별 배점(반영비율)	
		학생부 교과	합계
일괄합산	100%	500점(100%)	500점(100%)

　(라) 서류평가

가. 평가자료: 학교생활기록부
나. 평가방법 및 내용
1) 제출된 평가자료를 바탕으로 평가기준에 따라 종합적으로 평가함
2) 다수의 평가위원이 500점 만점으로 평가하며, 이 평가점수의 평균을 수험생의 성적으로 함
3) 반영점수: 500점(최고점) ~ 0점(최저점)

　(마) 수능최저학력기준

　　① 일반학과 (제외: 의예과, 치의예과, 수의예과, 약학과)

모집단위	국어, 수학, 영어, 탐구 (1과목)	한국사
경상대학, 사범대학, 간호대학, IT대학, 행정학부	상위 2개 영역 등급 합 6 이내	응시
인문대학, 사회과학대학, 자연과학대학, 공과대학, 농업생명과학대학, 생활과학대학, 자율전공부	상위 2개 영역 등급 합 7 이내	

　　② 의예과, 치의예과, 수의예과, 약학과

모집단위	국어, 수학, 영어, 탐구 (1과목)	한국사
의예과, 치의예과	탐구영역 필수, 상위 3개 영역 등급 합 4이내	응시
수의예과, 약학과	탐구영역 필수, 상위 3개 영역 등급 합 5이내	

　(바) 선발방법

가. 합격자 결정: 수능최저학력기준 충족자 중에서 전형요소 성적 총점의 고득점 순으로 모집단위별 모집인원의 100%를 합격자로 선발함 (다만, 수능최저학력기준 미반영 모집단위의 경우 전형요소 성적 총점의 고득점 순으로 모집단위별 모집인원의 100%를 합격자로 선발함)
나. 후보자 결정: 불합격 처리되지 않은 자 전원을 후보자로 선발함

---

79) 2024 경북대 입학전형

(2) 지역인재전형

(가) 모집인원: 279명

(나) 지원자격

입학에서 졸업(2024년 2월 말 이전 졸업예정자 포함)까지 고등학교 전 과정을 대구, 경북 지역 소재 고등학교에서 이수한 자

(다) 사정단계별 선발인원 및 전형요소별 배점

사정단계	선발인원	전형요소별 배점(반영비율)		
		서류평가	면접	합계
1단계	500%	350점(100%)	-	350점(100%)
2단계	100%	350점(70%)	150점(30%)	500점(100%)

※ 면접성적이 면접반영점수의 60% 미만인 자는 모집인원에 관계없이 불합격

(라) 서류평가

가. 평가자료: 학교생활기록부 나. 평가방법 및 내용 1) 제출된 평가자료를 바탕으로 평가기준에 따라 종합적으로 평가함 2) 다수의 평가위원이 350점 만점으로 평가하며, 이 평가점수의 평균을 수험생의 성적으로 함 3) 반영점수: 350점(최고점) ~ 0점(최저점)

(마) 면접

1) 평가내용 및 방법 가) 수험생 개인별로 다음과 같이 10분 내외로 진행하며 평가기준에 따라 종합적으로 평가함 나) 다수의 평가위원이 150점 만점으로 평가하며, 평가한 점수의 평균을 수험생의 성적으로 함 2) 반영점수: 150점(최고점) ~ 0점(최저점)

(바) 수능최저학력기준: 없음

단, 의예과, 치의예과, 약학과 수능최저학력기준은 아래와 같음

모집단위	국어, 수학, 영어, 탐구 (1과목)	한국사
의예과, 치의예과	탐구영역 필수, 상위 3개 영역 등급 합 4이내	응시
수의예과, 약학과	탐구영역 필수, 상위 3개 영역 등급 합 5이내	

(사) 선발방법

가. 합격자 결정 1) 1단계 사정: 서류평가 성적순으로 모집인원의 500%를 선발함 2) 2단계 사정: 각 전형요소 성적 총점의 고득점 순으로 모집단위별 모집인원의 100%를 합격자로 선발함 (다만, 의예과, 치의예과, 약학과의 경우 수능최저학력기준 충족자 중에서 전형요소 성적

총점의 고득점 순으로 모집단위별 모집인원의 100%를 합격자로 선발함

나. 후보자 결정: 불합격 처리되지 않은 자 전원을 후보자로 선발함

(3) 지역인재 학교장추천전형

(가) 모집인원: 3명

(나) 지원자격

2024년 국내 고등학교 졸업예정자로서 입학일부터 졸업일까지 고등학교 전 과정을 대구·경북지역 고등학교에서 이수하고 소속(출신)고등학교장의 추천을 받은 자

※ 고교별 추천 가능 인원: 1명

(다) 사정단계별 선발인원 및 전형요소별 배점

모집단위	사정단계	선발인원	전형요소별 배점(반영비율)		
			서류평가	면접	합계
치의예과	1단계	500%	350점 (100%)	-	350점 (100%)
	2단계	100%	350점 (70%)	150점 (30%)	500점 (100%)

※ 면접성적이 면접반영점수의 60% 미만인 자는 모집인원에 관계없이 불합격

(라) 서류평가

가. 평가자료: 학교생활기록부

나. 평가방법 및 내용

 1) 제출된 평가자료를 바탕으로 평가기준에 따라 종합적으로 평가함

 2) 다수의 평가위원이 350점 만점으로 평가하며, 이 평가점수의 평균을 수험생의 성적으로 함

 3) 반영점수: 350점(최고점) ~ 0점(최저점)

(마) 면접

1) 평가내용 및 방법

 가) 수험생 개인별로 다음과 같이 10분 내외로 진행하며 평가기준에 따라 종합적으로 평가함

 나) 다수의 평가위원이 150점 만점으로 평가하며, 평가한 점수의 평균을 수험생의 성적으로 함

2) 반영점수: 150점(최고점) ~ 0점(최저점)

(바) 수능최저학력기준: 없음

(사) 선발방법

가. 합격자 결정
  1) 1단계 사정: 서류평가 성적순으로 모집인원의 500%를 선발함
  2) 2단계 사정: 각 전형요소 성적 총점의 고득점 순으로 모집단위별 모집인원의 100%를 합격자로 선발함
나. 후보자 결정: 불합격 처리되지 않은 자 전원을 후보자로 선발함

(4) 사회배려자전형
(가) 모집인원: 20명

(나) 지원자격

고등학교 졸업자(2024년 2월 말 이전 졸업예정자 포함) 또는 법령에 의하여 고등학교 졸업 이상의 학력이 있다고 인정되는 자로서 아래 자격요건 가~라 중 하나에 해당하는 자
가) 백혈병 소아암 등 난치병력자 중에서 한국백혈병소아암협회에서 추천한 자
나) 아동양육시설 입소자(아동복지법 제52조 제1항 제1호, 제4호)
다) 다문화가족자녀: 결혼 이전에 외국국적이었던 친모(친부)와 국적이 대한민국인 친부(친모) 사이에 출생한 대한민국 국적자(다만, 결혼 이전에 외국국적이었던 친모(친부)가 과거에 한국국적을 포기한 사실이 있는 경우 지원자격을 인정하지 않음)
라) 다자녀가구의 자녀: 가족관계증명서상 3자녀 이상 가구의 자녀

(다) 사정단계별 선발인원 및 전형요소별 배점

사정단계	선발인원	전형요소별 배점(반영비율)	
		학생부 교과	합계
일괄합산	100%	500점(100%)	500점(100%)

(라) 서류평가: 학생부종합(일반학생전형)과 같음

가. 평가자료: 학교생활기록부
나. 평가방법 및 내용
  1) 제출된 평가자료를 바탕으로 평가기준에 따라 종합적으로 평가함
  2) 다수의 평가위원이 500점 만점으로 평가하며, 이 평가점수의 평균을 수험생의 성적으로 함
  3) 반영점수: 500점(최고점) ~ 0점(최저점)

(마) 수능최저학력기준: 없음

(바) 선발방법

가. 합격자 결정: 전형요소 성적 총점의 고득점 순으로 모집단위별 모집인원의 100%를 합격자로 선발함
나. 후보자 결정: 불합격 처리되지 않은 자 전원을 후보자로 선발함

(5) 고졸재직자전형

(가) 모집인원: 5명

(나) 지원자격

다음 가, 나의 조건을 모두 충족하여야 함
가. 고등학교 졸업 후 산업체 근무경력이 3년(2024. 3. 1. 기준) 이상인 재직자
나.'산업체 근무경력이 3년 이상인 자'는 다음 1) ~ 3) 중 어느 하나에 해당하는 자를 말함
1) 국가·지방자치단체·교육청 및 공공기관(공기업, 준정부기관, 기타 공공기관, 지방공기업, 공공병원)
2) 근로기준법 제11조에 의거 산정한 상시근로자가 5인(사업주 포함) 이상인 사업체
3) 4대 보험 중 1개 이상 가입 사업체(영세창업·자영업자 포함)
- 4대 보험 가입 대상자가 아닌 산업체(농업, 수산업 등) 종사자는 국가·지방자치단체가 발급하는 공적증명서(농지원부 등) 확인을 통해 인정할 수 있음
- 4대 보험 미가입 영세창업자·자영업자는 사업자 등록증을 소지하고, 세금체납 사실이 없는 경우 인정할 수 있음
다. 재직기간 산정기준일: 2024. 3. 1. 기준 3년 이상 재직자(군복무기간 포함)

(다) 사정단계별 선발인원 및 전형요소별 배점 (모집단위: 농산업학과)

사정단계	선발인원	전형요소별 배점(반영비율)		
		서류평가	면접	합계
1단계	500%	350점(100%)	-	350점(100%)
2단계	100%	350점(70%)	150점(30%)	500점(100%)

※ 면접성적이 면접반영점수의 60% 미만인 자는 모집인원에 관계없이 불합격

(라) 서류평가

가. 평가자료: 학교생활기록부
나. 평가방법 및 내용
 1) 제출된 평가자료를 바탕으로 평가기준에 따라 종합적으로 평가함
 2) 다수의 평가위원이 350점 만점으로 평가하며, 이 평가점수의 평균을 수험생의 성적으로 함
 3) 반영점수: 350점(최고점) ~ 0점(최저점)

(마) 면접

1) 평가내용 및 방법
 가) 수험생 개인별로 다음과 같이 10분 내외로 진행하며 평가기준에 따라 종합적으로 평가함
 나) 다수의 평가위원이 150점 만점으로 평가하며, 평가한 점수의 평균을 수험생의 성적으로 함
2) 반영점수: 150점(최고점) ~ 0점(최저점)

(바) 수능최저학력기준: 없음

(사) 선발방법

가. 합격자 결정
1) 1단계 사정: 서류평가 성적순으로 모집인원의 500%를 선발함
2) 2단계 사정: 각 전형요소 성적 총점의 고득점 순으로 모집단위별 모집인원의 100%를 합격자로 선발함
나. 후보자 결정: 불합격 처리되지 않은 자 전원을 후보자로 선발함

(6) 영농창업인재전형
(가) 모집인원: 22명

(나) 지원자격

고등학교 졸업자(2024년 2월 말 이전 졸업예정자 포함) 또는 법령에 의하여 고등학교 졸업 이상의 학력이 있다고 인정되는 자

(다) 사정단계별 선발인원 및 전형요소별 배점
- 모집단위: 원예과학과, 축산학과, 축산생명공학과, 말/특수동물학과

사정단계	선발인원	전형요소별 배점(반영비율)		
		서류평가	면접	합계
1단계	500%	350점(100%)	-	350점(100%)
2단계	100%	350점(70%)	150점(30%)	500점(100%)

※ 면접성적이 면접반영점수의 60% 미만인 자는 모집인원에 관계없이 불합격

(라) 서류평가

가. 평가자료: 학교생활기록부
나. 평가방법 및 내용
1) 제출된 평가자료를 바탕으로 평가기준에 따라 종합적으로 평가함
2) 다수의 평가위원이 350점 만점으로 평가하며, 이 평가점수의 평균을 수험생의 성적으로 함
3) 반영점수: 350점(최고점) ~ 0점(최저점)

(마) 면접

1) 평가내용 및 방법
가) 수험생 개인별로 다음과 같이 10분 내외로 진행하며 평가기준에 따라 종합적으로 평가함
나) 다수의 평가위원이 150점 만점으로 평가하며, 평가한 점수의 평균을 수험생의 성적으로 함
2) 반영점수: 150점(최고점) ~ 0점(최저점)

(바) 수능최저학력기준: 없음

(사) 선발방법

가. 합격자 결정
 1) 1단계 사정: 서류평가 성적순으로 모집인원의 500%를 선발함
 2) 2단계 사정: 각 전형요소 성적 총점의 고득점 순으로 모집단위별 모집인원의 100%를 합격자로 선발함
나. 후보자 결정: 불합격 처리되지 않은 자 전원을 후보자로 선발함

(7) SW특별전형

(가) 모집인원: 10명

(나) 지원자격

고등학교 졸업자(2024년 2월 말 이전 졸업예정자 포함) 또는 법령에 의하여 고등학교 졸업 이상의 학력이 있다고 인정되는 자

(다) 사정단계별 선발인원 및 전형요소별 배점

- 모집단위: 컴퓨터학부, 컴퓨터학부(글로벌소프트웨어융합전공)

사정단계	선발인원	전형요소별 배점(반영비율)		
		서류평가	면접	합계
1단계	500%	350점(100%)	-	350점(100%)
2단계	100%	350점(70%)	150점(30%)	500점(100%)

※ 면접성적이 면접반영점수의 60% 미만인 자는 모집인원에 관계없이 불합격

(라) 서류평가

가. 평가자료: 학교생활기록부
나. 평가방법 및 내용
 1) 제출된 평가자료를 바탕으로 평가기준에 따라 종합적으로 평가함
 2) 다수의 평가위원이 350점 만점으로 평가하며, 이 평가점수의 평균을 수험생의 성적으로 함
 3) 반영점수: 350점(최고점) ~ 0점(최저점)

(마) 면접

1) 평가내용 및 방법
 가) 수험생 개인별로 다음과 같이 10분 내외로 진행하며 평가기준에 따라 종합적으로 평가함
 나) 다수의 평가위원이 150점 만점으로 평가하며, 평가한 점수의 평균을 수험생의 성적으로 함
2) 반영점수: 150점(최고점) ~ 0점(최저점)

(바) 수능최저학력기준: 없음

(사) 선발방법

가. 합격자 결정
 1) 1단계 사정: 서류평가 성적순으로 모집인원의 500%를 선발함
 2) 2단계 사정: 각 전형요소 성적 총점의 고득점 순으로 모집단위별 모집인원의 100%를 합격자로 선발함
나. 후보자 결정: 불합격 처리되지 않은 자 전원을 후보자로 선발함

(8) 농어촌학생전형
(가) 모집인원: 177명

(나) 지원자격

고등학교 졸업자(2024년 2월 말 이전 졸업예정자 포함)로서 아래 자격 요건 가, 나 중 하나에 해당하는 자
가) 6년 과정 이수자: 농어촌 소재 중/고등학교에서 입학부터 졸업까지 전 교육과정을 이수한 자로서, 수험생의 중/고등학교 교육과정 이수 기간 동안 본인 및 부모 모두 농어촌 지역에 거주한 자
나) 12년 과정 이수자: 농어촌 소재 초/중/고등학교에서 입학부터 졸업까지 전 교육과정을 이수 및 거주한 자
※ 농어촌 소재라 함은 「지방자치법」 제3조에 따른 읍/면 지역 및 「도서벽지 교육진흥법 시행규칙」
제2조에 따른 도서, 벽지 지역을 말함
※ 재학 중 또는 졸업 이후 읍면이 행정구역 개편으로 동으로 된 경우 동을 읍면으로 인정
※ 농어촌 소재 특수목적고(과학고, 외국어고, 국제고, 예술고, 체육고, 마이스터고)와 자율형사립고 출신자는 지원할 수 없음
※ 농생명산업, 수산, 해운계열고등학교는 행정구역상 기초지방자치단체인 '시'의 '동' 소재라 하더라도 농어촌 학생전형 대상 학교에 포함하며, 이 경우에도 농어촌 거주 요건은 충족해야 함

(다) 사정단계별 선발인원 및 전형요소별 배점

사정단계	선발인원	전형요소별 배점(반영비율)	
		서류평가	합계
일괄합산	100%	500점(100%)	500점(100%)

(라) 서류평가

가. 평가자료: 학교생활기록부
나. 평가방법 및 내용
 1) 제출된 평가자료를 바탕으로 평가기준에 따라 종합적으로 평가함
 2) 다수의 평가위원이 500점 만점으로 평가하며, 이 평가점수의 평균을 수험생의 성적으로 함
 3) 반영점수: 500점(최고점) ~ 0점(최저점)

(마) 수능최저학력기준: 없음

단, 약학과 수능최저학력기준 적용

모집단위	국어, 수학, 영어, 탐구 (1과목)	한국사
약학과	탐구영역 필수, 상위 3개 영역 등급 합 6이내	응시

(바) 선발방법

가. 합격자 결정: 전형요소 성적 총점의 고득점 순으로 모집단위별 모집인원의 100%를 합격자로 선발함 (다만, 약학과의 경우 수능최저학력기준 충족자 중에서 전형요소 성적 총점의 고득점 순으로 모집단위별 모집인원의 100%를 합격자로 선발함)

나. 후보자 결정: 불합격 처리되지 않은 자 전원을 후보자로 선발함

(9) 기초생활수급자등대상자전형

(가) 모집인원: 50명

(나) 지원자격

고등학교 졸업자(2024년 2월 말 이전 졸업예정자 포함) 또는 법령에 의하여 고등학교 졸업 이상의 학력이 있다고 인정되는 자로서 아래 자격요건 1) ~ 3) 중 어느 하나에 해당하는 자

1) 기초생활 수급자

2) 차상위 복지급여를 받는 가구의 학생

※ 차상위 복지급여: 차상위 본인부담 경감 대상자, 차상위 자활 대상자, 차상위 장애수당 및 장애인연금 부가급여 대상자, 한부모 가족지원 대상자

3) 차상위계층 확인사업 대상 가구의 학생

(다) 사정단계별 선발인원 및 전형요소별 배점

사정단계	선발인원	전형요소별 배점(반영비율)	
		서류평가	합계
일괄합산	100%	500점(100%)	500점(100%)

(라) 서류평가

가. 평가자료: 학교생활기록부

나. 평가방법 및 내용

 1) 제출된 평가자료를 바탕으로 평가기준에 따라 종합적으로 평가함

 2) 다수의 평가위원이 500점 만점으로 평가하며, 이 평가점수의 평균을 수험생의 성적으로 함

 3) 반영점수: 500점(최고점) ~ 0점(최저점)

(마) 수능최저학력기준: 없음

(바) 선발방법

가. 합격자 결정: 전형요소 성적 총점의 고득점 순으로 모집단위별 모집인원의 100%를 합격자로 선발함
나. 후보자 결정: 불합격 처리되지 않은 자 전원을 후보자로 선발함

(10) 장애인등대상자전형
   (가) 모집인원: 20명

   (나) 지원자격

고등학교 졸업자(2024년 2월 말 이전 졸업예정자 포함) 또는 법령에 의하여 고등학교 졸업 이상의 학력이 있다고 인정되는 자로서 다음 1), 2) 중 어느 하나에 해당하는 자
1) 「장애인 복지법」 제32조에 의해 장애인으로 시/군/구청에 등록되어 있는 자
2) 「국가유공자 등 예우 및 지원에 관한 법률」 제4조에 의해 상이등급자로 국가보훈처에 등록 되어 있는 자

   (다) 사정단계별 선발인원 및 전형요소별 배점

사정단계	선발인원	전형요소별 배점(반영비율)		
		서류평가	면접	합계
1단계	500%	350점(100%)	-	350점(100%)
2단계	100%	350점(70%)	150점(30%)	500점(100%)

※ 면접성적이 면접반영점수의 60% 미만인 자는 모집인원에 관계없이 불합격

   (라) 서류평가

가. 평가자료: 학교생활기록부
나. 평가방법 및 내용
 1) 제출된 평가자료를 바탕으로 평가기준에 따라 종합적으로 평가함
 2) 다수의 평가위원이 350점 만점으로 평가하며, 이 평가점수의 평균을 수험생의 성적으로 함
 3) 반영점수: 350점(최고점) ~ 0점(최저점)

   (마) 면접

1) 평가내용 및 방법
 가) 수험생 개인별로 다음과 같이 10분 내외로 진행하며 평가기준에 따라 종합적으로 평가함
 나) 다수의 평가위원이 150점 만점으로 평가하며, 평가한 점수의 평균을 수험생의 성적으로 함
2) 반영점수: 150점(최고점) ~ 0점(최저점)

   (바) 수능최저학력기준: 없음

(사) 선발방법

가. 합격자 결정
 1) 1단계 사정: 서류평가 성적순으로 모집인원의 500%를 선발함
 2) 2단계 사정: 각 전형요소 성적 총점의 고득점 순으로 모집단위별 모집인원의 100%를 합격자로 선발함
나. 후보자 결정: 불합격 처리되지 않은 자 전원을 후보자로 선발함

(11) 특성화고졸재직자전형
(가) 모집인원: 55명

(나) 지원자격

「고등교육법시행령」제29조 2항 14호 다목에 의거, 특성화고등학교 등을 졸업한 후 산업체 근무 경력이 3년(2024. 3. 1. 기준) 이상인 재직자(검정고시 출신자 지원 불가)
가. 특성화고등학교 등의 인정 기준
1) 마이스터고등학교
2) 특성화고등학교[(구) 전문계고등학교, 실업계고등학교]
※ 특성화고등학교 중 자연현장실습 등 체험위주의 교육을 전문적으로 실시하는 고등학교 제외
3) 일반 및 종합고등학교 등에 설치된 학과 중 특성화고등학교에서 제공하는 것과 같은 교육과정으로 운영되는 학과
나. 산업체 인정 기준
1) 국가, 지방자치단체, 교육청 및 공공기관(공기업, 준정부기관, 지방공기업, 공공병원 등)
2) 근로기준법 제11조에 의거 산정한 상시 근로자가 5인(사업주 포함) 이상인 사업체
3) 4대 보험 중 1개 이상 가입 사업체(영세 창업 및 자영업자 포함)
- 4대 보험 가입 대상자가 아닌 산업체(농업, 수산업 등) 종사자는 국가 및 지방자치단체가 발급하는 공적증명서(농지원부 등) 확인을 통해 인정할 수 있음
- 4대 보험 미가입 영세 창업 및 자영업자는 사업자 등록증을 소지하고 있으며, 세금 체납 사실이 없는 경우 인정할 수 있음
다. 재직기간 산정 기준일: 2024. 3. 1. 기준 3년 이상 재직자(군복무기간 포함)

(다) 사정단계별 선발인원 및 전형요소별 배점
- 모집단위: 농산업학과, 생태환경시스템학부, 축산학과

사정단계	선발인원	전형요소별 배점(반영비율)		
		서류평가	면접	합계
1단계	500%	350점(100%)	-	350점(100%)
2단계	100%	350점(70%)	150점(30%)	500점(100%)

※ 면접성적이 면접반영점수의 60% 미만인 자는 모집인원에 관계없이 불합격

(라) 서류평가

가. 평가자료: 학교생활기록부

나. 평가방법 및 내용

 1) 제출된 평가자료를 바탕으로 평가기준에 따라 종합적으로 평가함

 2) 다수의 평가위원이 350점 만점으로 평가하며, 이 평가점수의 평균을 수험생의 성적으로 함

 3) 반영점수: 350점(최고점) ~ 0점(최저점)

(마) 면접

1) 평가내용 및 방법

 가) 수험생 개인별로 다음과 같이 10분 내외로 진행하며 평가기준에 따라 종합적으로 평가함

 나) 다수의 평가위원이 150점 만점으로 평가하며, 평가한 점수의 평균을 수험생의 성적으로 함

2) 반영점수: 150점(최고점) ~ 0점(최저점)

(바) 수능최저학력기준: 없음

(사) 선발방법

가. 합격자 결정

 1) 1단계 사정: 서류평가 성적순으로 모집인원의 500%를 선발함

 2) 2단계 사정: 각 전형요소 성적 총점의 고득점 순으로 모집단위별 모집인원의 100%를 합격자로 선발함

나. 후보자 결정: 불합격 처리되지 않은 자 전원을 후보자로 선발함

(12) 모바일과학인재전형
(가) 모집인원: 5명

※ 수학 및 과학 분야에서 학업역량이 우수하고 모바일과학인재로서 성장잠재력이 있는 학생을 선발

(나) 지원자격

고등학교 졸업자(2024년 2월 말 이전 졸업예정자 포함) 또는 법령에 의하여 고등학교 졸업 이상의 학력이 있다고 인정되는 자

(다) 사정단계별 선발인원 및 전형요소별 배점

- 모집단위: 전자공학부, 모바일공학전공

사정단계	선발인원	전형요소별 배점(반영비율)		
		서류평가	면접	합계
1단계	500%	250점(100%)	-	250점(100%)
2단계	100%	250점(50%)	250점(50%)	500점(100%)

※ 면접성적이 면접반영점수의 60% 미만인 자는 모집인원에 관계없이 불합격

(라) 서류평가

가. 평가자료: 학교생활기록부
나. 평가방법 및 내용
1) 제출된 평가자료를 바탕으로 학업역량, 전공적합성, 발전가능성, 인성을 종합적으로 평가함
2) 250점 만점으로 평가하며, 이 평가점수의 산술평균점수를 수험생의 성적으로 함
3) 반영점수: 350점(최고점) ~ 0점(최저점)

(마) 면접

가) 평가내용 및 방법
1) 수험생 개인별로 다음과 같이 10분 내외로 진행하며 평가기준에 따라 종합적으로 평가함
2) 각 면접위원이 250점 만점으로 평가하며, 평가한 점수의 산술평균점수를 수험생의 성적으로 함
2) 반영점수: 250점(최고점) ~ 0점(최저점)

(바) 수능최저학력기준: 수학, 과탐 영역 등급 합 3이내 , 한국사 응시

(사) 선발방법

가. 합격자 결정
1) 1단계 사정: 서류평가 성적순으로 모집인원의 500%를 합격자로 선발함
2) 2단계 사정: 최저수학능력기준 충족자 중에서 각 전형요소 성적 총점의 고득점 순으로 모집 단위별 모집인원의 100%를 합격자로 선발함
나. 후보자 결정: 불합격 처리되지 않은 자 전원을 후보자로 선발함

소) 부산대[80]
(1) 학생부종합전형
(가) 지원자격

국내 정규 고등학교 졸업(예정)자(2학년 수료예정자 중 상급학교 조기입학 자격을 부여받은 자 포함)
※ 국내 정규 고등학교는 고교 졸업 학력 인정학교에 한함
※ 국내 고교에서 3개 학기 이상 성적을 취득한 국내 고교 졸업(예정)자에 한함

---

80) 2024 부산대 입학전형

(나) 전형요소 및 반영비율

선발단계	전형요소별 반영비율		계
	서류평가(학생부)	면접	
1단계 (3배수 내외)	100%	-	100%
2단계	80%	20%	100%

(다) 선발방법: 서류(학생부)를 종합평가하여 고득점자 순으로 선발함

- 1단계 : 서류평가(학생부) 성적순으로 모집단위 모집인원의 3배수 내외를 면접대상자로 선발함
- 2단계 : 면접대상자 중 1단계 성적과 면접 성적을 합산하여 고득점자 순으로 선발함
※ 정보의생명공학대학 정보컴퓨터공학부는 소프트웨어 분야의 재능이 있거나 잠재력이 있는 자를 선발함

(라) 대학수학능력시험 최저학력기준: 적용하지 않음

(2) 지역인재전형
(가) 지원자격

국내 정규 고등학교 졸업(예정)자로서 **입학부터 졸업까지 부산, 울산, 경남 지역에 소재**하는 고등학교의 **전 교육과정을 이수한 자**(2학년 수료예정자 중 상급학교 조기입학 자격을 부여받은 자 포함)
 ※「초·중등교육법」제2조에 따른 고등학교 외 고교 졸업 동등 학력자는 지원자격에서 제외함

(나) 전형요소 및 반영비율

선발단계	전형요소별 반영비율		계
	서류평가(학생부)	면접	
1단계 (3~4배수 내외)	100%	-	100%
2단계	80%	20%	100%

(다) 선발방법

- 1단계 : 서류평가(학생부) 성적순으로 모집단위 모집인원의 3~4배수 내외를 면접대상자로 선발함 **(의과대학 의예과 4배수 내외, 그 외 모집단위 면접대상자는 모집정원의 3배수 내외)**
- 2단계 : 면접대상자 중 1단계 성적과 면접 성적을 합산하여 고득점자 순으로 선발함

(라) 대학수학능력시험 최저학력기준: 적용하지 않음

(단, 간호대학 간호학과, 의과대학 의예과, 치의학전문대학원 학·석사통합과정, 약학대학 약학부는 제외)

모집계열	모집단위	최저학력기준	공통 기준
자연계	• 간호대학 간호학과	국어, 영어, 수학(미적분, 기하 중 택1), 과학탐구 영역 중 수학 포함 2개 영역 등급 합 6 이내 ※ 탐구영역은 2과목 중 상위 1과목을 반영함	한국사 4등급 이내
	• 의과대학 의예과 • 치의학전문대학원 학·석사 통합과정	국어, 영어, 수학(미적분, 기하 중 택1), 과학탐구 영역 중 수학 포함 3개 영역 등급 합 4 이내	

모집계열	모집단위	최저학력기준	공통 기준
	• 약학대학 약학부	※ 의예과에 한해 탐구 2과목 평균을 반영함	

※ 수능은 4개 영역을 모두 응시해야 하며, 탐구영역 과목은 수험자가 자유 선택하되 반드시 2과목을 응시하여야 함 (단, 자연계열은 과학탐구 2과목을 응시하여야 함)

※ 탐구영역은 상위 1과목을 반영함 (단, 의예과는 제외)

※ 의예과, 약학부, 치의학전문대학원 학·석사 통합과정 미충원 인원은 정시 수능(지역인재전형)으로 이월함

(3) 지역인재 저소득층학생전형
(가) 지원자격

아래 지원 자격 1과 2에 모두 해당되는 자
1. 국내 정규 고등학교 졸업(예정)자로서 아래 자격요건 ①, ② 중 하나에 해당되는 자
   ① 「국민기초생활보장법」 제2조제1호(수급권자), 제2호(수급자), 제10호(차상위계층)에 의한 대상자
   ② 「한부모가족지원법」 제5조 또는 제5조의2에 따른 지원대상자
2. 국내 정규 고등학교 졸업(예정)자로서 입학부터 졸업까지 부산, 울산, 경남 지역에 소재하는 고등학교의 전 교육과정을 이수한 자(2학년 수료예정자 중 상급학교 조기입학 자격을 부여받은 자 포함)
※ 「초·중등교육법」 제2조에 따른 고등학교 외 고교 졸업 동등 학력자는 지원자격에서 제외함

(나) **전형요소 및 반영비율**: 서류평가(학생부) 100%

(다) **선발방법**: 서류(학생부)를 종합평가하여 고득점자 순으로 선발함

(라) **미충원에 따른 결원 처리방법**:
미충원 인원은 정시모집 모집단위별 해당 모집군으로 이월하여 선발함

(마) 대학수학능력시험 최저학력기준

모집계열	모집단위	최저학력기준	공통 기준
자연계	• 간호대학 간호학과	국어, 영어, 수학(미적분, 기하 중 택1), 과학탐구 영역 중 **수학 포함 2개 영역 등급 합 6** 이내 ※ 탐구영역은 2과목 중 상위 1과목을 반영함	한국사 4등급 이내
	• 의과대학 의예과 • 약학대학 약학부 • 치의학전문대학원 학·석사통합과정	국어, 영어, 수학(미적분, 기하 중 택1), 과학탐구 영역 중 **수학 포함 3개 영역 등급 합 4** 이내 ※ 의예과에 한해 탐구 2과목 평균을 반영함	

※ 수능은 4개영역을 모두 응시하여야 하며, 탐구영역 과목은 수험자가 자유 선택하되 반드시 2과목을 응시하여야 함 (단, 자연계열은 과학탐구 2과목을 응시하여야 함)

※ 탐구영역은 상위 1과목을 반영함(단, 의예과는 제외)

※ 의예과·약학부 미충원 인원은 정시 수능(지역인재전형), 간호학과·치의학전문대학원 학·석사통합과정 미충원 인원은 정시 수능전형으로 이월함

(4) 사회적배려대상자전형 I

(가) 지원자격

국내 정규 고등학교 졸업(예정)자 또는 법령에 의하여 이와 동등 이상의 학력이 있다고 인정된 자로서 아래의 지원 자격 중 어느 하나에 해당되는 자
※ 국내 정규 고등학교는 고교 졸업 학력 인정학교에 한함

■ 국가보훈대상자 : 아래 자격요건 ①에 해당되는 자
   ① 「국가보훈기본법」 제3조 제2호에 따른 '국가보훈대상자'로서 국가보훈관계 법령에 따른 교육지원대상자
    - 보훈(지)청장이 발행하는 '대학입학 특별전형 대상자 증명서' 발급 대상자

■ 농어촌학생 : 국내 정규 고등학교 졸업(예정)자로서 아래 자격요건 ①, ② 중 하나에 해당되는 자
   ① '가'형 : 농어촌 지역(읍·면)에 소재하는 중·고등학교(도서·벽지 교육진흥법 시행규칙 제2조에 의한 중·고등학교 포함)에서 중학교 입학 시부터 고등학교 졸업 시까지 전 교육과정(6년)을 이수한 졸업(예정)자로서 재학기간(중학교 입학 시부터 고등학교 졸업 시까지) 중 본인과 부모 모두가 농어촌 지역 또는 도서·벽지 지역에서 거주한 자
   ② '나'형 : 농어촌 지역(읍·면)에 소재하는 초·중·고등학교(도서·벽지 교육진흥법 시행규칙 제2조에 의한 초·중·고등학교 포함)에서 초등학교 입학 시부터 고등학교 졸업 시까지 전 교육과정(12년)을 이수한 졸업(예정)자로서 재학기간(초등학교 입학 시부터 고등학교 졸업 시까지) 중 본인이 농어촌 지역 또는 도서·벽지 지역에 거주한 자(부모의 농어촌 거주조건 면제)
   ※ 농어촌 지역 재학 및 거주기간 등 지원자격은 연속된 연수만을 인정함
   ※ 농어촌 지역 소재 특목고(과학고, 외국어고, 국제고, 예술고, 체육고, 마이스터고)는 제외함
■ 저소득층학생 : 아래 자격요건 ①, ② 중 하나에 해당되는 자
   ① 「국민기초생활보장법」 제2조제1호(수급권자), 제2호(수급자), 제10호(차상위계층)에 의한 대상자
   ② 「한부모가족지원법」 제5조 또는 제5조의2에 따른 지원대상자

(나) 전형방법

   ① 전형요소 및 반영비율: 서류평가(학생부) 100%
   ② 선발방법: 서류(학생부)를 종합평가하여 고득점자 순으로 선발함
※단, 학교생활기록부가 없는 검정고시 출신자 등은 학교생활기록부 대체서식을 제출받아 평가함

(다) 수능최저학력기준: 없음

(5) 사회적배려대상자전형 II

(가) 지원자격

국내 정규 고등학교 졸업(예정)자 또는 법령에 의하여 이와 동등 이상의 학력이 있다고 인정된 자로서 아래 자격요건 ① ~ ③ 중 하나에 해당되는 자
※ 국내 정규 고등학교는 고교 졸업 학력 인정학교에 한함

① 아동복지시설 거주자
 - 아동복지법에 의거 인가된 아동복지시설에서 고등학교 입학부터 원서접수 마감일(졸업자는 졸업일)까지 거주한 자
 - 단, 고등학교 졸업(예정)자 외 지원자는 아동복지법에 의거 인가된 아동복지시설에서 3년 이상(원서접수마감일 기준)을 거주한 자에 한함

② 백혈병, 소아암 등 난치 병력자
 - 한국 백혈병·소아암협회 추천자

③ 다문화가정 자녀
 - 결혼 이전에 외국국적이었던 친모(친부)와 국적이 대한민국인 친부(친모) 사이에 출생한 대한민국 국적자
 (단, 결혼 이전에 외국국적이었던 친모(친부)가 과거에 한국국적을 포기한 사실이 있는 경우 지원 자격을 인정하지 않음)

(나) 전형방법

① 전형요소 및 반영비율: 서류평가(학생부) 100%
② 선발방법: 서류(학생부)를 종합평가하여 고득점자 순으로 선발함
※단, 학교생활기록부가 없는 검정고시 출신자 등은 학교생활기록부 대체서식을 제출받아 평가함

(다) 수능최저학력기준: 없음

(6) 저소득층학생전형/ 특수교육대상자전형
(가) 지원자격

■ 저소득층학생전형 : 국내 정규 고등학교 졸업(예정)자 또는 법령에 의하여 이와 동등 이상의 학력이 있다고 인정된 자로서 아래 자격요건 ①, ② 중 하나에 해당되는 자
 ① 「국민기초생활보장법」 제2조제1호(수급권자), 제2호(수급자), 제10호(차상위계층)에 의한 대상자
 ② 「한부모가족지원법」 제5조 또는 제5조의2에 따른 지원대상자

■ 특수교육대상자전형 : 국내 정규 고등학교 졸업(예정)자 또는 법령에 의하여 이와 동등 이상의 학력이 있다고 인정된 자로서 아래 자격요건 ①, ② 중 하나에 해당되는 자
 ① 「장애인복지법」 제32조에 의하여 장애인 등록이 되어 있는 자
 ② 「국가유공자 등 예우 및 지원에 관한 법률」 제4조 등에 의한 상이등급자(국가보훈처 등록)로 등록이 되어 있는 자

(나) 전형방법

① 전형요소 및 반영비율: 서류평가(학생부) 100%
② 선발방법: 서류(학생부)를 종합평가하여 고득점자 순으로 선발함
※단, 학교생활기록부가 없는 검정고시 출신자 등은 **학교생활기록부 대체서식**을 제출받아 평가함
※ 특수교육대상자전형은 단과대학별로 모집정원을 배정하며, 모집단위별 최대선발인원은 1명임

(다) **수능최저학력기준**: 없음 (단, 간호대학 간호학과, 약학대학 약학부는 제외)

모집계열	전형	모집단위	최저학력기준	공통 기준
자연계	저소득층 학생	• 간호대학 간호학과	국어, 영어, 수학(미적분, 기하 중 택1), 과학탐구 영역 중 **수학 포함 2개 영역 등급 합 6** 이내 ※ 탐구영역은 2과목 중 상위 1과목을 반영함	한국사 4등급 이내
		• 약학대학 약학부	국어, 영어, 수학(미적분, 기하 중 택1), 과학탐구 영역 중 **수학 포함 3개 영역 등급 합 4** 이내 ※ 탐구영역은 2과목 중 상위 1과목을 반영함	

※ 수능은 4개영역을 모두 응시해야 하며, 탐구영역 과목은 수험자가 자유 선택하되 반드시 2과목을 응시하여야 함 (단, 자연계열은 과학탐구 2과목을 응시하여야 함)
※ 탐구영역은 상위 1과목을 반영함(단, 의예과는 제외)

오) 전남대[81]

(1) 고교생활우수자전형 I

(가) **모집인원**: 660명, (치의학전문대학원: 4명)

(나) **지원자격**

국내 고등학교 생활기록부가 있는 고등학교 졸업자(2024년 2월 졸업예정자 포함) 및 검정고시 출신자
※ 수능최저학력기준이 적용되는 모집단위는 2024학년도 대학수학능력시험에 응시해야 함
※ 국내 고등하교 석차등급성적산출이 불가능한 자는 지원할 수 없음

(다) 반영비율 및 반영점수 (※ 광주캠퍼스 모집단위)

전형명	선발단계	선발배수	전형요소별 반영점수 및 비율		
			서류평가(%)	면접평가(%)	합계(%)
고교생활우수자전형 I	1단계	4배수	700(100%)	-	700(100%)
	2단계	1배수	700(70%)	300(30%)	1,000(100%)

※ 의학계열(의예과, 약학부, 수의예과, 치의학전문대학원)은 1단계 6배수를 선발함

전형요소	반영점수			반영비율	
	기본점수	실질점수	배점	명목비율	실질비율
서류평가	350	350	700	70%	70%
면접평가	150	150	300	30%	30%

---

81) 2024 전남대 입학전형

(라) 평가방법

평가 방법	전형자료	반영 점수 (기본점/만점)
서류평가: 전공(계열)준비도, 학업수행역량, 학업외소양, 인성역량	학교생활기록부	350/700
면접평가: 학업수행역량, 인성역량		150/300

(마) 수능최저학력: 미적용

단, 의과대학, 치의학전문대학원, 수의과대학, 약학대학은 적용

모집단위	반영영역 국, 수, 영, 탐구 (2과목 평균) 영역 중	학생부종합
의과대학	3개영역 합	5등급 이내
치의학전문대학원(학석사통합과정)	3개영역 합	6등급 이내
수의과대학, 약학대학	3개영역 합	7등급 이내

(2) 고교생활우수자전형Ⅱ
(가) 모집인원: 313명

(나) 지원자격: 상동

(다) 반영비율 및 반영점수 (※ 여수캠퍼스 조기취업형계약학과 제외)

선발단계	선발배수	전형요소별 반영점수 및 비율		
		서류평가(%)	면접평가(%)	합계(%)
일괄	1배수	1,000 (100%)	-	700(100%)

전형요소	반영점수			반영비율	
	기본점수	실질점수	배점	명목비율	실질비율
서류평가	500	500	1,000	100%	100%

(라) 평가방법

전형명	평가 방법	전형자료	반영 점수 (기본점/만점)
고교생활우수자전형Ⅱ	서류평가평가요소: 전공(계열)준비도, 학업수행역량, 학업외소양, 인성역량	학교생활기록부	500/1,000

(3) 후계농업경영인전형
(가) 모집인원: 5명

(나) 지원자격

국내 고등학교 생활기록부가 있는 고등학교 졸업자(2024년 2월 졸업예정자 포함)

※ 국내 고등하교 석차등급성적산출이 불가능한 자는 지원할 수 없음

구분	지원자격
후계농업경영인 또는 그 자녀	본인 또는 부모 명의의 <후계농업경영인 확인서> 발급이 가능한 자
농업경영체 등록자 또는 그 자녀	본인 또는 부모 명의의 <농업경영체등록 확인서> 발급이 가능한 자

(다) 반영비율 및 반영점수

전형명	선발단계	선발배수	전형요소별 반영점수 및 비율		
			서류평가(%)	면접평가(%)	합계(%)
고교생활우수자전형 I	1단계	4배수	700(100%)	-	700(100%)
	2단계	1배수	700(70%)	300(30%)	1,000(100%)

※ 의학계열(의예과, 약학부, 수의예과, 치의학전문대학원)은 1단계 6배수를 선발함

전형요소	반영점수			반영비율	
	기본점수	실질점수	배점	명목비율	실질비율
서류평가	350	350	700	70%	70%
면접평가	150	150	300	30%	30%

(라) 평가방법

평가 방법	전형자료	반영 점수 (기본점/만점)
서류평가: 전공(계열)준비도, 학업수행역량, 학업외소양, 인성역량	학교생활기록부	350/700
면접평가: 학업수행역량, 인성역량		150/300

(마) 수능최저학력: 미적용

(4) 조기취업형계약학과전형 (정원 외)
(가) 모집인원: 84명

(나) 지원자격

국내 고등학교 졸업자(2024년 2월 졸업예정자 포함) 또는 법령에 의하여 고등학교 졸업 이상의 학력을 인정받은 자

구분	지원자격
후계농업경영인 또는 그 자녀	본인 또는 부모 명의의 <후계농업경영인 확인서> 발급이 가능한 자
농업경영체 등록자 또는 그 자녀	본인 또는 부모 명의의 <농업경영체등록 확인서> 발급이 가능한 자

(다) 전형 요소별 반영비율 및 반영점수

선발단계	선발배수	전형요소별 반영점수 및 비율		
		서류평가(%)	면접평가(%)	합계(%)
일괄	1배수	600(60%)	400(40%)	1,000 (100%)

전형요소	반영점수			반영비율	
	기본점수	실질점수	배점	명목비율	실질비율
서류평가	300	300	600	60%	40%
면접평가	200	200	400	40%	40%
합계	500	500	1,000	100%	100%

(라) 평가방법

평가 방법	전형자료	반영 점수 (기본점/만점)
서류평가: 전공(계열)준비도, 학업수행역량, 학업외소양, 인성역량	학교생활기록부	500/1,000
면접평가: 학업수행역량, 인성역량		

(마) 수능최저학력: 미적용

조) 전북대[82]

(1) 모집인원

전형유형	정원 내	정원 외
큰사람	477	-
사회통합	11	-
국가보훈대상자	26	-
만학도	10	-
농어촌학생	-	121
기회균형선발	-	77
특성화고졸재직자	-	96
특성화고교졸업자	-	13
특수교육대상자	-	14

(2) 지원자격

큰사람	■국내 고교 졸업(예정)자로 학생부 성적이 있는 자 또는 고등학교 졸업(예정)자와 동등한 학력소지자

---

82) 2024 전북대 입학전형

사회통합	■국내 고등학교 졸업(예정)자로 국내 고등학교에서 취득한 5개 학기 이상의 학생부 성적이 있는 자 또는 고등학교 졸업(예정)자와 동등한 학력소지자로 아래중 하나에 해당하는 자 1) 다문화가정 자녀 - 결혼이전에 외국국적이었던 친모(친부)와 결혼이전에 대한민국 국적인 친부(친모) 사이에서 출생한 다문화가정의 자녀로서 대한민국 국적자 (결혼이전에 외국국적을 가진 친모(친부)가 결혼이전에 한국국적을 포기한 사실이 있을 경우 지원 불가) 2) 다자녀가구 자녀 - 원서접수일 마감 기준 가족관계증명서상 다자녀(3자녀 이상)가구의 친생자 또는 친양자 (단, 입양 등으로 인한 가족 관계는 지원자가 고등학교 입학일 이전에 친양자 입양이 확정된 경우에 한함) 3) 장기복무부사관 자녀 - 부 또는 모가 20년 이상 부사관(준위 포함)으로 재직하고 있는 자(전역자 제외)의 자녀 4) 아동복지시설 생활자 - 고등학교 입학부터 원서접수 마감일(졸업자는 졸업일)까지 『아동복지법』 제3조 제10호의 아동복지시설 또는 청소년복지 지원법 제31조의 청소년 복지시설에 수용된 자 -『아동복지법』제52조 제1항 제1호(아동양육시설)에 규정된 아동복지시설 (보건복지부로부터 인허가된 곳)에서 원서접수 마감일 현재 2년 이상 재원 중인 자 5) 대안학교 졸업(예정)자 -『초중등교육법』제60조의3(시행령 제91조)의 규정에 의하여 시도교육감의 지정을 받은 대안교육 특성화고등학교(대안학교) 졸업(예정)자
국가보훈 대상자	■국가보훈대상자로서 국내 고등학교 졸업(예정)자로 국내 고등학교에서 취득한 학생부 성적이 있는 또는 고등학교 졸업(예정)자와 동등한 학력소지자 - 독립유공자의 자녀 및 손자녀 및 외손자녀, 국가유공자 및 그 자녀(참전유공자 제외), 지원 순직·공상 군경(공무원) 및 그 자녀, 6·18자유상이자 및 그 자녀, 고엽제후유의증환자(수당지급대상자 및 그 자녀, 5·18민주유공자 및 그 자녀, 특수임무유공자 및 그 자녀, 보훈보상대상자 및 그 자녀 ※『국가보훈기본법』제3조제2호에 따른 '국가보훈대상자'로서 국가보훈 관계 법령에 따른 교육지원 대상자를 대상으로 함
만학도	■국내 고등학교 졸업(예정)자로 학교생활기록부 제출이 가능하고 연령이 만 30세 이상(2024. 3. 1. 기준)인 자
농어촌학생	■고등학교 졸업(예정)자로 다음 [Ⅰ유형] 또는 [Ⅱ유형]에 해당되는 자 [Ⅰ유형] 지방자치법 제3조에 의한 읍·면 소재 또는 『도서·벽지 교육진흥법』 제2조에 따른 도서·벽지 중·고등학교에서 전 교육과정(6년)을 이수하고 졸업(예정)한 자로서 재학기간(중학교 입학일부터 고등학교 졸업일까지) 중 부·모와 본인 모두가 농·어촌 또는 도서·벽지에 거주한 자

	[Ⅱ유형] 지방자치법 제3조에 의한 읍·면 소재 또는 『도서·벽지 교육진흥법』 제2조에 따른 도서·벽지 초·중·고등학교의 전 교육과정(12년)을 이수하고 졸업(예정)한자로서 재학기간 중 본인이 농·어촌 또는 도서·벽지에 거주한 자 (부모의 농·어촌 거주조건 면제)
기회균형선발	■국내 고등학교 졸업(예정)자 중 국내 고등학교에서 취득한 5개 학기 이상 학생부 성적이 있는 자 또는 고등학교 졸업(예정)자와 동등한 학력소지자로서, 다음 각 호의 어느 하나에 해당하는 자 1) 기초생활수급자 『국민기초생활보장법』제2조제1호(수급권자), 제2호(수급자) 2) 『국민기초생활보장법』제2조제10호의 차상위계층에 속하는 자로서 차상위 복지급여(차상위 자활, 차상위 장애수당, 차상위 장애인연금부가급여, 차상위 건강보험본인부담금 경감) 중 하나 이상을 받고 있는 가구의 학생 또는 차상위계층 확인사업 대상 가구(차상위계층 확인서 발급대상자)의 학생 3) 『한부모가족지원법』제5조 또는 제5조의2에 따른 지원 대상자
특성화고졸 재직자	■다음의 어느 하나에 해당하는 사람으로서 산업체 근무경력이 3년(2023. 3. 1. 기준) 이상인 재직자(『고등교육법시행령』제29조제2항 제14호) ※ 2024. 3. 1. 기준 재직 중이어야 하며, 입학 후 재학기간에는 재직여부와 관계없음 - 일반고등학교에 재학하는 동안 시·도교육감이 『직업교육훈련 촉진법』에 따른 직업교육훈련기관 중 직업교육훈련위탁기관으로 선정한 기관에서 1년 이상의 직업교육훈련과정을 이수하고 해당 일반고등학교를 졸업한 사람 (『초·중등교육법 시행령』제76조의3제1호) - 산업수요 맞춤형 고등학교를 졸업한 사람(『초·중등교육법 시행령』제90조제1항제10호) - 특성화고등학교* 등을 졸업한 사람 *『초·중등교육법 시행령』제91조제1항에 따른 특성화고등학교 중 자연 현장실습 등 체험위주의 교육을 전문으로 실시하는 고등학교를 제외한 학교 (『초·중등교육법 시행령』제76조의3제1호에 따른 일반고등학교에 설치된 학과 중 특성화고등학교에서 제공하는 것과 같은 교육과정으로 운영되는 학과 포함) - 학력인정 평생교육시설 중 특성화고등학교 등에서 제공하는 것과 같은 교육과정을 운영하는 평생교육시설에서 해당 교육과정을 이수한 사람 (『평생교육법』제31조제2항)
특성화고교 졸업자	■『초·중등교육법 시행령』제91조 제1항에 따른 특성화 고등학교 졸업(예정)자로 (특성화고와 같은 교육과정을 운영하는 학과가 있는 종합고 포함) - 우리 대학교에서 모집단위와 동일계열이라고 인정한 기준학과와 일치하는 특성화(전문계)고 해당학과를 졸업(예정)하였거나, 기준학과와 다르더라도 우리 대학교 모집단위와 관련된 전문교과를 30단위 이상 이수하였다고 우리 대학교에서 인정하는 자
특수교육 대상자	■고등학교 졸업(예정)자 또는 이와 동등한 학력 소지자로 다음 중 하나에 해당하는 자 - 『장애인복지법』제32조의 규정에 의한 장애인등록을 필한 자 - 『국가유공자 등 예우 및 지원에 관한 법률』제4조의 규정에 의한 상이등급 1급~7급에 해당되는 자(국가보훈처 등록)

(3) 전형방법 및 전형요소별 반영점수

전형유형	선발단계	모집인원 대비 선발비율	전형요소별 반영점수(실질반영비율, %)				
			서류평가	1단계 성적	면접	수능성적	합계
큰사람, 사회통합, 국가보훈대상, 만학도, 농어촌학생, 기회균형선발, 특성화고졸재직자, 특성화고교졸업자, 특수교육대상자	1단계	300%	1,000 (100)				1,000 (100)
	2단계	100%		700 (70)	300 (30)	최저학력기준 미적용 (큰사람 전형 일부 모집단위는 적용)	1,000 (100)

※ 큰사람전형의 일부 모집단위(간호학과, 수의예과, 약학과, 의예과, 치의예과)는
수능최저학력기준 적용
　☞모집단위별 수능반영영역은 반드시 응시해야 함
※ 수능최저학력기준을 적용하지 않는 전형의 지원자는 수능을 응시하지 않아도 지원 가능

(4) 수능최저학력기준: 미적용

※ 단, 큰사람 전형 중 간호학과, 수의예과, 약학과, 의예과, 치의예과는 수능최저학력기준 적용
※ 수능 최저학력기준 적용 모집단위의 경우 모집단위별 수능 반영 영역 모두 응시

모집단위	계열	수능최저학력기준
간호대학 간호학과	인문, 자연	수능 4개 영역(국어, 수학, 영어, 탐구) 중 상위 2개 영역 등급 합 6 이내 (탐구: 사회/과학 구분없이 상위등급 1과목 반영)
수의과대학 수의예과 약학대학 약학과		수능 4개 영역(국어, 수학, 영어, 탐구) 중 수학(미적분 또는 기하 중 1과목 반영)을 포함하여 상위 3개 영역 등급 합 7 이내 (탐구: 과학 상위등급 1과목 반영)
의과대학 의예과	자연	수능 4개 영역(국어, 수학, 영어, 탐구) 반영 (수학: 미적분 또는 기하 중 1과목 반영) (탐구: 과학탐구 2과목 반영이며, 평균등급 절사) 등급 합 6 이내 (탐구: 과학 상위등급 1과목 반영)
치과대학 치의예과		수능 4개 영역(국어, 수학, 영어, 탐구) 반영 (수학: 미적분 또는 기하 중 1과목 반영) (탐구: 과학탐구 2과목 반영이며, 평균등급 절사) 등급 합 6 이내 (탐구: 과학 상위등급 1과목 반영)

(5) 면접

　(가) 면접 대상: 1단계 합격자(미 응시자는 불합격 처리)
　(나) 면접 방법: 수험생 1인당 면접위원 3인 1조로 편성, 지원자별 개인 면접 10분 내외 실시
　(다) 면접 평가영역(2개 영역): 인성 및 사회성(30%), 전공적합성 및 발전가능성(70%)

초) 충북대[83]

(1) 정원 내

(가) 모집인원

전형유형	모집인원 (명)
학생부종합Ⅰ전형	416
학생부종합Ⅱ전형	297
SW우수인재전형	30

(나) 지원자격

전형명	지원자격
학생부종합Ⅰ전형 학생부종합Ⅱ전형 sw우수인재전형	○ 2024년 2월 이전 국내 고등학교 졸업(예정)자 또는 관계법령에 의하여 이와 동등 이상의 학력이 있다고 인정된 자

(다) 전형방법

전형명	전형방법	선발인원	전형요소별 반영점수 및 실질반영비율			
			수능	단계	서류평가	계
학생부종합Ⅰ전형 sw우수인재전형	일괄합산	100%	미반영	일괄합산	80점 (100%)	80점 (100%)
학생부종합Ⅱ전형	일괄합산	100%	반영 (최저학력기준)	일괄합산	80점 (100%)	80점 (100%)

전형명	전형별 반영점수			평가영역
	반영점수	기본점수	실질반영점수	
학생부종합Ⅰ전형 학생부종합Ⅱ전형 sw우수인재전형	80점	40점	40점	전문성/사회성/적극성

(라) 대학수학능력시험 반영방법[학생부종합(학생부종합Ⅱ전형)만 해당]

① 반영영역

모집 계열	모집단위	국어		수학			영어	탐구			한국 사
		화법과 작문	언어와 매체	확률과 통계	미적분	기하		사회	과학	직업	
인문	전 모집단위	●	●	●	●	●	●	●	●	●	●
자연	수학과, 정보통계학과, 수의예과, 약학과, 제약학과, 의예과	●	●		●	●			●		●
	자연과학대학(수학과, 정보통계학과 제외), 공과대학, 전자정보대학	●	●	●	●	●	●		●		●
	농업생명환경대학, 생활과학대학, 간호학과	●	●	●	●	●	●	●	●		●

※ 수능최저학력기준 반영 시 지원자는 모집단위별 수능 반영영역의 전 영역(국어, 수학, 영어, 탐구, 한국사)에 응시하여야 함
※ 탐구영역은 해당 반영 영역에서 별도의 지정과목은 없으나, 반드시 2과목을 응시하여야 함
※ 한국사는 반영영역에는 포함되나(필수 응시), 최저학력기준 등급 합에는 미포함됨

---

83) 2024 충북대 입학전형

② 반영방법: 반영영역(국어, 수학, 영어, 탐구) 중 상위 3개 영역 등급 합 충족

계열	단과대학	모집단위	수능 최저학력기준
인문	인문대학	전모집단위	13등급 이내
	사회과학대학	전모집단위	
	경영대학	전모집단위	
	농업생명환경대학	농업경제학과	
	생활과학대학	전모집단위	
자연	자연과학대학	전모집단위	13등급 이내
	공과대학	전모집단위	
	전자정보대학	전모집단위	
	농업생명환경대학	전모집단위	
	생활과학대학	전모집단위	
	수의과대학	전모집단위	8등급 이내
	약학대학	전모집단위	6등급 이내
	의과대학	의예과	5등급 이내
		간호학과	11등급 이내

※ 자연계 모집단위는 수학 필수 반영(농업생명환경대학, 생활과학대학, 수의과대학, 간호학과는 수학 필수 미반영)
※ 탐구는 2개 과목 평균 등급을 반영
※ 자연계 사회/과학탐구 응시 가능 모집단위((농업생명환경대학, 생활과학대학, 간호학과) 지원자 중 사회탐구 응시자는 위 표에 제시된 등급보다 상향된 등급(사회탐구 1과목 응시자는 1등급 상향, 사회탐구 2과목 응시자는 2등급 상향)을 충족시켜야 함(해당 과목의 반영여부와 관계 없음)

(2) 정원 외

(가) 모집인원

전형유형	모집인원
농어촌학생전형	111명

(나) 지원자격

전형명	지원자격
농어촌 학생 전형	○2024년 2월 이전 고등학교 졸업(예정)자로서 「지방자치법」제3조에 의한 읍·면 소재 고등학교 또는 「도서·벽지 교육진흥법 시행규칙」제2조에 따른 도서·벽지 소재 고등학교 전 학년 교육과정을 이수한 자로 아래의 하나에 해당하는 자 1. 농어촌지역 또는 도서·벽지 소재 초·중·고등학교 12년간 전 교육과정을 이수한 자로 초·중·고등학교 재학기간 중 본인이 농어촌지역 또는 도서.벽지에 거주한 자 2. 농어촌지역 또는 도서·벽지 소재 중·고등학교 6년간 전 교육과정을 이수한 자로 재학기간 중 본인 및 그의 부·모 모두가 농어촌 지역 또는 도서.벽지에 거주한 자 - 부모의 사망(실종), 이혼, 재혼 등의 경우에는 우리대학이 별도로 정하는 기준에 의거하여 농어촌 지역 또는 도서.벽지 거주요건을 별도 심사(기준은 추후 모집 요강에서 안내) ※ 재학기간은 최초 입학일부터 졸업일까지임 (재학기간 동안 본인 및 그의 부모 모두가 농어촌지역 또는 도서·벽지에 거주하지 않으면 합격이 취소될 수 있음) ※ 재학기간과 거주기간은 연속된 연수만을 인정함

	※ 재학 중 또는 졸업 이후 행정구역 개편 등으로 농어촌지역(읍·면)이 동으로 변경된 경우 동을 농어촌지역(읍·면)으로 인정 [고등학교(초·중학교) 재학 기간 중 농어촌지역(읍·면)이 동으로 변경된 경우, 고등학교(초·중학교) 재학 기간 동안만 해당 지역을 농어촌지역(읍·면)으로 인정] ※ 농어촌 및 도서·벽지 소재 특수목적고(과학고, 외국어고, 국제고, 예술고, 체육고, 마이스터고) 출신자는 제외 ※ 재학기간 중 거주불명등록(또는 주민등록말소) 기록이 있는 경우 농어촌지역 또는 도서·벽지지역에 거주하지 않은 것으로 간주, 사정대상에서 제외됨

(다) 전형방법

전형명	전형방법	선발인원	전형요소별 반영점수 및 실질반영비율			
			수능	단계	서류평가	계
농어촌학생전형	일괄합산	100%	미반영	일괄합산	80점 (100%)	80점 (100%)

전형명	전형별 반영점수			평가영역
	반영점수	기본점수	실질반영점수	
농어촌학생전형	80점	40점	40점	전문성/사회성/적극성

(라) 수능최저학력기준: 적용하지 않음

코) 충남대[84]

(1) 학생부종합 Ⅰ·Ⅱ

(가) 지원자격

가. 학생부종합Ⅰ (일반/서류) - 국내 고등학교 졸업(예정)자 또는 기타법령에 의하여 고등학교 졸업 이상의 학력이 인정되는 자 - 2024학년도 대학수학능력시험 모집단위별 반영영역에 응시한 자(탐구영역 2과목 응시) 　**※ 수능최저학력기준 적용학과에만 해당** 나. 학생부종합Ⅱ (소프트웨어인재/영농창업인재) - 국내 고등학교 졸업(예정)자 또는 기타법령에 의하여 고등학교 졸업 이상의 학력이 인정되는 자 다. 학생부종합Ⅱ (국가안보융합인재) - 국내 고등학교 졸업(예정)자 또는 기타법령에 의하여 고등학교 졸업 이상의 학력이 인정되는 자 　※ 육군 본부 인력수급정책에 따라 남녀 성비는 모집요강을 통해 별도 공지함 - 군 인사법 제10조(결격사유 등)에 저촉되지 아니한 자로서 임관일 기준 만 20세 이상

84) 2024 충남대 입학전형

27세 이하인 자(2024년 3월 1일 기준 만16세 이상 23세 이하인 자)
- 친권자 동의 및 재정보증보험에 가입 가능한 자
　※ 신용불량 등의 사유로 재정보증보험에 가입 제한 시 지원불가

(나) 전형요소 및 반영점수 (비율)

전형구분	사정유형	선발비율 (%)	서류평가	면접평가	체력평가	수능최저학력	전형총점	비고
학생부종합Ⅰ (일반) 학생부종합Ⅱ (소프트웨어/영농창업인재)	1단계	200 (10명이상) 300 (10명미만, 의예과, 사범대, 수의예과)	200점 (100)	-	-	미적용 ※ 약대, 의대,수의대, 간호대,사범대 만 적용	200점 (100)	
	2단계	100	200점 (≒66.7)	100점 (≒33.3)	-		300점 (100)	
학생부종합Ⅰ (서류)	일괄 합산	100	300점 (100)	-	-	약대, 의대, 수의대, 간호대만 적용	300점 (100)	
학생부종합Ⅱ (국가안보융합인재 국토안보학전공)	1단계	200	200점 (100)	-	-	미적용	200점 (100)	
	2단계	100	200점 (≒57.1)	100점 (≒28.6)	50점 (≒14.3)		200점 (100)	
학생부종합Ⅱ (국가안보융합인재 해양안보학전공)	1단계	400	200점 (100)	-	-	미적용	200점 (100)	신체·인성검사 합불/ 신원조사 활용
	2단계	100	200점 (≒57.1)	100점 (≒28.6)	50점 (≒14.3)		350점 (100)	

※ ( )는 실질반영비율임

(다) 대학수학능력시험 반영영역 및 최저학력기준

모집단위	최저학력
사범대학(국어교육/영어교육/교육학과)	국어, 영어 및 탐구 합산 9등급 이내
사범대학(건설공학교육/기계공학교육/전기.전자.통신공학교육/화학공학교육/기술교육과), 간호대학	수학, 영어 및 과학탐구 합산 12등급 이내 * 사회/직업탐구 2과목 응시자 10등급 이내 * 사회/직업탐구 1과목 및 과학탐구 1과목 응시자 11등급 이내
사범대학(수학교육과)	수학(미적분, 기하), 영어 및 과학탐구 합산 10등급 이내
약학대학	수학 (미적분, 기하), 영어 및 과학탐구 합산 6등급 이내
의과대학	국어, 영어 및 과학탐구 중 상위 2과목과 수학(미적분, 기하) 합산 5등급 이내
수의과대학	수학 (미적분, 기하), 영어 및 과학탐구 합산 7등급 이내

※ 학생부종합Ⅰ에만 해당.
※ 약학과, 의예과, 수의예과, 수학교육과 모집단위의 경우 수학 공통 외 선택과목은 미적분 또는 기하 응시
※ 탐구는 반드시 2과목을 응시해야하며, 과학탐구 반영 모집단위는 반드시 과학탐구 2과목 응시

(라) 서류평가 및 면접고사

전형요소	평가방법	비고
서류평가	입학사정관이 지원자의 제출서류를 평가항목에 의거하여 독립적이고 종합적으로 평가함	
면접고사	입학사정관이 지원자의 제출서류를 참고하여 평가항목에 의거하여 구술 평가함	

※ 유의사항

- 제출서류에는 TOEIC, TOEFL, NEW TEPS, JLPT, HSK 등의 공인어학시험성적, 국외
탐방 및 국외 봉사실적 등 사교육기관 의존 가능성이 높은 체험활동 및 교외 수상실적을
제출할 수 없으며, 제출 시 인정하지 않음
- 지원자 성명, 출신고교, 지원자 부모(친인척 포함)의 실명을 포함한 사회적·경제적 지위
(직업명·직장명·직위명 등)를 암시하는 내용을 기재할 경우 평가에 불이익을 받을 수 있음
- 서류평가에서 표절, 대필, 서류조작 등이 확인되는 경우에는 우리대학'학생부종합전형
심의위원회 및 대학입학전형관리위원회'결정에 따라 처분
- 영농창업인재 전형은 농림축산식품부에서 지원하는 「ICT기반 과채·특용작물 영농창업
인재양성사업단」에서 운영하는 사업에 참여함과 동시에 사업단의 교육과정(연계전공)을 이
수해야 하며, 전과 및 사업 참여 중도 포기는 불가함

(마) 국가안보융합인재전형 기타 반영 사항

○체력평가
- 국민체력인증센터(국민체력 100) 인증서를 제출 받아 국토안보학 전공 및 해군본부
체력평가 기준표에 따라 점수 부여
※ 총점 50점(기본점수 0점)
○ 신체검사
- 국토안보학전공: 공무원신체검사 시행 후 합불판정
- 해양안보학전공: 해군 간부 선발 시 시행되는 신체검사 시행 후 합불판정(4급 이상 불합격/
색약 및 색맹 불합격)
○ 인성검사
- 해양안보학전공: 해군간부 선발 시 시행되는 인성검사 시행 후 합불판정
○ 신원조사
- 해양안보학전공: 별도 신원조사 시행 후 최종선발 시 참고자료로 활용
※ 유의사항
- 국토안보학전공: 신원조사 미 실시에 따라 범죄경력·수사경력조회 회보서를 수험생 본인이
경찰서에서 발급받아 신원조회 내용을 확인하여 본교 국토안보학전공에 지원여부를 스스로
판단해야 하며, 입학 후 장교 선발과정에 있어서 이에 따른 불이익은 본인에게 책임이 있음
(육군본부 정책에 따라 세부사항은 변동될 수 있으며 세부사항은 모집요강을 참고하기 바람)
- 해양안보학전공: 면접고사 시 해군에서 입회하며, 세부 사항은 해군본부 정책에 따라
변동될 수 있으므로 모집요강을 참고하기 바람

(2) 학생부종합Ⅲ (고른기회 특별전형)
(가) 지원자격

가. 농어촌학생

○국내 고등학교 졸업(예정)자

○아래의 사항 중 하나에 해당하는 자

> □ 지방자치법 제3조에 의한 읍, 면 또는 도서.벽지 교육진흥법 시행규칙 제2조에 의한 도서, 벽지소재 학교에서 **중.고등학교 전 교육과정(중학교 입학 시부터 고등학교 졸업 시까지)** 이수 및 본인(부모포함) 거주
>
> □지방자치법 제3조에 의한 읍, 면 또는 도서.벽지 교육진흥법 시행규칙 제2조에 의한 도서, 벽지 소재 학교에서 **초·중·고등학교 전 교육과정(초등학교 입학 시부터 고등학교 졸업 시까지)** 이수 및 본인 거주

※ 유의사항
- 검정고시 출신자 및 특수목적고, 자율형 사립고 졸업(예정)자는 제외
- 재학기간 중 부모 및 본인의 주민등록이 직권말소, 신고말소 또는 직권거주 불명등록자로 등록된 경우는 지원 자격이 없는 것으로 간주
- 재학기간과 거주기간은 연속된 연수만을 인정함(학업 중단 후 재입학할 경우에도 거주기간은 중간 단절없이 연속되어야 함)
- 학생과 부모의 거주는 각각의 주민등록상 거주기록과 일치해야 함

나. 특성화고출신자

○모집단위와 특성화고등학교에 설치된 학과와 동일계열인 특성화고등학교 졸업(예정)자

※ 동일 계열인 기준학과가 모집요강에 명시되어 있지 않더라도 특성화고등학교에서 이수한 교과목이 해당 모집단위와 관련된 전문교과를 30단위 이상 이수한 경우에는 지원 가능함

※「초·중등교육법 시행령」제91조제1항에 따른 특성화고등학교 중 자연현장실습 등 체험위주의 교육을 전문으로 실시하는 고등학교를 제외한 학교

○유의사항

1) 특성화고등학교는 특성화고 및 특성화고와 같은 교육과정을 운영하는 학과가 있는 일반고(종합고)를 의미함

2) 종합고의 일반고 교육과정 졸업(예정)자는 대상에서 제외됨

3) 산업수요 맞춤형 고등학교(마이스터고등학교) 졸업생은 특성화고교 졸업자 특별전형 대상에서 제외됨

다. 저소득층학생

○국내 고등학교 졸업(예정)자 및 기타법령에 의하여 고등학교 졸업 이상의 학력이 인정되는 자

○아래의 사항 중 하나에 해당하는 자

> □「국민기초생활보장법」제2조 제1호에 따른 수급권자 및 제2호 수급자
> □「국민기초생활보장법」제2조 제10호에 따른 차상위계층
> □「한부모가족지원법」 제5조 및 제5조의2에 따른 지원대상자
> ※ 차상위계층의 경우 주민등록상 급여를 받고 있는 자와 거주해야 지원 가능

라. 특수교육대상자

○국내 고등학교 졸업(예정)자 및 기타법령에 의하여 고등학교 졸업 이상의 학력이 인정되는 자

○아래의 사항 중 하나에 해당하는 자

□ 「장애인복지법」 제32조에 의한 장애인 등록(중증~경증)을 필한 자
□ 「국가유공자등예우및지원에관한법률」 제4조 등에 의한 상이등급자로 국가보훈처에 등록된 자

마. 특성화고졸재직자
○산업체 근무경력이 3년(2024. 3. 1. 기준) 이상인 재직자(고등교육법시행령 제29조 제2항 제14호)
○ 아래의 사항 중 하나에 해당하는 자

□ 「초 · 중등교육법 시행령」 제76조의3 제1호에 따른 일반고등학교에 재학하는 동안 시 · 도 교육감이 「직업교육훈련 촉진법」에 따른 직업교육훈련기관 중 직업교육훈련위탁기관으로 선정한 기관에서 1년 이상의 직업교육훈련과정을 이수하고 해당 일반고등학교를 졸업한 사람
□ 「초 · 중등교육법 시행령」 제90조 제1항 제10호에 따른 산업수요 맞춤형 고등학교를 졸업한 사람
□ 특성화고등학교 등*을 졸업한 사람
*「초 · 중등교육법 시행령」 제91조제1항에 따른 특성화고등학교 중 자연현장실습 등 체험위주의 교육을 전문으로 실시하는 고등학교를 제외한 학교(「초 · 중등교육법 시행령」 제76조의3 제1호에 따른 일반고등학교에 설치된 학과 중 특성화고등학교에서 제공하는 것과 같은 교육과정으로 운영되는 학과 포함)
□「평생교육법」 제31조제2항에 따른 학력인정 평생교육시설 중 특성화고등학교등에서 제공하는 것과 같은 교육과정을 운영하는 평생교육시설에서 해당 교육과정을 이수한 사람

※ 부사관, 장교의 군 의무복무 경력은 재직기간에 포함(단, 병사의 의무복무기간은 포함하지 않음)

(나) 전형요소 및 반영점수 (비율)

전형구분	사정유형	선발비율 (%)	서류평가	면접평가	수능최저학력	전형총점	비고
농어촌학생/특성화고출신자/저소득층학생/특수교육대상자	1단계	300	200점(100)	-	미적용	200점(100)	
	2단계	100	200점(≒66.7)	100점(≒33.3)		300점(100)	
특성화고졸재직자	1단계	200	200점(100)	-	미적용	200점(100)	
	2단계	100	200점(≒66.7)	100점(≒33.3)		300점(100)	

(다) 서류평가 및 면접고사

① 평가방법

전형요소	평가방법	비고
서류평가	입학사정관이 지원자의 제출서류를 평가항목에 의거하여 독립적이고 종합적으로 평가함	
면접고사	입학사정관이 지원자의 제출서류를 참고하여 평가항목에 의거하여 구술 평가함	

② 서류평가 및 면접고사 평가항목 : 학생부종합전형Ⅰ·Ⅱ과 동일

※ 유의사항
- 제출서류에는 TOEIC, TOEFL, NEW TEPS, JLPT, HSK 등의 공인어학시험성적, 국외 탐방 및 국외 봉사 실적 등 사교육기관 의존 가능성이 높은 체험활동 및 교외 수상실적을 제출할

수 없으며, 제출 시 인정하지 않음

- 지원자 성명, 출신고교, 지원자 부모(친인척 포함)의 실명을 포함한 사회적·경제적 지위(직업명·직장명·직위명 등)를 암시하는 내용을 기재할 경우 평가에 불이익을 받을 수 있음

3) 학생부종합전형 준비전략

가) 학생부종합전형의 특징[85]

학생부 종합 전형의 주요 전형 요소는 서류와 면접이다. 서류평가에서는 학생부 교과, 비교과 성적을 중심 자료로 활용해 지원자에 대한 부가적인 정보를 얻어 종합적인 평가를 진행한다. 자기소개서 폐지로 인하여 서류평가에서 학생부의 영향력이 더욱 커질 것으로 보인다.

동아리 활동 등 교내 다양한 활동을 꾸준히 하며 관심 분야에 경험을 쌓는 한편, 교과 성적을 잘 관리하는 것 또한 중요하다. 2015 개정 교육 과정으로 인해 이수할 과목의 선택에도 신중해야 한다. 진학을 희망하는 전공에 관련된 과목을 선택하는 것이 중요하며, 특히, 진로 선택 과목은 3단계의 성취도만 표기되어 부담이 덜하므로 어려운 과목이라도 전공 관련 과목을 이수하는 것이 종합전형 지원 시 유리할 수 있다.

나) 대학의 평가요소 변화[86]

기존 4가지로 구분되어 있던 평가요소가 '학업역량', '진로역량', '공동체역량' 등 3가지로 축소되었다. 평가항목에서도 '학업역량'에서 '학업태도와 학업의지'는 '학업태도'로 '탐구활동'은 '탐구력'으로, '진로역량'에서 '전공 관련 교과목 이수 및 성취도'를 '전공(계열) 관련 교과 이수 노력'과 '전공(계열) 관련 교과 성취도'로 분리하고, 기존 평가 항목인 '전공에 대한 관심과 이해'와 '전공 관련 활동과 경험'을 통합하여 '전공' 대신에 '진로 탐색 활동과 경험'으로 변경하였다. '공동체 역량'에서는 기존의 '인성' 및 '발전가능성' 평가항목 중 '협업과 소통능력', '나눔과 배려', '성실성과 규칙준수', '리더십'으로 재구성하였다.

다) 학생부 미반영 항목 증가[87]

학생부 종합 전형은 단순 성적이 아니라 학교생활기록부를 통해 학생의 다양한 역량을 확인하며 선발한다. 그렇기 때문에 무엇보다 학생부 내용이 중요하다. 그런데 2024학년도 대입에 활용되는 학생부 항목들의 변화가 있다. 학생부는 크게 교과활동, 교과 외 활동, 종합의견으로 구성되어 있는데, 교과 활동과 종합의견은 큰 변동이 없는 가운데 교과 외 활동에 상당한 변

---

85) 2022,2023 유웨이 전형별 특징 및 준비전략
86) 2024학년도 학생부종합 전형 변화/ 진학사
87) 상동

화가 있다. 교과 외 활동으로는 자율활동, 동아리 활동, 봉사활동, 진로 활동이 대표적이며 학업, 진로와 관련된 활동을 얼마나 지속적이고 주도적으로 했는지를 대학에서는 주로 평가해왔다. 하지만 학생부 종합 전형 공정성에 대한 문제가 수 차례 제기되면서, 2024학년도부터는 다음과 같이 평가요소가 축소된다.

구분		現 고2 ~ 고3 (20~21 학년도 대입)	現 중3 ~ 고1 (22~23 학년도 대입)	現 중2 (24 학년도 대입)
① 교과활동		- 과목당 500자	- 과목당 500자 - 방과후학교 활동(수강) 내용 미기재	- 과목당 500자 - 방과후학교 활동(수강) 내용 미기재 - 영재·발명교육 실적 대입 미반영
② 종합의견		- 연간 500자	- 연간 500자	- 연간 500자
③ 비교과영역	자율활동	- 연간 500자	- 연간 500자	- 연간 500자
	동아리 활동	- 연간 500자 - 정규·자율동아리, 청소년 단체활동, 스포츠클럽활동 기재 - 소논문 기재 가능	- 연간 500자 - 자율동아리는 연간 1개(30자) 만 기재 - 청소년단체활동은 단체명만 기재 - 소논문 기재 금지	- 연간 500자 - 자율동아리 대입 미반영 - 청소년단체활동 미기재 - 소논문 기재 금지
	봉사활동	- 연간 500자 - 실적 및 특기사항	- 특기사항 미기재 - 교내·외 봉사활동실적 기재	- 특기사항 미기재 - 개인봉사활동 실적 대입 미반영 **단, 학교교육계획에 따라 교사가 지도한 실적은 대입 반영**
	진로활동	- 연간 700자	- 연간 700자 - 진로희망분야 대입 미반영	- 연간 700자 - 진로희망분야 대입 미반영
	수상경력	- 모든 교내수상	- 교내수상 학기당 1건만 (3년간 6건) 대입 반영	- 대입 미반영
	독서활동	- 도서명과 저자	- 도서명과 저자	- 대입 미반영

※ (미기재) 학생부에서 삭제 / (미반영) 학생부에는 기재하되, 대입자료로 미전송

학생부에서는 대입 미반영 항목이 늘어나 수상 경력, 자율동아리, 개인봉사 활동, 독서 활동이 반영되지 않는다. 상대적으로 교과 학습 발달 상황의 기록들이 더욱 중요해졌다고 할 수 있다.

IV. 논술전형

4. 논술전형

가. 논술전형의 추세

구분	전형유형	2024학년도		2023학년도		2022학년도	
		모집인원	비율	모집인원	비율	모집인원	비율
수시	논술위주	11,214	3.3	11,016	3.2	11,069	3.2

2024년도 논술전형의 모집인원은 **총 11,214명으로 전체 대입전형 선발비율 중 3.3%**를 차지하여 비중이 낮은 편에 속하고 있다. 논술전형의 모집인원은 지속적으로 감소하고 있는 추세이나, 2024학년도에는 소폭 증가한 모습을 볼 수 있다. 동덕여대, 삼육대, 서경대, 한신대는 새롭게 논술전형을 실시하였고, 한양대(ERICA)와 울산대는 논술고사를 폐지했다.

논술전형 실시대학은 총 38개교로, 지난 해보다 2개 증가한 모습을 볼 수 있다.

논술전형은 무엇보다 논술고사의 영향력이 크다. 보통은 논술과 학생부성적을 반영해 선발하는데, 논술전형의 합격은 논술 실력에 의해 결정되며 학생부 성적은 논술에 비해 변별력이 낮다. 갈수록 학생부 비중은 줄고 논술고사의 비중은 높아지고 있다.

2023학년도에 이어 2024학년도에도 수능최저학력기준은 완화되고 있다. 성균관대, 성신여대(인문), 연세대(미래), 한국항공대(일부), 홍익대(서울)(인문) 등은 등급 최저기준을 소폭 완화하였고, 연세대(미래-의예) 등은 최저학력기준을 강화하였다.[88][89]

---

88) 2023학년도 대입정보 119/한국대교협
89) 2024 수시 논술 모집인원 전형방법 수능 최저기준 정리/ SD 입시컨설팅

논술 전형 논술로 승부하자, 논술 중심 전형

- 대다수의 논술전형 실시 대학의 모집인원이 2023학년도에 비해 소폭 증가
- 논술 전형 선발 인원의 70% 이상 수능 최저학력기준 적용하여 선발
    - 최상위권 수험생은 수능과 함께 논술 준비해야
    - 수능 최저학력기준 적용 대학의 경우 미충족자로 인해 수시 추가 합격 기회도 많아, 수능 성적 관리 중요
    - 일부대학은 수능 최저기준 완화
- 학생부 교과 성적과 함께 논술 성적을 일괄합산 하는 전형이 대부분
    - 지원자 간 학생부 성적이 비슷한 경우가 많아 논술 영향력이 큰 편
- 논술 전형 경쟁률은 학생부 교과/종합 전형에 비해 매우 높은 편
- 동덕여대, 성균관대, 연세대, 건국대, 경희대 등은 학생부를 전혀 반영하지 않고 논술 100%전형 실시

표 842 논술 전형

나. 주요대학별 선발기준

1) 연세대[90]
가) 모집인원: 정원 내 335명, 정원 외 11명

나) 지원자격

국내·외 고등학교 졸업자(2024년 2월 졸업예정자 포함) 또는 법령에 의하여 고등학교 졸업 이상의 학력이 있다고 인정된 자 (고등학교 졸업학력 검정고시 합격자 포함)

다) 전형요소 및 반영비율: 일괄합산 전형
-일괄합산 전형으로서 논술성적 100%로 합격자를 선발함.

구분	논술성적	내용	
		인문계열	자연계열
일괄합산	100%	• 논술유형: 논리력, 창의력, 종합적 사고능력을 평가하기 위한 다면사고형 논술시험 • 출제형식 - 인문·사회 교과목의 통합형 - 출제범위는 고교 교육과정(2015 개정 교육과정) 보통교과(진로선택 포함) 전체 - 영어 제시문이 포함될 수 있음 - 수리·통계자료 또는 과학관련 제시문이 포함 될 수 있음 ※ 세부내용은 추후 수시모집 요강 참조	• 논술유형: 대학 수학에 필요한 기본 학업 역량 및 논리력, 창의력, 종합적 사고능력 등을 평가하기 위한 논술시험 • 출제형식 - 수학과목(60점), 과학과목(40점) - 수학 및 과학과목 출제범위는 고교 교육과정(2015 개정 교육과정) 보통교과(진로선택 포함) 전체 - 과학과목은 물리학, 화학, 생명과학, 지구과학 중 각 모집단위별로 전공 특성을 반영한 지정된 과목(모집단위별 1~4과목) 에서 1개 과목을 원서접수 시 선택하여 응시 ※ 세부내용은 추후 수시모집 요강 참조

- 자연계열 모집단위별 과학과목 선택: 원서접수 시 모집단위별 지정과목 중 1과목 선택

대학	모집단위	물리학	화학	생명과학	지구과학
이과대학	수학과	○	○	○	-
	물리학과	○	○	-	-
	화학과	-	○	-	-
	지구시스템과학과	○	○	○	○
	천문우주학과	○	○	○	○
	대기과학과	○	○	○	○
공과대학	화공생명공학부	○	○	-	-
	전기전자공학부	○	-	-	-
	건축공학과	○	○	-	-
	도시공학과	○	○	○	○
	사회환경시스템공학부	○	○	-	-
	기계공학부	○	○	-	-

---

90) 2024 연세대 입학전형

	신소재공학부	○	○	○	-
	산업공학과	-	○	○	-
	글로벌융합공학부	○	-	○	-
	시스템반도체공학과	○	○	-	-
	디스플레이융합공학과	○	○	-	-
생명시스템대학	시스템생물학과	-	○	○	
	생화학과	-	○	○	
	생명공학과	-	○	○	
치과대학	치의예과	-	○	○	
약학대학	약학과	○	○	○	-
인공지능융합대학	컴퓨터과학과	○	-	○	-
	인공지능학과	○	-	○	-

라) 대학수학능력시험 최저학력기준: 적용하지 않음

2) 서강대[91]

가) 모집인원: 169명

나) 지원자격

고등학교 졸업(예정)자 또는 동등 이상의 학력 인정자

다) 전형방법(전형요소 및 반영 비율)

선발모형	전형요소					
	논술		학교생활기록부			
			학생부교과		학생부비교과	
	최고점	최저점	최고점	최저점	최고점	최저점
일괄합산	80%		10%		10%	
	800	0	100	0	100	0

※ 논술시험 안내
- 인문계열, 인문·자연계열: 통합교과형 논술 - 인문/사회과학 관련 분야 제시문과 논제 제시
- 자연계열: 수리형 논술 - 수리 관련 제시문과 논제 제시
※ 학생부 교과: 정량반영(등급(9등급)표기되는 전 과목 평균등급(단위수 고려))
※ 학생부 비교과: 출결 (정량반영)
※ 학생부는 국내고 졸업예정자만 반영하고 그 외에는 논술 성적에 의한 비교내신 적용

라) 선발방법

(1) 모집단위별 총점 성적 순에 따라 합격자를 선발함

(2) 동점자 처리기준: 논술성적 우수자 순으로 선발(해당 성적이 동점일 경우 모두 선발함)

마) 대학수학능력시험 최저학력기준

지원계열	수능 최저학력기준
전 계열	국어, 수학, 영어, 탐구(1과목) 4개 영역 중 **3개 영역 등급합 7 이내**이고 **한국사 4등급** 이내

※ 지원 계열에 따른 응시영역 내 선택 과목 간 구분을 두지 않음(국어, 수학, 탐구)

바) 필수제출서류: 학교생활기록부 및 검정고시 합격증 등

3) 경희대[92]

가) 모집인원: 480명

나) 지원자격

고등학교 졸업(예정)자 또는 법령에 따라 이와 같은 수준 이상의 학력이 있다고 인정되는 자여야 함.

다) 최저학력기준

※ 2024학년도 수시모집 최저학력기준: 2023년 11월에 실시되는 대학수학능력시험 성적 활용

계열/모집단위	대학수학능력시험 최저학력기준
인문[지리학과(인문), 간호학과(인문), 건축학과(인문), 한의예과(인문) 제외]	국어, 수학, 영어, 사회/과학탐구(1과목) 중 2개 영역 등급의 합이 5 이내이고, 한국사 5등급 이내
지리학과(인문), 간호학과(인문), 건축학과(인문)	국어, 수학(확률과 통계), 영어, 사회탐구(1과목) 중 2개 영역 등급의 합이 5 이내이고, 한국사 5등급 이내
한의예과(인문)	국어, 수학(확률과 통계), 영어, 사회탐구(1과목) 중 3개 영역 등급의 합이 4 이내이고, 한국사 5등급 이내
자연[의예과·한의예과(자연)·치의예과 ·약학과 제외]	국어, 수학(미적분/기하), 영어, 과학탐구(1과목) 중 2개 영역 등급의 합이 5 이내이고, 한국사 5등급 이내

---

92) 2024 경희대 입학전형

의예과·한의예과(자연)·치의예과·약학과	국어, 수학(미적분/기하), 영어, 과학탐구(1과목) 중 3개 영역 등급의 합이 4 이내이고, 한국사 5등급 이내
체육	국어, 영어 중 1개 영역 이상이 3등급 이내

※ 인문계열[지리학과(인문), 간호학과(인문), 건축학과(인문), 한의예과(인문) 제외] 수학은 확률과 통계, 미적분, 기하 중 1개 과목을 반영합니다.
※ 지리학과(인문), 간호학과(인문), 건축학과(인문), 한의예과(인문) 수학은 확률과 통계, 탐구는 사회탐구를 반영합니다.
※ 자연 및 의·약학 계열 수학은 미적분, 기하 중 1개 과목, 탐구는 과학탐구를 반영합니다.
※ 탐구영역은 상단 계열/모집단위 지정 탐구 영역 중 상위 1개 과목을 반영합니다.
※ 한국사는 본교의 대학수학능력시험 최저학력기준 충족조건과 상관없이 필수 응시해야 하는 과목입니다.

라) 전형요소 및 반영 비율
- 대학수학능력시험 최저학력기준을 충족한 지원자 중 논술고사 성적 총점 순으로 선발

마) 논술고사
(1) 개요

구분	인문·체육계열[인문·체육계, 사회계]	자연계열[자연계]	자연계열[의·약학계]
문항수	각 2~3문항	수학 4~6문항 내외	수학, 과학 각 4문항 내외
형식	2,000자 내외(원고지 형식)	문항별 지정된 답안란에 작성 (노트 형식)	문항별 지정된 답안란에 작성(노트형식)
시간	120분	120분	120분
특징	- 인문·체육계: 1,000자 내외의 논술 답안을 요구하는 문제 - 사회계: 수리논술 출제	수리논술 출제	수리/과학논술 출제 - 수학은 필수 - 과학은 물리학, 화학, 생명과학 중 1과목 선택

(2) 논술의 성격
(가) 인문·체육계열 [인문·체육계, 사회계]
- 통합교과형 논술로 수험생의 통합적이고 다면적인 사고 및 표현 능력 측정
- 고등학교 교육과정의 지식을 통합하여 종합적 분석 빛 문제해결 과정을 논리적이고 창의적으로 서술하는 능력 평가

(나) 자연계열 [자연계, 의·약학계]
- 자연계는 수학, 의·약학계는 수학과 과학(물리학, 화학, 생명과학)의 기본 개념에 대한 이해도와 응용력을 기반으로, 다양한 자연현상을 해석하고 논리적으로 설명하는 문제 출제
- 제시문과 논제에 대한 정확한 이해 기반으로 한 응용력과 분석 능력 평가
- 의·약학계 논술에서는 특정 과학지식 뿐만 아니라, 통합적이 사고 능력과 실제 상황에 적용하는 활용 능력을 종합적으로 평가

(3) 논술의 출제 유형 및 범위
(가) 출제 유형: 제시문과 논제로 구성된 자료 제시형
(나) 출제 범위: 고등학교 교육과정 범위 안에서 출제
(다) 특이 사항
- 사회계 논술에는 수리논술 문항이 포함되며, 수리논술 문항은 사회·경제에 관한 도표, 통계

자료 등이 포함된 제시문을 해석하여 논술하거나, 논제를 수학적 개념과 풀이 방법을 이용하여 논술하는 유형으로 출제

- 자연계는 수학(수학, 수학Ⅰ, 수학Ⅱ, 확률과 통계, 미적분, 기하), 의·약학계는 수학(수학, 수학Ⅰ, 수학Ⅱ, 확률과 통계, 미적분, 기하)과 과학(물리학, 화학, 생명과학)의 기본 개념에 대한 이해도와 응용력을 기반으로, 다양한 자연현상을 해석하고 논리적으로 설명하는 문제 출제
- 의·약학계 논술고사의 경우, 수학은 필수이고, 과학은 물리학, 화학, 생명과학 중 한 과목 선택(물리학, 화학, 생명과학 과목은 고등학교 교육과정의 물리학Ⅰ·Ⅱ, 화학Ⅰ·Ⅱ, 생명과핫Ⅰ·Ⅱ 범위 안에서 출제)
- 의·약학계 논술의 경우 자연과학적 기초 소양을 바탕으로 과학 연구의 인문·사회·철학적 이해를 필요로 하는 통합형 논술 지향

(4) 계열별 문제 유형 및 해당 모집단위

계열	문제유형	모집단위	
		서울캠퍼스	국제캠퍼스
인문·체육	인문·체육계	문과대학, 생활과학대학[식품영양학과 제외]	외국어대학, 건축학과(인문), 체육대학
	사회계	자율전공학부, 정경대학, 경영대학, 호텔관광대학, 지리학과(인문), 한의예과(인문), 간호학과(인문)	-
자연	자연계	식품영양학과, 이과대학[지리학과(인문) 제외], 약학대학(약학과 제외), 간호학과(자연)	공과대학[건축학과(인문) 제외], 전자정보대학, 소프트웨어융합대학, 응용과학대학, 생명과학대학
	의·약학계	의예과, 한의예과(자연), 치의예과, 약학과	-

(5) 출제 방향
(가) 인문·체육계열 [인문·체육계, 사회계]
- 쟁점에 대한 찬반 의견보다 쟁점에 담긴 인간·사회의 근원적인 문제를 통찰하는 성찰적 사고력 요구
- 특정 주제를 하나의 방향으로 이해하지 않고 다양한 각도에서 접근하는 다면적 사고력 요구
- 텍스트 해석 능력 및 제시문 간의 공통점과 차이점을 비교·분석하는 통합적 사고력 요구
- 사회계 수리논술은 문제풀이에 필요한 식을 논리적으로 추론하는 수리 능력 요구

(나) 자연계열 [자연계, 의·약학계]
- 기본 개념에 대한 이해 및 응용력, 문제풀이 과정을 논리적으로 설명하는 논증 능력 요구
- 제시문 및 질문에 대한 정확한 이해를 바탕으로 기본적 소양의 적절한 활용 및 창의적인 논리 전개 요구

(6) 논술 준비
- 교과서와 관련된 다양한 주제에 대한 글읽기와 글쓰기, 토론 등을 통해 통합적 사고력 훈련

- 교양서적, 각 분야의 잘 알려진 권위있는 저서, 신문기사, 학술잡지 등을 다양하게 읽어 사고력 배양
- 인문·체육계열[인문·체육계, 사회계] 논술의 경우 교과서와 고전, 시사 관련 문헌 및 자료 다독
- 자연계열[의·약학계] 논술의 경우 과학교과의 일반·심화 교육과정 전반의 교과서에서 예상 논제 유추
- 환경, 식량, 에너지, 신기술, 생명과학 등 현대사회의 현안에 관한 글을 다양하게 ㅇ릭고 문제 해결력 배양

(7) 논술 작성요령 및 유의점
- 출제의도를 파악하여 자신의 주장과 논리를 창의적으로 전개
- 논제에 관해 자신이 알고 있는 지식을 서술하기 보다는, 제시문의 내용과 관점을 근거로 논제가 요구하는 답안 작성
- 차별성 있는 논거와 참신한 사례를 바탕으로 독창적인 답안 작성
- 요구한 답안 분량을 반드시 준수해야 하며, 분량이 초과되거나 부족하면 감점
- 문제지와 답안지에 표기된 논술작성 유의사항을 철저히 준수

4) 한양대[93]

- 유형: 고교 교육과정 내 출제
- 논술 90% + 학생부종합평가 10%
- 수능 면제

가) 모집인원: 236명

나) 지원자격

국내 정규 고교 졸업(예정)자 및 동등의 학력 소지자

다) **제출서류**: 학교생활기록부, 학력증명서(해당자)

라) 전형방법: 논술 90% + 학생부종합평가 10%

- 논술고사

계열	평가영역	문제유형	고사시간	출제범위
인문	인문사회	인문논술(1문항)		
상경	인문사회	인문논술(1문항)	90분	고등학교 교육과정 내에서 출제
	수학	수리논술(1문항)		
자연	수학	수리논술(2문항)		

- 계열별 출제 범위는 2024학년도 수시 모집요강에 공지 예정

---

93) 2024년 한양대 입학전형

5) 이화여대[94]

가) 모집인원: 300명

나) 지원자격

고등학교 졸업자(2024년 2월 졸업예정자 포함) 또는 법령에 의하여 고등학교 졸업자와 동등한 학력이 있다고 인정된 자

다) 전형요소 및 방법: 논술 100%

라) 수능 최저학력기준

계열/모집단위	수능 최저학력기준
인문계열	국어, 수학, 영어, 탐구(사회/과학) 4개 영역 중 **3개 영역 등급 합 6 이내**
자연계열	국어, 수학, 영어, 탐구(과학) 4개 영역 중 **2개 영역 등급 합 5 이내(수학 포함)**
약학 전공	국어, 수학, 영어, 탐구(과학) 4개 영역 중 **4개 영역 등급 합 5 이내**
스크랜튼 학부	국어, 수학, 영어, 탐구(사회/과학) 4개 영역 중 **3개 영역 등급 합 5 이내**

전형유형	전형명	모집인원(명)	전형요소 및 방법	수능최저기준
논술위주	논술전형	310	학생부교과 30%, 논술 70%	있음

6) 중앙대[95]

*고등학교 교육과정 내에서 출제 *인문계열은 통합형, 자연계열은 단일 교과형으로 출제 *논술 가이드북을 통해 논술문제, 예시답안, 채점기준 등 모든 정보를 공개

가) 모집인원: 478명

나) 지원 자격

고등학교 졸업(예정)자, 2학년 수료예정자 중 상급학교 진학대상자 또는 관계 법령에 의하여 고등학교 졸업자와 동등 이상의 학력이 있다고 인정된 자

---

94) 2024년 이화여대 입학전형
95) 2024년 중앙대 입학전형

다) 수능최저학력기준

소재	계열	모집단위	영역별기준		탐구영역반영 방법	공통
서울	인문	전체	국어, 수학, 영어, 사/과탐	3개 영역 등급 합 6이내	상위 1과목 반영	한국사 4등급 이내
	자연	약학부, 의학부 외 전체	국어, 수학 (미적분, 기하 중 택1), 영어, 과탐	3개 영역 등급 합 6이내		
		약학부		4개 영역 등급 합 5이내		
		의학부		4개 영역 등급 합 5이내	2과목 평균 반영	
안성		전체		2개 영역 등급 합 6이내	상위 1과목 반	

- 영어 등급 반영시 1등급과 2등급을 통합하여 1등급으로 간주하고 수능최저학력기준 충족여부를 산정함.
- 제2외국어와 한문은 반영하지 않음.

라) 전형방법
(1) 전형요소

선발단계	논술(%)	학교생활기록부(%)	
		교과	비교과(출결)
일괄합산	70	20	10

(2) 논술
(가) 출제방향

고등학교 교육과정의 내용과 수준에 맞추어 출제하며 대학에서의 수학에 필요한 사고력과 쓰기 능력 측정에 중점을 둠

(나) 출제유형 및 시험 시간

계열	논술유형	모집단위	출제유형	시험 시간
인문	인문사회	인문대학, 사회과학대학, 사범대학, 간호학과(인문)	언어논술	120분
	경영경제	경영경제대학 인문계열 모집단위 전체	언어논술, 수리논술	
자연	자연	산업보안학과(자연), 자연과학대학, 공과대학, 창의 ICT 공과대학, 소프트웨어대학, 약학부, 의학부, 간호학과(자연), 생명공학대학, 예술공학대학	수리논술	

7) 성균관대[96]

가) 모집인원: 382명

나) 지원자격

고교졸업(예정)자 또는 관련 법령에 의하여 이와 동등 이상의 학력이 있다고 인정된 자

다) 전형요소 및 반영비율

구분	논술
반영비율(%)	100

라) 선발방법

수능 최저학력기준 충족자를 대상으로 논술시험 성적 총점 순으로 최종 합격자를 선발함

마) 수능 필수응시영역 및 최저학력기준
(1) 수능 필수응시영역

구분	국어		수학			영어	사탐	과탐	직탐	한국사
	화법과 작문	언어와 매체	확률과 통계	미적분	기하					
인문계	○		○			○	사탐 1과목 이상 필수		×	○
자연계							과탐 1과목 이상 필수			
글로벌 융합	○		○			○	○		×	○

※ 탐구영역은 반드시 2개 과목을 응시해야 함

(2) 수능 최저학력기준

수능 최저학력기준	구분	
국어, 수학, 영어, 탐구, 탐구 5개 과목 중 3개 등급 합 6등급 이내		글로벌융합학부
	인문	인문과학계열, 사회과학계열, 경영학
	자연	자연과학계열, 전자전기공학부, 공학계열, 건설환경공학부
국어, 수학, 영어, 탐구, 탐구 5개 과목 중 3개 등급 합 5등급 이내	인문	글로벌리더학, 글로벌경제학, 글로벌경영학
	자연	반도체시스템공학, 소프트웨어학, 글로벌바이오메디컬공학, 약학
국어, 수학, 영어, 탐구, 탐구 5개 과목 중 3개 등급 합 4등급 이내	자연	의예

※ 인문계는 제2외국어/한문을 탐구영역 1개 과목으로 대체 가능

바) 동점자 처리기준
(1) 논술 우선순위 문항 취득점수 상위자
(2) 학생부 과목별 석차등급 상위자 {수학>국어>사회(인문계)/과학(자연계)>영어}

---

96) 2024년 성균관대 입학전형

8) 건국대[97]

가) 모집인원: 434명

나) 지원자격

국내외 고등학교 졸업(예정)자 또는 법령에 의하여 이와 동등 이상의 학력이 있다고 인정된 자

다) 전형방법

사정단계	논술	합계	수능최저학력기준
일괄합산	1,000 (100%)	1,000 (100%)	인문: 국, 수, 영, 사/과탐(1과목) 중 2개 등급 합 5, [한국사 5등급]
			자연: 국, 수*, 영, 과탐(1과목)** 중 2개 등급 합 5, [한국사 5등급]
			수의: 국, 수*, 영, 과탐(1과목)** 중 3개 등급 합 4, [한국사 5등급]

※ 계열별로 명시된 수능최저학력기준의 모든 영역을 반드시 응시하여야 함

  ＊ 미적분 또는 기하 중 택1

  ＊＊ 과학 과목 중 2과목을 응시하여 그 중 높은 과목 반영

라) 선발원칙

- 수능최저학력기준을 충족한 자 중에서 모집단위별 총점에 의한 석차 순으로 선발
- 서류(학력증빙 관련) 미제출 및 고사에 결시한 경우 선발대상에서 제외

마) 논술고사 문제 출제 방법

출제 방법	비고
- 고교 교육과정 내에서 출제 - 이해력과 분석력, 논증력, 창의성, 표현력, 추론능력 등 평가 - 사고의 최종적 결과물 외에 사고 과정 및 추론과정까지 평가	논술전형 세부 사항은 2024 학년도 수시모집 요강 참조

바) 전형요소별 실질 반영 비율

사정단계	최고점	최저점	차이	실질 반영 비율
일괄합산	1,000	0	1,000	100%

---

97) 2024 건국대 입학전형

9) 서울시립대[98]

가) 모집인원: 75명

나) 지원 자격은 다음과 같다.

고등학교 졸업(졸업예정)자 또는 법령에 의하여 고등학교 졸업 이상의 학력이 있다고 인정된 자

다) 전형방법

논술 70%+학생부 교과 30%
* 학생부 반영방법: 전학년 전교과의 등급 반영
- 원점수, 평균, 표준편차, 석차등급이 모두 기재된 교과만 반영
- 성적이 석차등급으로 산출되지 않은 과목은 미반영
수능최저학력기준 없음

라) 수시모집 비교내신 대상자 및 반영방법

대상자	반영방법
2015년 2월 이전 졸업자 및 과목 석차등급 산출 불가능자, 기타 학교생활기록부 산출 불가자	논술점수에 따른 점수 부여

10) 홍익대[99]

가) 모집인원: 515명 서울캠퍼스: 393명, 세종캠퍼스: 122명

나) 지원 자격

고등학교 졸업(예정)자 또는 관계 법령에 의해 고등학교 졸업자와 동등 이상의 학력이 있다고 인정된 자

다) 전형요소 및 반영비율

캠퍼스	모집계열/모집단위	전형요소 및 반영비율	
		논술	학생부교과
서울	인문계열/자연계열/캠퍼스자율전공(인문·예능)/캠퍼스자율전공(자연·예능)	90%	10%
세종	자연계열/캠퍼스자율전공(자연·예능)		

---

98) 2024 서울시립대 입학전형
99) 2024 홍익대 입학전형

라) 학교생활기록부 교과 반영방법

캠퍼스	모집계열/모집단위	반영교과	반영학기	반영방법	점수산출 활용지표
서울	인문계열/자연계열/캠퍼스자율전공(인문·예능)/캠퍼스자율전공(자연·예능)	국어, 영어, 수학, 택1(사회/과학)	1학년 1학기 ~ 3학년 1학기	반영교과군의 각 교과별 상위 3과목씩 총 12과목을 학년구분 없이 반영	석차등급
세종	자연계열/캠퍼스자율전공(자연·예능)				

※ 석차등급이 있는 과목만 반영함
※ 택1(사회/과학): '사회'와 '과학' 중 이수단위 합이 큰 교과를 자동 반영하며, 이수단위 합이 같을 경우 교과점수 산출 시 유리한 교과를 반영함
※ 사회(한국사, 역사와 도덕 포함)
※ 2021년 2월 이전(2월 포함) 졸업자, 고등학교 졸업학력 검정고시 출신자, 외국고교 졸업(예정)자 등 학생부교과를 점수로 반영할 수 없는 자는 논술고사 점수를 이용하여 산출함

마) 대학수학능력시험 최저학력기준

캠퍼스	모집계열/모집단위	수능최저학력기준	
서울	인문계열/예술학과 캠퍼스자율전공(인문·예능)	국어, 수학, 영어, 탐구(사회/과학) 영역 중 3개 영역 중 3개 영역 등급 합 8이내	한국사 4등급 이내
	자연계열/캠퍼스자율전공(자연·예능)	국어, 수학(미적분/기하), 영어, 탐구(과학) 영역 중 3개 영역 등급 합 8 이내	
세종	자연계열/캠퍼스자율전공(자연·예능)	국어, 수학(미적분/기하), 영어, 탐구(과학) 중 1개 영역 등급 4 이내	한국사 응시 필수

※ 각 모집계열/모집단위별 수능최저학력기준에 제시된 4가지 영역[국어, 수학, 영어, 탐구(2과목)] 및 한국사를 모두 응시해야 함
※ 탐구영역의 경우 최상위 1과목 등급을 반영함

11) 한국외국어대학교[100]

가) 모집인원: 서울캠퍼스 308명, 글로벌캠퍼스 164명

나) 지원자격

고등학교 졸업(예정)자 또는 기타 법령에 의하여 고등학교 졸업 이상의 학력이 있다고 인정된 자

다) 전형방법
(1) 전형요소 및 반영비율

구분	논술고사	학교생활기록부 교과	총점
일괄합산	800점(80%)	200점(20%)	1,000점(100%)

---

100) 2024 한국외대 입학전형

(2) 학교생활기록부 교과: 계열별 지정 교과

　(가) 인문계열: 국어, 수학, 영어, 사회(한국사, 역사, 도덕 포함) 전 과목 반영

　(나) 자연계열: 국어, 수학, 영어, 과학 전 과목 반영

　　① 반영 교과목

과목구분	반영방법	계열	반영교과	반영 과목 수	반영 학기	비고
공통/일반 선택과목	등급환산점수 또는 원점수환산점수 중 상위값 적용	인문	국어, 수학, 영어, 사회	해당 교과 전 과목	3학년 1학기까지 (단, 졸업자는 3학년 2학기까지)	*성취도 환산점수: A=1등급 환산점수, B=2등급 환산점수, C=3등급 솬산점수
		자연	국어, 수학, 영어, 과학			

※ 진로선택과목 교과성적 미반영

※ 사회 교과에 한국사, 역사, 도덕 포함

※ 학교생활기록부 반영교과는 원칙적으로 해당 고등학교에서 분류한 교과 분류를 따르나 고교별 교과 분류가 상이한 경우 본교의 판단 기준에 의해 반영함.

　　② 교과별 반영 비중

모집단위	교과별 반영 비율(%)					합계	학년별 비율
	국어	수학	영어	사회	과학		
인문계열	30	20	30	20	-	100	없음
자연계열	20	30	20	-	30	100	

　　③ 교과성적 산출방법

학교생활기록부 교과성적 산출방법
교과 평균점수 $= \dfrac{[\text{[단위수}\times(\text{등급환산점수 또는 원점수환산점수 중 상위값})] + (\text{단위수}\times\text{성취도환산점수})]\text{의 합}}{\text{총 단위수}}$

(3) 비교내신 적용 대상자 (논술고사 취득 성적에 의한 등급별 비교 내신 적용)

구분	전형	내용
수시	논술	1) 해외 고등학교 과정 이수자
		2) 고등학교 졸업학력 검정고시 출신자
		3) 국내 고등학교 2015년 2월 이전 졸업자 (2015년 2월 졸업자 포함)
		4) 학교생활기록부 교과 성적이 전부 없거나, 일부 교과의 성적이 없는 자

라) 대학수학능력시험 최저학력기준

캠퍼스	모집단위	최저학력기준
서울	Language&Diplomacy 학부 Language&Trade 학부	국어, 수학, 영어, 탐구(사회 혹은 과학탐구 1과목) 중 2개 영역 등급 합 3이내이고, 한국사 영역 4등급 이내
	전 모집단위 (Language&Diplomacy 학부 Language&Trade 학부 제외)	국어, 수학, 영어, 탐구(사회 혹은 과학탐구 1과목) 중 2개 영역 등급 합 4이내이고, 한국사 영역 4등급 이내

※ 글로벌캠퍼스는 대학수학능력시험 최저학력기준을 적용하지 않습니다.

12) 동국대학교[101]

가) 모집인원; 299명

나) 지원자격

- 국내외 고교 졸업(예정)자 또는 법령에 의하여 이와 동등 이상의 학력이 있다고 인정되는 자(외국 검정고시 합격자 제외)로서
- 우리 대학이 요구하는 해당연도 대학수학능력시험 최저학력기준을 갖춘 자

다) 전형방법

구분	선발배수	전형요소 및 비율 (1,000점 만점 기준 기본점수)			
일괄	-	학생부 30%		논술 70% (350점)	수능최저학력 기준 **적용**
		교과 20% (100점)	출결 10% (50점)		

라) 대학수학능력시험 최저학력기준

구분		수능최저학력기준	
		반영영역 및 적용기준(이내)	비고
인문계열		국어/수학/영어/탐구(사회 또는 과학) 2개 영역 등급 합 5 [한국사 4등급]	
경찰행정학부		국어/수학/영어/탐구(사회 또는 과학) 2개 영역 등급 합 4 [한국사 4등급]	인문/자연 공통
자연계열		국어/수학/영어/과학탐구 2개 영역 등급 합 5 [한국사 4등급]	수학 또는
약학과		국어/수학/영어/과학탐구 3개 영역 등급 합 4 [한국사 4등급]	과탐 1개 이상 포함
AI소프트웨어 융합학부	인문	국어/수학/영어/탐구(사회 또는 과학) 2개 영역 등급 합 5 [한국사 4등급]	등급 합 산정 시
	자연	국어/수학/영어/과학탐구 2개 영역 등급 합 5 [한국사 4등급]	수학 포함

---

101) 2024 동국대 입학전형

1) 국어, 수학 영역 선택과목 지정 없음
2) 사회 및 과학탐구 영역은 2과목 상위 1과목만 반영하며, 제2외국어/한문 대체 없음

마) 논술고사
(1) 출제방식

구분	인문	자연
형태	고교교육 과정을 바탕으로 한 제시문 기반의 종합적 사고능력(이해력, 사고력, 문제해결능력 등), 표현능력 등을 평가하는 통합교과형 논술	고교교육 과정의 수학적 개념에 대한 이해도 및 적용 능력 등을 평가하는 풀이과정 중심의 수리논술
출제 범위	[2015 개정 교육과정] 국어교과, 사회(역사/도덕포함)교과, 한국사	[2015 개정 교육과정] 수학교과 - 공통과목, 일반선택, 기하-
문항 수	3개 (영어지문 없음)	3개 (소문항 출제 가능)
문항 구성 및 답안 분량	1. 문항 2개 : 400자 이내 2. 문항 1개 : 700자 이내	1. 문항 2개 : 15줄 내외 2. 문항 1개 : 27줄 내외
고사 시간	100분	90분
대상 모집단위	인문계열 모집단위 경찰행정학부(인문) AI소프트웨어융합학부 (인문)	자연계열 모집단위 경찰행정학부(자연) 약학과 AI소프트웨어융합학부(자연)

(2) 평가 및 채점 기준
- 제시문과 문제에 대한 이해력, 문제에서 요구하는 답안작성능력(문제해결력), 논리력, 분석력 등의 종합적 사고 능력, 표현의 정확성(표현력) 등을 종합적으로 평가
- 각 문항별 채점 기준에 따라 7점 척도로 평가
- 3개 문항 배점의 합은 100점이 만점이며, 문항별 평가점수를 합산하여 반영총점으로 환산

(3) 유의사항

응시 관련	▶경찰행정학부(자연) 지원자는 자연계열 논술고사 응시 ▶AI소프트웨어융합학부(인문) 지원자는 인문계열 논술고사 응시
작성 관련	▶답안 작성은 제공된 답안지 1장에 흑색 볼펜만 사용 가능(연필, 샤프 사용불가) ▶수정 시 수정테이프 또는 원고지 교정법 활용 ▶답안지(여백 포함)에 성명, 수험번호 등 개인 신상을 암시하는 내용 표시 금지 ▶문항별 지정된 답안 분량을 준수하여 작성

13) 단국대학교(죽전) [102]

가) 모집인원: 310명

나) 지원자격

국내 정규 고등학교 졸업(예정)자 또는 법령에 의하여 고등학교 졸업 이상의 학력이 있다고 인정된 자 [고등학교 졸업학력 검정고시 합격자, 외국 소재 고등학교 졸업(예정)자 포함]

다) 전형방법 : 학생부 교과 20 + 논술 80

라) 학교생활기록부 성적 반영
(1) 반영교과 및 반영비율

모집시기	계열	반영교과 및 반영비율(%)					활용지표	비고
		국어	수학	영어	사회	과학		
수시	인문	30	20	30	20		석차등급 (9등급) 성취	• 전학년 동일하게 적용 ▷ 재학생 : 3학년 1학기까지 ▷ 졸업생 : 3학년 2학기까지
	자연·의학·약학	20	30	30		20		
	[죽전] 건축학부 건축학전공 [천안] 간호학과, 심리치료학과	30	30	30	10			
	예체능	40		50	10			

(2) 비교내신 대상자 적용방법

모집시기	전형명	적용대상	비교내신 적용방법
수시	논술우수자	• 검정고시 합격자 • 학생부 반영교과가 1개라도 없거나 국내 고등학교 성적체계와 다른 자 • 외국 소재 고등학교 졸업(예정)자	논술고사 점수를 학생부 교과성적으로 환산하여 반영함

마) 대학수학능력시험 최저학력기준: 없음

바) 논술고사

전형명	모집단위	평가내용 및 평가방법	고사시간
논술우수자	인문계열	• 평가내용 : 인문·사회 통합교과형 3문제 • 출제범위 : 고등학교 국어과, 사회과 및 도덕과 교육과정 범위와 수준 내 출제 • 세부과목 : 국어, 화법과 작문, 독서, 언어와 매체, 문학, 생활과 윤리, 윤리와 사상, 통합사회, 한국사, 한국지리, 세계지리, 동아시아사, 세계사, 경제, 정치와 법, 사회·문화	120분
	자연계열	• 평가내용 : 수학 통합교과형 2문제(각 문제별 소문항이 있을 수 있음) • 출제범위 : 고등학교 수학과 교육과정 범위와 수준 내 출제 • 세부과목 : 수학, 수학I, 수학II, 미적분	

※ 출제범위는 해당 교육과정 내 공통교육과정을 포함함

---

102) 2024 단국대 입학전형

14) 숭실대학교[103]

가) 모집인원: 267명

나) 지원자격

2024년 2월 고등학교 졸업예정자 또는 고등학교 졸업자이거나 관계 법령에 의하여 고등학교 졸업과 동등 이상의 학력이 있다고 인정된 자

다) 수능 최저학력기준

구분	수능 최저학력기준
인문, 경상계열	국어(화법과 작문, 언어와 매체 중 택1), 수학(확률과 통계, 미적분, 기하 중 택1), 영어, 사회/과학 탐구(1과목) 중 2개 영역 등급 합 4등급 이내
자연계열	국어(화법과 작문, 언어와 매체 중 택1), 수학(미적분, 기하 중 택1), 과학 탐구(1과목) 중 2개 영역 등급 합 5등급 이내

※ 계열 구분은 본교 모집단위가 속한 계열 기준임

라) 전형방법

(1) 전형요소 및 반영비율

구분	논술	학생부 교과
명목/실질반영비율	60%	40%
최고점/최저점	60점/0점	40점/0점

(2) 논술고사 출제형식

구분	출제형식 (통합교과형)
인문계열	- 접근방식이 다양한 비구조화된 문제를 통해 논지의 효과적 전개 능력을 평가하는 문제 - 제시문의 주제와 맥락을 정확히 이해하고 문제를 해결하는 능력을 평가하는 문제
경상계열	- 도표, 수식 및 그림 등을 포함하는 다양한 제시문을 출제하여 종합적 해석 능력을 평가하는 문제 - 경제적 지식을 사용하여 정량적 계산 능력을 평가하는 문제
자연계열	- 수학의 기본 개념을 이해하고 이를 수리적 의사결정에 활용하는 문제

(3) 학생부 교과성적 반영방법

구분	반영교과(군)	반영방법
인문, 경상계열	국어, 수학, 영어, 사회, 한국사 교과(군)에 속한 전 과목 반영	석차등급, 이수단위 고려
자연계열	국어, 수학, 영어, 과학 교과(군)에 속한 전 과목 반영	

※ 계열 구분은 본교 모집단위가 속한 계열 기준임

---

103) 2024 숭실대 입학전형

(4) 학생부 교과성적 가중치(%)

구분	공통과목/일반선택 (80%)					진로선택 (20%)
	국어교과	수학교과	영어교과	사회교과 (한국사 포함)	과학교과	
인문계열	35	15	35	15	-	100
경상계열	15	35	35	15	-	
자연계열	15	35	25	-	25	

※ 진로선택 과목은 성취도별로 등급부여 (A=1등급, B등급=2등급, C등급=3등급)
※ 2020년 2월 졸업자(2015개정교육과정 비대상자)는 진로선택 과목을 반영하지 않으며 계열별 반영교과 100% 적용

15) 세종대학교[104]

가) 모집인원: 310명

나) 지원자격

고등학교 졸업(예정)자 및 법령에 의하여 이와 동등 이상의 학력이 인정된 자

다) 전형요소 및 반영비율

모집단위	사정방법	전형요소		기타
		논술고사	학교생활기록부(교과)	
인문계열 자연계열	일괄합산	70%	30%	수능 최저학력기준 있음

라) 학교생활기록부 반영 교과 및 학년별 반영비율

계열구분	반영교과	점수산출 활용지표	학년별 반영비율
인문계열	국어, 수학, 영어, 사회, 과학	석차등급 및 이수단위	전 학년 평균
자연계열	국어, 수학, 영어, 과학		

마) 수능 최저학력기준

모집단위	최저학력 기준
인문계열	국어, 수학, 영어, 탐구 (사회/과학탐구 중 1과목) 중 2개 영역 등급의 합이 5 이내
자연계열	국어, 수학(미적분 또는 기하), 영어, 과학탐구 (1과목) 중 2개 영역 등급의 합이 6 이내

---

104) 2024 세종대 입학전형

바) 논술고사

모집단위	논술유형	출제형식
인문계열	통합교과형	지문 제시형, 고교 교과서 지문 활용 및 다양한 시각자료 출제 가능 지문을 논리적으로 이해, 분석 및 비판적으로 해석하는 능력 등을 종합적으로 평가
자연계열	수리논술	고교 교육과정에서 제시된 여러 단원의 개념에 대한 이해도 및 개념을 융합적으로 사고할 수 있는지 등을 종합적으로 평가

16) 숙명여대[105]

가) 모집인원: 217명

나) 지원자격

고등학교 졸업(예정)자 및 법령에 의하여 이와 동등 이상의 학력이 인정된 자

다) 전형요소 및 반영비율: 학생부교과 10 + 논술 90 (일괄합산)

라) 학교생활기록부 교과 성적 반영방법

(1) **교과성적 활용 지표:** 석차등급을 이수 단위로 가중 평균한 환산석차등급

- 해당 반영교과에 석차등급이 있는 전 과목 반영
- 단, 석차등급이 없는 진로선택으로 이수한 과목의 성적은 성취도를 등급으로 변환하여 상위 3개 과목 반영

성취도	A	B	C
등급	1	3	5

(2) **학년별 반영비율:** 전 학년 100% (학년별/학기별 가중치 없음)

(3) **학생부 반영교과**

모집단위	학생부 반영교과
인문계, 자연계	국어, 수학, 외국어(영어), 사회(역사/도덕, 한국사 포함), 과학
체육교육과, 미술대학	국어, 외국어(영어), 사회(역사/도덕, 한국사 포함)

마) 대학수학능력시험 반영방법

- 인문계/ 자연계(약학부 제외): 4개 영역 중 2개 영역 등급 합 5 이내 (탐구 선택 시 1과목 반영)
- 약학부: 4개 영역 중 3개 영역 등급 합 5 이내 (수학 반드시 포함, 탐구 선택 시 1과목 반영)

---

105) 2024 숙명여대 입학전형

구분	반영영역						비고
	국어	수학		영어	탐구 (직탐제외)		
	선택과목 미지정	선택과목 미지정	선택과목 기하 또는 미적분		미지정 (1과목 반영)	과탐 (1과목 반영)	
인문계	○	○		○	○		국어, 수학: 선택과목 미지정 탐구: 사탐/과탐 과목
화학과, 생명시스템학부, 수학과, 화공생명공학부, 지능형전자시스템전공, 신소재물리전공, 컴퓨터과학전공, 데이터사이언스전공 기계시스템학부, 기초공학부, 식품영양학과, 약학부	○		○	○		○	국어: 선택과목 미지정 수학: 선택과목 기하 또는 미적분 탐구: 과탐 과목
인공지능학부, 통계학과, 의류학과	○	○		○	○		국어, 수학: 선택과목 미지정 탐구: 사탐/과탐 과목

※ 탐구영역은 등급이 높은 1과목만 반영함.

17) 서울과기대[106]

가) 모집인원: 189명

나) 지원자격

국내외 정규 고등학교 졸업(예정)자 또는 법령에 따라 이와 동등 이상의 학력이 있다고 인정된 자

다) 전형요소 및 비율

학생부(교과) 30 + 논술 70
- 학생부: 최저(0) 최고(300) 기본점수(0)
- 논술: 최저(0) 최고(700) 기본점수(0)

라) 주요 제출서류: 학교생활기록부

마) 수능 최저학력 기준: 없음

---

106) 2024 서울과기대 입학전형

바) 논술 유형 및 출제 형식

논술유형	제시문과 함께 주어지는 문항에 답하는 논술형
출제형식	고등학교 교육과정을 정상적으로 이수한 학생이면 해결할 수 있는 논술형

18) 인하대[107]

가) 모집인원: 459명

나) 지원자격

고교 졸업학력 인정 고등학교 졸업(예정)자 또는 법령에 의하여 고등학교 졸업 이상의 학력이 있다고 인정된 자
※ 다음의 해당자는 논술고사 석차 백분위를 기준으로 학교생활기록부 교과 반영점수 산출(비교내신 점수 산출)
① 고등학교 졸업 검정고시 출신자
② 해외 고등학교 졸업자
③ 2020년 2월 이전 졸업자
④ 학교생활기록부가 없거나 학교생활기록부 반영교과 점수를 산출할 수 없는 자

고교구분에 따른 지원가능 여부						졸업생
일반고	자율고	특목고	특성화고	해외고	검정고시	
○	○	○	○	○	○	○

다) 전형방법: 일괄합산 (학생부교과 30+ 논술고사 70)

라) 수능최저학력기준: 미적용

단, 의예과는 적용한다.

모집단위	수능최저학력기준	비고
의예과	국어, 수학, 영어, 과학탐구(2과목) 중 3개 영역 각 1등급 이내 (※ 과탐 2개 과목 평균)	한국사 필수 응시

※ 해당 수능반영 영역 및 영역 내 응시과목을 필수 응시해야 함

모집단위	반영 영역	영역 내 선택과목
의예과	국어, 수학, 영어, 탐구(과학), 한국사	[국어] 화법과 작문, 언어와 매체 중 택 1, [수학] 미적분, 기하 중 택 1, [탐구] 과학 8과목 중 택 2

마) 제출서류: 학교생활기록부, 지원자격 증빙서류(해당자)

---

107) 2024 인하대 입학전형

바) 평가방법

구분	전형방법
일괄합산	학교생활기록부 교과영역 반영점수와 논술고사 점수를 합산하여 전형총점을 산출하고, 모집단위별 모집인원의 범위 내에서 전형총점 순으로 선발

19) 경기대[108]

가) 지원자격

- 고등학교 졸업(예정)자 또는 법령에 의하여 고등학교 졸업학력과 동등 이상의 학력이 있다고 인정되는 자

나) 모집인원: 수원(130명), 서울(39명)

다) 전형요소: 논술 60% + 학생부(교과) 40%

라) 수능최저학력: 미적용

마) 논술고사 반영방법

(1) 논술고사 출제방향

- 교과서에 나온 제시문이나 주제를 최대한 활용하여 고등학교 교과 과정을 이수한 학생이라면 누구나 쓸 수 있는 문항을 출제
- 수험생의 학업성취도 즉, 각 교과의 지식을 더 깊고 더 넓게 배웠는가를 평가할 수 있는 문항을 출제
- 지나치게 추상적이고 막연한 논제나 가벼운 말잔치에 그칠 수 있는 논제는 지양함

(2) 논술고사 출제내용

출제분야	문항형식	답안길이	시험시간	배점
언어영역, 사회영역에서 각 1문항씩 출제	복수의 제시문에 단수의 논제로 구성	문항 당 700 ± 50자	2시간	- 문항별: 30점 만점 - 총점: 60점 만점

- 특정 교과에 치우치지 않고 다양한 영역을 아우를 수 있는 문제를 출제하되, 총 2문제 가운데 1문제는 언어영역에 중점을 두고 출제하며, 다른 1문제는 사회영역에 중점을 두고 출제함
- 수리 논술은 배제하되, 주어진 통계나 자료를 해석, 응용, 평가하여 논제를 해결하는 문항을 출제할 수도 있음

---

108) 2024 경기대 입학전형

20) 서울여대[109]

가) 모집인원: 120명

나) 모집단위: 전 모집단위 (기독교학과, 예체능계열, 수학과, 디지털미디어학과, 정보보호학과, 소프트웨어융합학과, 데이터사이언스학과 제외)

다) 지원자격

고등학교 졸업(예정)자 또는 법령에 의하여 고등학교 졸업학력과 동등 이상의 학력이 있다고 인정되는 자

라) 전형방법: 전 지원자를 대상으로 논술고사 실시 후 수능최저학력기준 충족자 중에서 논술평가 점수와 학생부 교과성적 합산 점수 순으로 선발

마) 전형요소별 반영비율 (실질반영비율)

구분	논술		학생부 교과성적		총 비율	
일괄합산	80%		20%		100%	
	최저 20점	최고 80점	최저 5점	최고 20점	최저 25점	최고 100점

바) 수능최저학력기준

구분	등급기준
논술(논술우수자전형	국어, 영어, 수학 3개 영역 중 1개 영역 이상 3등급 이내

사) 제출서류: 학교생활기록부, 고등학교 졸업 동등 학력 관련 서류(해당자)

아) 평가방법
(1) 통합교과형 논술
(2) 출제형식: 각계열별로 2개 문항/자료 (제시문, 그림, 도표 등) 분석 및 견해 제시
(3) 출제 방향: 고등학교 교과과정 범위에 맞춰 사고력, 논리적 이해력 등을 측정할 수 있는 문항 출제
(4) 작성분량: 1문제 당 1페이지 내
(5) 시험시간: 90분

---

109) 2024 서울여대 입학전형

21) 성신여대[110]

가) 모집인원: 172명

나) 지원자격

고등학교 졸업(예정)자 또는 법령에 의하여 고등학교 졸업학력과 동등 이상의 학력이 있다고 인정되는 자
※ 외국소재 고등학교 졸업(예정)자는 12년(최소 23학기) 이상의 학교교육과정을 이수해야 함. 예외적으로 12년 미만 학제의 경우 초·중·고등학교 전 교육과정을 한 국가에서 이수하거나 부족한 수학기간을 대학에서 이수한 경우 지원 가능함

다) 전형요소 반영비율

일괄합산	학생부 (교과)	학생부 (출석)	논술
	27%	3%	70%

라) 수능최저학력: 적용

수능 4개 지정영역 중 2개 영역 합이 7등급 이내
국어, 수학, 영어, 탐구 총 4개 영역 기준, 탐구 영역 선택 시 상위 1과목 등급만 반영 (제2외국어/ 한문은 탐구 대체 불가)

마) 제출서류: 학교생활기록부

일괄합산	교과성적 90% + 출석성적 10%
학년별 가중치 없음	

바) 논술고사

유형	- 인문계열: 4~5개의 지문 또는 자료를 제시하는 통합교과형 - 자연계열: 제시된 문제에 대한 답안과 그 풀이과정을 요구하는 수리논술
출제범위	고등학교 교육과정의 범위와 수준 내에서 출제
평가방향	- 단순 암기나 전공지식이 아닌, 지원자의 고등학교 교육과정에 대한 이해도를 평가 - 인문계열: 고등학교 교육과정 수준의 문제해결 능력을 바탕으로 제시자료를 활용하여 자신의 견해를 설득력 있게 표현하는 능력을 평가 - 자연계열: 고등학교 수학 교과의 교육과정과 성취기준 내에서 수학의 기초원리에 대한 이해도와 응용력을 평가
문항 수	- 인문계열: 2문항 이내 - 자연계열: 4문항 이내 (각 문항은 2~4개의 하위 문제 포함)
시험시간	100분

---

110) 2024 성신여대 입학전형

구분	모집단위(학과(부))
인문계 논술	국어국문학과, 영어영문학과, 독일어문·문화학과, 프랑스어문·문화학과, 일본어문·문화학과, 중국어문·문화학과, 사학과, 정치외교학과, 심리학과, 지리학과, 경제학과, 미디어커뮤니케이션학과, 경영학부, 사회복지학과, 법학부, 간호학과(인문), 의류산업학과, 소비자생활문화산업학과, 문화예술경영학과
자연계 논술	수리통계데이터사이언스학부, 화학·에너지융합학부, 서비스·디자인공학과, 융합보안공학과, 컴퓨터공학과, 청정융합에너지공학과, 바이오식품공학과, 바이오생명공학과, AI융합학부, 간호학과(자연), 바이오신약의과학부, 바이오헬스융합학부

22) 아주대[111]

가) 모집인원: 158명

나) 지원자격

고등학교 졸업(예정)자[조기졸업자 포함] 또는 관계 법령에 의하여 고등학교 졸업학력과 동등 이상의 학력이 있다고 인정되는 자

다) 전형요소별 반영비율: 일괄합산 [교과 20 + 논술 80]

라) 논술반영방법
(1) 논술유형, 출제경향

계열	출제경향
자연계열 [수리논술]	- 수리적 분석력, 응용력, 창의력을 측정하는 문제 출제 - 고교 교육과정을 정상적으로 이수한 학생의 경우 해결할 수 있는 수준의 다양한 수학적 주제를 다룸 - 답이 틀려도 풀이과정이 옳으면 부분점수를 부여함 - 공식을 암기하여 풀 수 있는 문제는 출제하지 않음 - 영어 제시문은 출제하지 않음
의학과 [수리논술 + 과학논술(생명과학)]	- 수리논술: 수리적 분석력, 응용력, 창의력을 측정하는 문제 출제 - 과학논술: 자연과학적 분석력, 응용력, 창의력을 측정하는 문제 출제 - 답이 틀려도 풀이과정이 옳으면 부분점수를 부여함 - 공식을 암기하여 풀 수 있는 문제는 출제하지 않음 - 영어 제시문은 출제하지 않음

---

111) 2024 아주대 입학전형

| 인문계열 [통합논술(언어·사회)] | - 고교 교육과정을 정상적으로 이수한 수험생이라면 해결할 수 있는 수준의 문제 출제
- 요약형 혹은 비교·대조형 문제와 통합형 문제 출제
- 요약형 문제의 경우 수험생 본인의 의견을 더하지 않고 제시문에서 소주제문들을 간추려 한 편의 글이 되도록 요약하는 능력을 측정
- 비교·대조형 문제의 경우 제시문들의 주제나 논점을 중심으로 그 유사점·차이점을 한 편의 글이 되도록 기술하는 능력을 측정
- 통합형 문제의 경우 3~5개의 독립된 제시문들을 주고 그 지문들을 서로 연결하는 논리력과 통합적 사고력을 측정(제시문들은 인문/사회분야를 비롯한 범교과 과정에서 골고루 취함)
- 영어 제시문은 출제하지 않음 |

(2) 시험시간: 120분

마) 수능최저학력기준: 미적용

※ 의학과 제외

: 국어, 수학(미적분, 기하 중 택1), 영어, 탐구(과탐 중 택2, 2과목 평균) 등급 합 6이내

23) 광운대[112]

가) 모집인원: 184명

나) 지원자격

| 고등학교 졸업(예정)자 또는 법령에 의하여 고등학교 졸업학력과 동등 이상의 학력이 있다고 인정되는 자 |

다) 전형요소 및 반영비율: 논술 70%, 학생부 30%

라) 논술고사

계열	내용	시험시간
자연	- 수리 논술(2문제) - 각 문제 당 5개 내외의 소문제 출제 - 고등학교 교과과정에서 다루는 용어와 개념을 활용하여 기술한 제시문과 함께 출제	120분
인문	- 통합교과형 논술(2문제) - 각 문제 당 750자 내외 - 복수의 제시문을 상호 관련시켜 통합형으로 출제	

마) 수능최저학력기준: 없음

---

112) 2024 광운대 입학전형

24) 가톨릭대[113]

가) 모집인원: 178명

나) 지원자격

고등학교 졸업(예정)자 또는 법령에 의하여 고등학교 졸업 동등 이상의 학력이 있다고 인정된 자

다) 전형방법: 논술 70% + 학생부(교과) 30%

라) 학생부교과 반영 방법

(1) 학교생활기록부 반영 요소 및 반영 비율

학년별 반영비율			교과	비교과	비고
1학년	2학년	3학년	100%	-	졸업(예정)자: 3학년 1학기까지 성적 반영
100% (학년별 가중치 없음)					

(2) 학교생활기록부 반영 교과 및 반영 방법

모집단위	반영교과	교과별 반영방법	
		공통/일반선택과목	진로선택과목
전 모집단위	국어, 영어, 수학, 한국사, 사회(역사/도덕포함), 과학	반영교과의 상위 10개 과목 석차등급 및 이수단위 반영	진로선택과목의 성취도 미반영
약학과, 의예과, 간호학과		반영교과 전 과목의 석차등급 및 이수단위 반영	

마) 수능 최저학력기준

모집단위	수능 최저기준
의예과	국어(화법과작문/언어와매체), 수학(미적분/기하), 영어, 과탐(2과목 평균) 중 **3개 영역 등급 합 4 이내 및 한국사 4등급 이내**
간호학과	국어(화법과작문/언어와매체), 수학(미적분/기하/확률과통계), 영어, 사탐(1과목)/과탐(1과목) 중 **3개 영역 등급 합 7 이내**
약학과	국어(화법과작문/언어와매체), 수학(미적분/기하), 영어, 과탐(1과목) **3개 영역 등급 합 5 이내**

---

113) 2024 가톨릭대 입학전형

25) 경북대[114]

가) 모집인원: 469명

나) 지원자격: 고등학교 졸업(2024년 2월 말 이전 졸업예정자 포함)자 또는 법령에 의하여 고등학교 졸업 동등 이상의 학력이 있다고 인정된 자

다) 사정단계별 선발인원 및 전형요소별 배점

사정단계	선발인원	전형요소별 배점(반영비율)		
		학생부교과	논술	합계
일괄합산	100%	150점(30%)	350점(70%)	500점(100%)

라) 논술(AAT)고사

가. 문제 유형: 3종(인문계열, 자연계열Ⅰ, 자연계열Ⅱ)
1) 인문계열: 교과목 통합형(국어, 인문학, 사회과학 등)
2) 자연계열Ⅰ: 수학(수학, 수학Ⅰ, 수학Ⅱ, 미적분)과 교과목 통합형(수학, 자연과학 등)
3) 자연계열Ⅱ: 수학(수학, 수학Ⅰ, 수학Ⅱ, 미적분)과 의학 논술
　　　　※ 자연계열Ⅱ 응시 모집단위: 의예과, 치의예과, 수의예과
나. 답안 유형: 논술형, 약술형, 풀이형
다. 반영점수: 350점(최고점) ~ 0점(최저점)
라. 고사시간: 100분

마) 수능최저학력기준

모집단위	국어, 수학, 영어, 탐구(1과목)	한국사
경상대학, 사범대학, 간호대학, IT대학, 행정학부	상위 2개 영역 등급 합 5이내	응시
인문대학, 사회과학대학, 자연과학대학, 공과대학, 농업생명과학대학, 생활과학대학, 자율전공부	상위 2개 영역 등급 합 6이내	
모집단위	**국어, 수학, 영어, 탐구 (2과목)**	**한국사**
의예과, 치의예과	탐구영역 필수, 상위 3개 영역 등급 합 4 이내	응시
수의예과, 약학과	탐구영역 필수, 상위 3개 영역 등급 합 5 이내	

바) 선발방법

가. 합격자 결정: 수능최저학력기준 충족자 중에서 전형요소 성적 총점의 고득점 순으로 모집단위별 모집인원의 100%를 합격자로 선발함
나. 후보자 결정: 불합격 처리되지 않은 자 전원을 후보자로 선발함

---

114) 2024 경북대 입학전형

26) 부산대[115]

부산대 논술전형은 <논술 전형>과 <지역인재전형>이 있다.

<논술 전형>

가) 지원자격

국내 정규 고등학교 졸업(예정)자(2학년 수료예정자 중 상급학교 조기입학 자격을 부여받은 자 포함) 또는 법령에 의하여 이와 동등 이상의 학력이 있다고 인정된 자

나) 전형방법

(1) 전형요소 및 반영비율

전형요소	학교생활기록부		논술	계
	교과	비교과		
반영비율	30%	-	70%	100%

※ 단, 국내 고교에서 3개 학기 미만의 성적을 취득한 자, 외국 고교 졸업(예정)자, 검정고시 출신자, 석차등급 미기재자, 기타 본교가 인정하는 학생부 성적을 산출할 수 없는 자는 우리 대학교 자체 기준에 따라 학생부 성적을 처리함

(2) **선발방법**: 학생부 성적과 논술 성적을 합산하여 고득점자 순으로 선발함

(3) **미충원에 따른 결원 처리방법**: 미충원 인원은 정시모집 모집단위별 해당 모집군으로 이월하여 선발함

다) 논술고사 시험유형 및 시간

구분 \ 모집계열	인문·사회계	자연계
논술유형	인문 및 사회 교과목 통합	수리 논술
시험시간	100분	

라) 대학수학능력시험 최저학력기준

모집계열	모집단위	최저학력기준	공통 기준
인문·사회계	• 경영대학	국어, 영어, 수학, 사회/과학탐구 영역 중 상위 3개 영역 등급 합 7 이내	한국사 4 등급 이내
	• 그 외 모집단위	국어, 영어, 수학, 사회/과학탐구 영역 중 상위 2개 영역 등급 합 4 이내	
자연계	• 자연과학대학, 공과대학, 사범대학, 간호대학, 나노과학기술대학, 정보의생명공학대학 해당 모집단위	국어, 영어, 수학(미적분, 기하 중 택1), 과학탐구 영역 중 **수학 포함 2개 영역 등급 합 5 이내**	
	• 공과대학 건설융합학부(건축학전공) • 공과대학 건설융합학부(도시공학전공)	국어, 영어, 수학, 사회/과학탐구 영역 중 **수학 포함 2개 영역 등급 합 5 이내**	

※ 수능은 4개영역을 모두 응시하여 하며, 탐구영역 과목은 수험자가 자유 선택하되 반드시 2과목을 응시하여야 함 (단, 자연계열은 과학탐구 2과목을 응시하여야 하나 공과대학 건설융합학부(건축학전공, 도시공학전공)는 제외)

---

115) 2024 부산대 입학전형

※ 탐구영역은 2과목 중 상위 1과목을 반영함

<지역인재전형>

가) 지원자격

국내 정규 고등학교 졸업(예정)자로서 **입학부터 졸업까지 부산, 울산, 경남 지역에 소재**하는 고등학교
의 **전 교육과정을 이수한 자**(2학년 수료예정자 중 상급학교 조기입학 자격을 부여받은 자 포함)
※「초·중등교육법」제2조에 따른 고등학교 외 고교 졸업 동등 학력자는 지원자격에서 제외함

나) 전형요소 및 반영비율

(1) 전형요소 및 반영비율

전형요소	학교생활기록부		논술	계
	교과	비교과		
반영비율	30%	-	70%	100%

※ 단, 국내 고교에서 3개 학기 미만의 성적을 취득한 자, 외국 고교 졸업(예정)자, 검정고시 출신자, 석차등급 미기재자, 기타 본교
가 인정하는 학생부 성적을 산출할 수 없는 자는 우리 대학교 자체 기준에 따라 학생부 성적을 처리함

(2) **선발방법**: 학생부 성적과 논술 성적을 합산하여 고득점자 순으로 선발함
(3) **미충원에 따른 결원 처리방법**: 미충원 인원은 정시모집 모집단위별 해당 모집군
으로 이월하여 선발함

다) 논술고사 시험유형 및 시간
문항유형 : 수리논술
시험시간: 100분

라) 대학수학능력 최저학력기준

모집계열	모집단위	최저학력기준	공통 기준
자연계	• 의과대학 의예과 • 한의학전문대학원 학석사 통합과정 • 약학대학 약학부	국어, 영어, 수학(미적분, 기하 중 택1), 과학탐구 영역 중 **수학 포함 3개 영역 등급 합 4** 이내 ※ 의예과에 한해 탐구 2과목 평균을 반영함	한국사 4등급 이내

※ 수능은 4개영역을 모두 응시해야 하며, 탐구영역 과목은 수험자가 자유 선택하되 반드시 2과목을 응시하여야 함 (단, 자
연계열은 과학탐구 2과목을 응시하여야 함)
※ 의예과, 약학부 미충원 인원은 정시 수능(지역인재전형)으로 이월함

다. 논술전형 준비전략

논술전형의 선발 방식은 대부분 [논술+학생부(교과, 또는 비교과 합산)+수능 최저학력기준]으로 볼 수 있다.

논술전형인 만큼 논술의 반영비율이 최대 100%까지 큰 비중을 차지하기 때문에 논술고사에 대한 준비가 가장 중요시 되어야 한다. 하지만 학생부 성적과 수능 최저학력기준 또한 무시할 수 없기에 이에 대해 먼저 살펴보고자 한다.

1) 학생부 성적 관리

학생부 성적의 반영 비율은 20%~40%정도이며, 논술에 비해 반영비율이 낮고, 등급 간 점수 차도 크지 않아 학생부의 변별력은 크지 않은 편이다. 하지만 반영비율이 같아도 등급 간 점수 차는 대학마다 다르기 때문에 실제 영향력을 비교하기 위해서는 지원 대학의 학생부 등급별 점수를 확인할 필요성이 있다.

2) 수능성적 관리

논술전형의 명목상 경쟁률이 대체로 30~40대 1에 달하지만, 수능 최저기준을 충족한 경우로만 따지는 실질경쟁률은 높게는 명목경쟁률의 3분의 2에서 낮게는 3분의 1 밖에 되지 않는다. 논술 전형에서 수능 최저학력기준 미적용 대학이 꾸준히 증가해왔지만 여전히 최저학력기준을 적용하는 선발 비중이 큰 편이어서 수능 성적이 우수하면 경쟁에서 우위를 차지하고 상향 지원도 가능할 수 있다.

수능 최저학력기준을 충족한다면 추가 합격 기회도 있으므로 논술 준비와 함께 수능에서 부족한 영역을 체크하여 성적을 올릴 수 있도록 영역별 학습 전략을 체계적으로 수립해야 한다. 2022년에는 논술 출제가 교육과정 내에서 평이하게 출제되는 경향을 보이면서 수능의 영향력이 더욱 늘고 있다.

수능 최저학력기준이 높아질수록 수능 성적이 합/불에 미치는 영향력도 커지므로 최저기준이 상향 조정되는 대학에 지원하기 위해서는 더욱 계획적으로 수능을 준비해야 한다.

특히 일부 대학을 제외하고는 영어 등급 기준을 별도로 적용하지 않고 대부분 포함하므로 타 영역에 비해 상대적으로 등급을 받기 쉬운 영어 영역에서 1등급을 받을 경우 최저학력기준 통과가 한결 수월해질 수 있다. 따라서 중상위권 수험생은 영어 1등급을 목표로 준비하는 것이 좋다. 116)117)

3) 논술준비 전략118)

논술의 전체적인 특징은 출제 범위가 '고교교육과정'으로 한정되어 있기 때문에 교과서와 EBS 교재 중심의 개념과 주제를 충실하게 숙지하고, 대학별 논술가이드북과 기출문제, 입시설

---

116) [2020 대입 전형별 전략] 논술 전형 Part. 3, 유웨이, 2018.04.17
117) 2023학년도 논술전형 합격 전략/대학저널
118) 2023학년도 대입정보 119/한국대교협

명회, 모의논술고사 등을 통하여 지원하고자 하는 대학의 논술유형을 파악해야 한다.

가) 인문계열

대부분의 대학의 인문계열 논술고사는 '통합적인 사고력'을 요구한다. 따라서 교과서와 관련된 다양한 주제의 글읽기와 글쓰기, 토론 등을 통해 평소에 통합적인 사고력을 훈련하는 연습을 해둘 필요가 있다. 또한, 모든 자료는 출제의도를 정확히 파악하여 제시문에서 제공한 정보를 기준으로 해석해야 한다. 교과서의 지식을 그대로 서술하거나 개인적으로 습득한 지식을 바탕으로 서술하기보다 제시문의 내용과 관점을 근거로 논제가 요구하는 답안을 작성하는 것이 바람직하다.

다음으로 인문계열 논술고사를 준비하기 위해 평소에 어떤 연습을 해야 하는지 살펴보고자 한다. 119)

(1) 논술전형을 실시하는 대학들이 논술고사를 준비할 수 있는 자료를 풍부하게 제공하고 있다.

대학에서 제공하는 다양한 정보와 자료를 충분히 활용하면 준비에 큰 도움을 얻을 수 있다. (선행학습영향평가보고서, 논술가이드북 등) 또한 각 대학이 실시하는 모의 논술고사에 참여하면, 대학 교수들의 첨삭과 총평, 점수 등 객관적인 평가 정보를 얻을 수 있다.

(2) '하나의 생각 단위'를 가진 글의 논지를 명확하게 파악하고 요약하기

논술 시험에 맞는 준비를 하기 위해서는 논술 시험에 활용되는 제시문의 성격을 파악할 필요가 있다. 논술 시험의 제시문은 다양한 과목의 교과서와 EBS 교재에서 발췌되기 때문에 다양한 주제를 포괄하고 있으나, 기본적으로 '하나의 생각 단위'를 담은 글들로 구성되는 경우가 많다. 개별 제시문 전체를 관통하여 전달하고자 하는 핵심적인 메시지가 하나인 것이다. 독해력을 향상시키는 첫 단추는 이처럼 하나의 생각 단위를 담고 있는 다양한 주제의 글들을 읽고 핵심 논지를 파악하는 연습을 하는 것이다.

제시문에 대한 명확한 독해력을 증진하는 데에 효과적인 또 하나의 방법은 다양한 주제의 글들을 정해진 시간 안에 읽고 핵심 논지를 요약하는 연습을 하는 것이다. 장문의 제시문을 읽고 그 내용을 요약하는 것은 논리적인 글을 쓰기 위해 갖춰야 할 기본기이다. 독해력이 중요한 이유는 궁극적으로 제시문의 핵심 논지를 압축하여 간결하게 표현하기 위한 것이기 때문이다. 요약하기 훈련이 잘 되어 있으면 글의 전체적인 논지를 파악하는 데도 도움이 된다.

(3) 해체하고 다시 구성하기

제대로 된 요약을 하기 위해서는 글을 분석적으로 정리하는 과정을 거쳐야 한다. 체계적인 독해력은 분석적 사고 과정을 거쳤을 때 비로소 가능한 것이다. 분석적 사고는 대체로 두 가지 과정으로 나누어진다.

첫째, 제시문에 대한 해체의 과정이다. 제시문은 핵심 논지를 좀 더 구체적으로 상술하는 부연 설명, 핵심 논지를 설득력 있게 뒷받침하기 위한 자료의 제시, 핵심 논지를 효과적으로 설

---

119) 중앙대 논술가이드(인문)

명하기 위한 사례의 활용 등으로 구성된다. 이처럼 제시문의 다양한 구성요소의 특징을 파악하고 각각의 요소들로 해체하는 작업이 선행되어야 한다. 이러한 작업이 이루어지고 나면 핵심 논지 이외의 다른 구성 요소를 순차적으로 제거해 나가는 분석적 과정이 비로소 가능해진다.

둘째, 해체는 다시 재구성의 과정을 거쳐야 한다. 제시문의 해체를 통한 핵심 논지의 파악은 다수의 제시문 들을 독해하는 과정에서 반복적으로 수행된다. 다음으로 개별 제시문에서 추출된 핵심 논지들을(주로 문제가 요구하는 바에 따라) 하나로 다시 묶는 재구성이 이루어질 때, 개별 제시문 들만 독해해서는 이해할 수 없었던 새로운 가능성을 발견할 수 있게 된다. 그리고 필요할 경우 다른 문제가 요구하는 방식으로 핵심 논지들은 다시 구성될 수도 있다. 이렇게 볼 때, 분석적 사고는 개별 제시문의 핵심 논지를 효과적으로 파악하기 위한 구성 요소의 해체와 이 과정에서 추출된 다양한 논지들을 재구성하고 하나로 종합하는 과정을 포함하는 것이다. 즉, 분석적 사고에는 나누기 못지않게 다시 하나로 엮어내는 과정이 필요하다.

(4) 비판적 사고와 뒤집어 생각하기

인문계열 논술 시험에서는 특정 제시문에 나타난 문제점을 찾아내고 그에 대한 대안을 제시할 것을 요구하는 유형의 문제가 있다. 이를 위해서는 문제점을 찾아내기 위한 비판적 사고 능력을 바탕으로 이를 극복할 수 있는 대안을 창조적으로 제시할 수 있어야 한다. 비판적 사고 과정은 문제 해결의 시작인 동시에 창조적 대안을 제시하는 데 반드시 필요한 과정이다.

비판적 사고를 위해서는 대체로 세 가지 방식을 활용할 필요가 있다.

첫째, 제시문들의 핵심 논지의 차이를 찾아내는 것 자체가 매우 중요한 비판의 근거를 확보하는 것임을 알 필요가 있다. 논술 시험에서 필요한 비판적 견해는 특정한 관점과 조건을 필요로 한다. 이를 위해 특정 제시문의 관점을 무비판적으로 수용하는 것이 아니라, 다른 제시문의 관점과 비교할 필요가 있다. 비교를 통해 관점의 차이가 부각되고, 각각의 장단점이 더 효과적으로 파악될 수 있다. 즉, 비판은 차이의 발견에서 시작된다는 점을 고려할 때 제시문의 구성 요소들을 서로 대비하는 작업의 중요성은 아무리 강조해도 지나치지 않다.

둘째, 비판적 사고가 부정적 사고를 의미하는 것은 아니라는 점을 분명히 인식해야 한다. 논술 시험에서 말하는 비판적 사고란, 기존에 수용되고 있는 현상을 뒤집어 사고하는 것이라고 말할 수 있다. 기존에 원인과 결과로 인식되던 것을 뒤집어 생각할 수 있는 가능성은 없는지, 동일한 사실 또는 현상이라도 시간과 장소의 맥락이 바뀌었을 때 의미가 달라지지는 않는지, 부분을 전체로 또는 부분으로 단순화시키고 있는 것은 아닌지 등에 대해 끊임없이 질문을 던지고 이에 대한 논리적 규명을 시도할 필요가 있다. 이를 위해 평소에 교과 수업과 신문 등 다양한 매체를 읽는 과정에서 당연한 것으로 받아들여지는 현상에 대해 의심하고 질문하는 태도를 갖는 것도 비판적 사고 능력을 향상시키는데 효과적인 방법이 될 수 있다.

셋째, 비판적 사고를 하되 사고의 균형을 잡을 필요가 있다. 기존에 수용되고 있는 설명이나 주장에 문제의식을 갖되, 자신이 제기하는 비판에도 오류의 가능성이 있음을 인식하고 끊임없이 되묻는 열린 자세가 필요하다. 그렇지 않을 경우 비판적 사고는 자칫 비판을 위한 비판으로 전락할 가능성이 있기 때문이다. 또한 비판적 사고에는 무조건적 비판이 아니라 논리적 완결성과 현실적 제약을 함께 고려하는 자세가 필요하다는 점을 잊지 말아야 한다.

(5) 상상력과 재조합을 통한 창조적 사고하기

문제 제기 또는 비판을 하는 것은 그 자체로 의미를 갖기도 하지만, 창조적 대안을 제시하기 위해서 필요하다. 대안의 제시 없는 비판은 논리의 비약이나 현실을 적극적으로 감안하지 못하는 경우가 많아 공허할 수 있기 때문이다. 대안을 설득력 있게 제시하기 위해서는 창조성과 현실성을 함께 갖추어야 한다. 대안을 제시하라는 것은 주어진 제시문의 테두리 내에서 창조성을 발휘하라는 의미에 더 가깝다고 하겠다. 문제의 테두리 내에서 창의성을 발휘한다는 점에서 논술 시험에서 필요한 창조적 사고는 추론적 토론이라고 할 수 있다.

이때 인문계 논술에서 요구하는 창조적 사고에 대한 정확한 이해를 할 필요가 있는데, 창조적 사고는 기존의 축적된 지식을 직관 또는 통찰력을 통해 새롭게 생각하는 상상력에서 비롯된다. 직관이나 통찰력이 창조적 사고를 가능하게 하는 이면의 힘이며, 뒤집어 생각하기의 시작이다.

나) 자연계열

자연계열 논술고사도 고교교육과정 범위의 기본개념을 바탕으로 하여 출제된다. 또한, 대부분의 대학은 단순 문제풀이 능력이 아니라 기본개념을 분석하여 실생활에서 응용, 활용할 수 있는 능력을 평가하고자 하며, 통합적인 사고력을 요구한다.

(1) 기본 개념 학습 철저히 하기

자연계열 논술고사는 고교교육과정에 한정하여 출제되기 때문에 변별력을 위해 기본개념을 잘 이해하고 응용할 수 있는 능력을 크게 평가하고자 한다. 따라서 먼저, 교과서와 EBS 교재의 수학, 과학에 대한 기본 개념을 철저하게 학습할 필요가 있다.

(2) 추론과정을 중요시하기

자연계열 논술은 사고와 추론의 결과물뿐만 아니라, 추론 과정에 따라 세부 점수를 매긴다. 따라서 정답에 집착하기 보다는 단계별 풀이를 꼼꼼히 하는 연습을 해야 한다. 그러므로 답안도 중요하지만 올바른 풀이 과정이 중요한 논술 시험에서는 답안 작성 역시 주요 과제다. 체계적으로 풀이과정을 작성하는 연습도 필요하다.

(3) 통합적 사고하기

일부 대학에서는 고교교육과정 내에 한정하여 교과서에 바탕을 두면서도, 실생활이나 영화 속의 과학적 현상에 대한 논제를 제시하여 단순히 답만을 구하는 형식이 아닌 통합적인 과학적 사고력을 설득력 있게 서술하는 능력을 평가하고 있다. 따라서 논술을 준비하는 학생들은 과학의 최신 동향에 관심을 가지고, 실제 일상생활 속에 나타나는 현상을 과학적으로 사고하고 논리적으로 기술하는 능력을 키워야 한다.

(4) 과학 지정 과목에 유의하기

과학 선택 과목을 지정하지 않은 모집단위의 경우에는 과목 선택에 따라 결과가 달라질 수 있으므로 신중한 선택이 필요하다. 본인이 자신 있는 과목으로 선택하는 것이 바람직하다.

VI.결론

5. 결론

<대학입시 수시전략>에서는 이와 같이 각 전형별 추세와 주요대학별 선발기준, 준비전략 등을 순서대로 살펴보았다.

학생부교과전형의 대학별 선발유형은 [학생부(교과성적)+면접/비교과+수능최저기준]으로 정리될 수 있었다. 교과 성적만 반영하는 대학은 많지 않으며, 대학별로 면접이나 비교과성적, 수능최저학력기준을 적용하기도 하므로, 각 대학별 선발유형을 미리 파악해두는 것이 필요하다. 교과 성적만을 반영하는 대학은 매우 높은 성적 커트라인을 제시하지만, 면접/비교과, 수능최저학력기준 등 다른 평가기준이 도입된 유형은 상대적으로 내신 평균 등급이 낮아지기 때문이다. 또한 활용자료를 통해 전년도 합격자의 교과 성적 평균 등급을 찾아보고 미리 지원여부를 가늠해 볼 수 있다. 2024 학생부교과전형은 전체적인 수시모집인원이 늘었을 뿐더러, 선발비율도 증가하였으므로 수시모집에서 더욱 큰 비중을 차지하게 되었다.

학생부종합전형의 대학별 선발유형은 [학생부 종합 평가 + 면접] 으로 정리될 수 있다. 학생부는 교과 성적과 비교과를 지난 해보다 축소된 3가지 요소인 '학업역량', '진로역량', '공동체역량' 등의 요소로 평가하므로 교과 성적의 관리와 더불어, 꾸준한 고교 내 활동을 해두는 것이 필요하다. 2024 학생부종합전형에서는 자기소개서를 폐지했으며, 서류 100% 일괄합산 선발방법이 늘고 있는 추세였다.

논술전형의 대학별 선발방식은 대부분 [논술+학생부(교과, 또는 비교과 합산)+수능 최저학력기준]으로 볼 수 있다. 대학별로 학생부와 수능최저기준을 적용하기도 하므로, 이에 대한 준비와 더불어, 논술전형인 만큼 논술의 반영비율이 최대 100%까지 큰 비중을 차지하기 때문에 논술고사에 대한 준비가 가장 중요시 되어야 한다. 논술고사의 전체적인 특징은 출제 범위가 '고교교육과정'으로 한정되었다는 것과, 대학별 출제방향이 구체적으로 제시되어 있기 때문에 제시문 중심으로 사전에 준비할 수 있다. 따라서 교과서와 EBS 교재 중심의 개념과 주제를 충실하게 숙지하고, 대학별 논술가이드북과 기출문제, 입시설명회, 모의논술고사 등을 통하여 지원하고자 하는 대학의 논술유형을 파악해야 한다. 한편, 2024 논술전형의 전체적인 규모는 소폭 줄어들었지만, 실질 모집인원의 비율에는 전년과 같은 기조를 유지하고 지원자 수에는 큰 변화가 없을 것으로 예상된다. 또한 일부 대학의 수능 최저기준 완화 또는 폐지로 인해 경쟁은 더욱 치열해질 것이므로 이 점을 참고하시기 바란다.

이처럼 수시의 종류는 다양해졌지만 어느 하나의 평가요소만을 반영하지는 않으므로, 1학년 때부터 꾸준한 교과 성적 관리와 수능에 대한 준비가 되어있는 것이 가장 바람직하며, 학년이 올라갈수록 자신이 강점 있는 부분을 발견하고, 지원하고자 하는 대학을 미리 생각해두어 대학별 선발기준을 기반으로 한 수시전략을 세우는 것이 바람직한 대학입시 수시전략이라고 할 수 있다.

VII.참고문헌

6. 참고문헌

1) 2023, 2024학년도 대학입학전형 시행계획(대교협)
2) 한국대교협 2024학년도 대학입학전형시행계획
3) "2022대입, 학생부 위주 전형이 대세"/대학저널
4) [2023 대입 주요 전형] 2023 학생부교과전형 집중분석/메가스터디입시리포트
5) 2024 연세대 입학전형
6) 2024 고려대 입학전형
7) 2024 중앙대 입학전형
8) 2024 한양대 입학전형
9) 2024 성균관대 입학전형
10) 2024 서강대 입학전형
11) 2024 이화여대 입학전형
12) 2024 한국외대 입학전형
13) 2024 홍익대 입학전형
14) 2024 서울시립대 입학전형
15) 2024 상명대 입학전형
16) 2024 국민대 입학전형
17) 2024 단국대 입학전형
18) 2024 경희대 입학전형
19) 2024 건국대 입학전형
20) 2024 동국대 입학전형
21) 2024 동덕여대 입학전형
22) 2024 숭실대 입학전형
23) 2024명지대 입학전형
24) 2024 세종대 입학전형
25) 2024 서울여대 입학전형
26) 2024 성신여대 입학전형
27) 2024아주대 입학전형
28) 2024 경기대 입학전형
29) 2024 인하대 입학전형
30) 2024 광운대 입학전형
31) 2024 가톨릭대 입학전형
32) 2024 인천대 입학전형
33) 2024 숙명여대 입학전형
34) 2024 한성대 입학전형
35) 2024 서울과기대 입학전형
36) 2024 경북대 입학전형
37) 2024 부산대 입학전형
38) 2024 전남대 입학전형
39) 2024 전북대 입학전형
40) 2024 충북대 입학전형

41) 2024 충남대 입학전형

42) 에듀진 [2023 수시] '교과전형'도 생기부까지 챙겨야 합격한다!

43) [진학사 수시대입정보] '졸업생이 올해 수시 교과전형 도전 시 고려사항은?'

44) "2020대입, 학생부 위주 전형이 대세"/대학저널

45) 2024 학생부 종합 전형 분석/ 내일교육

46) 2024 서울대 입학전형

47) 2024 연세대 입학전형

48) 2024 고려대 입학전형

49) 2024 서강대 입학전형

50) 2024 성균관대 입학전형

51) 2024 한양대 입학전형

52) 2024 중앙대 입학전형

53) 2024 경희대 입학전형

54) 2024 한국외대 입학전형

55) 2024 서울시립대 입학전형

56) 2024 이화여대 입학전형

57) 2024 홍익대 입학전형

58) 2024 단국대 입학전형

59) 2024 숙명여대 입학전형

60) 2024 국민대 입학전형

61) 2024 서울과기대 입학전형

62) 2024 인하대 입학전형

63) 2024 숭실대 입학전형

64) 2024 명지대 입학전형

65) 2024 경기대 입학전형

66) 2024 인천대 입학전형

67) 2024 세종대 입학전형

68) 2024 성신여대 입학전형

69) 2024 아주대 입학전형

70) 2024 광운대 입학전형

71) 2024 가톨릭대 입학전형

72) 2024 동덕여대 입학전형

73) 2024 서울여대 입학전형

74) 2024 한성대 입학전형

75) 2024 상명대 입학전형

76) 2024 건국대 입학전형

77) 2024 동국대 입학전형

78) 2024 경북대 입학전형

79) 2024 부산대 입학전형

80) 2024 전남대 입학전형

81) 2024 전북대 입학전형

82) 2024 충북대 입학전형

83) 2024 충남대 입학전형

84) 2022.2023 유웨이 전형별 특징 및 준비전략

85) 2024학년도 학생부종합 전형 변화/ 진학사

86) 상동

87) 2023학년도 대입정보 119/한국대교협

88) 2024 수시 논술 모집인원 전형방법 수능 최저기준 정리/ SD 입시컨설팅

89) 2024 연세대 입학전형

90) 2024 서강대 입학전형

91) 2024 경희대 입학전형

92) 2024년 한양대 입학전형

93) 2024년 이화여대 입학전형

94) 2024년 중앙대 입학전형

95) 2024년 성균관대 입학전형

96) 2024 건국대 입학전형

97) 2024 서울시립대 입학전형

98) 2024 홍익대 입학전형

99) 2024 한국외대 입학전형

100) 2024 동국대 입학전형

101) 2024 단국대 입학전형

102) 2024 숭실대 입학전형

103) 2024 세종대 입학전형

104) 2024 숙명여대 입학전형

105) 2024 서울과기대 입학전형

106) 2024 인하대 입학전형

107) 2024 경기대 입학전형

108) 2024 서울여대 입학전형

109) 2024 성신여대 입학전형

110) 2024 아주대 입학전형

111) 2024 광운대 입학전형

112) 2024 가톨릭대 입학전형

113) 2024 경북대 입학전형

114) 2024 부산대 입학전형

115) [2020 대입 전형별 전략] 논술 전형 Part. 3, 유웨이, 2018.04.17

116) 2023학년도 논술전형 합격 전략/대학저널

117) 2023학년도 대입정보 119/한국대교협

118) 중앙대 논술가이드(인문)

● 본 책자의 내용은 각 대학 시행계획을 바탕으로 구성되어 있으므로 참고자료로만 사용하시고 최종 진학 검토시 반드시 추후 발표되는 각 대학교 모집요강을 참조하시기 바랍니다.

초판 1쇄 인쇄 2018년 5월 23일
초판 1쇄 발행 2018년 5월 28일
초판 2쇄 발행 2018년 7월 12일
개정판 발행 2019년 3월 22일
개정2판 발행 2020년 3월 30일
개정3판 발행 2021년 3월 31일
개정4판 발행 2022년 3월 22일
개정5판 발행 2023년 3월 27일

편저 비티진로진학연구소
펴낸곳 비티타임즈
발행자번호 959406
주소 전북 전주시 서신동 780-2번지 3층
대표전화 063 277 3557
팩스 063 277 3558
ISBN 979-11-6345-436-6 (13370)

정가 40,000원